가족정책 :

복지국가의 새로운 전망

윤홍식 · 송다영 · 김인숙

KNOWLEDGE COMMUNITY 공동체

머리말

가족의 변화는 단순히 한국사회의 인구학적 변화만을 의미하지 않는다. 여성의 노동시장 참여, 출산율 저하 등으로 대표되는 가족의 변화는 한국사회의 현재적 과제와 전망에 대해 근본적 질문들을 던지고 있다. 실제로 여성의 노동시장 참여는 한국사회에서 공적·사회적 행위의 전제였던 많은 준거들이 더 이상 적합하지 않다는 것을 이야기하고 있다. 남성 생계부양자와 여성 돌봄 제공자는 더 이상 안정적 가족생활을 보장해주지 않는다. 남성 혼자 버는 가구가 빈곤에 처할 가능성이 맞벌이 가구에 비해 높게 나타난다는 연구결과들은 이러한 현실을 반영하는 대표적인 사례라고 할 수 있다. 이제 여성(특히 기혼유자녀 여성)의 노동시장 참여는 가족의 선택이 아닌 가족과 개인의 안정적 삶을 위한 필수적인 전제가 되어가고 있는 것이다.

여성의 노동시장 참여가 삶의 필수적 전제가 되는 사회에서 성별분업에 근거한 기존의 사회제도는 개혁되어야 할 구체제가 되어가고 있다. 자본과 남성노동자의 타협의 산물인 전통적 복지국가의 기본적 전제가 부정되고 그 위에 자본과 남성, 자본과 여성, 여성과 남성의 새로운 합의가 요구되고 있기 때문이다. 이제 소득을 번다는 이유로 돌봄의 책임으로부터 면책 받을 수 없다. 또한 특정 성에게 돌봄을 강제하고 이를 근거로 이들을 공적 영역으로부터 배제할 수도 없다. 모든 사람이 일하고 돌보는 사회에서 전일적 노동시장 참여를 전제로 설계된 복지제도는 더 이상 유효하지 않다. 새로운 복지국가를 요구하고 있는 것이다.

"가족정책 : 복지국가의 새로운 전망"은 이러한 문제의식에 근거해 가족정책과 관련된 주요 개념들과 쟁점들을 정리하려는 목적으로 쓰여졌다. 많은 고민들을 담아내려고 했지만 충분하지 않았고, 우리의 고민은 여전히 진행형이다. 가족정책을 통해 복지국가에 대한 새로운 전망을 고민하면서 우리는 지금껏 누구도 걸어가지 않은 새로운 길에 대한 전망을 내놓아야 한다는 사실을 깨닫게 되었다. 특히 전통적 복지국가의 과제조차 완결되지 않은 한국사회에서 가족정책으로 대표되는 새로운 복지국가의 과제는 한국 복지국가의 전망을 어둡게 하고 있다. 사회과학자로서 사회과학적 상상력을 요구받는 지점이다.

그러나 답을 내놓아야 할 많은 문제를 다뤄보지도 못했다. 답은 고사하고 적어도 문제를 제기해야 할 주제에 대해 이 책은 충분한 논의를 제시하지 못했다. 개인적으로 남녀 모두가 일하고 돌보는 사회는 실현해야 할 이상이다. 그러나 모든 사람이 일하는 사회가 바람직한 것인지 아직 확신이 없다. 가족임금으로 대표되는 "남성 생계부양자 가구"의 확대가 여성과 아동에 대한 가혹한 노동착취의 종식에 일조했던 역사를 되새겨보고 있다. 어쩌면 모두가 일해야 하는 사회에서 인간 노동력의 상품화는 극에 다다르지 않을까? 모두를 시장으로 내모는 것이야말로 신자유주의의 숨은 의도를 실현시켜 주는 것은 아닌가? 더욱이 일반적 기대와 달리 여성의 노동시장 참여가 가구 간 불평등을 완화시키기보다는 불평등을 확대하고 있는 현실은 우리에게 무엇을 이야기하고 있는 것일까? 사회적 불평등의 확대와 관계없이 모든 성인이 일하는 사회는 여전히 바람직한 것이고, 사회적 이상에 가까이 다가서는 것인지 답을 하기 어렵다. 성별분업의 해체를 전제로 복지국가의 새로운 전망을 이야기하지만 새로운 전망을 내올 주체가 누구인지 명확하지 않다. 단일한 계급적 · 집단적 정체성이 더 이상 유효하지 않은 사회에서 개별화된 개인들의 이해를 어떻게 한데 묶어 낼 수 있단 말인가? 뒤르켐의 지적처럼 기계적 연대가 아닌 서로 다른 정체성을 가진 사람들 간의 유기적 연대가 필요한데, 우리는 서로 다른 이해를 가진 사람들 간의 연대가 실천적으로 무엇을 의미하는지 알지 못한다. 더욱이 정형화된 정책의 제도화에 익숙한 우리들에게 새로운 연대를 가능하게 하는 새로운 정책의 제도화는 어떤 모습을 하고 어떤 내용을 담아내야 하는지 우리는 알지 못한다. 이 책은 가족정책과 관련된 이러한 중요한 질문들에 대해 답을 못하고 있다. 다만, 독자들에게 지금까지 가족정책과 관련해서 고민했던 주제들을 제시하는 것을 통해 이러한 문제제기가 도출된 이유를 독자들과 함께 공유하고자 한다.

이 책은 총 5부 14장으로 구성되어 있다. 제1부에서는 가족, 가족정책과 관련된 기본적인 개념들에 대해 논의했다. 제1장은 송다영이 작성했다. 제1장에서는 한국 가족의 변화를 개괄하고, 가족의 변화를 바라보는 두 가지 입장에 대해 정리했다. 이를 통해 한국사회에서 가족정책의 역할과 방향을 되짚었다. 제2장은 김인숙이 가족정책의 정의를 둘러싼 논의를 정리했다. 여기서는 가족정책을 사회정책의 한 영역 혹은 대상으로 정의하려는 입장, 가족정책을 하나의 관점으로 보고 정의하려는 입장, 가족과 관련한 특정 목적을 달성하기 위한 수단으로서 정의하는 입장으로 구분해서 정리했다. 이를 위해 김인숙은 가족정책으로 분류되는 구체적 정책들의 범주를 소개하고, 가족정책이 무엇인가에 대한 이해를 돕고자 했다. 제3장에서는 산업화된 복지국가들에서 가족정책이 갖는 지위와 역할에 대해 개략했다. 송다영은 가족정책을 하나의 정책범주나 프로그램으로 이해하기보다는 복지국가의 핵심적 특성들과 밀접한 관계를 가지고 있다는 점을 강조하고 있다. 이러한 접근은 결국 가족정책에 대한 적합한 이해는 복지국가에서 가족정책이 갖는 지위와 역할을 규명하는 것으로부터 출발해야 한다는 의미를 담고 있다.

제2부는 가족정책을 이해하기 위해 요구되는 주요 개념들을 다루고 있다. 먼저 제4장에서는 탈가족화와 가족화와 관련해 검토했다. 여기서 윤홍식은 가족정책의 핵심 개념으로 간주되는 탈가족화 개념이 독립적 개념으로 이해되기보다는 복지국가 논의 핵심 개념인 탈상품화 개념과 연관선상에서 논의되어야 한다고 주장하고 있다. 다음으로 제5장에서는 아동돌봄과 관련된 선택의 자유개념을 다루고 있다. 송다영은 자유선택을 자유의 개념, 사회정의, 사회적 바람직성, 여성의 노동자성을 중심으로 정리하는 것을 통해 한국사회에서 자유선택의 현실과 전망을 내오고 있다. 제6장은 남성의 돌봄 참여과제를 다루고 있다. 여기서 윤홍식은 서구 복지국가들의 아버지 돌봄 참여 정책들을 검토하는 것을 통해 한국사회에서 아버지의 돌봄 참여의 정책적 의미를 정리하고 있다.

제3부에서는 가족정책을 준거로 복지국가를 유형화했다. 합의된 논의는 존재하지 않지만 제7장에서 윤홍식은 가족정책을 통해 본 복지국가의 유형을 탈가족화와 가족화에 대한 정책수준을 통해 다섯 가지 유형으로 구분하고 있다. 탈가족화 우선형, 탈가족화와 가족화병행형, 가족화우선형, 시장형, 미발달형. 물론 이후 장들의 구분은 형식적으로는 제7장의 유형화를 따르지는 않고, 주류 복지국가 유형 논의에 근거해 국가들을 분류하고 있다. 그러나 내용적으로 주류 복지국가의 유형화 논의가 가족정책을 통해 본 복지국가 유형화에는 적합하지 않는다는 것을 보여주고 있다. 제8장에서 윤홍식은 북유럽 복지국가들의 가족정책이 동질적이기보다는 이질적 특성들이 강하게 내재해 있다는 점을 지적하고 있다. 윤홍식은 이러한 논거를 제9장에서 보수주의 복지국가를 검토하는데도 유사하

게 적용하고 있다. 가족정책의 관점에서 프랑스와 벨기에는 독일과 오스트리아와 유사하기보다는 스웨덴과 덴마크와 더 유사한 특성이 내재되어 있음을 보여주고 있다. 제10장은 제7장에서 시장형으로 분류한 자유주의 복지국가들의 가족정책을 다루고 있다. 송다영은 영국과 미국 중심으로 자유주의 복지체제의 가족정책의 특징과 현황을 개괄적으로 검토하고 있다. 특히 송다영은 시장중심의 가족정책이 돌봄과 관련해 심각한 계층 간 불평등을 야기하고 있다는 점을 지적하고 있다.

제4부에서 김인숙은 한국의 주요 가족정책 영역들을 정리하고 있다. 제11장에서는 탈가족화 정책의 핵심이라고 할 수 있는 아동보육정책을 다루고 있다. 김인숙은 아동보육과 관련된 정책쟁점을 공공성과 보편성의 확대라는 관점에서 접근하면서 한국보육정책의 4가지 핵심쟁점을 정리하고 있다 : 보육의 잠재적 시장화, 보육시설의 공공성 확대, 보육비용의 분담문제, 여성의 노동참여 지원. 제12장에서는 대표적 가족화 정책인 아동돌봄과 관련된 휴가정책을 정리하고 있다. 김인숙은 정책의 실효성 확보라는 관점에 근거해 한국 가족화 정책의 과제를 남성참여, 휴가제도의 유연성, 대상의 포괄성, 고용보장, 급여수준의 현실성이라는 다섯 가지를 중심으로 논의하고 있다. 제4부의 마지막 장인 제13장에서는 가족정책과 관련된 기본법에 대해 다루고 있다. 여기서 김인숙은 건강가정기본법의 제정으로 한국사회는 가족을 단순한 “사적 영역”이 아닌 공적 개입이 필요한 영역으로 선언하게 되었다는 의미를 부여하고 있다. 이런 관점에서 김인숙은 건강가정기본법이 제정되게 된 배경과 과정, 법의 주요 내용, 그리고 건강가정기본법에 기반을 두어 수립된 제1차 건강가정기본계획의 내용을 고찰하면서, 한국가족정책에 대한 쟁점을 정리하고 있다.

마지막으로 제5부 제14장에서는 한국가족정책의 지위와 전망에 대한 논의를 통해 가족정책과 관련된 논의를 정리하고 있다. 윤홍식은 여기서 가족정책은 단순히 하나의 정책영역이 아닌 한국 복지국가 확대와 지속 가능성을 담보하는 핵심적 정책영역임을 강조하고 있다. 그러면서 현재 한국사회에서 요구되는 가족정책과 관련된 일곱 가지 핵심쟁점들을 제시하는 것으로 책을 마무리하고 있다 : 탈가족화와 가족화, 지방정부의 역할, 남성의 참여, 여성 노동력에 대한 한국노동시장의 요구, 저출산 대응정책과 가족정책, 가족정책 전담부처의 위상과 역할, 일과 가족생활의 양립을 넘어서.

많은 고민들을 해왔지만 정작 중요한 내용을 다루지 못했다는 느낌을 지울 수가 없다. 그러나 현재의 수준을 직시하는 것 또한 공부하는 사람으로서 매우 유익한 과정이라고 생각하기에 이렇게 책으로 출간하기로 결심하게 되었다. 많은 부족한 부분들은 동료연구자들의 다른 저작들을 통해 채워지길 바란다. 더불어 작은 기대가 있다면 이 책이 가족정책을 고민하는 많은 초학자들에게 고민의 출발점이 되는 계기가 되었으면 하는 바람이다.

마지막으로 부족하지만 기꺼이 공동저술에 참여해주신 김인숙, 송다영 두 분 교수님께 어떻게 감사드려야할지 모르겠다. 사실 감사한 마음보다는 죄송한 마음이 앞선다. 지면을 빌려서 감사의 인사를 전하고 싶다. 그리고 출판을 기꺼이 수락해 주신 공동체의 김동훈 사장님과 직원분들께 진심으로 감사의 인사를 전하고 싶다.

2011년 5월

저자들을 대신해 윤홍식 씀

Contents

Contents

Contents

01 PART

가족정책의 이해

CHAPTER 01

가족을 둘러싼 변화와 가족정책

1. 현대사회 가족의 변화

현대사회의 가족은 후기 산업사회로의 변화 속에서 탈제도화, 다양화, 개인화 등 다양한 차원의 변화를 경험하고 있다. 이제 결혼은 남녀가 사회적 기본단위로 묶여 의무와 역할을 기반으로 노동력 재생산 기능을 수행하게 했던 제도적 속성을 벗어나 애정과 친밀감을 바탕으로 개인 간 자유로운 계약으로 변화하면서 결혼과 이혼에 대한 태도도 변화하고 있다. 점차 대가족을 기반으로 한 가족구조에서 소규모의 가족구조로 변화하고 있으며, 노동시장을 중심으로 조정되는 생활방식 속에서 대규모 집단이나 공동체보다는 개인의 이동성이나 유동성을 강조하는 개인화 경향이 뚜렷하게 나타나고 있다. 특히 여성의 교육수준 향상과 노동시장 진출은 여성들에게 점차 가족 안에서의 역할을 벗어나 노동영역 안에서의 삶을 기획하고, 조정해야 하는 상황에 놓이게 하였다. 이에 따라 자율적 개인으로서의 여성과 남성이 가족을 이루고 생활하게 될 때 가족과 노동시장 영역 간 성역할 분업을 둘러싼 갈등은 피할 수 없는 것이 되고 있으며 이를 새로운 방식의 삶으로 재조정해야 하는 단계로 접어들었다. 더욱이 완전고용이나 평생직장 보장이라는 기반 위에 성립되어 왔던 남성 가장중심의 일인생계자 가족구조는 자본주의의 고도화 속에서 점차 확대되고 있는 고용불안정성, 불완전고용의 증가로 인하여 더 이상 적합하지 않는 시대로 접어들었다(Esping-Andersen, 1999). 가족정책은 이와 같은 사회적 환경의 변화 속에서 새로이 등장한 사회적 위험에 대처하고 한 사회의 지속 가능성을 담보하기 위한 중요한 정책으로 자리잡고 있다.

본 장에서는 우선 우리나라 사회의 가족의 변화를 개괄하고, 둘째, 가족의 변화에 대한 두 가지 입장을 살펴보면서 가족정책의 역할을 검토해 보고, 이를 바탕으로 마지막 소결에는 가족정책의 방향성을 되짚어 보고자 한다.

2. 가족구조와 가치관의 변화[1)]

1) 가족구조의 변화추이와 현황

한국사회의 가족은 지난 수십 년 동안 지속적으로 결혼연령 상승, 혼인율 저하, 출산율 감소, 이혼 증가로 가족구조가 적지 않게 변화를 거쳐 왔다. 전반적으로 볼 때 한국사회의 가족구조는 농경사회에서 산업사회로 이전해오면서 가구원 수가 줄어들고 소가족화되었으며 사회경제적 요인과 결합되어 출산율이 급격히 떨어지면서 사회적 문제로 부상하고 있다. 또한 가부장 중심의 수직위계

1) 가족구조와 가치관의 변화, 가족가치 논쟁에 대한 부분은 송다영(2005)을 기본 틀로 하여 연도별 자료를 보충하고 수정・보완시켜 작성하였다.

적 가치관이 흔들리기 시작했으며 가족별로 여러 층위의 가치관이 혼재하는 상황이 되고 있다(이동원 외, 2001; 함인희, 2002; Benokraitis, 2002).

(1) 결혼 및 출산율 감소

무엇보다도 우리나라의 가족구조 변화에 커다란 영향을 미치는 요인 중의 하나는 가족구조 형성의 주요한 통로인 결혼이 지속적으로 감소하고 초혼연령의 상승으로 만혼이나 비혼이 늘어나는 추세와 연관되어 있다. IMF나 경제위기 여파로 증대된 고용불안정과 소득불안정과 같은 경제적 요인, 고학력화와 이에 따른 교육기간의 증가, 일-가족 양립을 가능케 하는 사회제도적 지원 부족과 일중심의 기업문화 풍토 등은 만혼화나 비혼화를 초래하는 원인으로 지적되고 있다. 실제 우리나라의 남녀 초혼연령은 1990년에는 남성 27.8세, 여성 24.8세였으나 2005년에는 남성 30.9세, 여성 27.7세로 상당히 높아졌다. 혼인건수는 1990년 399,312건(조혼인율 9.3%)에서 지속적으로 줄면서 2005년 316,375건(조혼인율 6.5%)으로 감소하였다. 우리나라에서 주요한 가족형성 통로인 결혼이 만혼이나 비혼으로 비율적으로 감소하고, 경제불안정, 일-가족 양립 제도 부재로 인해 결혼 이후에도 아이를 낳지 않거나 적게 낳게 되면서 출산율도 급격히 떨어져왔다. 출생아 수는 1990년 658,552명에서 2005년 438,062명으로 줄어들었으며 인구 천 명당 출생비율인 조출생율은 1990년 15.2%에서 2005년 8.9%로 2배 정도 급감하였다. 가임기 여성이 평균 출산하는 자녀 수를 나타내는 합계출산율도 2005년 1.08%로 저출산 징후가 뚜렷하게 나타나고 있다.

〈표 1-1〉 **혼인 및 출산율 추이** (단위 : %, 명)

연 도	초혼연령		결혼건수	조혼인율 (천 명당 혼인 수)	출생아 수	조출생율 (천 명당 출생 수)	합계 출산율
	여 성	남 성					
1990	24.8	27.8	399,312	9.3	658,552	15.2	1.57
1995	25.4	28.4	398,484	8.7	721,074	15.7	1.63
2000	26.5	29.3	334,030	7.0	636,780	13.3	1.47
2005	27.7	30.9	316,375	6.5	438,062	8.9	1.08

주) 합계출산율이란 한 여성이 가임기(15~49세) 동안 출산하는 평균 자녀 수
출처 : 통계청. 각 년도. 『인구동태연보』.

2) 가족구성 변화와 다양화

가족의 세대구성을 살펴보면 전반적으로 두드러지는 변화는 평균 가구원 수의 감소이다(표 1-2 참조). 1960년 평균 5.56명이던 가구원 수는, 1970년 5.24명, 1980년 4.50명, 1990년 3.77명, 2000년 3.12명, 2005년 2.87명으로 절반 가까이 줄어들어서 대가족을 벗어나 소가족화되는 경향성이 두드러진다. 다음으로는 3세대 이상 가구의 감소와 1세대 가구 및 1인 단독가구의 증가이다. 가구구성을 세대별로 보면, 2세대 가구는 1960년 64.0%, 1970년 70.7%, 1980년 68.5%, 1990년 66.3%, 2000년 60.8%, 2005년 55.4%로 지속적으로 완만하지만 감소하는 추세가 뚜렷하게 보인다. 2세대 가구비율이 전체적으로 완만하게 줄어든 반면 3세대 이상 가구는 1960년 28.5%에서 2005년 6.8%로 4분의 1 정도로 감소한 반면 1세대 가구는 7.5%에서 약 16.2%로 2배 정도 증가하였다. 3세대가구의 감소는 부부+자녀+노부모로 이루어진 직계가족이 줄어들고, 1세대가구의 증가는 결혼 후 아이를 낳지 않거나 출산을 연기하는 부부가구나 성인 자녀의 독립으로 노부부만 남게 되는 가구가 증가하는 현실을 반영한다. 특히 급격한 변화는 1인 단독가구의 증가인데, 1980년 4.8%에서 2000년 15.5%, 2005년 19.9%(약 3,171천 가구)로 4배 가까이 급증하였다. 1인 단독가구는 취학, 취업

등의 이유로 단독가구를 형성한 청년층과 배우자와 사별한 후 혼자 남게 된 노인층의 증가에 의한 것으로 보인다.

〈표 1-2〉 **세대별 가구구성 변화** (단위 : 천 가구, %)

가구구성 (가구원 수)	1960년 (5.56명)	1970년 (5.24명)	1980년 (4.50명)	1990년 (3.77명)	2000년 (3.12명)	2005년 (2.87명)
총가구 수	4,371	5,576	7,969	11,355	14,312	15,887
1세대 가구	7.5	6.8	8.3	10.7	14.2	16.2
2세대 가구	64.0	70.0	68.5	66.3	60.8	55.4
3세대 가구 이상	28.5	23.2	17.0	12.5	8.4	6.8
단독가구	–	–	4.8	9.0	15.5	19.9
비혈연 가구	–	–	1.5	1.5	1.1	1.4
합 계	100.0	100.0	100.0	100.0	100.0	100.0

출처 : 통계청. 각 년도. 『인구주택총조사보고서』.

가족형태별 가구구성을 보면 부부＋미혼자녀가구는 1990년 51.9%, 1995년 50.4%, 2000년 48.2%, 2005년 42.2%로 여전히 높은 비율이지만, 다른 가족형태에 비하여 감소하는 추세가 뚜렷하다(표 1-2 참조). 부부＋양(편)친, 부부＋자녀＋양(편)친으로 이루어진 2세대, 3세대 가족으로 이루어진 직계가족의 비율도 현저히 줄어들었다. 이에 비하여 소위 비전형적인 가족으로 분류되었던 가족형태는 증가하는 현상이 대비된다. 구체적으로 한부모와 미혼자녀로 구성된 가족형태는 1990년 7.8%, 1995년 7.4%, 2000년 7.9%, 2005년 8.6%로 비율적으로 지속적으로 증가하고 있다. 부부로 구성된 가족형태는 1990년 8.3%, 1995년 10.8%, 2000년 12.3%, 2005년 14.2%로 비율적으로 증가하는 추세가 보인다. 그 외 기타 가족형태도 1990년 22.8%, 1995년 23.7%, 2000년 25.0%, 2005년 29.5%로 1990년부터 2000년까지는 소폭 증가하다가 2005년 이후 비율이 높아지면서 증가하고 있다. 이것은 2000년 이후 직장이나 학업 등의 이유로 결혼을 하지 않고 혼자 혹은 2~3

인이 모여 사는 형태나, 노인기 혼자 사는 형태가 급증하는 사회현실과 맞물려 있다.

위에서 언급된 가족형태별 변화에서 주목할 만한 사항을 요약해 보면 첫째, 양부모와 자녀로 이루어진 가족형태는 사회적 변화 속에서도 여전히 주요한 가족형태로서 자녀출산과 양육의 기능을 지속하고 있으나 감소하고 있는 반면 한부모가족, 부부(무자녀)가족, 기타 가족과 같은 다양한 가족형태가 증가하고 있다. 둘째, 세대별로는 2세대, 3세대 등의 직계가족은 감소하고 자녀없이 부부로만 구성된 가족의 비율이 증가하고 있다. 부부로만 구성된 가족의 비율의 증가는 자녀를 낳지 않거나, 자녀출산 시기의 연장, 길어진 노년기로 인해 발생되고 있는 것으로, 가족 내 주축이 점차 부모-자녀 간 관계에서 부부 간 관계, 즉 부부 간 연대감과 애정에 기반한 우애적 결합이 가족생활을 이끌어가는 주요한 요인이 되고 있다. 셋째, 학업, 취업, 결혼 연기 등의 이유로 독신을 포함하여 전형적이지 않은 다양한 형태로 살고 있는 사람들의 비율이 1990년대 이래 지속적으로 증가하고 있으며 최근에 이르러서는 더욱 수적으로 증가하고 있다.

〈표 1-3〉 **가족형태별 가구의 변화** (단위 : 천 가구, %)

가족형태		1990년	1995년	2000년	2005년
전국 가구 수		11,355	12,958	14,312	15,887
핵가족	부 부	8.3	10.8	12.3	14.2
	부부 + 미혼자녀	51.9	50.4	48.2	42.2
	한부모 + 미혼자녀	7.8	7.4	7.9	8.6
직계가족	부부 + 양(편)친	0.8	0.9	1.0	1.0
	부부 + 양(편)친 + 자녀	8.4	6.8	5.7	4.5
기타 가족		22.8	23.7	25.0	29.5

출처 : 통계청. 각 년도. 『인구주택총조사보고서』; 한국여성정책연구원(2008). 『2008년 성인지통계』.

다음으로 두드러진 가족구조상 변화는 한부모가족 중에서도 이혼으로 인한 한부모가족의 증가이다. <표 1-4>에 나타나는 바와 같이 한부모가족은 사별, 미혼모, 이혼, 그리고 유기·가출·장기복역 등의 사유로 인한 배우자와의 비동거에 의해 발생하는데, 전체 가구 중 한부모가구가 차지하는 비율은 1990년 7.8%에서 2000년 7.9%, 2005년 8.6%로 비율적으로 증가하는 추세를 보이고 있다. 형성원인별로는 1990년 기준으로 사별 56.0%, 가출, 유기 등의 사유로 배우자와 비동거 25.5%, 이혼 8.9%, 미혼 9.6%로, 사별이 한부모가족을 이루는 주요한 원인이었다. 그러나 2005년 형성원인별로 살펴보면 사별 36.6%, 가출, 유기 등의 사유로 배우자와 비동거 23.9%, 이혼 29.1%, 미혼 10.4%로 사별이나 별거 등 다른 이유에 의한 한부모가구의 증가보다 이혼으로 인한 한부모가족의 비율이 급증하였다. 양적으로도 1990년 약 7만 9천 가구에서 2000년 24만 5천 가구, 2005년 39만 9천 가구로 5배 이상 늘어났다. 이혼으로 인한 한부모가구의 증가는 이혼건수의 증가와 조이혼율의 연도별 증가추이로도 나타나는데 1990년에 비하여 2005년 이혼건수(128,468)나 조이혼율(2.6%)은 3배 이상의 증가를 보인다.

〈표 1-4〉 **한부모가족 구성의 변화**

연 도	한부모가구 수(단위 : 천 가구, %)					전체가구 중 한부모가구 비율	이혼 건수	조이혼율 (천 명당)
	유배우	사 별	이 혼	미 혼	계			
1990	227 (25.5)	498 (56.0)	79 (8.9)	85 (9.6)	889 (100.0)	7.8	45,022	1.1
1995	216 (22.5)	526 (54.8)	124 (12.9)	94 (9.8)	960 (100.0)	7.4	68,078	1.5
2000	252 (22.5)	502 (44.7)	245 (21.9)	122 (10.9)	1,124 (100.0)	7.9	119,982	2.5
2005	328 (23.9)	501 (36.6)	399 (29.1)	142 (10.4)	1,370 (100.0)	8.6	128,468	2.6

출처 : 통계청. 각 년도. 『인구주택총조사보고서』.

3. 가족관련 가치관의 변화

지난 이십여 년 동안 가족구조의 변화는 전체적으로 핵가족이 지속적으로 안정적인 비율을 차지하는 가운데, 3세대 직계가족은 감소하고 1인 단독가구의 증가, 1세대 부부가족의 증가, 이혼으로 인한 한부모가족의 증가로 요약된다. 이것은 가족이 자녀출산과 사회화 기능을 담당하는 주요한 제도로서 존재하고 있으나, 점차 가족구성이나 형태가 다양화되고 있다는 것을 말해준다. 이와 같은 변화는 가족을 둘러싼 의식의 다변화 등 가치관의 변화와 맞물려 일어났다. 즉, 점차 개인들은 초혼 혈연가족과 부모-자식관계를 중시하던 과거와 달리 선택적으로 결혼을 하고, 선택적으로 자녀를 갖으며, 행복하지 않은 결혼은 해체할 수 있다는 가치관으로 변화하고 있으며 이에 따라 다양한 가족형태가 가능한 상황이 되고 있다. 또한 가족 간에는 계층, 소득, 가족주기, 학력 등에 따라, 가족 내에서는 성, 연령, 지위 등에 따라 가족구성원 개개인의 다양한 가족가치와 생활모습이 표출되고 있는 현실이다. 이에 따라 가족은 이제 더 이상 동질적인 집단이 아니며 다양한 층위와 욕구를 형성하는 개인들의 집합적 연대체로서의 성격이 강해지고 있다.

가족을 둘러싼 가치관 중 가장 현저하게 변화한 부분은 결혼을 하여 자녀를 낳아 기르고, 자녀가 노후의 부양을 책임져 줄 것이라는 가치관이 약화되거나 변화되고 있다는 것이다. 전체적으로 대다수의 사람들은 결혼에 대해 필요하다고 생각하고 있으나 이제는 결혼을 필수보다는 선택으로 받아들이는 경향이 나타나고 있으며, 이혼에 대해서도 다수가 부정적이지만 점차 선택적으로 변화하는 경향이다(표 1-5 참조). 약 70%의 한국인들은 결혼의 필요성을 인식하고 있으나 점차 '결혼은 해도 좋고 하지 않아도 좋다'는 비율이 증가하고 있다. 1998년에 비하여 2006년에는 '반드시 결혼해야 한다'는 비율이 남녀 모두 줄어들었으며 그 격차는 여성에게 현저하다. 이혼에 대해서는 약 60%가 부정적으로 인식하고 있으나 이혼 또한 점차 경우에 따라서는 허용할 수 있다는 비율이 늘어나고 있다(표 1-6 참조). 성별로는 여성들이 남성들에 비해서 결혼에 대해서는 보다 '해도 좋고 안 해도 좋다'(2006년 : 남성 21.1%, 여성 33.6%)에, 이혼에 대해서는 상황에 따라 필요하다면 할 수 있다는 허용적인 태도를 보이고 있다(2006년 : 남성 29.4%, 여성 42.6%). 재혼에 대한 태도에서도 점차 전통적으로 부정적이던 인식에서 허용적인 태도로 바뀌어가고 있어서 가족형태의 다양성은 일반인의 가치관 변화에서 발견된다.

〈표 1-5〉 **결혼에 대한 태도 변화** (단위 : %)

연 도	성 별	반드시 해야 한다	하는 것이 좋다	해도 좋고 안 해도 좋다	하지 않는 것이 좋다	모르겠다
1998	여성	30.5	37.4	28.9	3.2	1.5
	남성	36.9	42.6	18.4	1.6	1.4
2006	여성	21.6	38.9	33.6	3.1	2.7
	남성	30.0	45.1	21.1	1.3	2.5

출처 : 통계청. 각 년도. 『한국의 사회지표』.

〈표 1-6〉 **이혼에 대한 태도 변화** (단위 : %)

연 도	성 별	이혼은 절대 안 된다	가급적 이혼하지 않아야 한다	경우에 따라서 할 수 있다	이유가 있다면 하는 것이 좋다	모르겠다
1998	여성	18.1	38.9	31.4	9.7	1.9
	남성	19.9	43.8	26.7	7.3	2.2
2006	여성	17.0	39.2	34.5	8.1	3.6
	남성	22.0	36.8	24.0	5.4	4.4

출처 : 통계청. 각 년도. 『한국의 사회지표』.

또한 가족의 기능 중의 하나였던 자녀출산도 점차 선택적으로 변화하는 경향이 강하다. 즉, 결혼 이후 자녀출산을 필수적으로 생각하는 비율이 줄어들고 상대적으로 결혼과 출산 간 상호연관성이 약화되는 추세로 변화하고 있다. 기혼여성을 대상으로 한 전국 단위 조사에 의하면 '자녀가 반드시 필요하다'고 생각하는 비율은 1997년 73.7%에서 2006년 53.8%로 급격히 감소하였다. 반면 '가지는 것이 좋다'는 1997년 16.6%에서 2006년 34.1%로, '없어도 무관하다'는 9.4%에서 12.1%로 증가하면서 자녀출산에 대해서 보다 유연해진 견해를 보이고 있다. 여전히 대부분의 여성들은 자녀를 가지는 것을 필수적으로 선택하거나 선호하는 경향이 뚜렷하지만 결혼과 자녀출산을 동일선상에서 바라보지 않고 간격을 인정하는 등 결혼과 출산 사이의 상호연계성이 상당히 약화되었다.

자녀출산에 대한 가치관이 선택적으로 변한 것과 비슷하게 노부모 부양에 대한 자녀의 우선적 책임에 대한 가치관도 상당히 약화되었다. 노후부양책임은 1998년에는 주로 자녀들에게 있으며 그 중에서도 장남이나 아들들의 책임을 강조하는 경향이 강하였으나, 2006년에는 자녀들보다는 본인 스스로 노후를 준비하고 책임져야 한다는 태도가 뚜렷하게 나타난다. 노후를 스스로 책임져야 한다는 견해는 1998년 8.1%이었으나, 2006년 46.3%로 매우 높아지고, 자녀들이 부양을 해야 한다는 견해는 상당히 줄어들었다. 부양책임에 대한 태도에 있어서 남성은 여성에 비하여 여전히 자녀들로부터의 부양을 당위적으로 여기는 경향이 나타나지만, 연도별 추이로 보면 여성보다 본인책임을 의식하는 비율이 현저하게 증가하였다.

〈표 1-7〉 **기혼여성의 자녀 필요성에 대한 태도, 1997~2006** (단위 : %)

연 도	반드시 가져야 한다	갖는 것이 좋다	없어도 무관	모르겠음	전체(사례 수)
1997	73.7	16.6	9.4	0.3	100(5,409)
2000	58.1	31.5	10.0	0.5	100(6,363)
2003	54.5	32.3	12.6	0.6	100(6,593)
2006	53.8	34.1	12.1	–	100(5,382)

출처 : 한국보건사회연구원. 각 년도. 『전국 출산력 및 가족보건실태조사』.

〈표 1-8〉 **부양책임에 대한 태도 변화** (단위 : %)

연 도	성 별	스스로 해결	장 남	아 들	딸	자녀 모두	기 타
1998	전체	8.1	22.4	7.0	0.5	60.0	2.0
	여성	8.8	19.8	5.5	0.9	62.9	2.1
	남성	7.3	25.1	8.6	0.1	57.0	1.9
2006	전체	46.3	15.1	11.7	2.3	24.2	0.5
	여성	49.8	12.8	7.9	6.5	22.0	1.0
	남성	45.4	15.6	12.6	1.2	24.8	0.4

출처 : 통계청. 각 년도. 『한국의 사회지표』.

4. 가족변화를 둘러싼 논쟁 : 가족위기론 대 가족변화론

이와 같은 가족구조 및 가족관련 가치관의 변화는 결혼율 저하, 이혼율 증가, 독신가구, 한부모가족 등과 같은 다양한 가족형태의 등장, 출산율 하락 등은 최근 우리나라에서 사회적으로 해결해야 할 과제로 정책적 관심을 받고 있다. 그러나 우리나라에서 최근 집중적으로 논의되고 있는 이혼율 증가, 한부모가족 증가, 독신가구 증가, 출산율 하락 등은 이미 서구에서 유사한 양상으로 발생한 바 있다. 이처럼 다양한 차원에서 제기되는 가족변화는 가족형태의 다양화를 위기나 부정적으로 인식하고 대책을 모색하는 위기론 입장과 이와 같은 변화를 긍정적으로나 혹은 필연적으로 일어날 수밖에 없다고 바라보면서 대책을 모색하는 변화론 입장으로 나뉜다. 각각의 입장은 '가족은 어떻게 구성되어야 하고 어떤 방식으로 살아가는 것이 이상적인가'라는 가족가치에 대한 차이를 보인다. 즉, 가족가치란 가족 구성형태와 가족 내 기능을 수행하는 분업방식에 대한 지향성으로, 전자는 남성가장을 중심으로 한 핵가족 내에서 남성은 생계부양자의 역할을 수행하고 여성은 가족구성원의 일상생활의 유지와 정서적 유대를 형성할 수 있게 하는 역할을 담당하는 분업방식을 이상적인 가족으로 보는 데 비하여, 후자는 남성가장 중심의 핵가족을 이상적 가족으로 보는 데 동의하지 않는다. 이들 가족가치에 대한 입장은 기본적으로 가족 내 성별 역할이나 여성의 위치를 어떻게 상정하는가에 따라 차이가 난다. 전자는 남성=생계부양, 여성=가족보호의 성역할 구분을 가장 자연스러운 것으로 상정하기 때문에 여성들의 노동시장 참여가 증가하는 현실 속에서도, 여성의 위상과 지위를 가족 내 어머니로서, 아내로서의 역할에 일차적 규정성을 두고 있다. 반면 후자는 남성을 생계부양, 여성을 가족보호 역할로 구분시키는 것은 여성의 남성에의 종속을 구조화시키는 가부장성을 벗어나기 어렵다는 점에서 이상적인 가족형태는 아니라는 입장이다. 또한 이들은 이혼가족, 독신가구 등은 문제가족이 아니라 기존의 남성중심의 가부장적 가족구조를 벗어나 평등하고 민주적인 가족으로서 대안적 형태가 될 수 있다는 입장을 견지하고 있는데, 이것은 여성의 위치가 어머니로서나 아내로서의 역할을 넘어서 사회적으로든, 경제적으로든 독립적이고 자율적인 행동을 하는 개인으로 전제되어야 한다는 철학과 맥이 닿아 있다. 가족위기론, 가족변화론을 원인진단, 아동문제, 대책 및 전망으로 나누어 살펴보면 아래와 같다.

1) 가족문제 진단

가족의 해체적 위기를 주장하는 연구자들은 전형적 가족을 강조하며 가족안정성을 우선적 가치로 하고 있다. 이들에게 있어 핵가족은 '천부적으로' 주어진 성별 역할(남성=생계부양, 여성=가족보호)에 기초하여 사회구조를 원활하게 유지하기 위해서 가족이 수행해야 할 아동양육, 사회화, 노동력 재생산 기능을 가장 잘 수행해낼 수 있는 기본적 단위로 가장 이상적인 가족형태이다(Parsons and Bales, 1955). 그러나 산업화와 도시화로 개인주의적 가치가 증대하고 자아실현의 욕구가 강조되는 사회 속에서 점차 가족은 자녀의 사회화 기능 및 사랑과 연대감 제공이라는 정서적 기능들을 원활히 수행하지 못한 채 이혼과 한부모가족, 무자녀 부부가족, 독신가구 등이 증가하고 출산을 거부하면서 가족문제가 발생하고 있다고 본다[2](Popenoe, 1988).

반면 가족의 다양화를 위기보다는 변화로 수용하는 입장에서는 종래의 가부장제적 가족구조와 경제구조의 불안정성을 주로 가족의 변화를 이끌어낸 요인으로 본다(Scanzoni, 2001). 이들은 현대사회의 가족은 민주적이고 평등한 가치를 중시하는 전체 사회의 변화 속에서 점차 전통적 가족의 위계를 거부하고 민주적인 가족관계를 형성시키고자 하는 의지들을 성숙시켜 나가고 있으며 이에 따라 가족구조

2) 가족위기론은 현대사회에서 개인들이 점차 집단보다는 개인을 중시하고, 공동체로서의 가족유대보다는 개별체로서의 자아실현에 더 가치를 두는 사회적 풍조의 확산을 문제시한다. 가족 내에서 희생과 배려의 가치가 상실되어 가고 있고 이것이 가족해체현상으로 연결된다고 주장한다. 구체적 증거로는 자유와 독립 그리고 직업세계에서의 성공에 일차적인 가치를 부여하면서 독신가구가 증가하고, 자녀양육의 번거로움을 피하기 위하여 자발적인 무자녀 부부가 증가하고, 자녀의 복리보다는 스스로의 행복을 중시하는 경향으로 부부의 이혼이 급증하고 있다는 것이다(Popenoe, 1988).

는 변화하고 다양화되어간다고 주장한다(Benokratis, 2002; Giddens, 1996; 김인숙, 2002; 윤홍식, 2004a; 이재경, 2004). 즉, 가족은 성과 연령에 의한 불평등과 역할/ 기능 수행을 의무로 했던 가부장제적 가족으로부터 부부 간 평등과 아동 및 개별 구성원들의 개인적 권리가 존중되는 가족으로 변화되어가고 있다. 따라서 이혼과 한부모가족, 동거부부 및 동성애부부와 같은 비전형적 가족은 정상(건강)가족으로부터 일탈한 비정상가족이 아니라 자율성과 평등성을 기본 가치로 하는 현대사회의 대안가족이 될 수 있다고 본다(Scanzoni, 2001). 또한 이혼이나 출산율 문제의 근본적 원인은 전통적인 성역할을 거부하려는 여성들의 이기심에 있는 것이 아니라 자녀양육 및 출산의 모든 책임이 여성에게 과부하된 성별분업체계, 가정과 직장 양립을 지원하기 위한 보육정책 및 사회적 지원체계 부족, 가족보호 역할에 대한 사회적 경시 등에서 비롯된다(Giele, 1996; 송다영, 2005).

또한 경제구조의 다원화와 불안정성도 가족구조와 형태를 다양화시키는 요인으로 지적된다(Furstenberg and Cherlin, 1991; Young, 1995; 김인숙, 2003b). 이들은 구조기능론자에 의해서 강력히 옹호되는 핵가족 모델은 중산층 이상의 가족에만 적용되는 한계를 지니고 있다고 비판한다. 남성 가장의 수입만으로는 가족을 부양할 수 없는 경제구조와 고용의 불안정성 증대는 여성의 경제활동과 다원화된 가족의 삶을 이끌어낸다. 특히 가족은 사회 내에서 경제적 위기에 의해 가장 직접적으로 영향을 받는 제도 중의 하나로 경제위기가 가족을 해체시키는 영향력이 있음을 주목한다. 실제로 경제위기 및 불황의 지속은 가족관계 악화는 물론 이혼율 증가, 가족성원에 대한 신체적 학대 및 자녀유기 증가로 이어지고 있는 연구결과들이 나오고 있다(Cogner, 1990; Jenson and Smith, 1990; Voydanoff, 1990). 특히 백인가족보다 흑인가족을 중심으로 집중되어 나타나는 이혼율 증가, 빈곤 증가, 혼외출산율 증가는 가족형성과 유지에 있어서 경제적 불안정성이 얼마나 중요한가를 직접적으로 보여준다[3](Wilson, 1987).

2) 가족문제와 아동의 행복

가족위기론자들이 가족해체로 인해 가장 우려하는 부분은 아동의 빈곤과 정서적 안정감 저하이다. 위기론자들에 의하면 아동은 부모의 이혼으로 일상적 부양단위가 파괴됨으로써 경제적으로나 정서적으로 심각한 갈등을 경험하는 등 여러 가지 어려움을 겪기 때문에, 이혼을 건강치 못한 가족의 전형으로 이해한다(Wallerstein and Blakeslee, 1989). 이들이 제시하는 자료는 1980년대 이후 미국 아동빈곤 증가의 절반 이상이 이혼과 이로 인한 모자가정의 증가이다(Popenoe, 1993; Weitzman, 1985). 또 가족위기론자는 한부모 여성가장가구의 빈곤화로 이들에 대한 사회적 비용부담이 늘고 있으며, 복지의존 및 국가재정이 낭비된다고 주장한다(Murray, 1984).

가족변화론자는 아동의 빈곤화 문제에 대해서도 가족변화를 문제 삼는 것은 잘못된 진단이라고 주장한다. 즉, 이혼 후 여성가구주 가족을 중심으로 나타나는 아동의 빈곤화 문제는 기본적으로 노동시장 내 여성 불평등과 저임금체계, 사회복지정책 및 사회안전망 체계의 부재에서 비롯된다고 주장한다(Gauthier, 1996). 가족구조 자체가 아동빈곤의 주요한 요인이라면 이와 같은 문제는 부자가족에서도

3) 1960년까지 18세 미만 자녀와 살고 있는 모자가구는 전체 흑인가족의 20%를 유지하다 1980년에 40.2%로 급증한 반면, 백인은 11%에서 11.6%로 큰 변화가 없었다. 1890년대에서 1950년대에 이르기까지 백인들과 비슷하거나 더 높았던 흑인들의 결혼율(여성들의 경우 69~75%, 남성들의 경우 60~75%)은 1950년대를 기점으로 백인들보다 큰 폭으로 감소했다. 1980년 백인여성의 결혼율은 78.45%이며 백인남성은 71.9%인 반면, 흑인여성의 결혼율은 65.5%이며 흑인남성은 58.6%에 그쳤다(임인숙, 1999; Wilson, 1987). 1980년대 당시 백인의 실업율은 28.1%로 감소한 반면 흑인은 41.4%로 증가했다는 사실은 가족 형성·유지에 경제적 여건이 얼마나 중요한가를 보여준다.

동일하게 나타나야 하나, 모자가족에게만 나타나는 것은 여성지위의 열악성을 반영하는 것이지 가족구조 자체의 문제는 아니라는 것이다[4]. 또한 서구 및 유럽국가 간 노동시장정책과 사회보장정책 비교를 통하여 이들 가족의 빈곤이 절대적인 문제가 아니라 사회적 대처방식에 따라 근본적으로 해결될 수 있는 사안임을 강조한다(Esping-Andersen, 2002; Gauthier, 1996).

이외에도 가족변화론자는 가족의 해체적 위기를 강조하는 입장에서 제기된 이혼가족 아동들이 극복할 수 없을 정도의 정서적, 심리적 갈등을 겪고 있다는 주장도 상당히 과장된 것이라고 반박한다. 부모가 이혼했다 하더라도 부모의 충분한 사랑과 보살핌이 있으면 아동들은 대부분 변화된 환경에 성공적으로 적응한다(Amato, 2000; Furstenberg and Cherlin, 1991). 국제적 통계자료를 바탕으로 미국, 독일, 스웨덴, 이탈리아 등 네 국가를 대상으로 아동의 삶의 질(well-being)을 비교・분석한 Housenecht and Sastry(1996)는 가족쇠퇴가 아동의 삶의 질을 떨어뜨린다는 포페노(Popenoe, 1988, 1993)의 주장을 반박한다. 교육적 성취도, 가족유형별 빈곤율, 영아사망율, 15~19세 아동의 자살율, 청소년비행율, 마약범죄율 등을 네 국가의 아동의 삶의 질을 비교해 본 결과 전통적인 가족형태를 가진 이탈리아와 가장 비전통적인 가족형태를 가진 스웨덴의 지표가 높게 나타났으며, 전통적인 가족형태를 지원하는 독일의 아동관련 지표는 낮았으며 미국은 가장 낮은 것으로 나타났다. 이것은 아동의 삶의 질은 가족형태의 전형성이 아니라 가족에 대한 사회적 지원방식에 따라 달라짐을 보여주는 것이다.

---

4) 모부자가족의 평균소득을 비교하면 모자가족의 60.2%가 연소득 $10,000 미만이었던 반면 부자가족은 25.8%에 불과하였다. 따라서 모자가족을 중심으로 나타나는 빈곤문제는 여성들이 노동시장에서 직면하는 임금과 고용에서의 불평등이 이들 가족의 빈곤을 야기하는 주요 원인이다(Whitehead, 1993; 임인숙, 1999 재인용).

3) 가족문제의 대안 및 전망

이와 같은 근거 속에서 가족위기론자들은 주로 정상가족 혹은 전형가족으로의 재정비를 주장한다. 구조기능론자의 대표적인 학자인 파슨스와 베일즈(Parsons and Bales, 1955)는 남성의 도구적 역할과 여성의 정서적 역할을 가장 인간적이고 자연에 순응하는 가족 이상향으로 제시하고 이를 기반으로 사회가 구조화되어야 한다고 강조한다. 이들은 여성의 권한을 제한할 것을 명시적으로 강조하는 입장에서부터 사회복지제도 자체를 감소시켜 가족형태를 전형적 가족형태로 회귀할 수 있도록 하자는 입장에 이르기까지 다양하다[5]. 이러한 주장은 파슨스의 구조기능론이 주창되던 시기로부터 2000년대 현재에 이르기까지 변형의 과정을 거치면서도 유사한 이론으로 재생산되고 있다.

이에 비해 가족변화론자들은 과연 정상가족이라는 것이 현실적으로 존재하는가를 의문시한다(Beck and Beck, Gem sheim, 1999; Gittens, 1997; Skolnick, 1991; 落合惠美子, 1997). 즉, 초역사적으로 정상적이고 이상적인 가족에 대한 집착은 신념으로만 존재했을 뿐 현실 속의 가족은 다양한 갈등의 연합체였다는 것이다. 가족은 늘 다양한 방식의 문제와 이를 해결해가는 과정의 연속선상에 놓여 왔으며 역사적 시기별로 특수성을 띤 사회적 구성체였다. 스콜닉은 100년 전에도 아동학대, 성적 방종, 폭력, 이혼과 독신의 증가 등 변화하는 사회적 가치와 가족의 쇠퇴에 대한 우려는 지금과 동일하게 존재하고 있다고 지적한다(Skolnick, 1991). 핵가족이 확대가족을 대체하던 시기에는

---

5) 가족위기론에서 제시된 방안으로는 ① 여성이 능력을 발전시킴으로써 부인과 어머니의 역할을 소홀히 하지 않도록 고등교육을 반대하거나 저임금을 유지시켜야 한다는 주장으로부터, ② 여성중심의 모계가족 전통으로 혼외출산과 이혼이 늘어나므로 이를 감소시키기 위해서는 사회복지제도에 의존하는 여성들에 대한 규제와 정상적인 (부계중심) 가족가치로 전환해야 한다는 주장(Murray, 1984), ③ 임신중절규제법이나 이혼을 어렵게 하는 맹약결혼(Covenant Marriage Act) 등에 이르기까지 다양하다(Bogenschneider, 2000).

핵가족이 전통적 공동체 유대를 파괴하는 것으로 우려했던 것과 같은 맥락에서, 현대사회의 다양화되는 가족의 삶의 방식도 또 다른 차원의 변화나 가족의 실체들 중의 하나로 해석되어야 한다는 것이다[6]. 가족의 구성형태와 관계없이 가족으로서의 기능을 수행하며 가족구성원 간 가족관계가 지속되는 한 가족은 그 자체로 가치지향체가 될 수 있기 때문이다. 따라서 특정 가족(the family)의 형태적 변화를 가족(families) 자체의 해체 또는 붕괴로 이해하는 것은 옳지 못하며 다양한 형태의 가족의 삶을 존중해야 한다고 주장한다.

또한 이들은 여성의 노동시장 참여가 높아지고 맞벌이가 일반화되어 가고 있는 상황이기 때문에 보육서비스, 육아휴직, 탄력적 근무제도 등을 통하여 이와 같은 가족들이 일-가족을 양립시키면서 생활해나갈 수 있도록 하기 위한 사회적 지원방안이 마련되어야 한다고 역설한다. 여성의 노동시장 참여율이 지속적으로 증가하고 있는 상황에서 여성의 역할을 가족 내 틀로 한정하고 가족 내 보호 역할 수행자로서의 지위를 부과하는 것은 사회적으로 가능하지도 않으며, 이들 가족의 삶을 질곡으로 빠트리고 있다. 가족변화론자들은 여성을 가족 내 역할로 한정시키거나 노동시장 참여와 관계없이 여성에게 전통적으로 지속되어 온 모성역할, 아내역할을 모두 부담시키는 불평등한 가족구조에서 벗어나, 남녀 모두가 생애에 걸쳐 일과 가족을 양립시켜나갈 수 있도록 사회적 지원과 제도적 안전망을 확충시키는 것이 가족문제 해결의 진정한 대안임을 역설한다(김인숙, 2003; 윤홍식, 2004a; 송다영, 2005).

---

6) 가족변화론자들은 이념형으로서의 '정상가족'에 항상 긍정적이고 밝은 면만을 그림으로써 정상가족모델이 가지고 있는 이면의 어두운 측면은 간과된다고 지적한다. 이에 따라 가족에 대한 정의와 인식은 지나치게 단순화되며 현실 가족들(families)이 가지는 복합성, 유동성, 다양성들이 비정상가족으로 범주화되는 결과를 초래하였다고 비판한다(Gittins, 1997).

5. 가족정책 전망과 과제

가족문제를 보는 시각은 일반적으로 가족의 붕괴로 인해 마지막 남은 인간적 유대나 안식처마저 잃게 되었다는 위기의식과 맞물려 있어서 언제나 객관적으로 현실을 점검해내고 대안을 모색하는 데 어려움이 있어온 것이 사실이다. 그러나 앞에서 살펴본 바와 같이 한국사회 가족구조는 지속적으로 변화하고 있으며 가치관도 급격하게 다원화되고 있다. 따라서 2000년대 이후 사회문제로 부상한 이혼율 증가, 출산율 감소 문제도 가족위기로 받아들일 것이 아니라 가족변화의 차원에서 이를 수용하고 대책을 강구할 필요가 있다. 특히 가족 내에서 아동과 노인부양의 역할을 해왔던 여성의 경제활동참가율 증가와 노동시장에로의 욕구 증대는 이들의 변화된 삶을 수용하고 사회적 차원에서 지원할 수 있는 방안이 가족정책 차원에서 모색되어야 한다.

'출산율 1.19명', 'OECD 최고수준의 이혼율' 등은 근래 우리 사회 전반의 중대한 사회문제 중의 하나로 부상하고 있다. 이와 같은 가족구조의 균열이나 해체에 대한 징후는 개별 가족의 문제를 넘어서 사회적 혹은 국가적으로 해결해야 하는 과제로 인식되고 있다. 이에 따라 정부는 출산유도 인센티브나 수당제도, 보육료 지원 등과 같은 정책들을 시행하고 있다. 그러나 모든 정책들이 가족문제를 해결하는 것은 아니며, 심지어 가족형태별 차별을 강화하는 결과를 초래할 수 있다. 따라서 가족 전반의 변화를 포괄하면서 모든 형태의 가족들이 혜택을 받을 수 있는 가족정책을 모색하는 것이 중요하다. 우리나라 가족의 변화를 전제로 한 가족정책의 기본 방향은 다음과 같다.

첫째, '남성 가장, 초혼, 혈연에 기반한 부부자녀 가족'을 정상 가족으로 전제하고 남성 생계부양자 모델을 전형으로 전제한 가족정책 기본 틀에서 벗어나야 하겠다. 현재 한국사회에서 진행되는 건강가정기본법이나 기존의 사회복지법은 표면상으로든 내면적이든 특정 형태의 가족만을 정상적인 가족으로 간주하고 있다. 이에 따라 소위 정상가족 범주를 벗어난 가족들은 실제적 가족생활과 관계없이 비정상적이거나 해체된 가족으로 인식되곤 한다. 그러나 가족이 어떤 형태로 변한다 하더라도 부양기능, 정서적 기능 등 가족이 핵심적으로 맡아 왔던 기능을 수행하고 있거나 수행하려는 노력을 하고 있다면 이러한 상태를 가족해체로 규정할 수 없다. 따라서 국가는 전형, 정상가족에 기반한 정책기조를 벗어나 사회적으로 증가하고 있는 한부모가족, 독신가구, 맞벌이가족, 재혼가족, 무자녀가족, 입양가족 등의 가족(가구)생활이 사회적으로 지원될 수 있는 제도적 기반을 조성하여야 한다. 특히 가족정책은 다양한 가족형태를 포괄하면서 정책혜택에 있어서 가족형태별 차별이 생산되지 않도록 하는 정책결과에 대한 평가가 포함되도록 해야 하겠다.

둘째, 가족은 산업화, 도시화, 글로벌화 등으로 끊임없이 변화하고 있다. 이에 따라 개별 가족들(families)이 살아가는 방식이나 개인들이 선택하는 삶의 양식은 다양해지고 있다. 이제 남성=생계부양, 여성=가족보호의 역할을 수행하는 '전형적' 가족으로의 회귀는 사회적 기대와는 관계없이 가능하지 않게 되었다. 성별분업과 역할 및 기능수행에 의해 조직되었던 전형적 혹은 정상가족형태는 사회적으로 일부 계층에만 적용될 뿐이다. 대개 남성가장이 유일의 생계부양자이고 전업주부(부인)가 가족을 돌보는 것이 가능한 중산층 가족의 비율도 점점 더 감소되고 있다. 노동시장은 유연화 과정을 통하여 더 많은 노동자들을 주변노동자화시키고 있으며 사회적으로도 주택구입 및 자녀교육 비용부담, 노후생활을 준비해야 하는 추가 부담분 등은 더 많은 가족 구성원에게 경제활동과 소득을 강조하는 방향으로 가고 있다. 현실적으로 저소득층 가족은 남성가구주뿐만 아니라 부인, 자녀들까지 취업을 하여 각각의 소득을 결합하는 방식으로 생계를 유지하고 있다. 따라서 이들 가족에게 있어 여성의 취업과 이를 통한 소득확보는 가족의 생활에 필수불가결한 요소이다. 그러므로 여성들의 역할을 자녀출산, 양육, 가족보호로 제한하고 경제활동 참여를 배제하는 가족정책은 우리 사회의 많은 가족들의 현실과 부합하지 않은 정책이다.

셋째, 최근 우리나라의 최대 관심은 출산율 하락인데 이것은 고령화 사회 노인에 대한 사회적 부양부담문제와 맞물려 매우 중요한 사안이다. 건강가정기본법은 이러한 현실을 고려하여 법적으로 혼인과 출산의 의무를 강조하고 있다. 그러나 결혼과 출산을 증가시킬 수 있는 보다 현실적인 방안은 혼인이나 출산에 대한 일방적 강조보다는, 사회가 가족(여성)들에게 안정적으로 자녀출산과 양육을 양립할 수 있는 사회적 환경을 제시하는 것이다. 이미 출산율 하락을 경험한 서구에서는 출산기피나 저출산 대안으로 안정적인 보육구조의 확립과 직장/가정 양립가능한 노동시장정책 등으로 경제활동과 양육의 딜레마를 극복하고 있다. 가족정책을 모색하는 현 시점에서 우리나라에 시사하는 바가 크다.

여러 학자들은 여성들의 생애경로가 급속하게 '남성화'되었으며 이것은 강제보다는 선택에 의한 변화이며, 반면 남성의 생애경로도 '여성화'되었는데 이것은 선택보다는 장기실업이라는 사회구조적 상황에 의해 발생하고 있다고 지적한다(Esping Anderson, 2002; Fraser, 2000). 또한 여성의 노동시장 진출은 성별 평등이나 사회적 생산성 증대에 필수적이며 이미 되돌이킬 수 없는 대세로, 사회적으로 남녀 간 성별역할은 재조정되어야 하며 남녀는 서로 일과 가족의 양립을 위해 새로운 계약을 맺어야 하는데 그것은 남성들이 여성의 생애경로와 유사하게 즉, 부모/노동자로서의 이중역할을 함께 수행하는 것을 받아들이는 것이라 제안한다. 21세기 새로운 시대의 보편적 지향은 모든 가족구성원이 노동자로서뿐만 아니라 가족 내 역할을 함께 수행하고 분담하는 '공유된 삶(sharing)'을 기본 축으로 하여 변화하고 있다. 가족정책은 이처럼 변화하는 사회를 지속가능할 수 있도록 움직여주는 동력으로 자리잡아가고 있다.

CHAPTER 02

가족정책, 어떻게 정의할 것인가?[1)]

가족정책이 무엇인가에 대해서는 하나의 합의된 정의가 없다. 가족정책에 대한 합의된 정의가 없는 것은 이를 논의하는 학자에 따라 차이가 있기 때문이기도 하고, 가족정책이 무엇인가에 대한 이해가 단선적이고 단일하지 않은 현실을 반영하기 때문이기도 하다. 가장 널리 알려진 가족정책에 대한 정의는 "정부가 가족에 대해서, 가족을 위해 하는 모든 정책"(Kammerman and Kahn, 1978), "정부가 가족에게 직·간접적으로 영향을 미치는 모든 행위"(Zimmerman, 1995)이지만, 이는 지나치게 포괄적이고 모호하기 때문에 가족정책을 보다 명확히 정의하기 위한 시도들이 여러 차원에서 논의되고 있다. 이들 논의는 크게 세 가지로 구분할 수 있다. 첫째, 가족정책을 사회정책의 한 영역 혹은 대상으로 정의하려는 입장, 둘째, 가족정책을 하나의 관점으로 보고 정의하려는 입장, 셋째, 가족과 관련한 특정 목적을 달성하기 위한 수단으로서 정의하려는 입장 등이 그것이

---

1) 제2장은 필자의 "가족복지의 개념"(양옥경·이재경·김인숙·윤홍식·송다영·박영희·정순둘·김유순·김신열·이은주·유미란·최명민·이선혜. 2006. 가족복지의 실천과 정책, pp. 30-42)을 일부 수정·보완한 것이다.

다. 여기서는 이들 세 가지 개념적 논의들과, 가족정책으로 분류되는 구체적 정책들의 범주를 소개함으로써 가족정책의 정의에 대한 복잡성과 혼란에도 불구하고 가족정책이 무엇인가에 대한 이해를 돕고자 한다.

1. 가족정책의 개념

1) 사회정책의 한 영역(대상)으로서의 가족정책

정책을 정의할 때 일반적으로 적용하는 기준은 정책의 "대상"이다. 대상이 여타의 다른 대상과 배타적이고 그 경계가 분명하면 그 정책에 대한 이해는 비교적 쉽다. 여성정책, 아동정책, 노인정책, 청소년 정책에 대한 정의가 가족정책에 비해 개념을 정의하기 쉬운 것은 이들 정책이 그 자체로 각각의 독자적 범주가 있고 그 대상의 경계가 명료하기 때문이다. 그러나 가족정책은 그렇지 못하다.

가족정책은 가장 광의로 볼 때 국가가 가족의 역할을 가진 사람들에게 영향을 미치는 정책으로 정의된다. 여기서 "가족의 역할을 가진 사람들"이라는 범주는 단일하지 않고 복합적이다. 가족은 여성, 아동, 청소년, 노인 등을 포괄하고 있기 때문이다. 가족정책을 정의할 때 혼란을 느끼는 가장 큰 이유는 바로 이러한 포괄성 때문이다. 그렇다면 가족정책은 여성, 아동, 청소년, 노인에 관한 정책을 모두 포괄하는 정책일까라는 의문이 드는 것이다.

가족정책의 정의에 대한 이러한 혼란과 딜레마를 극복하기 위해서는 무엇보다 가족정책을 여성, 아동, 노인, 청소년 정책들과 구분 짓는 것이 필요하다. 즉, 여타의 사회정책들의 대상영역이나 분야와는 구별되는 독자적 영역을 설정함으로써 가족정책을 정의하려는 것이다. 이러한 일련의 노력은 "가족정책을 사회정책의 한 영역 혹은 분야로 보는 입장"으로 표현된다.

가족정책을 사회정책의 한 분야로 볼 때 극복해야 할 것은 다른 사회정책들과의 경계를 분명히 하는 것이다. 이는 가족정책이 누구를 대상으로 할 것인지에 대한 경계를 분명히 함으로써 가능하다. 가족정책의 대상을 명확히 하려는 시도들은 크게 세 가지로 구분된다. 하나는 "단위로서의 가족"(Kammerman and Kahn, 1978; 김성천, 2000)을, 다른 하나는 "가족구성원으로서의 개인"(Zimmerman, 1995)을, 그리고 또 다른 하나는 단위로서의 가족과 가족구성원으로서의 개인을 통합하여(최성재, 1992; 조흥식 외, 2002; 성정현 외, 2004; 김영화·이진숙·이옥희, 2006) 가족정책의 대상으로 구분하는 것이다.

"단위로서의 가족"과 "가족구성원으로서의 개인"이라는 두 입장은 비슷한 것 같지만 그 전제 면에서 뚜렷한 차이가 있다. 가족정책의 대상이 "단위로서의 가족"이어야 한다는 입장이 전제로 하는 것은 가족원 간의 이해관계가 동일하고 일치한다는 점이다. 가족원 간의 이해관계가 동일하고 일치하기 때문에 가족을 하나로 묶어 단위로 볼 수 있고, 그러한 전제하에 정책을 펼칠 수 있다는 것이다.

반면 가족정책의 대상이 "가족구성원으로서의 개인"이어야 한다는 입장이 전제로 하는 것은 가족 내 개인의 이해관계가 다를 수 있음을 수용한다. 가족원 간의 이해관계가 서로 다를 수 있기 때문에 그들을 하나의 단위로 접근하는 경우, 어떤 가족구성원에게 이익인 것이 다른 가족구성원에게는 손해가 될 수 있다고 본다. 그러나 이러한 가족원 간 이해관계의 상이성을 인정한다하여 가족정책의 대상이 가족과 상관없는 "시민으로서의 개인"을 주장하는 것은 아니다. 가족정책의 대상은 가족과 상관이 있는 "가족구성원으로서의 개인"에 있다.

이 양자 간의 차이는 현실에서 가족정책이 어떻게 이루어지는지를 보면 더 분명해진다. 현실에서의 가족정책은 해당 국가의 정치적 맥락과 정책행위자들 사이의 힘의 균형을 반영하여 이루어진다. 유럽 여러 나라의 가족정책을 비교한 Hantrais(2004)에 의하면, 어떤 국가는 "단위로서의 가족"을 가족정책의 대상으로 삼았으나, 모든 국가의 가족정책이 가족단위, 즉 "단위로서의 가족"을 표적으로 하지 않았다. 특히 노르딕 국가들은 단위로서의 가족보다는 개인의 이해를 보호하고 증진하는 것을 목표로 가족정책을 추진하였다. 물론 이들 국가의 가족정책이 처음부터 "가족구성원으로서의 개인"을 초점으로 추진된 것은 아니었으나, 시간이 흐르면서 "가족단위"에서 좀더 개인주의적 가치로 움직여갔다. 특히 스웨덴에서는 경제적 행위자와 엔지오단체들이 정부와 긴밀한 관계를 가지고 가족정책을 조정하나 그들의 관심은 가족단위(family unit)는 아니었고, 그보다 "가족구성원으로서의 개인"이었다.

가족정책을 대상영역의 경계를 명확히 함으로써 정의하려는 또 다른 입장은 "단위로서의 가족"과 "가족구성원으로서의 개인"을 통합하여 보는 것인데, 주로 국내 연구자들에 의해 주장되는 입장이다. 이들은 가족을 단위로 하는 정책이나 가족구성원을 개인으로 보지 말고 구성원 개인을 집합적으로 다루거나 개인을 다루더라도 가족과 연계하여 다루는 것을 가족정책의 대상으로 설정한다(최성재, 1992; 조흥식 외, 2002; 성정현 외, 2004; 김인숙 · 정재훈 · 윤홍식, 2004; 김영화 · 이진숙 · 이옥희, 2006).

특히 가족정책을 성인지적 관점으로 조망한 논의(김인숙 외, 2004)에서는 단위로서의 가족을 부인하지는 않지만 개별 가족구성원, 즉 가족구성원 개인에 무게를 두고 있다. 김인숙 외(2004)에 의하면, 가족에 대한 이해를 가족을 중심으로 구성원을 이해하던 관점에서 개별 구성원의 관점에서 가족을 이해하는 방향으로 전환되어야 한다고 하면서 개별 가족들이 다른 가족들과 상이한 독자적인 이해와 욕구가 있다는 단위로서의 다양성과 함께 동일 가족의 구성원 또한 다른 구성원과 다른 독립적인 이해와 욕구를 가지고 있다는 가족의 다양성을 이해해야 한다고 주장한다.

이상에서 알 수 있듯이, 정책의 "대상" 혹은 "영역"을 중심으로 가족정책을 정의할 때 공통되는 것은 "가족"과의 연관성이다. 단위로서의 가족보다 가족구성원 개인에 눈을 돌려야 한다거나 단위로서의 가족을 강조해야 한다거나 혹은 이 양자를 포괄해야 한다는 다양한 주장이 있지만, 어떤 경우에도 가족과의 연관성을 배제하지 않는다. 즉, 가족정책은 어떠한 경우에도 "개인"과 대비되는 "가족"에 주안점을 두어야 하고, 개인을 대상으로 상정한다 해도 이때의 개인은 가족과 연관될 때로 한정된다.

가족정책의 대상을 이렇게 규정한다 해도 문제가 완전히 해결되는 것은 아니다. 그 이유는 현실 정책에서 이 양자가 명확히 구분되는 것이 아니기 때문이다. 예를 들어, 비행청소년의 경우 비행행위 자체를 교정하는 것과 교정을 위해 가족을 끌어들이는 것이 정책에서 명확히 분리되지 않는다. 치매노인의 치매 그 자체를 치유하는 정책과 치매노인을 돌보는 문제에 접근하는 정책이 분리되기는 어렵다. 현실의 실제 정책에서 이 양자는 상호 혼합되어 있을 수 있고 따라서 이들을 구분하는 것이 현실적으로 어려울 수 있다. 아울러 이는 여성, 아동, 노인 등의 기존의 사회정책 영역들과 중복되는 문제를 수반하여 어디까지가 가족정책의 영역인지 모호하기 때문에 결국은 특정의 정책만을 가족정책으로 제한시키게 된다(Morse and Sharpe, 1979, Harding, 1996 재인용). 이러한 혼란 때문에 Kammerman and Kahn

(1978)도 가족정책을 사회정책의 한 분야로 볼 때 아동과 여성에 영향을 미치는 정책을 가족정책으로 한정하였다.

2) 관점으로서의 가족정책

이처럼 가족정책을 사회정책의 한 대상 혹은 영역으로 보고 그 경계를 명확히 하려는 노력은 한계를 가질 수밖에 없다. 따라서 이러한 한계에 매달리기보다는 어떠한 관점에서 가족정책을 바라볼 것인가의 문제로 접근할 필요가 있다. 즉, 가족정책을 다른 사회정책영역과 구별되는 배타적이고 독립적인 영역을 가진 정책분야로 이해하기보다는 정책의 대상이 되는 시민의 이해를 가족과 개별 가족구성원의 관점에서 접근하는 정책분야로 보는 것이 타당하다는 것이다(김인숙 외, 2004). 서구의 여러 학자들(Kammerman and Kahn, 1978; Zimmerman, 1992; Morse and Sharpe, 1979)도 가족정책을 "관점"(perspective)으로 볼 것을 주장하였다.

가족정책을 관점으로 본다 함은 가족을 사회정책의 선택 및 정책평가의 기준이나 관점으로 보는 것이다. 즉, 어떤 사회정책이 가족에 어떤 영향을 미쳤는지의 여하에 따라 가족정책을 정의하는 것이다. 가족에 미친 영향이 어떤 사회정책의 성격을 규정짓는다는 것이다. 이렇게 가족을 "관점"으로 보는 입장은 가족정책의 판단기준을 "가족"으로 설정하기 때문에 가족인지적 관점(family perspective)과 맥을 같이한다. 모든 사회정책을 가족에 미친 영향을 통해 평가하고 규정지어야 한다는 가족인지적 관점은 성인지적 관점(gender-sensitive perspective)과 마찬가지로 가족의 보존, 행복과 같은 가족가치들과 연관된다.

그러나 가족정책을 관점으로 접근하는 것 또한 가족정책의 경계를 명확히 해주지 못한다. 예를 들어, 우리나라의 경우 교육정책은 가족적 삶에 지대한 영향을 미친다. 가족정책을 관점으로 접근하면 교육정책은 가족의 삶에 지대한 영향을 미치기 때문에 당연히 가족정책의 범주에 포함되어야 한다. 이외에도 주택정책, 건설정책, 세금정책 등 무수히 많은 정책들이 가족정책의 범주에 포함될 수 있다. 그것은 어쩌면 국가의 대부분의 정책을 망라할지도 모른다. 이 같은 문제로 인해 미르달(Myrdal, Zimmerman, 1992 재인용)은 가족정책이란 사회정책의 다른 표현이라고 정의하면서 가족정책을 사회정책과 동일한 것으로 간주했다.

그러나 모든 사회정책을 가족정책에 포함하는 것은 가족정책의 실체가 없다는 비판을 받는다(김인숙 외, 2004). 가족정책의 관점으로 보았을 때 사실상 가족에 영향을 주지 않는 사회정책은 거의 없다 해도 과언이 아니기 때문에 이러한 비판은 타당한 측면이 크다. 이렇게 되면 굳이 가족정책을 정의할 필요조차 없어진다.

이처럼 가족정책을 하나의 관점으로 보고 접근하는 것 또한 가족정책을 정의하는 데 한계가 있다. 사실 이 한계는 가족정책을 사회정책의 한 영역 혹은 대상으로 간주하는 입장이 갖는 딜레마와 중복된다. 관점으로 가족정책을 정의하는 것이 갖는 한계는 결국 가족이 아동, 노인, 청소년, 여성 등과 같은 사회정책의 모든 대상을 망라하고 있는 점과 연관되기 때문이다. 가족정책을 관점으로 보는 것은 가족영향분석(family impact analysis)[2)]과 같은 사회정책분석의 한

2) 가족영향분석(Family Impact Analysis : FIA)은 가족이라는 독특한 관점을 가진 정책분석의 한 형태로 정부의 어떤 정책이나 프로그램의 시행 결과 가족에게 미친 예상한 그리고 예상하지 못한 효과를 평가하는 분석틀이라고 할 수 있다. 원래 FIA는 의회에 제출된 입법의 시행결과가 대상가족에 미칠 수 있는 잠재적 영향을 예측하기 위한 도구였으나, 그 이후 기존 프로그램 및 정책의 실제 영향평가에도 그 유용함이 인식되어 적극 사용되기 시작한 분석방법이다. FIA는 정책의 의도하지 않은 결과도 평가한다는 데서 프로그램 평가와 근본적인 차이가 있다(황숙연, 1987 : 29-30 재인용).

틀을 제공해 주지만, 이 또한 가족정책의 경계를 구분 짓는 데는 뚜렷한 한계를 갖는다고 할 수 있다.

3) 목적달성의 수단으로서의 가족정책

정책을 정의할 때 적용하는 또 다른 중요한 기준은 그 정책의 목적을 명확히 하는 것이다. 이 기준은 가시적 경계를 보여주는 "대상"과는 달리 정책의 관심사와 방향을 제시한다. 즉, 가족정책이 지향해야 하는 목적을 설정하는 것이 가족정책의 개념을 정의하는 중요한 기준이 된다는 것이다. 가족정책의 목적은 가족정책의 내용과 범주를 시사해 준다. 기존의 가족정책에 대한 개념적 논의는 주로 가족정책의 대상과 내용, 가족의 기능을 기준으로 이루어지고 있는데, 이들 논의에서는 가족정책의 목적이 분명히 드러나지 않는다(김인숙 외, 2004). 이들 논의가 중점을 두는 것은 가족정책의 목적보다는, 가족에 관한 혹은 가족과 관련된 정책들의 내용과 그들 정책이 어떤 가족적 기능을 지원하고 있는가에 초점이 맞춰져 있다.

가족정책의 목적과 관련하여 가장 많이 언급되는 학자는 짐머맨(Zimmerman, 1995)이다. 짐머맨(1995)은 가족정책의 목적을 "가족의 복지(family well-being)"로 개념화하였다. 이는 라스웰(Lasswell, 1968)의 정책에 대한 정의, 즉 정책의 목적은 개인의 복지(well-being)를 극대화하는 데 있다는 데서 유추한 것인데, 이로부터 가족정책의 목적을 가족의 복지를 극대화하는 것으로 보았다. 그녀는 가족정책은 가족의 복지라는 기준 속으로 통합될 수 있다고 보았다. 또한 가족의 복지에 해당하는 지표로서 소득, 실업, 만족감, 자존감, 정서적 균형, 이혼율, 십대 출산율, 교육적 성취, 빈곤 등이 포함된다고 하였다.

그러나 짐머맨(1995)이 주장한 "가족의 복지"는 비록 그 지표를 언급함으로써 구체성을 확보하고는 있으나 가족정책의 관심사와 지향을 묘사하기에는 다소 모호한 측면이 있다. 특히 "가족의 복지"라는 것이 시간과 공간을 초월하여 보편적 형태로 존재하는 것이라기보다는 시간과 공간의 상황 여하에 따라 달리 규정될 수 있다는 점에서 그렇다.

이외에도 가족정책을 정의하는데 있어 명시된 목적을 보면 대부분 명확한 관심사와 방향점을 명시하기보다는 짐머맨(1995)과 같이 포괄적인 개념으로 가족정책의 목적을 언급하고 있다. 예를 들어, 큐하(Quha, 1994)는 가족정책이란 "공유된 사회적 가치를 반영하고 특정 국가의 가족과 관련된 사회적 목표들을 획득하기 위해 만들어진 포괄적인 행위들의 계획"이라고 하였다(Harding, 1996 재인용). 여기서 큐하(1994)는 "가족과 관련된 사회적 목표들의 획득"을 가족정책의 목적으로 명시하였다. 그러나 "가족과 관련된 사회적 목표들의 획득"은 사회적 목표가 그 사회의 사회정치적 상황에 따라 변할 수 있다는 점에서 포괄성과 유연성을 가지지만, 가족정책이 목적으로 하는 방향이 구체적으로 어떤 것인지를 보여주지 못한다.

케머맨과 칸(Kammerman and Kahn, 1978)도 가족정책을 "그 사회가 추구하는 목표와 이념을 실현하기 위한 의도를 가지고 가족에 대한 영향력을 행사하는 행위"로 보고 있는데, 여기서 이들이 가족정책의 목적으로 명시한 것은 "그 사회가 추구하는 목표와 이념을 실현하기 위한 의도"이다. 이들은 가족정책을 정의하는데 있어 가족정책의 "의도"가 얼마나 명시적인가를 중요한 기준으로 보았다. 이러한 의도의 명시성에 따라 14개국의 가족정책을 분류하였다. 이들은 가족정책이 의도하고 있는 목적의 명시성 정도에 따라 명시적 가족정책(explicit family policy), 묵시적 가족정책(implicit family policy)으로 구분하였다.

국내에서는 김인숙 외(2004)가 가족정책의 목적을 명확히 함으로써 가족정책을 정의하였다. 이들이 가족정책을 정의하면서 강조한 것은 가족정책에 대한 성인지적 관점이었다. 이들은 가족정책은 정책의 내용이나 대상의 구분을 통해 이해되지 않고, 현재 가족이 직면하고 있는 가족의 문제를 가장 잘 드러낼 수 있는 것에서 출발해야 한다고 보았다. 이들에 의하면, 현재 가족이 직면하고 있는 가족문제의 핵심은 '공·사적 영역의 분리'이고, 따라서 가족정책의 목적은 이렇게 분리된 "공·사적 영역을 통합"하는 것에 두어야 한다는 것이다.

여기서 공적 영역(시장)과 사적 영역(가족)의 통합은 구체적으로 가족 내에서 성별에 따라 분리된 생활(예를 들면, 가족 내 양육과 돌봄은 여성의 역할로, 시장에서의 노동은 남성의 역할로 분리하여 가족생활이 이루어지는 것)을 통합시켜야 한다는 것이고, 바로 이것이 가족정책의 목적이 되어야 한다는 것이다. 예를 들어, 저출산 문제는 가족정책의 주요 대상으로 여겨진다. 가족정책으로서의 저출산정책이 성공하기 위해서는 돌봄과 양육이 여성에게 강제되는 구조에 대한 지원이 필요하다. 즉, 여성의 공적 영역 참여가 증가하는 현실에서 여성에게 양육과 돌봄이라는 사적 영역을 강제시키는 것은 직장과 가족의 양립을 어렵게 만듦으로써 저출산 문제를 지속시킨다. 따라서 가족정책은 이러한 '공·사적 영역의 분리'를 '통합'시킴으로써 저출산 문제를 해결할 수 있는 것이다.

이처럼 가족정책의 목적은 가족에 대한 관점에 따라 다르게 주장된다. 즉, 가족인지적 관점을 중시하는 입장에서는 "가족의 복지", "가족과 관련된 사회적 목표의 획득"을 강조하고, 성인지적 관점에서는 가족문제의 근원을 "공·사적 영역의 분리"에 두고 "공·사적 영역의 통합"이 그 목적이 되어야 함을 강조한다. 그러나 이러한 차이는 가족정책에 대한 정의가 실제로는 진공상태에서 이루어지지 않고 그 사회의 정치사회적 맥락 내에서 조형된다는 점을 감안하면 대립적으로 볼 필요는 없다. 이 양자는 동일한 범주 내에 위치할 수도 있다. 왜냐하면 "가족의 복지"나 "가족과 관련된 사회적 목표"가 "공·사적 영역의 통합"이 될 수도 있기 때문이다.

이상의 논의를 종합해 볼 때 가족정책에 대한 정의는 그 대상의 경계를 명확히 하는 것과 목적을 설정하는 두 가지가 핵심적 요소이다. 앞의 논의에서 알 수 있듯이, 가족정책에 대한 대부분의 정의가 이 두 가지를 핵심요소로 하여 정의되고 있다. 그런데 중요한 것은 이 두 가지 논의가 진공상태에서 이루어지는 것이 아니라는 점이다. 가족정책에 대한 정의는 관념 속에서 이루어지는 논리적 작업이 아니라 정치, 경제, 사회적 현실 속에서 그 현실을 반영하고 견인하면서 이루어지는 현실적 작업이다. 따라서 가족정책에 대한 정의는 시간과 공간의 차이 혹은 변화에 따라 다르게 정의될 수 있고 또 정의되어야 함을 인식할 필요가 있다.

서두에서 가족정책에 대한 정의가 복잡하고 혼란스러운 상태라고 하면서 시작하였다. 그러나 현재로서 가족정책에 대한 정의의 수는 많지만 그 스펙트럼은 그리 넓지 않기 때문에 기존의 논의들을 종합하여 가족정책에 대한 정의를 내리면 다음과 같다.

"국가가 가족과 관련하여 그 사회가 추구하는 목표를 실현한다는 의도를 가지고 가족 및 가족구성원으로서의 개인을 대상으로 행하는 일련의 정책"

이 정의에는 가족정책의 대상이 가족(가족단위와 가족구성원으로서의 개인 포함)이라는 점, 국가의 가족과 관련한 명시적인 의도가 있어야 한다는 점, 그리고 그 사회가 처한 가족문제에 대해 명확하고 구체적인 목적과 목표가 설정되어야 한다는 점이 포함되어 있다. 각 국의 가족정책은 가족정책 정의의 포괄성의 여하에 따라 어떤 국가에는 가족정책이 있다고 할 수도 또는 없다고 말할 수도 있다(Morse and Sharpe, 1979, Harding, 1996 재인용).

무엇을 정의한다는 것은 일차적으로 개념적이고 추상적인 차원에서 이루어진다. 그러나 우리가 정의하려는 그 무엇을 보다 명확하고 포괄적으로 이해하기 위해서는 개념적 범주에 속한 구체적인 내용들을 이해할 필요가 있다. 따라서 다음에는 이렇게 개념적 차원에서 정의된 가족정책이 현실의 구체적 정책들로 어떻게 범주화되고 구분되는지를 살펴보기로 한다.

2. 가족정책의 범주

그러면 이렇게 정의한 가족정책에는 어떤 정책들이 포함될까? 가족정책의 개념을 충분히 이해하기 위해서는 가족정책의 내용을 포함하는 범주에 대한 이해가 필요하다. 가족정책의 범주는 앞서 언급한 대상과 목적에 따라 논리적으로 연동되는 것이 아니라 역사적 맥락에 따라 다르게 구성된다. 즉, 그 사회의 가족 및 가족의 복지에 대한 담론 여하에 따라 가족정책의 범주는 달라질 수 있다. 이런 점에서 보면 가족정책은 고정된 것으로서가 아니라 일시적으로 합의된 유동적인 것으로 이해되어야 한다(Zimmerman, 2001).

가족정책의 범주를 명확히 구분 짓기는 어렵다. 그러나 가족정책의 범주를 구분 짓기 위한 기존의 시도는 크게 두 가지로 볼 수 있다. 가족기능 중심의 범주화와 성인지적 관점에서의 범주화이다. 가족정책의 범주는 일반적으로 가족기능을 중심으로 분류되나, 여기서는 가족기능 중심의 범주화 외에 성인지적 관점에서의 가족정책의 범주, 가족정책의 유형에 대해서도 살펴보기로 한다.

1) 가족의 기능을 중심으로 본 가족정책의 범주

가족의 기능과 역할을 중심으로 한 범주 구분은 가족정책의 범주 구분과 관련해 가장 많이 적용되는 기준이다. 가족기능 중심의 범주화는 가족정책의 목적을 가족기능에 대한 지원과 통제에 둠으로써 기능주의적 입장을 강조한다는 비판이 있기는 하나 상당한 설득력을 가지고 있는 것은 사실이다.

가족기능을 중심으로 한 가족정책의 범주화는 가족의 기능을 어떻게 구분하느냐 하는 것이 중요하지만 논자들 간에 큰 차이는 없다. 일반적으로 가족의 사회적 기능은 재생산 기능, 경제적 기능, 사회화 기능, 성적・정서적 기능, 돌봄의 기능으로 구분할 수 있다. 우선, 재생산 기능과 관련한 가족정책은 노동력을 재생산하는 기능을 지원하는 것으로서 산전후휴가, 육아휴직, 방과 후 보호, 양육비 지원, 보육서비스 등이 포함된다. 경제적 기능과 관련한 가족정책은 가족의 소득을 지원하는 것으로서 가족수당, 아동수당, 가족에 대한 각종 소득공제, 공적 연금, 공공부조, 주택보조 등이 포함된다. 사회화 기능과 관련한 가족정책은 가족원의 교육비에 대한 지원 혹은 공제가, 성적・정서적 기능과 관련한 가족정책은 가족상담 및 치료를 포함한 가족관련 대인적 사회서비스를 포함한다. 그리고 돌봄의 기능과 관련된 가족정책은 가족원 중에 돌봄과 휴양이 필요한 가족원을 위한 정책으로서 노인수발보험, 간병휴가 등이 포함된다(이상을 표로 나타내면 아래의 표 2-1과 같다).

〈표 2-1〉 **가족기능 중심의 가족정책 범주화**

가족의 기능	관련 가족정책들
재생산 기능	산전후 휴가, 육아휴직, 방과후 보호, 양육비 지원, 보육서비스
경제적 기능	가족수당, 아동수당, 가족에 대한 각종 소득공제, 공적 연금, 공공부조, 주택보조
사회화 기능	교육비 지원 및 공제
성적·정서적 기능	가족치료, 가족상담, 가족교육을 비롯한 대인적 사회서비스
돌봄의 기능	노인수발보험, 간병휴가

2) 성인지적 관점에서의 가족정책 범주

앞에서 언급한 바와 같이 김인숙 외(2004)는 성인지적 가족정책을 개념화하면서 가족정책의 틀을 성인지적 관점에서 재구성하였다. 이들에 의하면, 공·사적 영역의 통합이 가족정책의 목적이고 따라서 가족정책은 공적 영역을 대표하는 시장영역과 사적 영역을 대표하는 가족영역을 중심으로 가족구성원들을 지원하는 정책으로 범주화된다. 이들은 시장영역에서 가족구성원의 권리를 보장하는 노동권, 가족영역에서 가족구성원의 권리를 보장하는 부모권을 한 축으로 하고, 시장과 가족영역에서의 조건의 보장과 결과의 보장을 또 다른 축으로 하여 가족정책을 범주화하였다. 이러한 구분은 그간 가족정책의 목적을 명확히 하지 못하고 현상적으로 논의되었던 가족정책을 다양성과 성인지적 관점으로 재편함으로써 하나의 유용한 접근을 제시하고 있다.

그런데 이렇게 범주화될 수 있는 가족정책은 역사적 과정에서 그 목적이 변화되기도 하였다. 서구에서 초기 가족정책은 주로 아동수당 등의 형태로 가족 내 아동을 지원하는 방식이었으나, 오늘날에는 여성의 노동시장 참여 증가로 인한 일과 가족 간의 갈등을 완화하고자 "일-가족 양립 정책"이 핵심을 이루고 있다.

가족정책은 또한 현실적으로 해당 국가의 사회경제적 요인과 정치적 요인에 의해 영향 받기 때문에 국가마다 가족정책의 방향과 형태가 다르게 나타난다. 예를 들어, 유럽 국가들만 보아도 북유럽과 프랑스는 가족정책이 법적 기반하에 가장 고도로 구조화되어 있는 반면, 영국과 아일랜드는 수사학적으로는 가족에 대해 지지적이지만 정책행위자들은 가족이라는 사적 생활에 국가가 개입하는 것을 꺼려 한다(Hantrais, 2004).

이처럼 가족정책은 현실에서 벗어나 말로만 가족정책을 표방하는 경향이 있기 때문에 수사적인 가족정책과 실제의 가족정책을 구분할 필요가 있다. 정부가 수사적인 가족정책에 매력을 느끼는 것은 가족은 대중이 관심을 갖는 중요한 영역이기 때문이다. 케머만과 칸(1978)은 수사적인 의미에서 가족을 표방하는 것은 매력적이지만, 가족정책이란 정치적으로 위험한 것이라고 하면서 그렇기 때문에 가족정책은 하나의 수단이 될 수 있다고 하였다. 이 수단은 경우에 따라 밖으로 드러나지 않기도 하고 심지어 받아들이기 어려운 목적을 달성하기 위한 기준이 되기도 한다(Harding, 1996).

가족정책은 또한 가족규범과 가치에 대한 일종의 합의를 전제로 하고 있기 때문에 표면상으로든 내부적으로든 가족이란 무엇이며 어떠해야 하는지에 대한 가치와 전제 그리고 이해를 담고 있다(Harding, 1996). 이 점이 전형적으로 드러나는 지점은 가족에 대한 국가개입의 정당성이다. 즉, 가족의 문제는 "가족"이 책임져야 한다는 국가개입의 방임적 입장에서부터 가족의 문제는 "국가"가 책임져야 한다는 개입적 입장에 이르기까지 국가의 상황에 따라 그 스펙트럼은 다양하다. 이 외에도 가족정책은 인구문제와 여성의 노동시장 참여 확대로 인해 가족원들이 일과 가족을 병행하기 어려운 상황에 대한 인식으로 출발하였다는 점에서 여성의 이해관계와 밀접한 관련이 있기 때문에 가족정책에 대한 여성주의적 입장을 가지기도 한다.

3) 가족정책의 유형

이처럼 가족정책은 해당 국가의 사회·경제·정치적 상황은 물론 가족가치에 대한 입장 등 복합적 요인에 의해 형성된다. 특정 국가의 가족정책이 어떤 특징을 갖고 어떤 방향을 취하게 되는지를 이해하기 위해 몇몇 학자들은 가족정책을 유형화하는 기준을 제시하였다. 가족정책의 유형화에 대해서는 많은 논의가 있지만 여기서는 케머만과 칸(1978), 하딩(Harding, 1996), 고티에(Gauthier, 1996), 루이스(Lewis, 1992)와 세인즈베리(Sainsbury, 1999)의 논의를 간략히 소개하기로 한다.

(1) 가족정책의 명시성 여부에 따른 유형

가족정책에 대한 최초의 심도 있는 논의를 전개한 케머만과 칸(1978)의 가족정책 유형을 들 수 있다. 이들은 해당 국가가 가족정책을 얼마나 의도적으로 염두에 두면서 시행하였는지를 기준으로 유럽과 영미 14개국의 가족정책 유형을 분류하였다. 이들에 의하면, 가족정책은 명시적 가족정책(explicit family policy)과 묵시적 가족정책(implicit family policy)으로 구분된다. 명시적 가족정책은 다시 두 가지로 구분된다. 첫째, 가족에 대한 구체적이고 분명한 목표를 달성하기 위해 고안된 정책이 있는 국가로서 프랑스, 노르웨이, 스웨덴이 여기에 속한다. 둘째로는, 가족에게 그리고 가족을 위해 의도적으로 시행되기는 하나 가족에 대한 합의된 전반적 목표가 없는 국가로서 오스트리아, 독일, 핀란드 등이 이에 속한다. 그리고 묵시적 가족정책은 정책이 구체적으로 가족을 위해 고안되지는 않았으나 가족에게 간접적인 영향을 미치는 정책을 가진 국가들로서 영국, 미국, 캐나다 등이 이에 속한다.

(2) 가족정책의 통제성 여부에 따른 유형

하딩(1996)의 유형화를 들 수 있다. 하딩은 『가족, 국가, 그리고 사회정책』이라는 그의 저서에서 국가는 가족을 통제하고 지원한다고 하면서 "통제－비통제"의 차원을 중심으로 국가와 가족 간의 관계에 대한 모델을 7가지로 유형화하였다. 하딩(1996)에 의하면 국가와 가족 간의 관계는 파워관계지만 그 영향의 방향은 일방적이지 않다고 한다. 7개의 모델 중 두 개의 모델(권위주의적 모델과 자유방임적 모델)은 현실에서는 존재하지 않는 이상형이고, 이 두 극단 모델 사이에 5개의 모델이 있다. 이들 7가지 모델은 현실에서 배타적으로 존재하지 않는다.

첫째, 권위주의적 모델 : 이러한 국가에서는 국가가 극단적으로 가족생활에 대한 접근이 조정적이어서 선호하는 패턴과 가족형태를 강제하고 나머지 다른 것은 금기시한다. 권위주의적 모델이 지향하는 다양한 가족행동들이 있으나 가장 대표적인 것은 출산율의 조정을 목표로 하는 것이다. 이를 위해 정부는 엄격한 제재와 일치를 요구한다. 예를 들어, 출산율 증가를 위해 권위주의적 정부는 피임과 낙태를 불법화하고 이를 어겼을 시 강한 제재를 가한다.

둘째, 자유방임모델 : 가족이 어떠해야 하는지에 대해 아무런 영향을 미치지 않으며, 정부의 입장은 가족은 개인의 자유와 선택이 완벽히 이루어지는 장이라는 자유주의적 입장을 취한다. 국가는 가족행동에 관한 한 어떤 목표도, 선호하는 어떤 형태도, 가족과 성애에 대한 어떠한 이데올로기도 없다. 따라서 이 모델에서는 가족과 가족정책이 어떤 위치를 점해야 한다는 것이 없다. 가족정책이 없는 것이 정책인 것이다.

셋째, 특정 영역에서의 책임을 강행하도록 하는 모델 : 이 모델은 가족생활에 대한 어떤 목표를 가지고 있으나 권위주의적 모델처럼 전적인 통제를 하는 것은 아니다. 이 모델이 의도하는 바는 권위주의적 모델만큼 가족에 대한 국가의 목표가 최우선되는 것은 아니지만 부모책임의 강화나 결혼의 강화와 같은 분명한 정책목표를 갖는다는 점이다.

넷째, 유인동기를 만드는 모델 : 이 모델에서는 국가가 선호하는 가족행동 패턴을 장려하고 그렇지 않은 것은 억제하기 위해 벌과 보상 모두를 조작한다. 이 모델은 앞의 모델보다 덜 권위적이지만 목표는 여전히 특정 영역에서의 가족생활을 통제하고 영향을 미치는 데 있다. 수단이 다소 점잖다. 즉, 벌을 통한 억제 외에 강화라는 긍정적 수단을 사용하는 것이 이 모델의 특징이다. 가장 뚜렷한 방법은 경제적 인센티브를 통해서이다.

다섯째, 제한적인 전제 내에서 이루어지는 모델 : 이 모델은 가족이 어떻게 행동하는 것이 옳고 그른지에 관한 전제가 있다. 가족정책은 이러한 제한적인 전제(예를 들면, 여성은 의존적 존재이다와 같은 것) 위에서 이루어진다. 전제는 현실을 반영하는 것이어야 하는데, 그렇지 못한 경우 행동을 왜곡시킬 우려가 있다. 이 모델은 앞의 세 모델보다 덜 통제적이지만 여전히 가족형태에 강력한 영향을 미치는 모델이다.

여섯째, 가족을 대체하거나 지원하는 모델 : 이 모델은 가족이 어떻게 기능해야 하는지에 영향을 미치고자 하는 의도성 없이 단지 현재 존재하는 가족구조를 강화하고 촉진한다. 단, 가족이 실패할 경우 이를 지원하거나 대체하는 서비스가 제공되어야 한다는 입장이다. 그러나 이 모델 역시 가족에 관한 정책이나 서비스가 특정 형태의 가족을 표적으로 한다고 말할 수 있다.

일곱째, 필요와 요구에 반응하는 모델 : 이 모델은 순수한 자유방임 모델에 가까운 모델로 많은 가족에 관한 국가서비스가 요구되지만 주도권이 국가가 아닌 가족에 있는 경우이다. 따라서 국가는 특정 가족유형에 대한 전제나 선호가 없고 가족의 요구에 수동적으로 반응할 뿐이다.

(3) 저출산에 대한 대응에 따른 유형

고티에(1996)의 가족정책에 대한 유형화가 대표적이다. 고티에(1996)는 가족정책이 저출산과 여성의 노동시장 참여 확대 등과 같은 인구사회학적 변화에 대한 국가의 대응으로 보고 유럽과 영미 국가의 가족정책모델을 4가지로 구분하였다.

첫째, 가족친화적/ 출산장려적 모델 : 이 모델에서의 궁극적 관심은 저출산이다. 따라서 출산장려와 관련하여 가족을 지원하는 것을 정부의 중요한 책임으로 간주한다. 출산에 방해가 되는 요소들을 제거하는 데 관심이 있으며, 특히 일과 가족을 병행하는 것이 출산을 방해하지 않도록 제반조치를 강구한다. 이 모델의 대표적인 국가로 프랑스를 들고 있다.

둘째, 전통주의적 모델 : 이 모델에서 말하는 "전통"은 남성생계부양제도를 말한다. 즉, 전통적인 남성생계부양제도를 유지하는 것이 정부의 정책적 관심사이다. 전통적 가족유형을 지지하고 전통적 성역할 구분을 선호한다. 따라서 여성의 노동시장 참여를 촉진하는 공보육시설의 확대보다는 가정 내에서 여성이 아이를 양육할 수 있도록 지원한다. 독일을 대표적인 국가로 들고 있다.

셋째, 성평등주의적 모델 : 이 모델은 가족정책의 지향을 남녀 간의 평등성취에 두기 때문에 전통적 가족형태보다는 평등한 성역할 모델을 추구한다. 남녀 모두가 가족에서의 양육과 시장에서의 노동을 병행할 수 있도록 제도적으로 지원한다. 스웨덴과 덴마크를 대표적 국가로 들고 있다.

넷째, 가족친화적이지만 비개입주의적인 모델 : 이 모델은 국가의 가족에 대한 책임을 인정하지만 그 책임의 범위는 보호를 요하는 가족에 한정된다. 전통적 가족유형을 선호하며, 일과 가족의 병행에 대한 정부의 개입을 최소한으로 한다. 미국과 영국을 대표적 국가로 들고 있다.

(4) 남성생계부양의 강도에 따른 유형

루이스(1992)와 세인즈베리(1999)가 대표적이다. 루이스는 성별분업을 기초로 복지국가를 유형화했는데, 남성은 생계부양자, 여성은 가정주부라는 이분법적 전제를 가지고 있다고 보았다. 복지국가는 이상적으로 남성부양자 모델을 기반으로 하는데, 이 경우 기혼여성은 노동시장에서 배제되고 남편에 의존되기 때문에 남편을 통해 사회보장수급권을 받는다. 따라서 루이스는 가족정책을 '남성부양자 규범'에 따라 강한 부양자모델(strong breadwinner regime), 온건한 부양자모델(modified breadwinner regime), 약한 부양자모델(weak breadwinner regime)로 분류하였다. 영국, 독일, 네덜란드는 여성을 의존적 어머니로 가장 강력하게 규정해 놓는다는 측면에서 강한 생계부양자모델에 속한다. 반면 프랑스는 여성을 노동자이면서 어머니로 규정하는 온건한 생계부양자모델이고, 스웨덴은 남성과 여성을 노동자이자, 양육자로 규정하는 약한 남성생계부양자모델에 속한다.

세인즈베리는 루이스의 유형화가 너무 단일한 차원에서 이루어졌다고 보고 부양자모델과 개인모델을 비교하면서 새로운 유형화를 제시하였다. 세인즈베리는 수급조건, 급여단위, 과세단위, 가족이데올로기, 가족 내 노동분화, 공적/ 사적 영역 간 경계 등을 준거로 복지국가 유형을 부양자 모델과 개인모델로 분류하였다. 여기서 부양자 모델은 남성생계부양자 레짐(male-breadwinner regime), 젠더역할분리 레짐(seperate gender role regime)으로 세분하였다. 그리고 개인적 모델을 개인주의 레짐(individual earner-carer regime)으로 명명하였다. 남성부양자 레짐은 엄격한 성별분업을 전제로 노동이 분화되는 가족이데올로기를 지향하며, 젠더역할분리 레짐은 성별분업을 전제하지만 성별 간 차이의 중요성을 강조한다. 남성부양자 레짐과의 차이는 여성이 돌봄노동을 함으로써 급여혜택이 주어진다는 것이다. 개인주의 레짐은 성별분업을 지양하며, 남성과 여성에게 소득자와 양육의 역할을 동시에 부여한다.

이상과 같은 가족정책의 여러 유형들은 현실에서 이루어지는 가족정책의 다양성을 보여주면서 동시에 가족정책의 범주가 그 국가의 거시적 맥락하에서 복잡하게 접합, 조형되고 있음을 말해 준다. 이는 곧 가족정책의 범주는 관념적이고 논리적인 차원에서 구성되는 것이 아니라 현실의 차원에서 구성됨을 시사한다. 현실과 현실에 대한 인식이 변화하면 가족정책의 방향과 범주도 변한다는 것이다. 이진숙(2003)은 이러한 가족정책의 변화를 전통적 정상가족을 이상적 모델로 인식하는 "제도중심적" 패러다임에서 탈제도화, 다양화, 개인화라는 가족의 변화를 반영하는 "다양성" 패러다임으로 변화하고 있다고 말하였다. 그런 의미에서 앞에서 언급한 가족정책에 대한 유형화도 1990년대 후반부터 이루어지는 각 국의 가족정책에 대한 태도변화를 감안할 필요가 있다.

가족정책은 앞으로 복지국가의 유형을 결정하는 중요한 지표가 될 것이다. 이는 그만큼 세계사회가 직면하는 문제가 변화하고 있다는 의미이다. 이는 소위 실업, 질병, 노령으로 대표되는 구사회위험(old social risk)에 직면하던 시대에서 임신, 출산, 양육으로 대표되는 신사회위험(new social risk)에 직면하는 시대로 변화하고 있음을 말한다. 그에 따라 복지국가에서 가족정책의 위치는 그 이전 시대보다 더 중요해지고 있다.

CHAPTER 03

복지국가에서 가족정책의 지위와 역할

1. 서 론

현재 산업화된 대부분의 국가는 급격한 출산율 저하, 고령화 가속화, 노동시장의 불안정성과 가족구조의 불안정성 증대, 여성의 경제활동 참가로 인한 돌봄의 공백(care deficit) 내지 돌봄의 위기(care crisis)를 경험하고 있다. 이와 같은 사회구조적 변화 속에서 많은 복지국가들은 사회를 안정적으로 재생산하고 지속성을 유지할 수 있도록 적극적으로 사회정책을 모색하고 있다(Daly and Lewis, 1978; Lewis, 2001). 전통적으로 대부분의 복지국가는 완전고용, 평생직장, 위기 시 소득재분배에 의한 사회재생산 유지라는 케인주의적 정책을 기반해 가족의 생계를 부양하는 남성노동자와 이에 의존하여 아동양육을 책임지는 전업주부로 이루어진 남성일인생계부양모델에 의하여 유지되어 왔다.

그러나 1970년대 이후 노동시장, 가족구조, 인구구조의 변화로 남성일인생계부양자모델에 기반한 복지국가의 전제는 도전 받고 있다.

전 세계적으로 남성 1인의 소득만으로 생계를 안정적으로 꾸려나가기 어려운 가족들이 증가하면서 일인생계소득자가족모델(single earner family model)은 쇠퇴하고 이인소득자가족모델(dual earner family model)이 보편화되고 있다. 더욱이 고령화를 수반한 인구구조의 변화는 생산가능 연령층의 높은 노동시장 참여를 필요로 하게 되었다. 여기에 이혼, 동거 등의 증가와 다양한 가족형태의 등장, 여성의 고학력화와 노동시장 참여욕구 증대는 여성들도 남성들과 마찬가지로 전 생애에 걸쳐 노동시장에 참여하고 경제활동을 수행하는 것이 보편화된 규범으로 자리잡아가고 있다. 이에 따라 사회 전반에 걸쳐 가장 많은 공백이 생기는 부분은 '가족'이다. 왜냐하면 전통적으로 가족 내에서, 주로 여성들에 의해 수행되어온 아동양육과 노인부양의 일상적 재생산이 더 이상 개별 가족 내에서 충족될 수 없는 현실이 되었기 때문이다. 따라서 그동안 가족이 담당해왔던 돌봄을 누가 어떻게 수행해나갈 것인가는 복지국가의 지속성을 유지시켜나가는 데 있어서 가장 주요한 관건이 되었다.

에스핑-앤더슨(1999)은 이와 같은 복지국가의 변화를 전망하면서 가족이 복지국가 재편의 핵심이라고 지적하였다. 노동시장의 불안정성 증대, 고령화로 인한 추가 노동력 필요성 증대, 가족 및 젠더 관계가 변화하면서 여성의 노동시장 참여가 전반적 추세이고 한 국가의 복지수준이 여성의 노동시장 참여에 의존한다면 복지국가는 가족영역의 돌봄문제에 대하여 보다 적극적으로 개입해야 한다는 것이다. 또한 새로운 복지국가는 전통적으로 유지되어 왔던 완전고용, 평생직장, 남성가장 중심의 가족형태에 대한 도전을 통하여 추구될 수 있으며, 여성의 노동시장 참여를 통해 복지국가의 생산력이 지탱됨으로써 사회지속성이 유지될 수 있다고 보고 있다(Esping-Andersen, 2002a). 테일러구비(Taylor-Gooby, 2004)도 신사회위험(New Social Risk)은 노동시장 내 지위변화(예를 들면, 실직, 퇴직)에 연동된 구사회위험(임금노동을 수행할 수 없게 되는 실업, 질병, 노령 등의 위험)과 달리 주로 돌봄문제와 관련되어 있기 때문에 복지국가의 역할이 노동시장 영역에서 가족영역으로 확대되어야 한다고 제시하였다. 그러나 수많은 복지국가들은 고령화, 저출산, 노동시장 불안정성 상시화 및 비정규직 확산, 가족구조 변화라는 유사한 구조적 압력에도 불구하고 서로 상이한 가족정책들을 전개시켜나가고 있다. 이에 따라 각 복지국가별 가족정책의 정책방향, 포괄범위, 수준이 상이하게 나타나고 있는 것이 현실이다. 이러한 문제의식에 근거해 본 장에서는 산업화된 복지국가들에서 가족정책이 갖는 지위와 역할에 대해 개략하고자 한다. 특히 가족정책은 단순히 몇 가지 정책 프로그램의 묶음이 아닌 특정 복지국가의 핵심적 특성들과 밀접한 관계를 가지고 있다는 점을 고려한다면 가족정책에 대한 이해는 복지국가에서 가족정책이 갖는 지위와 역할을 규명하는 것으로부터 출발한다.

2. 복지국가의 지속성과 가족정책의 역할

복지국가는 자본주의가 지속적으로 재생산될 수 있도록 한다는 점에서 자본주의적 특성에 기반하고 있다(Gough, 1990). 한 사회가 지속성을 유지하기 위해서는 사회의 기본적 원동력인 노동력이 끊임없이 재생산되어야 한다. 이는 단순히 현재 임금 노동자 자신의 노동력이 일상적으로 재생산(상품화)하는 것을 넘어 아동양육을 통해 다음 세대 노동력이 상품화될 수 있는 기반을 마련하는 세대적 재생산을 필요로 하고 있다. 전통적으로 복지국가는 이와 같은 일상적, 세대적 재생산이 원활하게 이루어질 수 있도록 정책적으로 개입을 하였으나, 주로 전자에 집중하여왔다. 즉, 국가는 노동시장 내 완전고용이나 임금문제에 대한 대응을 통하여 임금노동자들이 안정적으로 소득을 확보하고 생활을 유지할 수 있도록 하는 데 정책의 초점을 두었다. 노동시장 내 고용을 통하여 적정한 수준의 생활을 할 수 없게 되는 경우, 즉 실업, 노령, 질병, 산업재해 등에는 각종 보험이나 연금제도를 통하여 소득보장대책을 제공하였다. 반면 세대적 재생산은 노동시장을 통해 벌어들인 소득에 기반해 주로 가족을 통해 이루어져왔다. 이와 같은 복지국가의 재생산구조는 소득원으로서의 남성노동자와 가정 내에서 무급으로 아동을 양육하는 여성전업주부라는 성별분업구조에 의하여 떠받들어져왔다. 그러나 노동시장구조의 변화, 가족구조의 변화, 젠더관계의 변화 속에서 그동안 가족 내에서 이루어져 왔던 아동양육은 가족의 개별적 상황에 맡기기에는 한계에 직면하였다. 이것은 점차 국가가 전통적으로 가족이 담당해왔던 아동양육과 돌봄이 정책적으로 개입할 수밖에 없는 필수적 과제가 되었음을 의미한다(Sainsbury, 1999; Daly, 2000a).

특히 인구구조의 고령화는 세대적 재생산은 물론 사회적 기반을 유지시켜나가기 위한 방법으로서 생산 노동력의 안정적 확보를 정책의 주요 과제로 등장시키고 있다. 고령화 인구의 노후 소득보장을 위해 생산가능인구가 지속적으로 확대, 유지되어야 한다. 세계적으로 많은 국가들은 이미 고령화시대를 거쳐 고령사회로 접어들었으며 국가의 생산가능 노동력의 확보는 매우 중요한 과제가 되었다. OECD 국가의 평균 고령화율은 13.8%로 사회적으로 부양해야 할 노인인구 비율이 절대적으로 많아지고 있다(OECD, 2007). 이에 따라 복지국가의 지속가능성을 위해 미래사회 생산가능인구로서 아동이나 현재 비경제활동군으로 있는 여성에 대한 개발과 투자는 정책의 핵심이슈가 되었다(Esping-Anderson, 2002a, 2002b, 2002c; Giddens, 1998; OECD, 2006; Orloff, 1996; 장지연 외, 2005).

통상 이제까지 가족의 일로 여겨지는 아동양육은 하루하루 가족 내에서 개별적 행위를 통해 이루어지고 있으나, 구조적으로는 이들을 통해 향후 사회의 노동력을 확보하고 사회의 지속가능한 발전을 모색할 수 있다는 점에서 복지국가정책의 핵심적 과제와 연동된다. 무엇보다도 제조업 중심에서 금융, 정보, 통신, 전자, 융합기술 등 지식기반 사회로의 이동으로 높은 수준의 인적 자본을 갖춘 노동력의 확보가 복지국가 지속성에 중요한 관건이 되고 있다. 즉, 국가는 제조업에 기반한 사회구조 속에서는 안정적 임금소득 보장과 실업, 노령 등의 시기에는 적정한 수준의 소득재분배 정책을 통해 가계안정을 도모하는 방식으로 사회의 지속성을 유지할 수 있었다. 이에 비해 지식기반 중심의 사회구조는 고부가가치 중심의 산업구조로 전환하면서, 하이테크놀로지 기술의 습득은 물론 빠른 속도로 변해가는 시장상황에 능동적으로 대처할 수 있는 노동력의 확보가 주요한 관건이 되고 있다. 이에 따라 국가는 적극적으로 가족영역, 특히 아동양육에 대한 사회적 책임을 증대시키고 정책적 개입을 하고 있다. 이런 측면에서 한 국가의 아동양육을 둘러싼 가족정책의 방향성은 해당 국가의 미래사회를 가늠할 수 있게 하는 주요한 잣대가 되고 있다. 구체적으로 아동양육에 대한 가족정책에 있어서 국가와 가족의 역할과 분담을 어떻게 하는가, 공공성을 주요 기조로 할 것인가 아니면 시장화를 결합한 계층화 방식으로 진행할 것인가, 양육자로서 부모의 권리를 얼마나 인정해주는가 등에 의해서 각 국가의 가족정책은 차이가 나게 된다(Gornick and Meyers, 2003). 이와 같은 가족정책의 차이는 사회의 기본 기조를 공공성과 평등을 추구로 할 것인가 아니면 효율성을 중심으로 이끌어나갈 것인가라는 전반적 사회정책 기조와 맞물려 있다(Esping-Andersen, 1990).

한편 제조업 중심에서 서비스, 지식기반 및 고부가가치 산업으로의 변화는 노동시장 내 유연성 증가와 불안정한 직업군의 등장을 대두시켰으며, 가족 내부적으로는 남성 1인생계부양자가족모델을 쇠퇴시키고 2인생계부양자모델로의 전환을 재촉하였다. 또한 남성고용 중심의 제조업이 전체 산업에서 차지하는 비중은 감소하는 반면 서비스 산업의 비중이 상대적으로 빠르게 증가하면서 여성을 위한 노동시장 내 일자리들이 증가하고 있다(Taylor-Gooby, 2004). 산업사회 후기로 갈수록 주로 남성들이 주관해왔던 제조업 비중은 감소하고 의료, 보건, 정보 등의 서비스 사업이 확대되고 여성의 노동력에 대한 수요가 증가하고 있다는 것은 이미 여러 선진국의 경험을 통해서 확인되고 있다(Taylor-Gooby, 2004; Daly, 2000b; Jaumotte, 2005). 교육수준의 향상과 여성들의 경제활동참가 욕구도 지속적으로 이들의 경제활동참가를 유인하는 또 다른 주요한 요소가 되었다.

2007년 OECD보고서에 의하면 남유럽국가를 제외한 대부분의 국가들에서 여성의 경제활동참가율은 70%를 넘어서고 있으며 2인생계부양자가족이 보편화되고 있다(OECD, 2007). OECD 국가에서 남성고용율은 1980년 83.9%에서 2005년 80.2%로 감소한 반면 여성고용율은 지속적으로 증가하고 있다. 특히 남성노동자의 실질임금수준이 하락하고, 실업과 비정규성이 증가하면서 여성의 노동시장 참여는 가구의 안정적 생계유지를 위해 필수조건이 되어가고 있다. 남성노동자를 통한 생계보장이 불안정해지는 상황 속에서 여성의 노동시장 참여는 선택이 아닌 가족의 적절한 생활수준을 유지하기 위한 필수조건이 되었다. 실제 OECD 국가의 빈곤율을 살펴보면, 1인 소득자가족에 비해 2인 소득자가족의 빈곤율은 현저히 낮은 것으로 나타났다. OECD 평균 1인 소득자가족 빈곤율은 13.3%로 2인 소득자의 4.4%의 4배로 나타나 여성의 고용이 가계에 미치는 영향을 가늠할 수 있다(OECD, 2007, 홍승아 외, 2008 : 20 재인용). 여성의 노동시장 참여는 가계의 안정적 재생산은 물론, 고령화 시대 새로운 생산가능인구로서 복지국가의 지속성을 유지시킬 수 있는 중요한 요인으로 부상하였다(Esping-Andersen, 2002; Orloff, 1996). 이처럼 여성의 노동시장 참여가 선택이 아닌 필수조건이 되어가고 있음에도 돌봄노동이 사회화되지 않는다면 가족(특히 여성)은 일과 가족돌봄 간 양자택일적 선택을 할 수밖에 없다. 이것은 1인 생계부양자로 가족이 살아가기에 적절한 수준의 소득을 확보하지 못하는 가족들에게 경제적 어려움을 감수하거나, 아니면 출산을 지연하거나 포기하는 결과로 이어진다. 따라서 돌봄의 사회화가 수반되지 않은 사회는 수많은 가족과 아동들을 빈곤에 놓이게 하며, 한편으로는 저출산이라는 현상을 직면하게 된다.

그러므로 가족정책의 핵심은 전통적으로 가족(여성)이 주로 수행해왔던 아동양육, 노인부양을 포함한 돌봄의 사회화에 있으며, 돌봄 문제를 둘러싸고 국가와 가족 간 재계약을 이루어내는 데 있다. 물론 가족정책은 앞서 말한 바와 같이 돌봄의 사회화 과정에서 국가와 가족 간 역할을 어떻게 분담할 것인가, 서비스 제공이 공공성을 기반으로 할 것인가 아니면 시장화를 결합할 것인가, 양육자로서의 부모의 권리를 얼마만큼 보장하는가에 따라 다양한 양상으로 나타나게 된다. 대개 돌봄의 사회화는 복지국가가 가족 내 책임과 노동을 얼마나 흡수하는가에 따라 달라진다. 즉, 돌봄의 사회화는 국가가 더 많은 책임을 안을수록 가족 내 부담이 약화되고 가족 간 차이가 약화되나, 가족책임으로 나누거나 시장화와 결합시키게 될 경우 가족의 부담은 변화되지 않고 가족 간 계층적 차이가 강화된다. 이것은 아동양육, 노인보호 등의 돌봄이 사회화한다해도 시장을 기반으로 하게 되면 서비스의 질이 시장가격에 의해 제약되게 됨으로써 돌봄의 문제가 여전히 가족의 부담과 노동에 의해 이루어지고, 저소득층은 소외되기 때문이다(Gornick and Meyers, 2003; Ungerson, 1997). 특히 3세 미만의 아동보육에 대한 정책은 전반적 아동권리에 대한 보장수준은 물론 여성들의 노동시장에의 접근권 보장수준과 연동된 사안으로 가족정책의 핵심적 지표이다. 에스핑-앤더슨은 후기 복지국가에서는 개별화, 다양화를 수반한 가족의 변화와 여성의 일하고자 하는 욕구를 충족시킬 수 있는 방안을 중요하게 다루어야 함을 역설하면서 아동보육에 대한 사회적 책임을 강조하였다(Esping-Andersen, 1999). 이처럼 복지국가의 지속적 재생산을 위해서는 산업 및 노동시장 구조, 인구구조, 여성의 노동시장 진출로 일어난 돌봄의 위기에 대응할 수 있는 핵심요소로서 가족정책을 중심으로 한 재편이 요구된다. 가족정책은 변화된 복지국가의 사회경제적 조건 속에서 경제발전과 기본적 복지 간 균형을 통하여 사회를 지속, 발전시켜나가는 중심축이 될 것이다.

복지국가 지속발전의 중심축으로서 가족정책은 몇 가지 측면에서 중요성을 가진다. 우선 가족정책은 사회적으로 필요한 노동력 확충을 통해 복지국가 경제구조의 순환을 가능케 한다. 복지국가에 있어 노동과 생산은 국가 유지를 위한 기본적 토대이다. 특히 고령, 초고령 사회로의 진입은 생산성이 높은 노동인구를 지속적으로 확보하는 것을 더욱 중요하게 만들고 있다. 이에 따라 노동과 일은 복지국가의 화두가 되고 있다. 영국의 사회투자, 미국의 근로연계복지, 북유럽 복지국가들의 적극적 노동시장정책 등은 모두 노동이 사회유지에 가장 필수적인 기반임을 확인하는 정책이다. 복지국가의 경제구조가 제대로 작동되게 하기 위해서는 성별, 연령, 인종에 관계없이 경쟁력을 갖춘 더 많은 사람들이 노동시장에 참여해 부가가치를 생산해내야 한다. 그러나 앞서 지적한 바와 같이 남성의 고용율은 이미 정점을 지나갔다면, 여성, 특히 자녀를 둔 여성들은 아직 노동시장참여율이 제한되어 있다. 2007년 OECD보고서에 따르면 현재 남성의 평균고용율은 70% 이상을 넘어서 있지만 여성고용율은 평균 57%에 머물고 있다(OECD, 2007). 따라서 돌봄의 사회화가 수반된다면 여성의 노동시장 참여는 지금의 수준보다 약 15～20% 포인트 이상 올라갈 수 있으며 이에 따른 생산가능인구의 확대를 기대할 수 있다. 가족정책은 여성들의 노동시장 참여를 원활하게 하고 이를 통해 복지국가의 지속성을 유지케 하는 지렛대로서 의의가 있다.

이와 더불어 가족정책은 기본적 생활보장을 통해 가족형태와 관계없이 아동들이 성장할 수 있는 환경을 조성함으로써 차세대 노동력을 안정적으로 확보할 수 있게 한다. 사회가 질적으로 강화된 노동력을 통하여 발전을 지속시켜나가기 위해서는 아동이 절대적 빈곤이나 경제적 궁핍으로부터 벗어나 자라날 수 있어야 한다. 아동빈곤의 해소를 위해서 한편으로는 가족에 대한 보편적 수당 제공이 이루어져야 하며, 다른 한편으로는 여성의 노동시장 참여 및 이들의 노동시장 내 지위가 향상되어야 한다. 스웨덴이나 덴마크, 노르웨이 등 북구 사민주의 국가들이 영국, 독일, 프랑스, 미국 등 소득수준이 높은 다른 국가들에 비하여 빈곤율이 낮은 이유는 이인생계부양자가족 모델을 위한 보육서비스 확충 이외에도 보편적 복지급여에 바탕하고 있다. 스웨덴이 다른 국가들에 비하여 공적 이전소득에 의해 빈곤율이 가장 현저하게 떨어졌다는 점은 미성년자녀를 양육하는 가족의 안정적 생활을 위해 보편적 급여가 어떻게 역할하는가를 보여주는 중요한 사례다(Christopher, 2001, 윤홍식, 2004a : 6 재인용)[1]. 또한 가족정책은 단순히 여성의 노동시장 참여에 대한 기회 마련을 넘어서 독일, 일본, 네덜란드, 영국 등 많은 국가에서 나타나는 여성의 파트타임 집중화나 낮은 취업지위에 대한 정책적 개입을 통해 여성가구주 가족 내 아동빈곤 문제를 해소할 수 있는 방파제로서 역할을 할 수 있다. 혼자서 아이를 키우는 한부모가족들이라 할지라도 어머니가 풀타임 정규직일 경우에는 빈곤문제로부터 자유롭다는 점을 고려해 본다면 여성의 노동시장 내 지위는 가족과 직접 연관된 것은 아니라 할지라도 가족정책적 차원에서 접근해야 할 매우 중요한 과제이다(Kilkey, 2000). 이처럼 복지국가는 가족정책을 통하여 가족형태별, 사회계층적 지위에 따라서 아동의 성장이 차등화되지 않고 모든 아동들이 동등한 기회를 바탕으로 성장할 수 있도록 제도적 기반을 마련할 수 있다.

무엇보다도 가족정책은 복지국가 변화의 핵심축으로 존재하고 있는 가족내 돌봄구조의 변화와 젠더관계 변화에 역동적으로 대응하는 동력이 되고 있다. 에스핑-앤더슨(Esping-Andersen, 2002a)은 복지국가에서의 가족구조 및 노동시장의 변화와 이에 수반된 새로운 젠더계약을 언급한 바 있다. 즉, 가족정책은 복지국가의 돌봄 위기는 물론 사회지속성을 확보하기 위한 조건으로서 여성의 남성화(즉, 여성의 노동시장 참여) 경로와 마찬가지로 남성의 여성화(즉, 남성의 가족내 돌봄노동 공유) 경로를 촉진시킴으로써 성별로 분리되지 않는 보편적 부양자-양육자 사회를 만들 수 있는 기반을 마련한다. 가족정책을 통해 여성은 돌봄의 사회화와 성별 공유에 기반하여 보다 자유롭게

---

1) 시장소득을 기준으로 할 때 미국과 스웨덴의 여성한부모가장가족 빈곤율은 각각 53.0%, 40.0%로 약 1.3배의 차이가 난다. 그러나 공적 소득 이전 이후 그 빈곤율은 각각 45.4%와 4.4%로 10배 이상 벌어지는 것으로 나타났다(Christopher, 2001, 윤홍식, 2004a : 6 재인용).

노동자로서의 권리와 지위를 확보할 수 있는 조건을 형성하게 되며, 남성은 돌봄노동 참여와 공유를 통해 부모로서의 권리와 지위를 확보할 수 있다(윤홍식, 2005; Fraser, 2000). 이와 같은 보편적 부양자-양육자로서의 성별통합은 전통적으로 가족 내 돌봄이나 노동시장 내 존재해왔던 성별 간 분리와 위계를 약화시킴으로써 성통합적(양성평등) 사회로 나아갈 수 있는 조건을 마련할 수 있을 뿐만 아니라, 복지국가의 지속성을 확보하기 위한 최적의 전략으로서의 위상을 가진다.

이를 위해 가족정책은 다음과 같은 관점과 원칙을 견지하게 된다. 첫째, 가족정책은 여성의 노동시장 참여 증대로 생겨난 가족 내 돌봄위기에 대하여 이들 가족이 일과 가족을 양립시키면서 살아갈 수 있도록 보육, 교육, 의료, 주거 및 복지 등 사회서비스 기반을 제공하는 역할을 한다(Esping-Andersen, 2001, 2002a). 둘째, 가족정책은 아동이 미래사회를 이끌어나가는 시민으로서 건강하게 성장할 수 있도록 사회제도적 기반을 강화함으로써 모든 아동이 가족형태나 계층지위에 따라 차별화되지 않고 빈곤으로부터 자유로운 삶을 영위할 수 있도록 하여야 한다(Daly, 2000a). 가족형태의 다양화로 혼자서 자녀를 키우면서 생계를 짊어져야 하는 한부모는 물론 어린 자녀를 둔 취업모의 증가는 전 세계적 추세이다. 아동을 양육하고 있는 가족이 기본적 생계를 보장받을 수 있도록 보편적 가족급여의 확충이 요구되며, 노동시장 내 여성의 노동지위나 노동권 보장, 아동보육의 질 확보 등이 정책적으로 지원되어야 한다. 셋째, 가족정책은 사회구성원의 안정적 삶을 위하여 노동권 확보는 물론 부모로서의 권리를 누릴 수 있도록 하는 제반 사회적 변화를 주도해야 한다(윤홍식, 2006a). 여성의 노동시장 진출이 성별 평등이나 사회적 생산성 증대에 필수적인 것과 마찬가지로, 남성의 가족 내 삶의 보장도 동시에 매우 중요한 과제이다. 새로운 사회 속에서 남성-생계부양, 여성-가족

돌봄의 성별화된 젠더관계는 재조정되어야 하며 모든 부모들은 부모-노동자로서의 이중역할을 함께 수행할 수 있도록 각종 제도적, 사회문화적 장치들이 제안되어야 하겠다. 21세기 새로운 시대는 국가-가족, 여성-남성 간 '공유된 삶(sharing)'을 기본 축으로 하는 사회로 재편되어야 하겠다.

3. 가족정책의 수준과 현실

위에서 언급한 가족정책이 담보하고 있는 역할을 중심으로 볼 때 가족정책은 아동의 시민으로서의 질적 성장을 담보하기 위한 보육정책, 여성의 노동시장 참여에 연계된 여성고용정책, 임신, 출산 시기 부모로서의 권리를 보호하기 위한 휴가정책, 시민의 기본적 삶의 질과 연계된 노동시간 정책 등과 밀접히 연결되어 있으며 여러 범주의 정책들과 중첩되어 있다(Gauthier, 1996). 본 절에서는 보육, 모성, 부성 및 부모휴가, 노동시간 등의 현실을 통하여 각 국가별 가족정책의 수준과 현실을 간략히 짚어보도록 하겠다[2]. 자료는 OECD, EU, ILO 등에서 나온 통계 및 데이터를 이용하였으며, 우리나라 출산휴가, 급여 등에 대한 추가자료는 경제활동인구조사(2006)나 고용보험통계연보(2006)를 활용하였다.

2) 각 국가별 보육, 휴가, 노동시간에 관한 분석표는 대부분 송다영・장수정・김은지(2008 : 121-127)에서 인용된 자료에 기반한다.

1) 아동의 건강한 성장을 위한 정책적 지원

아동(보육)에 대한 국가지원의 포괄성과 보장수준은 돌봄의 사회화에 대한 국가의 책임분담정도를 보여준다(홍승아 외, 2008 : 42). 이미 유럽의 많은 국가들은 20세기 초반부터 16세 또는 18세에서 20세 미만의 아동을 키우는 가족의 경제적 부담을 경감시키기 위하여 보편적 아동수당(child benefit 또는 child allowance)이나 가족수당(family benefit 또는 family allowance)을 지급해오고 있다. 아동(가족)수당은 아동을 사회적 자원, 즉 다음 세대 노동력으로 간주하고 이들이 건강하게 자라날 수 있도록 하는 기초생활보장 차원에서 제공되어왔다(Bradshaw and Finch, 2002). 1980년대 경제위기 이후 아동수당의 실질 급여액이 하락하는 경향이 있으나 아직도 많은 국가가 가족의 안정적 생활을 지원하는 중요한 정책으로 유지되고 있다. 대부분의 국가에서는 소득수준에 관계없는 보편주의적 지급방식을 취하고 있으며, 소득조사를 통해 일정 수준 이하의 가족에게만 지급되는 사회부조적 유형(예 스페인, 일본, 영국, 미국 등), 고용과 연계되어 어려움에 처했을 때 지급되는 고용연계형 방식이 있다(예 이탈리아, 포르투갈). 실제 스웨덴, 네덜란드, 핀란드, 덴마크, 프랑스 등에서 아동수당은 저소득층 가구가 빈곤에 대처할 수 있는 효과적인 방편이 되고 있다[3](Hillamo, 2004).

다음으로 아동의 건강한 성장을 담보할 뿐만 아니라 여성의 경제활동참여를 기본적으로 가능하게 하는 기본적 요소로서 0~2세 보육서비스는 국가별로 다양한 양상으로 나타나고 있다. 0~2세 아동을 위한 보육서비스에 대한 국가의 지출이 가장 높은 국가는 핀란

3) OECD 2007년 보고서에 의하면 아동수당이나 보육 등 가족정책이 발달한 국가일수록 아동빈곤율이 낮고, 가족정책이 미흡한 국가일수록 아동빈곤율이 높아지는 경향이 뚜렷하다. 앞서 언급한 덴마크, 핀란드, 노르웨이, 스웨덴 등의 스칸디나비아 국가의 아동빈곤율은 5% 미만으로 매우 낮은 반면 아동양육을 위한 기본적 수당과 보육이 확보되지 않은 미국, 영국, 스페인, 일본 등은 아동빈곤율이 매우 높다(OECD, 2007 : 16).

드(1.01), 덴마크(0.96), 스웨덴(0.75), 노르웨이(0.71)로 스칸디나비아 4개국이었으며, 프랑스(0.52), 룩셈부르크(0.43), 포르투갈(0.43)을 제외한 다른 국가들의 0~2세 보육을 위한 지출은 전반적으로 상당히 제한적이다. 독일의 0~2세 보육지출 수준은 GDP 대비 0.04로 가장 낮으며, 우리나라는 0.08로 세계 최하위 수준에 머물고 있다. 0~2세 보육은 아동에 대한 보호 측면에서뿐만 아니라 여성의 노동시장 참여를 지속적으로 유지하게 하는 요소로서 가족정책의 수준과 성격을 보여주는 매우 중요한 요소(Gornick and Meyers, 2003)이나, 국가별로 영유아 보육시설 설치 비용문제와 더불어 영유아 보호에 대한 가족보호 전통이나 선호 등이 얽혀 있어서 다양한 양상으로 발현된다. 스칸디나비아 4개국은 0~2세 보육서비스에 대한 포괄적 지원을 통하여 아동들을 위한 적절한 보호와 여성의 고용유지라는 두 가지 정책기조의 틀을 확고하게 하고 있다. 이에 비하여 다른 국가들은 가정양육수당(프랑스, 독일 등)을 지급하여 여성들이 아동을 직접 돌보게 하거나, 보편적 공보육서비스가 아니라 저소득층 아동에 한정된 공보육서비스 제공(영국, 미국 등)의 방식으로 대처하고 있다.

반면 3~5세 아동을 위한 보육(유아교육)서비스에 대한 국가의 지출은 0~2세 아동을 위한 보육서비스 재정지원에 비해 상당히 높아진다. 대체적으로 많은 국가들에서 3~5세 아동을 위한 보육서비스를 조기교육(Early Child Education and Care, 이하 ECEC)의 차원에서 접근하면서 적극적으로 재정을 투입하고 있기 때문이다(OECD, 2006). 3세 이상 아동을 대상으로 한 무상교육을 실시하고 있는 프랑스는 GDP의 0.67%를 학령 전 아동을 위한 보육(유아교육)서비스로 사용하면서 비교대상 국가 중 가장 높은 수준을 보이고 있다. 전반적으로 다른 국가들의 지출수준도 0~2세 아동을 위한 지출수준과는 다르게 높아지는 경향이 뚜렷하다. 그 중에서도 특징적인 나라로는 독일, 스페인, 이탈리아 등이 있는데, 이들 국가는 0~2세 보육서비스 지출이 각각 0.04, 0.07, 0.13으로 매우 낮은 수준을 유지한 반면 3~5세 보육서비스 지출은 0.35, 0.46, 0.43 등으로 상당히 높다. 우리나라는 3~5세 아동에 대한 지출도 GDP 대비 0.06에 머물고 있어서 세계적으로 가장 낮은 수준을 보이고 있다.

또한 공식 보육서비스 비용에 대한 가구의 부담은 아동에 대한 적정한 보호는 물론 여성의 노동시장 참여율이나 고용형태 결정에 중대한 영향을 미치는 변수이다. 즉, 보육서비스 비용이 높아질수록 부모 중 한 사람(대부분 여성)은 아동을 돌보기 위해 직장을 그만두거나, 파트타임으로 전환할 가능성이 높으며, 아동은 비공식 보육이나 보모 등 비전문인력에 의해서 보육되어질 가능성이 높다. 가구소득 대비 보육비용이 낮은 국가는 앞서 보육에 대한 공공지출 비용이 높았던 스웨덴, 덴마크, 핀란드, 노르웨이 등 스칸디나비아 국가와 그리스, 벨기에, 포르투갈, 룩셈부르크 등의 국가이다. 한국은 8.7%로 소득대비 보육비용 부담비율은 낮은 편이다[4]. 그러나 우리나라 보육료 부담은 기준보육료 이외에 특별활동비나 필요경비에 따른 추가 부담이 문제가 되고 있어, 실제 부모들의 부담비율은 훨씬 높은 것으로 나타나고 있다(백선희, 2008).

이에 비해 가구소득 대비 보육비용이 차지하는 부담이 높게 나타나는 국가는 미국, 뉴질랜드, 아일랜드, 스위스, 영국 등이다. 이 중 스위스를 제외하고는 모두 영미권 자유주의 국가군으로 분류되는 국가군인데, 이렇게 보육비용 부담이 높은 이유는 이들 국가의 보

4) 우리나라 보육에 대한 공적 지원은 참여정부에서 급격히 증가하는 경향이 뚜렷하다. 참여정부의 보육정책은 직접 보육서비스를 제공하는 방법보다는 주로 재정적 지원을 제공하는 방식을 중심으로 발달하였다. 소득수준에 따른 보육비 지원이라는 간접적, 보육비 지원방식을 취하는 방식에 따라 전체 보육비용 대비 부모부담율은 낮아지는 경향을 보이고 있다. 2000년 총보육예산은 3,056억 원으로 매우 낮았으나, 2003년 6,551억, 2004년 8,752억, 2005년 1조 3,355억, 2006년 2조 354억으로 약 7배 이상 증가하였다.

육에 대한 공적 지원수준이 낮을 뿐만 아니라 보육서비스가 대체적으로 민간시설 위주로 발달하였기 때문에 시장비용으로부터 자유롭지 않은 데 있다(김영순, 2006; Randall, 2002)[5]. 높은 보육비용 부담은 결국 여성들의 노동시장 참여를 제한시키거나, 아동은 계층별 혹은 가족의 소득수준별로 차별화된 질의 보육을 받게 되는 현실로 이어진다. 이것은 기회의 균등을 보장받아야 할 아동의 성장과 발달이 태어난 가족배경이나 부모의 지불능력에 따라 차등화되는 첫 단계가 된다(Meyers and Gornick, 2003). 스칸디나비아 국가의 경우 질 높은 보편적 보육시설의 확대가 아동에게 사회로 나아가는 동등한 조건의 형성으로 작동함으로써 이들의 학업성취도와 노동시장에서의 차이가 감소하고 있다는 결과는 눈여겨봐야 할 사안이다(Esping-Andersen, 2002b).

〈표 3-1〉 **아동양육 및 보육을 위한 공공지출 포괄성 및 접근성**

	0~2세 보육서비스를 위한 공공지출(GDP 대비 %)	3~5세 보육서비스를 위한 공공지출(GDP 대비 %)	가구순소득 대비 보육비용(%)
오스트레일리아	0.19	0.22	9.7
오스트리아	0.19	0.41	14.9
벨기에	0.20	0.58	4.2
덴마크	0.96	0.66	7.8
핀란드	1.01	0.35	7.2
프랑스	0.52	0.67	11.3
독 일	0.04	0.35	8.4
그리스	0.16	0.25	4.7

5) 영국, 미국 등 자유주의 국가군에서 1996년 이후 전면적인 보육정책 개혁과 공적 지원이 확대되고 있음에도 불구하고 보육비용 부담이 줄지 않고 여전히 여성들의 노동시장 참가가 파트타임을 중심으로 편제되어가고 있는가에 대한 자세한 논의는 11장을 참조하기 바란다.

아일랜드	0.11	0.14	29.2
이탈리아	0.13	0.43	-
일 본	0.23	0.09	14.2
한 국	0.08	0.06	8.7
룩셈부르크	0.43	0.48	5.7
네덜란드	0.16	0.36	11.5
뉴질랜드	0.16	0.18	27.5
노르웨이	0.71	0.29	7.7
포르투갈	0.43	0.42	4.2
스페인	0.07	0.46	–
스웨덴	0.75	0.50	6.2
스위스	0.09	0.21	29.8
영 국	0.25	0.33	32.7
미 국	0.30	0.32	19.4
출 처	OECD(2007). Social Expenditure Database. * 공공지출액. 2003년 기준	OECD(2007). Social Expenditure Database. * 공공지출액. 2003년 기준	OECD(2007). Benefits and Wages, p.154. * 평균임금 167% 소득+두 자녀 맞벌이 가구. 2004년 기준

2) 출산, 양육을 위한 휴가수준과 남성의 부모역할 지원

출산, 양육을 위한 휴가정책은 대개 휴가기간과 휴가기간 중 급여를 보장해주는 수준에 따라서 실제 이용율에 영향을 준다. 여성을 위한 휴가정책은 모성을 보호해주는 기간의 확보와 더불어 휴가기간 중 가족과 생활을 영위해 나갈 수 있을 정도의 생계보장을 받느냐가 중요한 관건이다. 즉, 휴가기간이 충분한가도 중요하지만 휴가 중 급여를 종전 근로시기와 유사한 수준(약 80~100%)으로 지급해주는 최대급여기간 또한 중요하다. 오스트리아, 프랑스, 독일, 스페인, 영국 등은 총휴가기간이 길지만 최대급여수준이 매우 낮거나 최대급여기간이 상당히 짧은 특징을 지녔다. 반면 총휴가기간 중 최대급여기간이 차지하는 비율이 높은 국가는 덴마크, 노르웨이, 스웨덴 등 스칸디나비아 국가이며 룩셈부르크, 핀란드가 그 뒤를 잇고 있다. 총휴가기간도 짧고 최대급여기간도 짧은 국가로는 벨기에, 일본, 뉴질랜드, 스위스, 미국이 있다.

남성을 위한 휴가정책은 일단 남성들의 부모역할을 지원하기 위하여 주어지는데, 남성의 부모역할 참여를 현실화하려면 소득보전을 위한 최대급여기간의 보장과 아버지 할당제 여부가 중요한 변수이다. <표 3-2>에서 나타나는 바와 같이 남성을 위한 총휴가기간은 여성과 유사하거나 여성보다 낮은 수준으로 주어진다. 반면 최대급여휴가기간은 전체적으로 매우 낮은 수준으로 주어지고 있다. 캐나다(19주), 스웨덴(9.2주)을 제외하고는 거의 휴가급여를 제공하지 않거나 제공하더라도 매우 낮은 수준에 머물러 있다. 또한 휴가기간 중 일정 기간을 아버지만 사용할 수 있게 규정한 아버지 할당제가 있는 나라는 노르웨이, 스웨덴, 포르투갈에 불과하다. 여성의 노동시장 참여가 증가하면서 이인소득자모델이 보편화됨에도 불구하고 이처럼 전 세계적으로 남성의 아버지 역할에 대한 제도적 지원은 상당히 미흡한 수준이다. 향후 남성의 부모역할을 도모하기 위한 정책적 차원의 변화가 필요하다.

전체 휴가지출을 위한 공공지출 비중은 여성과 남성을 위한 최대급여휴가기간이 길었던 노르웨이, 덴마크, 핀란드, 스웨덴, 룩셈부르크에서 높은 것으로 나타났으며, 최대휴가급여기간이 짧거나 무급인 영국, 미국, 스위스, 오스트레일리아 등에서 낮게 나타났다. 우리나라는 GDP 대비 휴가지출 비율이 0.01로 세계 최하위 수준이다. 이처럼 출산, 양육 시기 부모권을 보장하기 위한 휴가정책의 수준은 실제 총 휴가기간보다는 소득에 준하는 휴가급여를 수급 받느냐는 문제가 중요한 관건이 되고 있다(Haas, 2003). 향후 휴가정책을 실질화하기 위해서는 모성, 부성, 부모휴가 급여의 현실화가 무엇보다도 선결되어야 하겠다.

〈표 3-2〉 **모성, 부성, 부모휴가 수준과 포괄성**

	여 성		남 성			휴가지출 (GDP 대비 %)
	최대급여 휴가(주)	총휴가 기간(주)	최대급여 휴가(주)	총휴가 기간(주)	아버지 할당제	
오스트레일리아	0	52	0	52	0	0.03
오스트리아	16	120	0	104	0	0.30
벨기에	11.53	27	2	14	0	0.18
캐나다	28.6	52	19	35	0	0.24
덴마크	46.8	50	2	34	1	0.58
핀란드	27.3	44	3	29	0	0.58
프랑스	16	172	2	158	0	0.34
독 일	14	170	0	156	0	0.19
그리스	17	45	0	28	0	0.09
아일랜드	14.4	54	0.4	28	0	0.08
이탈리아	16.8	57	0	36	0	0.18
일 본	8.4	14	0	0	.	0.12
한 국	12	48	0	36	0	0.01
룩셈부르크	32.12	42	0.4	26	0	0.49
네덜란드	16	40	0.4	24	0	0.00
뉴질랜드	6	12	0	0	.	0.05
노르웨이	49.2	51	3.2	48	1	0.77
포르투갈	17	41	1	25	1	0.16
스페인	16	172	0.40	156	0	0.15
스웨덴	52.8	66	9.2	62	1	0.66
스위스	16	16	0	0	.	0.00

영 국	5.4	65	0.5	13	0	0.10
미 국	0	12	0	12	0	0.00
출 처	OECD(2007). Family Database. 2003년 기준. Moss and O'Brien(2006), pp.54-57. 한국은 고용보험통계연보(2006), 경제활동인구조사(2006) * 최대급여기간은 휴가기간 중 종전 근로급여액에 준하는 수준의 급여액을 받는 기간으로 계산하였음					OECD(2007). Social Expenditure Database. * 공공지출액. 2003년 기준

3) 일가족 양립의 기본적 사회적 조건으로서 노동시간

가족이 기본적으로 일과 가족을 양립하면서 살아가기 위해서는 적정한 노동시간이 유지되어야 한다. 전 세계적으로 법정 주당시간은 대부분 40시간을 전후로 하고 있다. 다만, 1997년 노동시간을 단축하는 법률을 통과시킨 프랑스가 35시간으로 가장 짧으며, 다른 국가들은 37~40시간대에 분포하고 있다. 법정 최대노동시간은 40~48시간으로 넓게 퍼져 있으며 벨기에가 38시간으로 가장 낮은 수준이다(표 3-3 참조). 한편 ILO 자료에 기초하여 실제 노동시간을 살펴보면 파트타임이 보편화되어 있는 네덜란드가 1375시간으로 가장 낮았으며, 노르웨이, 프랑스, 벨기에, 룩셈부르크 등도 연간노동시간이 짧은 것으로 나타났다. 전체 노동자 중 48시간 이상을 일하는 근로자의 비율은 오스트레일리아, 뉴질랜드, 영국, 미국, 스위스 등으로 나타났다. 앞서 보육정책에서도 유사하게 나타난 바와 같이 스위스를 제외한 모든 국가가 영미권 자유주의 국가군이라는 특징을 가지고 있다. 이외 흥미로운 현상은 네덜란드가 법정노동시간이나 전체 연간노동시간은 매우 낮은 국가이면서 48시간 이상 장시간 노동비율은 24.14%로 높다는 것이다. 이것은 전체적으로 노동시간이 짧아진다하더라도 남성은 장시간 노동, 여성은 파트타임으로 이원화되는 노동패턴에 기인한 것으로 이해된다(OECD, 2007). 우리나라는 실제 연간노동시간은 2354시간, 장시간 노동자 비율은 49.53%로 세계적으로 가장 장시간 노동을 하는 것으로 나타났다. 장시간 노동패턴은 우리나라의 일가족양립에 주요한 장애요인이다. 향후 일과 가족 간 조화로운 균형을 위해서는 전체적 노동시간에 대한 재구조화가 이루어져야 하겠다.

〈표 3-3〉 **국가별 노동시간 현황과 분포**

	법정노동시간		실제노동시간	
	주 당	최 대	실제 연간노동시간	48시간 이상 장시간노동 비율
오스트레일리아	38	48	1732	20.41
오스트리아	39	40	1656	
벨기에	38	38	1565	
캐나다	40	48	1738	12.21
덴마크	37	48	1564	
핀란드	38	40	1718	9.59
프랑스	35	48	1550	14.50
독 일	38	48	1435	
그리스	40	48	2053	
아일랜드	39	48	1654	10.23
이탈리아	38	48	1819	
일 본	39	-	1775	29.89
한 국	40	44	2354	49.53
룩셈부르크	39	48	1570	4.23
네덜란드	37	48	1375	24.14
뉴질랜드	45/40.8a	-	1810	21.90
노르웨이	38	40	1420	5.23
포르투갈	38	40	1752	10.53
스페인	39	40	1672	12.09

스웨덴	39	40	1607	
스위스	40	48	1669	19.23
영 국	37	48	1676	20.23
미 국	40	없음	1795	18.08
출 처	OECD(2007). Babies and Bosses, p.178. 2005년 기준.		OECD Labour Statistics. 2005년 기준.	ILO Statistics. 2004년 기준; European Foundation for the Improvement of Living and Working Conditions(2007 : 19).

a. 뉴질랜드 노동시간은 홍승아 외(2008b), p. 98에서 인용함. OECD Stat에서 추출한 바에 의하면 남성은 45시간, 여성은 40.8시간인 것으로 나타남

4. 나가면서

우리나라는 고령화가 가속화되는 가운데 급속한 출산율 감소로 사회의 안정적 재생산에 위협을 받고 있다. 우리나라는 지난 1983년 인구대체수준 2.1명 이하로 하락한 이래 저출산 현상이 지속되고 있으며, 2008년 현재 출산율 1.19로 세계 최저수준을 기록하고 있다. 이는 여성의 경제활동참가가 보편화되고 있음에도 불구하고 출산과 양육의 문제가 전적으로 개별가족, 여성의 부담으로 전가되고 있는 현실 속에서 돌봄의 위기가 사회적 표출을 한 것으로 보인다. 최근에 와서 중앙정부 및 지방자치단체에서 출산율을 높이기 위한 다양한 정책이 제시되고 있으나 앞서 국제 통계 비교에서 나타난 바와 같이 우리나라는 보육, 휴가, 노동시간 전반에 걸쳐 향후 지속적으로 가족정책에 대한 강화 없이는 근본적 변화가 일어나기 쉽지 않다. 우리나라도 다른 선진국과 마찬가지로 인구고령화와 저출산, 노동시장의 글로벌화와 양극화 등 거시적 변화와 함께 여성의 사회

참여 증가, 이인소득자 가족의 증가추세가 두드러지고 있다. 산업, 인구, 사회구조의 변화와 함께 변동되고 있는 젠더관계의 변화는 국가－가족－젠더 간 새로운 사회계약을 요구하고 있다. 향후 미래 사회의 안정성과 지속성을 담보하기 위해 돌봄에 대한 사회적 책임 강화, 성 통합적 일가족 양립 구조화는 당면한 우리의 과제이다.

PART 02

가족정책을 둘러싼 주요 쟁점

CHAPTER 04

탈상품화와 탈가족화[1)]

탈상품화와 탈가족화 개념에 기반해 가족정책을 이해한다는 것은 어떤 의미일까? 대답은 젠더관점과 변화된 복지국가의 현실로부터 얻을 수 있다. 먼저 젠더관점에서 보면 두 개념(실제로는 가족화와 상품화를 포함해 4개의 개념)의 상호보완적 관계설정은 공적 영역이라고 간주되는 노동시장(또는 가족생활 이외의 영역)과 사적 영역이라고 간주되는 가족영역의 통합이라는 페미니즘의 오랜 문제제기에 대한 답이라고 할 수 있다. 페미니스트 비평과 같이 사적 부문의 성별 노동분업에 대한 이해 없이 공적 부문에서의 정치적 시민권에 대한 젠더화된 형태를 이해할 수 없기 때문이다(Pateman, 1987). 더욱이 공적 영역과 사적 영역이 분리되어 있다는 이데올로기는 공적 세계에서 남성권력을 정당화하고 여성의 시민권을 제한하는 기제로 작용했다. 에스핑-앤더슨(Esping-Andersen)의 탈상품화 개념에 대한 페미니스트의 비판도 이러한 문제의식에 근거한 것이다. 복지국가의 역할은 공적 영역인 유급노동과 함께 사적 영역이라고 간주되는 무급노

1) 본 논의는 다음의 논문에서 관련된 내용을 발췌하여 수정 · 보완했다. Yoon, H. S., and Chung, S.(2009). 윤홍식(2007, 2006bc, 2005).

동을 포괄해야 하며, 복지국가에서 두 영역은 통합적으로 이해되어야 하기 때문이다. 이러한 관점에서 보면 탈상품화와 탈가족화 개념이 통합적인 틀 안에서 상보적 관계를 갖고 있다는 주장은 주류 복지국가 논의에 대한 페미니스트들의 비평에 대한 적절한 대답이 될 수 있다.

두 번째 대답은 복지국가가 직면한 새로운 사회위험으로부터 찾을 수 있다. 전통적 복지국가의 핵심과제는 자본과 남성생계부양자로 대표되는 노동과의 협상이었다(Hobson, Lewis and Siim, 2002). 반면 복지국가 재편기의 핵심적 과제는 남성으로 대표되는 전통적 복지국가와 여성의 새로운 협상이라고 할 수 있다. 실제로 실업과 연금급여의 수준은 축소 또는 정체되어 있지만 가족정책과 관련된 지출은 지속적으로 증가하고 있다(Daly and Lewis, 2000, Hobson, Lewis and Siim, 2002 재인용). 이러한 현실인식을 근거로 에스핑-앤더슨(1999 : 6)은 가족이 복지국가 재편의 핵심이라고 지적하고 있다. 여성의 노동시장 참여가 돌이킬 수 없는 대세이고 시민의 복지가 여성의 노동시장 참여에 의존하고 있다면 복지국가의 역할이 노동시장에서 가족영역으로 확대되는 것은 너무나 자연스러운 변화이다. 왜냐하면 복지국가의 사회위험은 돌봄과 관련해 새롭게 나타나고 있기 때문이다[2)] (Taylor-Gooby, 2004). 정리하면 탈상품화와 탈가족화 개념에 대한 통합적 접근은 남성중심의 전통적 복지국가에 대한 여성주의자들의 문

2) Taylor-Gooby(2004)는 산업화된 복지국가가 직면한 주요 사회위험을 크게 네 가지로 정리하고 있다. 첫째는 일과 가족생활의 양립과 관련된 위험이다. 둘째는 유급노동과 관련된 위험으로 노동시장의 진입문제, 안정적 고용의 문제, 교육훈련의 접근성 등과 관련해서 나타난다. 셋째는 노령화와 관련된 위험이다. 마지막 위험은 복지의 민영화와 관련된 위험이다. 이상 4가지 위험은 모두 전통적 성별분업의 해체와 밀접한 관련이 있다. 첫째와 셋째 위험은 여성이 전통적으로 전담했던 아동과 노인의 돌봄과 관련한 여성의 일과 가족생활 양립문제를 제기한다는 점에서 전통적 성별분업의 해체와 관련된다. 두 번째 제기한 노동시장의 유연화는 남성생계부양자의 부양기능이 약화됨으로써 여성의 노동시장 참여를 가구생존의 필수적 전제로 제기하고 있다는 점에서 전통적 성별분업의 해체와 관련된다. 마지막 위험은 직접적인 전통적 성별분업의 해체와 관련이 없다는 주장이 제기될 수 있지만 사회서비스의 핵심이 돌봄과 관련되어 있고, 사회서비스의 민영화 논란이 돌봄의 사회적 분담방식에 대한 논의라는 점을 고려한다면 이 역시 전통적 성별분업의 해체와 관련된다고 할 수 있다.

제제기와 새롭게 요구되는 복지국가의 역할을 포괄할 수 있는 유용한 도구이다. 이러한 문제의식에 기반해 본 장에서는 가족정책을 분석하고 이해하는 핵심적 도구로서 탈상품화와 탈가족화의 개념과 이를 둘러싼 논쟁에 대해 정리하고자 한다.

1. 탈상품화(Decommodification)

1) 자본주의 체제에서 상품화(Commodification)

생산수단으로써 자본을 소유한 자본가가 잉여가치[3]의 창출을 위해 사람의 노동력을 시장으로부터 구매하는 경제체제는 서구사회를 기준으로 대략 16세기를 전후해 출현한 것으로 이해되고 있다[4]. 임마누엘 월러스틴[5](Immanuel Wallerstein)에 따르면 1648년 베스트팔렌조

---

3) 자본의 투자로 증가된 가치이다. 예를 들어, 한 명의 노동자가 하루 8시간을 노동하여 500개의 빵을 생산할 때, 이를 위해 소요되는 생산수단가치(빵 생산 설비시설 등)가 1만 원, 한 명의 노동력을 구매하는 데 드는 비용이 8000원, 한 명의 노동자가 1시간 동안 평균 2000원의 가치를 창출한다고 가정하자. 이때 소비된 생산수단의 가치는 1만 원이고, 노동자가 생산한 가치는 16,000원이면 생산된 빵 500개의 가치는 2만 6천 원(생산수단의 가치 1만 원+노동자가 생산한 가치 1만 6천 원)이 된다. 자본가가 빵을 모두 팔면 2만 6천 원을 회수하게 되는데, 여기서 생산수단에 들어간 1만 원과 노동력 구매에 들어간 8천 원을 제외하면 자본가는 8천 원을 추가적으로 더 얻게 되는데 이를 잉여가치라고 한다. 이처럼 잉여가치는 상품거래에서 발생하는 것이 아니라 노동력을 구매해 생산활동을 할 때 발생되는 가치이므로, 잉여가치는 노동력의 구매, 즉 상품화에 기반하는 것이다.

4) 한국사회에서 자본주의의 성립시기에 대한 논란은 정리되지 않았다. 다만, 전석담·허종호·홍희유(1989: 7-20)의 저술 "조선에서 자본주의적 관계의 발생"에 따르면 한국은 서구보다 200여 년 늦은 18세기 이후 상품화폐관계와 자본주의적 공장제수공업의 시초적 형태들이 확산·발현되고 봉건제도의 근간이 되었던 신분제도가 문란이 되었던 것은 사실이지만 19세기 중엽까지 자본축적을 가능하게 하는 공장제수공업시대를 이루지 못했다고 진단한다. 이후 조선사회는 외국자본의 침탈을 받음으로써 자생적인 자본주의 발전이 불가능한 파행적, 기형적 발전의 길을 걷게 된다고 주장하고 있다.

5) 컬럼비아 대학 재직시절인 1968년 학생운동에 참여해 해직된 미국의 저명한 사회학자다. 처음에는 아프리카 사회를 연구하다 이후 자본주의 세계체제로 연구방향을 전환, 세계체제분석이라는 자본주의의 세계화를 이해하는 독창적인 분석틀을 제시했다. 핵심은 자본주의의 세계화는 국가단계를 거쳐 세계로 확대된 것이 아니라 초기부터 유럽사회를 중심으로 세계경제체제로 만들어졌다는 것이다.

약[6]을 계기로 현재 우리가 알고 있는 국가에 기반한 자본주의 체제가 등장했다고 한다(백승욱, 2006). 이러한 자본주의의 등장이 이전의 체제와 구별되는 중요한 특징 중 하나는 인간 노동력의 상품화에 있다. 복지국가는 인간의 상품화라는 자본주의 체제의 특성에 주목한다.

일반적 상품은 자본주의 사회 이전에도 존재하고 있었다. 셰익스피어 희극의 무대가 된 이태리 베니스 같은 중세도시에서도 상품의 생산과 교환이 대규모로 이루어졌으며, 농촌에서도 시장에 내다 팔기 위해 농작물을 재배했다. 즉, 상품은 자본주의 경제체제만의 고유한 산물이 아니다. 그러나 인간의 노동력이 상품처럼 시장에서 구매되는 것은 자본주의 경제체제 이전에는 볼 수 없는 현상이었다(Esping-Andersen, 1990). 인간의 노동력을 시장에서 구매하고, 구매한 노동력에 의해 생산된 상품이 시장에서 생산수단(생산에 필요한 설비 등)의 가치와 노동력의 구매비용의 합보다 높은 가격으로 거래됨으로써 잉여가치를 창출하게 된 것이다. 그리고 자본주의는 인간 노동력의 상품화에 기반을 두어 잉여가치를 창출함으로써 확대·발전할 수 있었다. 즉, 상품화란 인간이 자신의 노동력을 상품처럼 시장에 내다 파는 것을 의미하며, 자신의 노동력 이외에 다른 생산수단을 갖고 있지 못한 대부분의 사람들에게 생존을 위한 유일한 수단은 자신의 노동력을 시장에 내다 팔아 임금 노동자가 되는 것 이외에는 없는 것이다.

그러나 인간의 생존이 노동력의 상품화에 기반한다는 것은 자본주의 확대의 근간인 동시에 자본주의를 파멸에 이르게 하는 가장 위험한 현실이기도 했다. 왜냐하면 노동력이 단순히 잉여가치를 창

6) 신성로마제국 내에서 벌어진 30년 전쟁과 네덜란드와 에스파냐 간의 8년 전쟁을 종식시킨 최초의 국가주권에 기반한 근대적 외교회의이다.

출하는 수단에 불과하다면 노동력은 단지 소비되어질 뿐 재생산되지 않기 때문이다(Esping-Andersen, 1990). 자본가는 질병, 노령 등으로 잉여가치를 생산할 수 없는 노동력을 구매하지 않을 것이며, 임금이 가장 중요한 생존수단인 노동자에게 노동력이 판매되지 못한다는 것은 곧 인간으로써 생존을 위협받게 된다는 것을 의미하기 때문이다. 일시적 노동력 상실이 영구적 노동력 상실로 이어지게 되고, 자본주의 체제에서 잉여가치를 생산할 노동력은 소멸되게 될 것이다. 결국 상품으로써 노동력은 존재 자체를 위협받게 되고 노동력의 재생산이 보장되지 않는 자본주의 체제는 파멸에 이를 수밖에 없는 것이다.

2) 탈상품화, 복지국가의 전통적 역할

자본주의 체제에서 인간의 노동력이 상품화됨으로써 인간의 복지는 임금이라는 화폐적 관계에 의존하게 되었다(Esping-Andersen, 1990). 임금 이외에 다른 소득이 없는 노동자들은 생존을 위해 자신의 노동력을 시장에서 파는 것 이외에 다른 선택이 없게 된 것이다. 반면 고용주는 노동력 구매를 연기하거나 기다릴 수 있고, 노동력을 기계와 같은 다른 것으로 대체할 수도 있다(Knijin and Ostner, 2002). 또한 고용주는 단순히 생산을 포기할 수도 있다. 물론 이론적으로 고용주가 생산을 포기하는 것과 같이 노동자도 다른 사업장 또는 국가로 이동할 수는 있다. 그러나 노동자는 근본적으로 생존을 위해 임금노동으로부터 벗어나기는 매우 어렵다. 노동자는 생존을 위해 반드시 자신의 노동력을 시장에 팔아야 하기 때문에 노동자에게는 임금을 거절할 힘이 거의 없다.

이러한 조건하에서 노동자가 일자리를 잃거나, 질병에 걸리거나, 늙게 되어 자신의 노동력을 팔지 못하게 된다는 것(임금이라는 소득을 얻지 못하게 된다는 것)은 인간으로서의 생존이 더 이상 불가능하다는 것을 의미한다. 더욱이 노동력이 앞서 언급한 질병, 노령, 실업 등의 사회위험으로 인해 상품으로써 가치를 상실할 때 노동자 자신은 물론이고 노동자가 부양하고 있는 배우자와 자녀 등 가족원의 생존 또한 심각한 위협에 직면하게 된다. 그러므로 탈상품화는 인간 노동력의 상품화에 내재된 치명적 위험에 대한 복지국가의 대응으로 이해되고 있다(Knijin and Ostner, 2002). 이렇듯 국가가 노동력의 상품화에 대해 개입하는 중요한 이유는 바로 상품화에 대한 개입, 탈상품화 정책을 통해 노동력의 장기고용을 보장하기 위한 것이다. 예를 들어, 질병에 걸렸을 때 지급되는 상병급여(한국에서는 제도화되어 있지 않음)는 노동자들이 노동시장에 오래 남아있게 지원함으로써 노동자들의 장기적 상품화에 기여하게 되는 것이다.

인간 노동력의 상품화로부터 기인한 문제에 대응하기 위해 복지국가는 인간 노동력을 탈상품화시키는 정책을 제도화했다. 그리고 이러한 탈상품화 개념은 마샬(Marshall)의 사회권[7]을 구체화한 개념으로 이해되고 있다. 탈상품화 개념이 광범위하게 사용된 것에는 에스핑-앤더슨의 공로가 크지만 탈상품화는 폴라니(Polanyi)의 개념을 준거로 오페(Claus Offe)에 의해 발전된 개념이다(1972, Knijn and Ostner, 2002 재인용). 오페는 노동의 특별한 문제는 노동과 자본의 불균등한 힘의 관계로부터 기인한다고 주장한다. 오페는 노동자에 비해 자본가가

7) 마샬의 시민권은 공동체의 완전한 구성원으로서 인간의 기본적 평등권이라는 개념으로 시민권을 설명하고 있다. 시민권은 세 가지 권리로 구성되는데 첫째 공민권(Civil rights)은 계약과 같은 개인의 자유에 대한 보장, 둘째 정치권(Political rights)은 정치에 대한 참여 권리, 셋째 사회권(Social rights)은 경제적 복지와 사회보장 등에 대한 권리로 이해되고 있다. 마샬에 따르면 시민권은 자유권으로부터 출발해 제2차 세계대전 이후 사회권으로 확대되었다고 한다.

훨씬 더 많은 힘을 가지게 되는 자본주의 사회의 문제를 완화하기 위한 방법으로 국가에 의한 탈상품화의 필요성을 제기했다. 오페의 논의의 연장선에서 에스핑-앤더슨(1990 : 37)은 탈상품화를 "개인 또는 가족이 시장에 의존하지 않고도 적절한 수준의 생활을 유지하는 정도"라고 정의하고 있다. 즉, 시민이 질병, 노령, 실업 등으로 인해 노동시장에 참여하지 못함으로써 발생하는 위험에 대해 복지국가가 소득재분배를 통해 생계부양자와 그 가족원들의 안정적 생활을 보장해주는 정도를 탈상품화 수준으로 측정하고 이를 통해 복지국가를 유형화한 것이다. 그러나 윤홍식(2006b)은 탈상품화 개념을 적용한 대부분의 연구에서 탈상품화는 정태적 개념으로 이해되고 있다고 지적한다. 임금 노동자가 탈상품화를 통해 무엇을 하고자 하는가에 대한 목적을 정확히 인식하지 못하고 있다는 것이다. 구체적 탈상품화 정책을 통해 이 문제를 접근해 보자.

에스핑-앤더슨(1990 : 46)이 진정한 탈상품화 정책이라고 명명한 개념으로부터 출발하자. 에스핑-앤더슨의 개념을 적극적으로 해석하면 진정한 탈상품화란 시민이 단순히 시장에 노동력을 팔지 않고도 적절한 생활을 유지하는 수동적인 모습에 그치지 않는다. 탈상품화는 노동력을 탈상품화시키는 것 자체에 목적이 있기보다는 탈상품화된 노동력이 무엇을 할 것인가에 맞추어져 있는 것이다. 아무 것도 하지 않기 위해 노동력의 탈상품화가 필요하다는 것이 아니라는 것이다. 아동, 노인, 장애인 등 돌봄이 필요한 가족원을 돌보기 위해, 노동자 자신의 인적 자본을 확대하기 위한 교육과 훈련을 받기 위해, 여가생활과 사회참여를 위해 노동력의 탈상품화가 필요한 것이다. 라리아(Leria, 2002 : 40)도 유사한 접근을 하고 있는데 부・모가 임금노동을 하지 않고 가정에서 아동을 돌보면서(부모의 노동력이 가족화되면서) 현금급여를 받는다면 이는 부・모 노동력이 탈상품화된 것으로 보아야 한다는 것이다. 탈상품화는 단순히 노동을 하지 않고도 적절한 생활수준을 영위하는 수동적 권리로써 정의되는 것이 아니라 개인적·사회적 필요라는 구체적 목적을 위해 임금노동을 중단할 수 있는 적극적 권리를 내재하고 있는 것으로 이해되어야 한다(윤홍식, 2006c). 즉, 복지국가에서 인간의 "탈상품화 된 상태" 그 자체가 목적인 탈상품화 정책은 존재하지 않기 때문이다. 또한 탈상품화가 여부의 문제가 아닌 수준의 문제라는 것은 복지국가의 탈상품화 역할을 이해하는데 있어 탈상품화 정책이 있고, 없고의 문제가 아닌 탈상품화 수준(정도)의 문제로 접근해야 한다는 것을 의미한다. 모든 국가가 탈상품화 정책을 제도화했을 수는 있지만 모든 탈상품화 정책이 노동력을 시장에 내다 팔지 않고 가족을 돌보면서 또는 교육과 훈련을 받으면서 적절한 생활을 보장해 주는 것은 아니기 때문이다.

적극적 권리로써 탈상품화 개념에 대한 비판과 재비판

에스핑-앤더슨의 탈상품화 개념에 대한 윤홍식의 해석에 동의하기가 어려운 지점이 있다. 탈상품화가 수동적 개념으로 이해되지 말고 '무엇을 하고자 하는가에 대한 목적'이 분명해야 한다고 하는데, 지나치게 목적으로서의 교육, 여가, 훈련, 돌봄을 강조한다. 탈상품화를 통해 교육, 여가, 돌봄 등이 가능해야 한다는 것이지, 이것 자체가 탈상품화 목적은 아니다. 오히려 탈상품화는 노동자가 노동시장에서 일을 하여 생계수단을 확보하지 않고도 사회적 보장제도들에 의하여 이런 것들을 얼마나 충분히, 어떻게 보장받는가 정도가 탈상품화의 관건이다. 탈상품화의 중심은 자본주의 사회에서 시장(상품화가 이루어지는 곳)의 절대적 권력으로부터 노동자 개인의 삶을 보장하고 사회적 위험(실업 등)에 유연하게 대응하는 국가의 역할이나, 자본가의 전횡이나 실업, 질병, 산재 등의 구조적 제약으로부터 노동자 개인이 기본적 생활을 보장받을 수 있는 권리로 이해해야 하지, 목적으로서의 그 무엇들에 중심이 가지는 않을 것 같다. 실업으로 일자리를 잃은 노동자는 일정 기간 동안 실업급여를 받으면서 다른 일자리를 찾는 과정을 밟아나가게 되고 그 기간 동안 기본적 생활을 보장받는다. 또 개인적으로 전문적 기술을 향상시키고자 하는 노동자가 일정 기간 동안 급여를 받으면서 교육을 받을 수 있는 권리를 가지는 것처럼, 아동을 출산한 부모들은 일정 기간 동안 노동시장에서 벗어나 아동양육을 할 수 있는 권리를 보장받는 것이다. 여기에는 세 가지 요소가 받침이 되어야 하는데, 노동시장으로부터 벗어나 '일정한 생활수준을 영위할 수 있어야 하는 것(사회권)', (재교육을 통해서건 아니면 있는 조건 그대로) '노동시장으로의 재진입을 보장해야 하며(노동권)', 부모로서의 역할을 수행할 수 있는 시간확보 권리를 보장받아야 하는 것(부모권)인 것 같은데 이것이 어떤 수준으로 존재하는가가 이들 탈상품화의 수준을 보여주는 것이다. 그리고 그 전제에는 노동시장 참여라는 조건이 있다. 만일 어떤 남성(여성)이 생애에 걸쳐 노동시장에 참여하지 않고 장애아동(부모)을 돌보는 일만 한다면 이것은 '돌보는 일을 목적으로 하였지만' 탈상품화 논의 안에 포함되지 못하기 때문이다.

구체적으로 보자. 국민연금은 노령으로 인해 노동시장에 참여하지 못할 경우 일정 수준의 생활을 보장하기 위해 제도화된 탈상품화 정책이고, 부모휴가(육아휴직), 산전후휴가(출산휴가), 가족간호휴가 등은 돌봄이 필요한 가족구성원을 돌보기 위해 제도화된 탈상품화 정책이다. 재교육 훈련과 같은 적극적 노동시장정책도 교육·훈련 기간 동안 일정 수준의 소득을 보장해 준다면 탈상품화 정책이라고 할 수 있다. 그러나 만약 탈상품화 정책이 형식적으로 존재하지만 탈상품화 수준이 낮다면, 예를 들어, 육아휴직제도는 있지만 육아휴직급여가 형식적인 수준에 그친다면, 해당 탈상품화 정책을 통해 노동력을 팔지 않고 가정에서 아동을 돌보면서 적절한 생활을 할 수 있는 대상은 극히 제한적일 수밖에 없다. 실제로는 자신의 임금소득 이외에 다른 소득이 있는 노동자만이 탈상품화 정도가 낮은 정책을 이용할 수 있을 것이다. 예를 들어, 한국의 육아휴직 급여는 2011년부터 통상임금의 40%를 보장하고 있다. 그러나 실재급여는 하한선과 상한선인 50만 원에서 100만 원 사이에서 결정된다. 이런 상황에서 일시적으로 임금노동을 중단하고 가정에서 아동을 돌보기 위해 육아휴직을 이용하는 사람은 임금소득 이외에 금융소득, 임대소득 등 다른 소득이 있거나 자신의 임금소득이 없더라도 배우자의 소득으로 생활이 가능한 사람들로 한정될 수밖에 없다.

정리하면 자본주의 체제하에서 이루어지는 통제되지 않은 인간의 상품화가 자본주의 체제는 물론이고 인간 생존에 대한 심각한 위협을 초래할 수 있다는 사실은 인간 노동력의 상품화에 대한 사회적 대응을 요구하게 되었다. 그리고 탈상품화 정책은 노동의 상품화에 대한 복지국가의 제도적 대응이라고 이해될 수 있다. 다양한 비판이 존재하지만 1980년대까지 복지국가에 대한 연구들이 주로 사회지출을 중심으로 연구되었던 것에 비교한다면(윤성호, 2009) 탈상품화 개념을 통해 복지국가를 분석하고 이해하려는 에스핑-앤더슨의 시도[8]는 매우 유익한 시도라고 판단된다. 특히 탈상품화 개념은 상대적으로 남성일인생계부양자 가구가 지배적이고, 남성의 노동시장 지위가 안정적이었던 1980년대 이전의 복지국가를 설명하는 유용한 도구임에 분명해 보인다(윤홍식, 2007a). 그러나 탈상품화가 80년대 이후 현재 복지국가의 역할을 설명하는 유용한 도구인지에 대해서는 많은 비판이 제기되고 있다. 다음 절에 논의될 탈가족화를 통해 가족정책 영역에서 제기되는 탈상품화의 문제점을 비판하고 이에 대한 대안적 개념으로서 탈가족화 개념을 검토해 보자.

3) 탈상품화에 대한 비판

탈상품화 개념이 90년대 이전의 복지국가를 이해하는 유용한 도구임에는 분명해 보인다. 그러나 탈상품화 개념이 현재 복지국가를 이해하는데 있어 여전히 유용한 도구인지에 대해서는 논란의 여지가 있다. 여기서는 탈상품화 개념을 통해 복지국가를 분석할 때 제기되는 몇 가지 중요한 비판에 대해 검토해 보자. 먼저 탈상품화에 대한 페미니스트들의 비판을 검토해 보자. 첫 번째 비판은 탈상품

8) 에스핑-앤더슨(1990)은 탈상품화 개념을 통해 복지국가를 자유주의, 사민주의, 보수주의 세 가지 유형으로 구분했다. 사민주의는 탈상품화 수준이 가장 높은 국가군으로, 자유주의는 탈상품화 수준이 가장 낮은 국가군으로 구분되었다. 보수주의 복지국가의 탈상품화 수준은 사민주의 복지국가와 자유주의 복지국가의 중간 정도의 수준인 것으로 나타났다. 사민주의 복지국가는 스웨덴, 덴마크 등 북유럽 복지국가들, 자유주의 복지국가는 영국, 미국, 호주 등 영미권 복지국가들, 보수주의 복지국가는 독일, 오스트리아, 프랑스 등 대륙 유럽국가들이다.

화가 상품화를 전제하고 있다는 사실로부터 출발한다. 탈상품화는 복지국가를 이해하는 핵심개념으로 상정되었지만 정작 그 대상은 이미 노동시장에 참여하고 있는 노동자로 제한된다. 이로 인해 탈상품화는 상대적으로 전통적 성별분업에 의해 가족 내 돌봄노동을 전담하고 있는 여성을 복지국가의 분석대상에서 배제하는 결과를 초래하게 된다. 실제로 성인 남성과 달리 상당수의 여성은 노동시장 참여, 즉 탈상품화의 전제가 되는 상품화로부터 배제되어 있기 때문이다. 설령 상품화가 되었다고 해도 탈상품화를 위한 사회보장제도가 대부분 정규직 노동자를 준거로 설계되어 있어 절대다수가 불안정한 상품화(비정규직 취업) 상태에 있는 여성은 탈상품화의 대상에서 배제될 가능성이 높다. 이러한 탈상품화가 가지는 근본적 한계를 지적하면서 페미니스트들은 남성 정규직 노동자를 기준으로 개념화된 탈상품화가 아닌 젠더관점이 반영된 렌즈를 통해 복지국가를 이해해야 한다고 주장한다(Orloff, 1993; O'Connor, Orloff and Shaver, 1999; Sainsbury, 1999; Lister, 2000).

두 번째는 탈상품화 정책의 대상과 관련된 모호성이다. 에스핑-앤더슨은 탈상품화의 대상으로 개인과 가족을 동시에 언급하고 있다. 탈상품화의 단위는 개인이 될 수도 있고 가족이 될 수도 있다는 것이다. 비록 적시하지는 않았지만 여기서 개인은 남성 생계부양자(임금노동자)를 지칭하고, 가족은 여성과 아동으로 대표되는 피부양자를 포괄한 의미로 이해될 수 있다(윤홍식, 2006b). 즉, 남성생계부양자에게 의존하는 피부양자로서 여성과 아동을 상정하고 있는 것으로 해석될 수 있는 것이다. 이는 탈상품화의 직접적 대상으로서 남성생계부양자의 이해가 피부양자인 여성을 포함한 가족의 이해와 일치된다는 가정에 근거한 것이다. 남성생계부양자와 가족 구성원의 이해가 같기 때문에 복지국가가 남성생계부양자를 탈상품화시키는 것은 가족을 탈상품화시키는 것과 다르지 않다는 것이다. 그러나 현실세계에서 여성과 남성의 이해, 생계부양자와 다른 가족구성원의 이해가 반드시 일치하는 것은 아니다[9]. 에스핑-앤더슨의 의도와는 관계없이 에스핑-앤더슨의 탈상품화 개념은 남성생계부양자(개인)의 이해와 단위로써 가족의 이해가 등치한다는 고전적 마르크스주의 담론의 오류를 반복하고 있다[10].

그러나 페미니스트들의 비판은 단순히 독립적인 시민으로서 여성을 복지국가의 분석대상에 포함시키지 않았다는 것을 비판하는 것이 아니다. 이 부분이 탈상품화에 대한 비판적 논점을 정리하면서 여러 문헌과 연구들이 범하고 있는 오류이다. 페미니스트들의 비판의 핵심은 여성을 분석대상에 포괄하지 않은 것이 아니라 탈상품화가 무급노동을 배제한 유급노동에 기반한 개념이라는 데 있다. 인간의 생존을 위해 인류역사의 시작부터 이루어졌던 무급노동(돌봄노동)은 탈상품화 개념을 통해 설명될 수 없다는 점을 지적하고 있는 것이다. 이 비판은 탈상품화에 대한 대안적 개념을 논의하는 데 대단히 중요하다. 탈상품화에 대한 비판의 핵심을 여성의 포함 여부가 아닌 무급노동에 대한 문제로 이해할 때 탈상품화에 평행하는 개념으로써 탈가족화에 대한 정의는 새롭게 논의될 필요가 있기 때문이다(이 부분은 이후 탈가족화 개념을 논하면서 자세히 살펴보도록 하자).

이번에는 복지국가의 변화라는 사회경제적 관점에서 탈상품화 개념을 검토해 보자. 남성 생계부양자가 노동시장에서 직면하는 질

---

9) 예를 들어, 여성가족부(2005 : 221)에서 실시한 가족실태조사에 따르면 부부의 평등성에 대한 만족도를 보면 부부관계가 평등하지 않다는 응답은 아내가 12.0%인데 반해 남편은 7.2%에 불과했다. 현재 부부관계에 대해 아내가 남편에 비해 훨씬 더 불평등하다고 느끼고 있는 것이다. 이러한 차이는 부부 간의 신뢰, 성생활 등에서도 유사하게 나타나고 있다.

10) 마르크스가 "노동력의 가치는 성인 (남성)노동자를 유지하는 데 필요한 노동시간뿐 아니라, 그의 가족을 유지하는 데 필요한 노동시간에 의해 결정된다"고 진술한 것에 대해 페미니스트들은 개인을 가족이라는 단위에 통합시키는 '범죄'를 저질렀다고 비판하고 있다(Barrett, 1988).

병, 노령, 실업 등의 사회위험에 대한 대응이라는 탈상품화 개념을 통해 복지국가를 이해하는 것은 1980년대 이전까지 큰 무리가 없었던 것으로 보인다. 남성의 생계부양자로서 역할이 안정적이던 1980년대 이전 시기까지 복지국가의 주된 역할은 남성생계부양자들의 탈상품화 수준을 높이는 것에 집중되었다. 반숙련 제조업에 기반한 산업구조는 남성생계부양자에게 안정적 고용과 임금을 보장해주었고, 여성과 피부양자의 탈상품화는 남성생계부양자를 통해 보장되었다 (Knijin and Ostner, 2002 : 148). 그러나 노동시장의 유연화로 인해 생계부양자로서 남성의 지위가 약화되고, 여성의 노동시장 참여가 가족 생존의 필수적 전제로 등장하면서 남성에 대한 탈상품화만으로는 남성 생계부양자는 물론 그에 수반한 피부양가족들의 안정적 생활을 보장할 수 없게 되었다. 노동시장 유연화로 인해 증가된 비정규직 일자리의 상당수가 탈상품화 정책인 사회보험의 대상으로부터 배제됨으로써 과거와 달리 탈상품화에서 배제되는 집단이 증가하고 있기 때문이다. 또한 여성의 노동시장 참여가 가족의 안정적 생활에 필수적으로 요구되는데 반해 무급노동(돌봄)의 책임은 여전히 여성에게 부과되고 있다. 즉, 여성에게 부과된 무급노동의 책임을 사회화하고 정규직 노동자를 준거로 설계된 사회보험(탈상품화 정책)의 재구조화가 요구되고 있는 것이다. 특히 새롭게 확대되고 있는 위험이 가족 내 돌봄 과제와 밀접히 연관되어 있다는 점을 고려한다면 소득재분배에 초점이 맞추어진 '탈상품화' 개념만을 통해 변화하는 복지국가를 이해하는 것은 적절하지 않다. 바로 이러한 이유로 현대 복지국가를 이해하는데 탈상품화 개념과 함께 무급노동, 노동시장 참여(상품화)문제를 포괄할 수 있는 새로운 접근이 요구되고 있는 것이다.

2. 탈가족화, 복지국가의 새로운 역할

1) 탈가족화

탈가족화 개념은 탈상품화 개념이 복지국가 분석에서 무급노동(돌봄노동)을 포괄하지 못했다는 페미니스트들의 비판에 대한 대안으로부터 출발한다. 리스터(Lister, 2000)는 탈가족화를 개인의 결혼 여부, 가족관계, 무급 돌봄노동 수행 여부 등과 관계없이 유급노동 또는 사회보장제도를 통해 사회적으로 적절한 생활수준을 보장하는 정도로 정의하고 있다. 이러한 리스터의 탈가족화 개념은 여성이 남성과 같이 독립적인 시민이 되지 못하는 이유를 여성이 무급 돌봄노동을 전담함으로써 발생하는 경제적 의존성이라고 진단했다. 그래서 탈상품화 개념이 남성의 시민권만이 아닌 여성의 시민권을 포괄하는 준거가 되기 위해서는 탈가족화를 통해 보완될 필요가 있다고 주장한 것이다.

에스핑-앤더슨(Esping-Andersen, 1999)도 탈상품화에 대한 페미니스트들의 비판을 받아들여 복지국가 분석에서 무급노동의 중요성을 반영하는 개념으로 탈가족화를 제기한다. 에스핑-앤더슨(1999 : 51)은 탈가족화를 "가구의 복지와 돌봄 책임이 국가의 서비스 제공 또는 시장의 서비스 제공을 통해 완화되는 정도"로 정의하고 있다. 에스핑-앤더슨의 탈가족화 개념은 그가 사용한 탈가족화 지표를[11] 통해 구체화된다. 탈가족화 지표는 크게 두 가지 영역으로 구성되어 있는데 하나는 가족수당과 세금공제를 통해 아동이 있는 가구에 대

11) Esping-Andersen(1999 : 51)은 탈가족화를 4가지 지표를 통해 측정했다 : ① GDP대비 건강하지 않은 가족에 대한 돌봄서비스 지출비율, ② 아동이 있는 가구에 대한 지원정도, ③ 3세 미만 아동에 대한 공적 케어의 정도, ④ 65세 이상 노인 중 가정케어서비스를 받는 비율. Esping-Andersen(1999 : 46)은 이러한 탈가족화 수준을 고려했을 때도 자신이 유형화한 복지국가의 3가지 유형은 변화하지 않는다고 주장한다.

해 경제적 지원을 하는 것과 관련된 것이고, 다른 하나는 아동, 노인, 가족구성원에 대한 돌봄 서비스 제공 수준으로 구분된다. 전자는 가구의 복지 책임을 후자는 가구의 돌봄 책임을 완화하는 지표로 이용되었다.

에스핑-앤더슨의 탈가족화와 리스터의 탈가족화는 탈상품화가 무급노동을 포괄하지 못하는 개념이라는 비판에 대한 대안으로 제기되었다는 공통점을 가지고 있다. 그러나 이 두 개념 간에는 매우 중요한 차이가 내재해 있다. 문제를 단순하게 하기 위해 두 저자가 탈가족화를 통해 얻고자 하는 것이 무엇인지 보자. 먼저 리스터의 탈가족화는 "개인에 대한 적절한 생활보장"이다. 마치 임금노동을 수행하지 않아도 적절한 생활을 보장 받는 수준이라고 정의한 탈상품화 개념과 유사하다. 이는 리스터의 문제의식이 근본적으로 "무급노동"에 맞추어져 있지 않고, "여성의 경제적 독립"에 맞추어져 있기 때문이다. 리스터의 비판은 탈상품화가 무급노동이 아닌 여성을 분석대상에 포괄하지 않았다는 것에서 출발한다. 탈상품화가 성별분업에 의해 이미 상품화된 남성 노동자를 전제하고 있기 때문에 탈상품화 개념은 여성을 포괄할 수 없다는 것이다. 그래서 여성을 대상으로 한 개념은 여성의 전통적 역할을 전제할 필요가 있는 것이다. 즉, 남성의 적절한 생활보장은 유급노동을 통해 담보되지만, 여성의 적절한 생활보장은 결혼과 가족관계를 통하거나, 가족 내 무급 돌봄노동을 수행하는 성별분업에 근거한 역할을 통해 보장받는 것을 전제하고 있는 것이다. 이에 따라 탈상품화가 남성이 유급노동으로부터 벗어나도 적절한 생활을 보장 받을 권리로 개념화했다면 탈가족화는 여성이 가족관계, 결혼, 돌봄 책임으로부터 벗어나도 적절한 생활을 보장 받을 권리로 개념화된 것이다. 그러므로 리스터의 탈가족화는 성별대상만 상이한(여성에게 적용되는) 탈상품화의 다른 표현에 불과한 것이다.

리스터의 탈가족화가 여성의 독립성을 보장하는 권리로 개념화된 반면 에스핑-앤더슨의 탈가족화는 (여성의) 상품화를 위한 조건으로 개념화되고 있다(강희경, 2007 : 10). 탈상품화가 남성만이 아닌 여성을 포괄하기 위해서는 상품화되지 않은 여성의 상품화가 필수적이다. 그리고 여성을 상품화시키기 위해서는 전통적으로 여성에게 부과된 돌봄 책임을 완화할 필요가 있는데, 이를 탈가족화라고 개념화했다. 리스터의 탈가족화가 "적절한 생활수준의 보장(여성의 독립적 생활)"이라면 에스핑-앤더슨의 탈가족화는 "가족으로부터 경제적 의존과 가족에 대한 책임의 완화"인 것이다. 여기서 주목해야 할 지점은 탈상품화의 전제로 여성의 상품화를 위해 개념화된 탈가족화에 여성의 상품화를 어렵게 하는 가족 내 돌봄 책임의 완화만이 아니라 가족으로부터의 경제적 독립에 대한 지원을 포괄하고 있다는 점이다. 즉, 가족으로부터 여성이 경제적으로 독립하는 것(또는 경제적 의존을 줄이는 것)은 상품화를 위한 조건으로 이해될 수 없기 때문이다. 물론 여성의 상품화(임금소득을 증대시킴으로써)가 가족에 대한 여성의 경제적 의존을 감소시킬 수는 있지만 이는 상품화의 결과이지 상품화의 조건은 아니다. 바로 이 점이 에스핑-앤더슨의 탈가족화 개념을 적용하는데 있어 많은 논쟁과 혼란을 야기하고 있는 지점이다. 예를 들어, 에스핑-앤더슨의 탈가족화 개념을 적용하는데 있어 레이트너(Leitner, 2003)는 국가, 시장, 자원조직을 통한 돌봄 책임의 완화를 중심으로 조작화한 반면 밤브라(Bambra, 2004, 2007)는 여성의 노동시장 참여율, 여성의 평균임금 등 여성의 경제적 독립성을 중심으로 조작화 했다.

정리하면 탈가족화의 개념화가 돌봄노동에 대한 관심을 증대시킨 것은 분명하지만 탈가족화는 여전히 미완의 개념으로 남아있다.

일부는 탈가족화를 탈상품화에 대비해 가족에 대한 여성의 경제적 자율성을 이해하는 준거로 접근하고 있는데 반해 다른 한편에서는 상품화의 전제로써 돌봄 책임의 완화로 이해하고 있다. 물론 두 접근을 별개의 논의라고 치부할 수는 없다. 그러나 분명한 것은 두 접근 모두 탈가족화를 탈상품화를 보완하기 위한 개념으로 인식하고 있다는 점이다. 이처럼 탈가족화 개념에 대한 논의는 여전히 진행 중이며 사람들의 관점과 목적에 따라 상이하게 정의되고 있는 것이 현실이다. 근본적 의문은 현재의 논의되고 있는 탈가족화 개념이 복지국가를 이해하는 준거로 무급노동을 포괄하지 않았다는 탈상품화 개념에 대한 대안을 제시하고 있는가에 있다. 즉, 탈상품화가 유급노동의 사회적 가치에 기반했듯이 현재의 탈가족화 논의가 무급노동의 사회적 가치에 기반하고 있는가를 묻지 않을 수 없다. 더불어 탈상품화에 대한 비판과 탈가족화가 전제하고 있듯이 정말 두 개의 개념이 각각 남성과 여성에게 배타적으로 적용되는 개념인가에 대한 기본적 의문에 대한 답을 우리는 아직 찾지 못했다.

2) 탈가족화 개념의 재정립

탈가족화 개념을 재정립하기 위해서는 탈상품화 개념에 대한 비판을 상기할 필요가 있다. 앞서 탈상품화를 논하면서 언급한 것과 같이 탈상품화에 대한 비판의 핵심은 탈상품화 개념이 무급(돌봄)노동을 포괄하지 않는다는 데 있다. 자본주의 사회는 상품의 생산과 함께 상품을 생산할 노동력의 안정적 재생산을 통해 유지된다. 즉, 현재 우리가 살고 있는 세계는 상품을 생산하는 유급노동과 유급노동을 재생산하는 무급노동의 안정적 제공을 통해 유지되는 것이다. 이러한 인식은 무급노동이 유급노동을 보조하는 하위 개념이 아닌 양립하는 개념이라는 것을 반영한다. 무급노동은 단순히 인간의 상품화를 위해 벗어나야 할 장애물이 아니다.

우리가 무급노동과 유급노동이 동등한 가치를 가지는 양립하는 인간의 생산적 행위라는 데 동의한다면 탈가족화 개념을 재정립하는 과제는 상대적으로 수월해진다. 에스핑-앤더슨의 (진정한) 탈상품화 개념으로 되돌아가 보자. 에스핑-앤더슨에 따르면 진정한 탈상품화란 시민이 돌봄, 여가, 교육훈련 등을 수행하고, 영위하고, 받기 위해 임금노동을 중단해도 적절한 생활을 유지할 수 있는 소득을 보장 받는 것을 의미한다(Esping-Andersen, 1990 : 46). 이러한 탈상품화 개념은 단순히 유급노동을 하지 않을 권리가 아니다. 에스핑-앤더슨의 탈상품화 개념에는 무엇을 목적으로 유급노동을 하지 않는가에 대한 답이 들어있다. 탈상품화는 유급노동을 하지 않는 수동적 차원의 권리가 아니라 아동과 노인 등 가족원을 돌보기 위해, 교육을 받기 위해, 여가를 즐기기 위해 유급노동을 하지 않아도(유급노동의 결과로써 보장되는) 적절한 소득을 보장 받는 적극적 권리가 내재된 것이다(윤홍식, 2006a). 이러한 탈상품화 개념에 근거해 탈가족화(defamilialization)를 탈상품화와 양립하는 개념으로 정의하면, 진정한 탈가족화란 개인이 유급노동, 여가, 교육훈련 등을 위해 무급노동을 수행하지 않아도 (무급노동의 결과로써 보장되는) 돌봄이 필요한 가족원들에게 적절한 돌봄이 제공되는 적극적 권리로써 정의될 수 있다. 이렇게 탈가족화 개념을 재정립하면 개인의 소득보장과 같은 문제는 탈상품화 개념의 틀 내에서 다루어지고[12], 탈가족화는 돌봄노동을 중심으로 논의될 수 있을 것이다.

---

12) 사실 에스핑-앤더슨이 탈가족화 지표로 제시한 가족수당(또는 아동수당)은 유급노동을 수행하지 않아도 적절한 생활수준을 유지하는 데 기여할 수 있는 급여로 탈가족화보다는 탈상품화 지표에 더 적합하다.

그러나 이러한 탈가족화 개념에 대한 비판 역시 존재한다. 강희경(2007 : 18)은 윤홍식과 같이 탈가족화를 유급노동의 수행(상품화)과 연결시킴으로써 "여성의 독립적 가구 구성 능력"이라는 의미를 발견하기 어렵다고 지적한다. 즉, 탈가족화 개념의 출현이 여성의 독립성의 확대라는 과제와 밀접히 연관되어 논의되었다는 점을 고려한다면 재정립된 탈가족화 개념이 어떻게 여성의 독립성을 지지하는 개념이 될 수 있는지가 설명될 필요가 있는 것이다. 윤성호(2009 : 23)는 재정립된 탈가족화 개념이 페미니스트들과는 달리 개인이 아닌 가족의 관점에 근거하고 있다고 비판한다. 에스핑-앤더슨의 탈상품화에 대한 중요한 비판 중에 하나가 가족과 개인을 구분하지 않았다는 점을 고려한다면 윤성호의 지적 또한 설명될 필요가 있다. 또 다른 비판은 직접적으로 앞서 제기한 탈가족화의 개념에 근거한 것은 아니지만 유사한 맥락하에 놓여 있다고 할 수 있다. 류연규(2005 : 14)는 라이트너(Leitner, 2003)가 탈가족화를 논의하면서 탈가족화를 '돌봄노동에 대한 지원' 과제로 제한함으로써 탈가족화 개념을 협의의 가족정책 틀 속으로 제한했다고 비판한다. 그러나 이러한 비판은 탈가족화의 개념을 고립적으로 접근했기 때문에 나타나는 문제이다. 뒤에서 후술하겠지만 복지국가는 물론이고 가족정책 또한 탈상품화 또는 탈가족화라는 개념만으로는 설명될 수 없다. 즉, 복지국가가 직면한 과제는 하나의 개념으로 설명되기보다는 상호의존적인 독립적이고 상이한 개념의 연관성 속에서 설명되어져야 한다.

강희경이 지적한 여성의 독립적 가구는 기본적으로 여성의 유급노동(상품화)을 통해 그 가능성이 확대된다. 그리고 유급노동은 가족 내 돌봄 책임을 여성만이 아닌 사회적으로 분담할 때 가능한 것이다. 그러므로 탈가족화를 돌봄 책임의 사회화로 정의한다고 해서 여성의 독립성의 과제를 훼손하거나 약화시키는 것은 아니다. 류연규의 라이트너의 탈가족화 개념에 대한 비판도 같은 맥락에서 이해될 수 있다. 윤성호의 주장은 탈가족화의 대상단위의 문제를 제기하고 있다. 그러나 여기서 정의한 탈가족화 개념은 단순히 부 또는 모와 자녀의 관계로 그 적용의 대상을 한정하지 않는다. 왜냐하면 돌봄 책임이 완화되는 주체는 단위로써의 가족이 아니라 실질적으로 돌봄노동을 수행한 개인이기 때문이다. 그렇기 때문에 탈가족화의 주체는 단위로써 가족 또는 부모가 아니라 부 또는 모(한부모를 포함해)가 되는 것이다.

3) 탈가족화의 지위와 역할

탈가족화를 둘러싼 여러 논쟁이 진행형이라는 점을 고려한다면 복지국가 재구조화에서 탈가족화 과제가 갖는 지위를 논하는 것 역시 논쟁적일 수 있다. 그럼에도 불구하고 탈가족화를 둘러싼 기존의 논의들을 종합해 볼 때 가족정책과 관련해 탈가족화 개념이 가지는 지위는 네 가지 측면에서 검토할 수 있다. 첫째, 이번 장을 시작하면서 언급했지만 탈가족화는 현재 복지국가가 직면한 새로운 사회위험에 대응과 밀접하게 관련되어 있다. 과거 복지국가의 역할은 노동시장에서 발생하는 소득상실에 대한 대응을 통해 남성 노동자와 가족원의 경제적 지위를 보장하는 것이었다. 그러나 남성의 생계부양역할이 약화되고 여성의 노동시장 참여가 가족의 생존을 위한 필수적 전제가 된 지금, 여성의 노동시장 참여를 제약하는 장애는 복지국가의 새로운 사회위험으로 인식되고 있다. 그리고 가족 내 돌봄 책임은 여성의 노동시장 참여를 어렵게 하는 가장 두드러진 신사회위험으로 이해되고 있다. 복지국가의 역할 변화는 이러한 인식 변화를 뒷받침하고 있다. 실제로 소득재분배와 같은 복지국가의 전통적 역할은 축소되는데 반해 새로운 돌봄의 사회화 같은 탈가족화 정책은 지속적으로 확대·성장하고 있다(Woods, 2006). 즉, 탈가족화의 제도화 없이 새로운 사회위험에 대한 현대 복지국가의 적절한 대응을 기대할 수 없다. 이러한 관점에서 본다면 탈가족화는 복지국가의 새로운 역할, 재구조화를 위한 핵심적 과제라고 할 수 있다.

둘째, 복지국가 재구조화에서 고용은 과거에 비해 점점 더 중요한 지위를 점해가고 있다는 점과 관련되어 있다. 1980년대 이후 복지국가에서 고용은 특정한 성(남성)과 관련된 과제가 아닌 모든 시민을 대상으로 하고 있다. 특히 대부분의 산업화된 복지국가에서 남성의 노동시장참여율은 상대적으로 높은 수준을 유지하고 있다는 점을 고려한다면 고용정책의 주 대상은 성별분업에 근거해 가족 내 돌봄을 담당했던 여성들의 노동시장 참여를 어떻게 이루어낼 것인가와 밀접한 관련이 있다. OECD 자료에 따르면 2005년 현재 유럽연합 25개국 남성의 고용율은 70.9%에 이르고 있는 반면 여성의 고용율은 남성의 78.6% 수준인 55.7%에 그치고 있다(Taylor-Gooby, 2006). 더욱이 여성의 시간제 고용비율이 32.6%에 이르고 있어 여성의 전일제 고용 가능성까지 고려한다면 (유자녀) 여성은 (높은 실업률을 보이고 있는 청년들과 함께) 고용정책의 핵심대상일 수밖에 없다. 그러나 여성은 남성과 달리 아동, 노인, 장애인 등 가족원에 대한 돌봄 책임의 사회화 없이는 노동시장에 참여한다는 것이 쉽지 않다. 즉, 탈가족화는 여성의 노동시장 참여의 기본적 전제인 것이다. 결국 복지국가 재구조화의 성패는 여성의 노동력을 얼마나 활성화시킬 수 있는가와 관련되어 있기 때문에 가족정책의 탈가족화는 복지국가 재구조화의 성패를 좌우하는 핵심적 정책과제가 되는 것이다.

셋째, 탈가족화는 젠더관점에서 성평등을 달성하기 위한 중요한 전제 중 하나이다. 젠더관점에서 성평등이 보편적 생계부양과 함께 보편적 돌봄노동을 통해서만이 달성될 수 있다는 점을 고려한다면 여성의 노동시장 참여는 남녀 모두가 돌보고 일하는 사회를 만들기 위한 두 가지 핵심적 정책영역 중 하나인 것이다. 더 나아가 앞서 언급한 바와 같이 여성의 노동시장 참여가 가족 내 돌봄 책임의 사회화를 전제하고 있다는 점은 돌봄이 여성 또는 가족만의 과제가 아닌 사회적 과제가 되어야 한다는 점을 역설하고 있다. 이는 시민권의 개념이 단순히 노동시장에서 일하지 않을 수 있는 탈상품화 권리만이 아닌 가족 내에서 돌봄노동을 수행하지 않을 수 있는 탈가족화 권리로 확대되어야 한다는 것을 의미한다. 즉, 유급노동과 무급 돌봄노동이 사회적으로 동등한 가치를 가지고 있다는 인식을 반영하고 있는 것이다(Sainsbury, 1996). 다만, 탈가족화 과제를 이해하는 데 있어 돌봄의 사회적 가치를 간과한 채 여성, 특히 자녀가 있는 여성 고용증대를 위한 수단으로만 접근한다면 여성을 남성 임금노동자의 기준에 끼워 맞추는 오류를 범할 수 있다는 점이 인식되어야 한다. 부・모 모두의 유급노동을 강조하는 사회에서 돌봄노동에 대한 사회적 가치를 고려할 여지는 더욱 좁아질 수 있기 때문이다(Lister, 2002). 그러므로 탈가족화가 보편적 돌봄과 생계부양이라는 젠더평등 과제에 기여하기 위해서는 기든스(Giddens, 1998[2000] : 157)와 에스핑-앤더슨(2002a) 주장과 같이 남성의 가족화(돌봄노동 참여)를 위한 제도화가 함께 고민되어야 한다.

넷째, 탈가족화는 여성의 노동시장 참여를 용이하게 함으로써 아동이 있는 가족의 빈곤을 완화하는 중요한 정책 인프라로 이해될 필요가 있다. 어린 시절 빈곤 경험은 아동의 신체적 건강은 물론 인적 자본 축적에 부정적 영향을 미쳐 성인이 된 이후도 독립적인 시민으로 생활하는 것을 어렵게 한다. OECD 보고서와 많은 연구들이 지적한 것과 같이 아동이 있는 가구의 빈곤을 해소·완화하기 위한 유력한 대안은 여성(어머니)의 노동시장 참여라는 것에 동의하고 있다. 실제로 산업화된 서구 복지국가에서 남성일인생계부양자가구의 빈곤율은 이인생계부양자가구에 비해 2배에서 6배 가량 높은 것으로 나타났다(Esping-Andersen, 2002a). 한국도 예외는 아니다. 남성(부)만 노동시장에 참여하는 가구의 빈곤율이 부모 모두가 노동시장에 참여하는 가구에 비해 1.5배 높은 것으로 분석되었다[13](윤홍식·조막래, 2007). 이처럼 아동이 있는 가족의 빈곤 여부와 밀접한 관련이 있는 여성의 노동시장 참여는 탈가족화의 제도화를 통해 보장된다고 할 수 있다.

마지막으로 탈가족화 정책의 확대는 역설적이게도 사회적 불평등을 강화시킬 가능성이 있다. 탈가족화는 앞서 언급한 것과 같이 여성 노동시장 참여를 위한 중요한 전제이다. 문제는 남녀 간의 결합은 결혼이든 동거이든 사회경제적 지위가 유사한 사람들끼리 이루어지는 동류혼이라는 점이다[14](Becker, 1991). 상식적으로 교육수준이 높은 사람은 교육수준이 높은 배우자와 결합할 가능성이 높다. 그렇기 때문에 결혼 또는 동거관계를 이룬 남녀 모두 취업을 한다면 남성 한 사람이 취업했을 때보다 가구소득의 차이는 더 증가할 수밖에 없다. 맞벌이(이인생계부양자) 가구의 출현으로 인해 가구의 경제적 지위는 계급과 더욱 밀접한 관계를 갖게 된다(Esping-Andersen, 2002a). 즉, 전통적으로 돌봄노동을 담당했던 여성의 노동시장 참여는 개별 남녀 간 경제적 지위의 차이를 완화시킬 수 있을지는 몰라도 가구

---

13) 한국의 자료는 임금소득자가 있는 가구만을 대상으로 분석한 것으로 서구의 통계수치와 직접적 비교를 할 수 없으나 현재로서는 대체자료를 찾을 수 없었다.

14) 복지패널을 이용한 분석에 따르면 한국사회에서도 가구주와 배우자의 학력의 상관관계는 높은 것으로 분석되었다($r=.778$, $p < .001$).

간 소득불평등을 확대시킴으로써 계급·계층 간 불평등을 확대할 수도 있다. 그러므로 탈가족화와 관련된 가족정책의 과제는 여성의 노동시장 참여로 인해 발생하는 사회적 불평등을 완화하는 효과적인 대안을 만들어내는 것을 포함해야 한다.

3. 상품화, 탈상품화, 가족화[15], 탈가족화

1) 개념의 상호 관련성[16]

도식화의 명백한 한계가 존재하지만 ❙그림 4-1❙은 탈상품화, 상품화, 탈가족화, 가족화를 통합적으로 이해하는 단초를 제공한다. 탈가족화로부터 출발하자. 돌봄노동의 탈가족화는 아동보육을 통해 현실화된다. 에스핑-앤더슨의 주장과 같이 탈가족화는 상품화의 필요조건이다. 그러나 개인 돌봄 책임의 탈가족화는 개인의 상품화의 충분조건이라고 할 수는 없다. 아동보육과 같은 탈가족화 정책 자체는 가족 내 돌봄노동의 양을 감소시키는 것이지 돌봄노동의 감소로 돌봄 제공자가 무엇(노동시장 참여를 포함해서)을 할 것인지에 대해서는 적시하지 않기 때문이다[17]. 탈가족화는 가족 내 돌봄 책임의 일부를 사회화시켜 가족 내 돌봄 제공 주체를 비상품화(Noncommodification) 또는 전상품화(Precommodification) 단계에 있게 할 수는 있지만 반드시 상품화를

15) 개념의 상호 관련성을 논하기 전에 지금까지 논의하지 않았던 가족화 개념의 정의를 간단히 확인하고 가자. 여기서 가족화란 개인(부·모)이 자신의 노동력을 상품화하지 않고, 가족구성원을 돌보는 것으로 정의 할 수 있다(Leria, 2002; 윤홍식, 2006 a, b, 2005). 민촌(Minchoń, 2006)도 이러한 가족화 개념에 근거해 유럽 22개국의 가족정책을 분석하고 있다.

16) Yoon and Chung(2009)의 논문을 정리·발췌한 것이다.

17) 다만, 아동보육시설의 이용권리를 취업모로 제한할 경우 탈가족화는 어떤 방식으로든 모의 (재)상품화와 관련성을 갖게 되고, 이 경우 탈가족화는 (재)상품화와 직접적 관련성을 가지게 된다. 최근 한국에서 취업모에 대해 보육시설 이용에 대한 우선적 권리를 부여하고, 전업주부에 대한 접근권을 제한해야 한다는 주장(송다영, 2008)은 이러한 탈가족화와 (재)상품화의 권리의 관련성을 강화시키려는 시도로 이해될 수 있다.

보장하지는 않는다.

아동보육과 노인요양시설과 같은 탈가족화 정책을 통해 돌봄노동의 부담이 완화된 개인이 상품화된다고 해도 상품화 또한 탈상품화를 보장하는 필요조건이지 충분조건은 아니다. 상품화된 시민은 탈상품화될 수도 있고, 탈상품화로부터 배제될 수도 있다. 특히 노동시장에서 발생하는 사회적 위험(실업, 질병, 노령 등)에 대한 복지국가의 대응이 정규직 노동자를 중심으로 제도화되었다는 점을 고려한다면 현재와 같이 노동시장 유연화가 급격히 증대되는 상황에서 상품화된 노동력이 탈상품화로부터 배제될 가능성은 매우 높다. 실제로 2007년[18] 현재 한국 비정규직 노동자의 76.7%와 76.1%가 각각 고용보험과 국민연금의 사각지대에 놓여 있다. 더욱이 남성에 비해 여성의 비정규직 비율이 높은 현실은 탈상품화에서 배제된 절대다수가 여성일 가능성은 매우 높다.

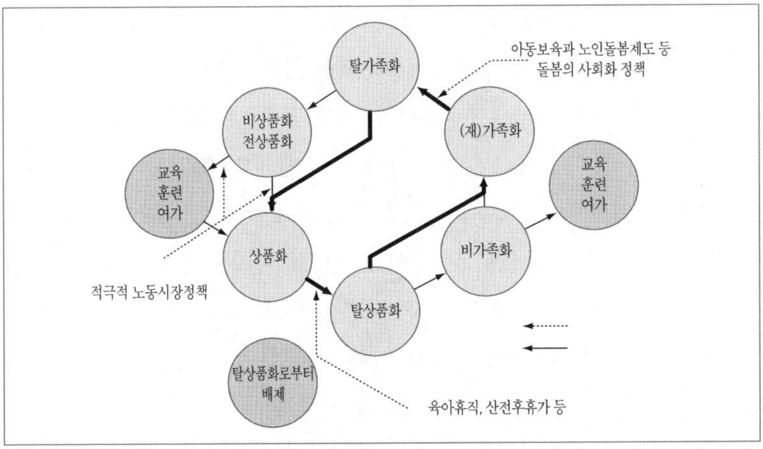

▌그림 4-1▐ 탈가족화, 가족화, 탈상품화, 상품화

출처 : Yoon. H., and Chung, S.(2009). A comparison between conservative welfare states and Korean childcare policy, 1993-2003. Asian Women, 25(3).

---

18) 2007년 수치는 3월을 기준으로 한 것이다.

설령 일부 여성과 상대적으로 많은 남성이 탈상품화되었다고 해도 탈상품화 역시 남성과 여성의 (재)가족화를 보장하지는 않는다. 가족 내 돌봄노동을 수행하는 것은 (진정한) 탈상품화 정책 목적 중 하나일 뿐이다. 특히 탈상품화와 (재)가족화의 연관성은 젠더에 따라 상이하다. 부·모의 노동력을 탈상품화시켜 일정 기간 동안 (재)가족화시키는 육아휴직(부모휴가), 산전후휴가(모성휴가)는 여성의 (재)가족화와 밀접한 연관성이 있다. 그러나 이러한 연관성은 남성에게서는 찾기가 어렵다. 대부분의 남성은 가족화를 목적으로 탈상품화를 선택하지 않기 때문이다. 벨기에는 이러한 남성과 여성의 경로 차이가 분명하게 드러나는 사례이다. 벨기에의 경력휴가(Career Break)를 이용하는 남성은 주로 재교육과 직업훈련 또는 조기은퇴를 목적으로 사용하고 있다(Devisscher, 2004). 반면 여성은 아동양육을 위해 경력휴가를 이용하고 있다. 즉, 여성은 탈상품화를 통해 재가족화되지만 남성은 탈상품화된다해도 재가족화되기보다는 비가족화된 상태에 남아있을 가능성이 높다. 설령 가족화를 명목으로 탈상품화를 선택한 경우조차도 남성이 가족 내 돌봄노동의 책임을 담당하는지는 분명하지 않다. 비공식적 조사에 따르면 한국에서도 부모휴가(육아휴직)를 이용하는 상당수의 남성이 자녀 돌봄과는 무관한 이직 등을 준비하고 있는 것으로 추정하고 있다. 마지막으로 탈상품화 정책에 의해 일정 기간 동안 (재)가족화된 노동자는 다시 돌봄노동의 사회화 정책을 통해 탈가족화되고, (재)상품화에 진입할 기회를 갖게 된다. 정리하면 탈가족화, 상품화, 탈상품화, 가족화는 상호 밀접한 관련성을 갖는 것은 사실이지만, 반드시 탈상품화가 상품화를, 상품화가 탈상품화를, 탈상품화가 가족화를 보장하지는 않는다. 또한 이행과정은 젠더에 따라 상이하게 나타날 수 있다. 즉, 각각의 개념은 독립적으로 정의될 수 있지만, 가족정책이라는 틀 안에서 상호보완적인 관계에 있다. 그러므로 가족정책의 과제는 탈가족화-상품화-탈상품화-가족화의 과정이 젠더(남녀)와 노동시장에서의 지위(정규직, 비정규직 등)와 관계없이 모든 시민들에게 보편적으로 적용될 수 있도록 제도화하는 것이 될 것이다.

2) 가족정책을 통해 본 개념의 상호 연관성

앞에서 정리한 내용이 개념 간의 상호관련성을 중심으로 살펴본 것이라면 여기서 살펴볼 내용은 개념들 간의 상호관련성을 구체적 정책을 통해 검토하고자 한다. 탈상품화, 상품화, 탈가족화, 가족화 개념을 실제 가족정책과 연관지어 살펴보자. <표 4-1>에서 제시된 논의가 단순하기는 하지만 중요한 가족정책들의 탈가족화, 가족화, 탈상품화, 상품화 성격을 검토하는 데 유용성이 있다.

먼저 가족화와 관련된 정책으로는 아동가정양육수당, 부성휴가, 모성휴가(산전후휴가), 부모휴가(육아휴직)가 있다. 이를 탈상품화와 상품화와 관련지어 보면 아동가정양육수당은 상품화와 부성, 모성, 부모휴가는 탈상품화와 만나는 셀에 위치해 있다. 부성, 모성, 부모휴가가 가족화와 탈상품화가 교차하는 셀에 위치한 이유는 이들 정책들이 부・모가 어린 자녀를 돌보기 위해 임금노동을 중단해도 일정 수준의 임금소득을 보존해 주기 때문이다. 즉, 상품을 생산하던 노동력을 자녀를 돌보는 데 사용한다는 점에서 가족화의 특성과 자녀를 돌보기 위해 임금노동을 중단해도 일정 수준의 임금이 보존된다는 점에서 탈상품화의 특성이 결합되어 나타나는 정책이라고 할 수 있다.

〈표 4-1〉 **노동력의 탈가족화, 가족화, 탈상품화, 상품화 정책**

구 분	상품화 (commodification)	탈상품화 (de-commodification)
가족화(familialization)	아동가정양육수당 A 아동가정양육수당 B	모성, 부성, 아버지할당제 부모휴가
탈가족화 (de-familialization)	아동가정양육수당 B(가정 내 보모고용) 아동보육(공·사적 시설 이용)	실업자와 학생을 대상으로 한 부모휴가정책

출처 : 윤홍식(2005 : 311)의 <표 3>의 모호함과 오류를 수정·보완해서 재구성한 것이다.

반면 아동가정양육수당[19](휴가)은 급여자격에 따라 상이한 성격을 갖는다. 프랑스의 양육수당제도(Allocation parentale d'éducation)와 같이 아동양육수당의 수급조건이 노동시장에 참여하지 않는 것을 전제한다면 아동양육수당(A)은 부·모의 노동력을 가족화시키는 동시에 (준)상품화시키는 특성을 갖는다고 주장할 수 있다. 라리아(Leria, 2000 : 161)에 따르면 아동가정양육수당은 임금노동을 중단했을 때 임금소득을 보존하는 것이기보다는 양육노동에 대한 임금성격이 강하다고 설명하고 있다. 즉, 아동가정양육수당은 국가가 고용주가 되어 부·모(대부분 모)가 가족 내에서 자녀를 돌보는 것에 대해 보상하는 것으로 이해할 수 있기 때문에, 부·모 노동력을 가족화·상품화시키는 것으로 규정할 수 있다. 반면 노르웨이와 핀란드 같이 아동양육수당(B)의 수급조건이 임금노동을 중단하는 것이 아니라 공적 양육시설을 이용하지 않는 것(Borchorst, 2002)이라면 반드시 부·모의 노동력이 가족화된다고 볼 수 없다. 공적 보육시설 대신 민간보육시설

19) 역사적으로 아동가정양육수당은 1940년대부터 시작된 모성임금과 밀접한 관련이 있다(Henriksen and Holter, 1978). 핀란드의 예를 보면, 비사민주의 정당들은 처음에는 모성이 여성의 생물학적 임무라고 주장하다가 이후 아동가정양육수당 도입명분을 부·모(주로 모)가 가정에서 아동을 양육하는 일에 대한 보상이라고 주장했다(Hiilamo and Kangas, 2003).

또는 비공식적 돌봄자원에 의존하게 된다면 부·모는 여전히 노동시장에 참여할 수 있기 때문이다. 이 경우 아동양육수당의 성격을 구분하는 것은 매우 어렵다. 다만, 부 또는 모가 공적 보육시설을 이용하지 않는 조건으로 아동양육수당을 받고, 민간보육시설이나 비공식돌봄자원을 이용하지 않고 직접 자녀를 양육한다면 이는 프랑스의 아동양육수당과 같이 부·모의 노동력을 가족화·(준)상품화시키는 정책으로 이해될 수 있다. 그러나 국가로부터 양육수당을 받고 가정에서 자녀를 양육하는 것을 상품화와 연관시키는 것은 분명히 많은 논란을 야기할 수 있다.

다음으로 탈가족화와 관련된 가족정책으로는 아동보육(시설보육)이 있다. 아동보육시설은 부·모가 가족 내에서 해야 할 돌봄 책임의 일부를 사회화시켜 준다는 점에서 탈가족화 정책이라고 이해될 수 있다. 더불어 돌봄 책임이 완화된 부·모(주로 모)가 노동시장에 참여할 수 있는 조건을 높여준다는 점에서 상품화 정책의 특성이 잠재되어 있다고 할 수 있다. 그러나 앞서 검토한 것과 같이 돌봄 책임의 탈가족화는 개별 시민의 상품화의 필요조건이지 충분조건이 아니라는 점에는 변화가 없다. 탈가족화가 상품화로 현실화되기 위해서는 ▌그림 4-1▐에 제시된 바와 같이 적극적 노동시장정책을 통한 교육·훈련과 일자리창출정책이 반드시 함께 이루어져야 하기 때문이다.

현실 가족정책에서 탈상품화와 탈가족화 특성이 내재된 정책은 찾기 어렵다(윤홍식, 2005). 그러나 자신의 노동력을 시장에 팔지 않으며, 가족 내에서도 아동을 돌보지 않아도 가능한 사례는 존재한다. 예를 들어, 스웨덴의 경우처럼 공적 보육시설의 이용을 보편적으로 확대했을 경우 부모는 노동시장에 참여하지 않아도, 자녀를 직접 양육하지 않아도 일정한 소득을 보장받고 있다.

부·모가 재교육, 직업교육 등을 받기 위해서는 임금노동으로부터 벗어나는 동시에 아동양육이라는 돌봄책임도 완화되어야 하기 때문이다. 그리고 이러한 사례는 가족정책이 단순히 일과 가족생활 양립이 아니라 가족생활과 교육훈련의 양립, 일과 교육훈련의 양립 정책들과 긴밀한 연관성을 가질 필요가 있음을 제기하고 있는 것이다. 정리하면 탈상품화, 상품화, 탈가족화, 가족화는 각각 독립적 개념이지만 이들 개념이 개별적인 사회정책에서 발현되는 양태는 상호보완적이며 통합적으로 나타난다. 즉, 하나의 정책은 두 개념이 지향하는 복지국가의 역할을 함께 내재하고 있는 것이다. 더 나아가 하나의 정책에서 돌봄이라는 무급노동과 유급노동의 특성이 동시에 나타나고 있다는 관점에서 접근하는 것은 페미니스트들의 핵심적 문제제기인 공·사영역의 인위적 구분을 허무는 출발점이 될 수 있을 것이다.

CHAPTER 05

돌봄의 자유선택[1)]

1. 최근 한국 가족정책 변화와 자유선택 의제 등장

우리나라에서 가족정책에 대한 관심은 2005년 합계출산율이 1.08로 세계 최저수준을 기록하고 고령화 속도는 빨라지면서 안정적인 노동력 공급구조가 형성되기 어렵다는 전반적 위기의식 속에서 주요 사회정책으로 부상하였다. 저출산의 주요 원인은 주로 자녀양육의 기피나 소자녀화와 같은 의식적 변화도 수반하지만, 보다 근본적으로는 불안정이 상시화되어 가고 있는 노동시장 구조 및 가족구조 속에서 사회구성원 개개인이 경험하는 사회적 위험이 증가함에도 불구하고 이에 부응하여 변화하지 않는 사회정책 간 괴리에서 비롯된다. 즉, 노동시장의 안정적 고용구조가 급속히 와해되고 1인 생계부양자모델이 2인 생계부양자모델로 변화해가는 구조임에도 불구하고 사회적으로는 여성의 노동시장 진출로 인한 가족 내 돌봄의 공백이나 부담에 대한 정책적 개입을 하지 않음으로써, 가족 내 아동양육이나 돌봄의 문제가 가족생활 전반을 위협하고 저출산이라

1) 본 장은 송다영(2009a). "가족정책에서의 자유선택 쟁점에 관한 고찰". 페미니즘 연구, 9(2)를 수정 · 인용하였다.

는 상황을 초래하고 있다. 전통적으로 가정 내에서(전업주부에 의해서) 해결되었던 아동양육의 문제가 사회정책적 지원이 없는 상황에서 여성들의 경제활동참가율이 증가하자 점점 개별가족 혹은 여성의 경제적, 시간적, 물리적 부담이 되면서 이를 개인(가족)적 차원에서 대응한 것이 저출산으로 나타난 것이다(김혜경, 2004; 홍승아 외, 2008).

저출산에 대한 사회적 위기의식 속에서 우리나라 정부도 근래에 들어 다양한 방식의 아동보육 관련 정책을 시행하고 예산을 확대하는 시도들이 이루어지고 있다. 2002년 이후 아동보육정책은 기존 영유아보육법이 기반했던 저소득층을 대상으로 한 복지적 접근을 벗어나 고령화, 노동시장구조 재편, 가족구조 변화라는 새로운 위험에 적극적으로 대응할 수 있는 사회정책으로 변화하였다. 보육에 대한 사회적 지원 예산은 몇 년 사이에 급격히 증가하였으며, 보육시설 인증평가제, 다양한 보육서비스 개발 등을 위한 정책적 노력들이 전개되었다. 특히 참여정부를 거치면서 보육은 21세기 사회적 위험에 대비하고 아동에 대한 투자를 통하여 미래사회를 내실있게 준비할 수 있다는 측면에서 정책적 개입의 필요성에 대한 공감대도 넓혔으며, 보육이 지닌 공공성에 주목하면서 3세 미만 보육에 대한 예산확대를 주도하였다[2]. 보육시설을 이용하는 아동은 2002년 800,991명, 2004년 891,028명, 2006년 957,237명, 2008년 1,135,502명으로 수적으로 상당히 증가하였다(여성가족부, 2007; 보건복지가족부, 2008).

그러나 현 이명박 정부에 들어서면서 아동양육과 관련된 정책 방향성이 선택의 폭을 넓힌다는 기치 아래 개별화, 시장화, 효율성, 형평성을 강조하면서 공보육서비스의 확대보다는 양육수당 도입, 민

2) 2002년 보육예산이 2102억 원이었던 데 비하여 2004년 4050억 원, 2006년 7817억 원으로 증가하였다가 2007년 보육예산은 1조 446억 원으로 5년 동안 5배가 넘는 증가를 보였다. 이와 같은 급격한 보육예산의 증가는 아동보육에 대한 국가적 차원의 책임분담은 물론 미래사회 인력에 대한 사회적 투자로 이해된다(여성가족부, 2007; 송다영, 2008).

간보육시설 지원금 확대, 가정 내 양육에 대한 보조금 지원을 결합하는 방식으로 전환하고 있다(백선희, 2008). 아직 우리나라에서 보편적 가족정책으로서 공공보육서비스가 제대로 정착되지 않은 가운데 부모의 개별적 선택을 중시하면서 양육수당이나 가정 내 양육서비스 부문을 확대하는 것은 향후 아동양육 부문의 변화를 의미하는 것이어서 이에 대한 진단이 필요하다. 새 정부의 가족정책 방향성을 보면 우리나라에 절대적으로 부족한 국·공립보육시설의 확충은 농어촌 지역이나 저소득층 밀집지역 등 특정 지역에만 한정할 것으로 명시되어 있으며, 주로 아동양육의 경제적 부담이 지적되면서 보육료 지원의 확대나 그동안 수면 위로 떠오르지 않았던 가정 내 양육에 대한 수당지급이나 보육서비스 이용권(voucher) 지급을 포함하고 있다(보건복지가족부 보육정책 인터넷 www.mw.go.kr). 즉, 현 정부는 보육시설을 이용하지 않고 조부모나 친척 등 대리양육자들에 의해서 가정 내에서 보호되어지고 있는 아동양육 현황을 지적하면서 이들에 대한 재정지원과 형평성 차원에서 2009년 7월부터 양육수당을 지급하기 시작하였다. 이와 같은 가정 내 양육에 대한 수당지급은 향후 아동양육과 연관된 정책의 방향이 보육서비스의 보편적 적용에서 벗어나 개별화, 가족화되는 방향으로 전환되는 것을 의미하기 때문에 이에 대한 좀더 세밀한 검토가 요구되고 있다.

또한 보육서비스의 사각지대에 대한 대응으로 정부는 가정 내 개별적 양육서비스에 대한 지원 논의가 조심스럽게 확대되고 있다(서문희 외, 2007; 백선희 외, 2008). 2006년부터 정부는 부분적으로 직접 또는 간접적 재정지원을 통하여 가정 내 개별적 양육서비스 지원사업을 추진하고 있다(보건복지부 아이돌보미 사업, 노동부 YMCA 아가야 사업). 가정 내 개별 양육에 대한 지원은 아직까지 전체 아동보육 부문에서 차지하는 비율이 높지 않고 주로 저소득층 지원으로 한정되어 있는 실정이나, 정부가 점차 저소득층이 아닌 가족들에게도 가정 내 개별 양육서비스에 대한 보조금 지원을 검토하는 가운데 향후 시설중심의 보육서비스가 개별화되는 양상이 전개될 것으로 전망되고 있다. 이처럼 우리나라에도 시설중심의 보육서비스에만 집중된 지원으로 보육시설을 이용하지 않거나 이용하기 어려운 가족들이 국가로부터의 아무런 지원을 받을 수 없다는 점을 문제로 지적하면서, 보육서비스든, 양육수당이든, 가정 내 개별 양육서비스든 부모들은 자유롭게 선택할 수 있는 권리를 확대해야 한다는 차원에서 '자유선택' 논의가 일어나고 있다. 자유선택은 사회적 지원에 있어서의 형평성 차원에서뿐만 아니라 아동양육방식에 대한 개별 가족의 다양하고 개별화된 욕구를 충족시키고, 아동양육의 선택지점을 보다 유연하게 한다는 취지 속에서 진행되고 있다.

우리나라의 아동보육에 대한 정책적 개입은 1991년 제정된 영유아보육법으로부터 확대되기 시작하나 최저소득층에 한정된 서비스 제공이었다. 실제 아동보육에 대한 정부의 정책적 개입이나 예산투자가 본격화된 시기는 저출산 문제와 돌봄 문제가 대두된 2000년대 이후이다. 참여정부는 우리나라 저출산 문제와 돌봄 공백에 의한 가족 내 아동양육 어려움을 해소하기 위한 방안으로 돌봄의 사회화, 일가족 양립을 중요한 정책화두로 부상시켰다. 특히 전체 인구대비 노령인구가 늘어나는 고령화 사회를 대비할 때 보육정책은 아동의 내실있는 성장과 미래사회 인력에 대한 사회투자적 성격도 있다는 점에서 더욱 강조된 측면이 없지 않다(보건복지부, 2008). 이에 따라 보육부문에 대한 예산은 참여정부를 거치면서 급격히 증가하였으며, 보육시설을 이용하는 아동의 비율은 불과 10년도 채 안 되는 사이에 31%에서 59.4%(1,629,852명)로 2배 정도 증가하였다. 아동보육시설

이용아동의 증가추세는 현 정부에도 그대로 이어지는 양상으로 나타나고 있다(표 5-1 참조). 또 아동보육에 대한 국가적 차원의 재정지원도 현 정부에 들어서 지속적으로 확대되면서, 보육시설 이용아동의 67%인 73만 명이 정부로부터 보육료 지원을 받고 있다.

〈표 5-1〉 **연도별 육아지원기관 이용 영유아 현황** (단위 : 명, %)

연 도	총 영유아 수	총 취원아 수			취원율
		보육시설 취원아 수	유치원 취원아 수	계	
2000	3,969,179	686,000(17.3)	545,263(13.7)	1,231,263	31.0
2002	3,720,013	800,991(21.5)	550,256(14.8)	1,351,247	36.3
2004	3,497,255	891,028(25.5)	541,713(15.5)	1,432,741	41.0
2006	3,011,800	957,237(31.8)	545,812(18.1)	1,503,049	49.9
2008	2,744,597	1,099,304 (40.1)	530,548 (19.3)	1,629,852	59.4

출처 : 여성가족부(2007). 보육통계; 보건복지가족부(2008). 보육통계.

그러나 이명박 정부는 공보육의 중요성을 강조하였던 참여정부와 달리 새로운 흐름으로서 보육서비스 시장의 경쟁과 효율성, 민간영역의 확대, 보육방식 선택의 다양화를 강조하고 있다. 이미 대선 후보 공약부터 제시된 아동보육 부문에 있어 이 세 가지 흐름은 각 계의 의견과 대응에 의하여 변모를 거쳐왔으나 틀은 대체로 비슷하게 유지하고 있다. 통상 보육의 공공성의 가늠자로 활용되는 국·공립보육시설의 확충이나 무상보육은 논의의 중심에서 배제되었으며, 아동보육에 대한 보육료 지원, 보육시장에 경쟁원리 도입을 통하여 보육서비스의 질 확보, 가정 내 대리양육자에 대한 보상방식을 주로 하고 있다. 한나라당 대선후보 공약에서는 2012년까지 0~5세의 영·유아를 대상으로 보육시설 이용료를 지원하고, 보육시설 미이용자라 하더라도 가족 또는 친척이 양육하면 수당을 지급하며, 민간보육시장의 업그레이드 및 양질의 보육인력을 확보하여 보육유형을 다양화하고 보육서비스의 질의 향상을 포함하고 있다(한나라당, 2007; 백선희, 2008 : 6 재인용). 이후 이명박 정부는 기존 시설중심 지원에서 수요자(부모 및 아동) 중심의 지원으로 방향을 바꾸었으며, 부모에게 보육바우처를 지급하고 이들이 보육시설을 선택할 수 있게 함으로써 부모의 체감도와 소비자로서의 선택권을 높이고, 민간부문이나 시장은 경쟁원리에 의해 보육시설서비스의 질을 개선하는 방식을 도입하였다. 보육료는 시장화를 방향으로 하면서 국·공립보육시설은 민간부문이 투자하기를 저어하는 농어촌이나 저소득층 지역에 설치하는 것으로 정책기조를 잡았다. 또한 2009년 7월부터는 보육시설을 이용하지 않고 가정 내에서 양육되는 아동에 대한 양육수당을 월 10만 원씩 제공하기 시작하였다. 2009년 현재 양육수당은 예산상의 제한으로 최저생계비 120% 이하의 저소득층 가족의 24개월 미만 아동에게 한정되어 지원되고 있으나 향후 확대될 계획에 있다. 보육시설이 아닌 가정 내에서 개별적으로 이루어지는 양육서비스에 대한 세제상 지원이나 직접적 비용지원도 고려 중에 있다(보건복지가족부 보육정책 인터넷 www.mw.go.kr).

이처럼 이명박 정부는 그동안 우리나라 보육정책의 가장 근본적인 문제 중의 하나로 지적되어 왔던 공공성 부족(예 국·공립보육시설의 부족)과 민간부문 의존성을 개선하기보다는 오히려 민간부문을 확대하고 시장경쟁원리에 기반한 효율성을 강조하고 있으며, 양육수당 도입 및 가정 내 양육서비스 지원과 같은 선택의 다양화에 속도를 내고 있다(김종해, 2006; 백선희, 2008). 한국 사회의 보육은 여성계와 부모들의 지속적인 요구에도 불구하고 민간보육시설에 의해 운영되어왔으며 이에 따른 질관리와 고비용부담 문제가 지속적으로 제기되어왔다. 2008년 현재 국·공립보육시설은 전체 5.5%에 불과하며 민간보육시설과 가정보육시설을 합하면 민간시장 비율은 전체 보육시설의 88.9%(보건복지부, 2008)로, 보육인프라의 지나친 민간의존성과 시장구조적 제약이 확인된다. 공보육시설 확대를 통한 공공성 강화보다는 모든 보육시설에 대한 보육료 지원을 중심으로 한 정책을 시행함으로써 민간부문이 양적으로 팽창하는 구조적 문제를 양산하였다(백선희, 2008; 송다영, 2008). 여기에 보육료 자율화[3], 새로이 도입된 양육수당이나 가정 내 개별화된 양육서비스에 대한 지원 등은 향후 가족정책의 성격과 방향에 영향을 주는 새로운 변수로 부상하고 있다. 전체적으로 현 정부는 저소득층에게는 (국·공립) 보육시설, 중간층에게는 민간부문에서의 보육시설 선택과 바우처 제공을 통한 비용부담 해소, 상층에는 지원없이 민간부문에서 자율적으로 해결케 하는 전략을 가지고 있는 것으로 평가된다.

시설중심의 보육서비스 지원정책을 벗어나 가정 내 양육수당이나 가정 내 개별 양육서비스에 대한 지원 등 부모의 선택지점을 조금 더 유연하고 자유롭게 한다는 취지의 자유선택 관점은 프랑스, 핀란드, 노르웨이, 네덜란드 등 다른 국가사례에서도 나타난다(Morel, 2007). 이와 같은 보편적 아동양육 방식으로서 보육서비스가 양육수당이나 가정 내 양육지원서비스 형태 등 재가족화 및 개별화된 서비스로 전환해가는 과정은 명목적으로는 부모가 아동양육방식에 있어서 좀 더 자유롭고 다양한 선택이 가능한 것으로 보이지만, 보육을 공공책임에서 벗어나 시장논리나 가족상황에 의해 결정되게 하는 문제점을 가지고 있어서 깊이 있는 성찰이 필요하다(유해미, 2004; 장지연, 2007; Morel, 2007; Jenson and Sineau, 2001).

3) 보육료 자율화는 대선 후보 때 논의되다가 여성계나 보육계로부터의 반대로 잠시 소강상태에 빠진 듯하다. 그러나 윤증현 기획재정부 장관은 전체 사회서비스 질 개선에 역점을 두면서 보육료 자율화, 보육부문에 기업 및 민간투자 유치를 확대하겠다고 공표하였다(2009년 7월 26일, 한국일보).

이러한 아동양육을 위해서 시설중심의 보육서비스 지원정책을 벗어나 가정 내 양육수당이나 가정 내 개별 양육 서비스에 대한 지원 등 부모의 선택지점을 조금 더 유연하고 자유롭게 한다는 취지의 정책은 프랑스, 핀란드, 노르웨이, 네덜란드 등에서 논의된 바 있다. 보편적 아동양육 방식으로서 보육서비스가 양육수당이나 가정 내 양육지원서비스 형태 등 재가족화 및 개별화된 서비스로 전환해가는 과정은 명목적으로는 부모가 아동양육방식에 있어서 좀 더 다양한 선택이 가능할 수 있도록 하고 있지만, 사회적으로 보육서비스가 양적으로나 질적으로 확충되지 않은 가운데 부모들이 할 수 있는 선택은 그들이 처한 사회구조적 제약, 즉 부모의 경제적 지위나 소득수준과 같은 계층지위(고소득층, 저소득층)나 가족구조 내 부·모의 성별 지위(즉, 여성인가, 남성인가)에 의하여 선택이 제한될 수밖에 없는 현실적 격차가 존재하고 있어서 이에 대한 비판도 적지 않다(유해미, 2004; 장지연, 2007; Morel, 2007; Jenson and Sineau, 2003). 이에 대한 자세한 논의는 다음 절에서 하도록 하겠다.

2. 자유선택의 개념과 쟁점

1) 자유선택의 개념

자유선택(freedom of choice)은 사전적 의미로 '행위자가 몇 개의 사항에 대하여 그 중 하나를 자유로 선택할 권리'를 말한다. 이것을 아동양육에 연관시켜 적용하게 되면 '부·모가 여러 가지 보육의 방식 중 자신의 자녀를 어떤 방식이나 어떤 형태로 양육할 것인가에 대하여 자유롭게 선택하고 결정하는 것'으로 정의된다.

아동양육에 있어 자유선택 쟁점은 국가별로 가족정책의 핵심으로 볼 수 있는 보육정책의 방향이나 제도를 설계하면서 본격적으로 논의되고 있다(Morel, 2007; Kremer, 2002). 구체적으로 살펴보면 아동양육에 있어 자유선택은 보육정책의 방향을 사회화된 보육시설을 중심으로 할 것인가, 아니면 개별화된 가정양육에 대한 현금급여(수당) 지원을 할 것인가가 논쟁의 중심이 되고 있다. 이와 더불어 공공보육시설 외에도 민간부문의 보육시설 운영을 확대하고 이들 시설의 차별화된 프로그램을 통해 아동양육(더 나아가서는 교육)의 질을 높일 수 있도록 하는 시장화를 또 하나의 선택지점으로 할 수 있도록 지원하자는 것이다. '자유선택'의 기본 골격은 국가가 아동양육에 대한 지원을 하는 방향에 있어 부모가 보육시설을 이용하든, 양육수당을 수급하든, 가정 내 개별 양육서비스를 이용하든, 아니면 질높은 보육을 민간보육시설에서 이용하든 다양한 형태 중 하나를 '자유롭게 선택'할 수 있도록 동등하게 지원하는 방식으로 제도화하여야 한다는 것이다.

실제 자유선택에 근거하여 다양한 형태의 아동양육 방식을 국가가 제도적, 재정적으로 지원하고 있는 프랑스의 경우를 살펴보자. 프랑스는 공공보육시설(Crèche)에 다니는 3세 미만의 아동이 있는 가족에게는 보육비용을 전액 지원해주고 있으며, 부모가 가정에서 아동을 직접 키우는 가족에게는 노동시장에 참여하지 않는 조건이 충족되면[4] 양육수당(APE)[5]을 지급한다. 양육수당은 프랑스뿐만 아니

4) 양육수당의 충족조건은 국가별로 상이하다. 프랑스는 부모가 노동시장에 참여하지 않는 조건, 즉 일자리를 갖지 않는다는 조건이 충족되면 양육수당을 지급한다. 프랑스의 양육수당 수급조건은 출산 전(혹은 입양) 5년 중 2년 이상을 일한 경우에 발생하며, 부모휴가(육아휴직)가 무급인 상황에서 지급되는 것이어서 육아휴직적 성격도 있다. 이에 비해 노르웨이나 핀란드는 공적 아동보육시설을 이용하지 않는 조건으로 양육수당을 지급한다(Morel, 2007).

5) 프랑스는 1970년대까지 일과 가족을 양립시킬 수 있는 사회조건으로서 보육의 중요성을 강조하고 다양한 제도를 통하여 여성의 경제활동 참가에 저해가 되는 요소를 개선하는 데 적극적인 국가였다. 그러다가 1970년

라 핀란드, 노르웨이, 네덜란드, 독일 등 여러 나라에서 자유선택 관점에서 제도적으로 도입되어 있다. 이와 더불어 민간보육시설이나 가정에서 이루어지는 개별적 아동양육형태에도 제도적, 재정적 지원을 하고 있는데, 대표적 사례로 1990년 도입된 등록보육사 고용지원제도(AFEAMA)와 1986년 도입된 가정보육모 제도(AGED) 등이 있다. 두 가지 제도 모두 다양한 아동양육에 대한 부모의 선택을 국가가 지원한다는 취지하에 일정한 재정지원이 이루어지고 있다. 전자는 보육모가 자신의 집에서 5인 이하의 아동을 보육하는 민간(가정)보육시설을 이용할 경우에 보육료를 일부 지원하는 방식이라면, 후자는 개인적으로 부모가 자신의 집에서 자녀를 돌보는 보모를 고용할 경우 이들이 지불해야 할 사회보장세를 지원하거나 세금공제와 같은 방식을 통해 간접지원하는 방식이다(Jenson and Sinueau, 2003). 이러한 제도들은 공공보육 이외에도 다양한 형태의 아동양육형태에 대해 국가가 지원을 제공하고 부모에게 선택의 자유를 주게 한다는 점에서 '자유선택'으로 명명되어진다. 그러나 자유선택은 부·모에게는 노동권과 부모권을 보장해주고, 아동에게는 태어난 배경에 상관없이 양질의 양육을 받을 수 있게 하는 보육공공성의 후퇴와 함께 계층화, 성별화라는 사회적 간격을 초래한다는 비판이 강하게 제기되고 있다.

대 이후 저출산, 실업문제에 대한 구조적 해결책으로 등장한다. 1985년 도입된 가정양육수당은 부모가 일을 완전히 그만두고 실업자로 등록한 경우에 지급되는 현금급여적 성격을 바탕에 깔고 있다. 그러나 양육수당은 자녀 수(3명 → 2명), 고용형태(풀타임 → 시간제)에 대한 수급자격이 완화되면서 점차 3세 미만의 아동을 양육하는 여성의 돌봄노동에 대한 보상적 성격으로 받아들여지고 있다. 근래에 들어서는 시설보육서비스를 대체하는 대표적인 방식이 되고 있다.

2) 돌봄의 사회화와 자유선택

이인생계자 모델의 등장과 여성의 경제활동의 필요성 증가에 따른 돌봄의 공백은 많은 국가들이 봉착한 위험이다. 그 대응방안으로써 돌봄에 대한 사회적 책임 분담 및 공유는 일반적 추세가 되어 왔다. 그러나 돌봄의 사회화나 공적 책임은 기존 가족에서 수행했던 아동보육의 문제를 시장을 중심으로 조정이 이루어지도록 할 것인가, 아니면 공공성 확보를 중심으로 이루어지는가에 따라 국가별로 상이하게 나타난다. 또 아동보육의 대부분을 사회서비스를 통해 사회영역에서 해결하는가, 혹은 국가의 재원 조성과 (재)가족화된 아동보육을 결합하는 방식을 취하는가에 따라 상호 다양한 형태의 보육체계가 구성된다. 이처럼 돌봄의 사회적 책임 공유는 국가-가족-시장 간 서비스나 급여의 흐름을 어떻게 구성하는가에 따라 다양하게 형성된다(Larsen, 2002; Kamerman and Kahn, 1978; Meyers and Gornick, 2003). 자유선택은 국가-가족-시장 간 일어나는 다양한 보육조합을 가족들이 보다 자유롭게 선택하게 하자는 취지로 시작되었다. 명목상 자유선택은 선택의 자유가 허용되는 범위, 사회적 상황, 대상자 조건 등에 의해 규정될 수 있다는 점에서 허상이라는 비판도 동시에 수반된다(Kremer, 2002). 자유선택의 쟁점을 분석하기 위해 국가-가족-시장 간 관계 속에서 나올 수 있는 아동보육 지원방식의 조합에 따른 자유선택 경로의 맥락을 짚어보면 ▮그림 5-1▮에서 나타나는 바와 같이 주체들의 상호관계에 따라 다양하게 나타난다.

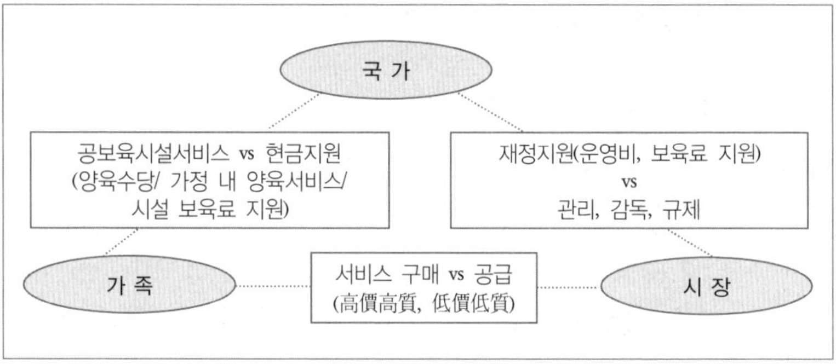

┃그림 5-1┃ 아동보육 지원정책의 조합과 자유선택 경로

3. 자유선택의 쟁점분석

아동양육 방식에 있어 가족의 자유선택에 대한 관점 차이는 1990년 이후 스웨덴, 핀란드, 노르웨이, 프랑스, 네덜란드, 벨기에 등 여러 나라에서 다양한 방식으로 제기되어 온 바 있다(Hiilamo and Kangas, 2003; Hiilamo, 2004; Kremer, 2002; Morgan, 2002; Morel, 2007). 이들의 논쟁은 대부분 가족정책 방향을 사회화된 공공보육서비스 강조에서 벗어나 다른 대안적 아동양육 형태로서 가정 내에서 부모나 대체인력이 아동을 양육하는 방식을 국가가 제도적으로나 재정적으로 지원해야 형평성에 맞다는 주장과 함께 제기되었다. 이 중 공공보육서비스의 정착을 아동의 삶의 질 향상, 사회적 정의 실현, 여성의 노동권 보장, 성별 간 평등성 공유, 일과 가족의 양립을 이룰 수 있는 가장 우선적인 과제로 설정한 스웨덴[6]을 제외하고는 다른 국가에서는 자

6) 공공보육서비스 우선을 일관되게 지향하고 있는 스웨덴에서도 2000년 이후 가정양육수당에 대한 긍정적 수용입장이 재등장하였다. 그동안 사민당의 가족정책 기조 속에서 지속적으로 양육수당에 대한 이니셔티브를 가지지 못한 우파연합은 2008년 5월 재집권하면서 가정양육수당을 다시 도입하였다. 스웨덴 가정양육수당은

유선택의 형태로서 양육수당이나 가정 내 개별 양육서비스에 대한 지원을 도입하였다. 본 절에서는 자유선택 논쟁에서 가장 쟁점으로 등장하는 양육수당 vs 보육시설서비스에 대한 정책적 지향들이 어떤 지점에서 어떻게 차별적으로 적용되고 있는가를 중심으로 살펴보도록 하겠다. 자유선택 쟁점에 대한 비교 분석틀은 양육수당의 개별 가족의 선호에 초점을 맞춘 핀란드와 보육서비스의 보편적 접근성에 방점을 두었던 스웨덴의 가족정책을 비교한 Hillamo와 Kangas (2003) 논의를 기반으로 자유선택이 어떻게 적용되고 차별화될 수 있는가를 살펴보겠다.

〈표 5-2〉 **자유선택 논쟁의 쟁점**

	자유선택 수용적 입장 : 가정양육수당/ 개별양육 옹호	자유선택 부정적 입장 : 공공보육서비스 옹호
자유의 개념	가족들이 다양한 형태의 양육방식을 선택할 수 있는 것	개인이 일을 선택하거나, 동시에 일과 가정을 수행해나갈 수 있는 자유를 가지는 것
사회정의	여러 형태의 양육방식을 사용하는 가족 간의 형평성	성별 간 평등 ; 다양한 가족형태나 계층적 차이를 넘어서 아동 간 평등
아동양육과 국가역할	아동양육을 하는 가족의 경제적 부담을 해소하기 위한 재원 마련	아동보육을 장기적 사회발전 속에 배치하고 보편적 보육서비스 제공 주력
재정 효율성	보육시설은 아동 수 변화나 지역적 특성에 유연하게 대응하지 못하여 재정적으로 비효율적	생산가능잠재집단인 여성의 노동력화에 대한 투자가 가장 재정효율적임. 이를 가능케 하는 보육서비스 확충 필요

1~3세 아동을 둔 부모가 부모휴가 후 가정에 머무를 때 받을 수 있는 형태로 설계되어 있다(홍승아 외, 2008). 그러나 스웨덴의 가정양육수당은 핀란드와 노르웨이와 같은 국가급여는 아니며 지방정부가 지급하는 급여로 제한되어 있다. 따라서 양육수당의 전면적 도입으로 보기 어려우며 실제 실행 여부는 지방자치단체별로 차이가 날 것으로 전망된다. 2008년에 재도입되었기 때문에 아직 정착 여부나 확대 가능성 등에 대해서는 향후 지켜보아야 할 것이다. 1994년 기민당 정부에 의해 도입되었다가 1995년 사민당 집권과 함께 폐지되었던 경험이 있고, 스웨덴에 광범위하게 자리잡고 있는 공공보육서비스 선호 등으로 인하여 앞으로 스웨덴 가족정책의 뜨거운 쟁점이 될 것이다. 물론 가족정책의 부침 속에서도 보편주의적 원칙을 지켜온 점을 고려해 볼 때 도입에 있어 차별적일 것으로 보인다(Bergqvist and Nyberg, 2002).

사회적 바람직성 (social desirability) 전제	• (개별) 가정이 아동보육의 최적 장소 • 여성의 순차적 양립을 통한 부모권과 노동권 조화	• 공동가정으로서 보육시설이 아동보육을 위해 더 나음 • 남녀 모두의 부모권과 노동권 양립을 위한 사회적 환경 조성
여성의 노동자로서의 지위	실업/ 저임금 완충제(buffer)로서의 여성노동자 수용	여성노동자의 동등한 노동권 강조

출처 : Hiilamo & Kangas(2003)의 분석틀에 본 연구자가 추가쟁점을 보완하여 재작성함

1) 자유의 개념

자유선택을 수용하는 입장은 기본적으로 공공보육시설의 확충이나 확대보다는 가정 내 양육수당, 가정 내 개별적 양육서비스에 대한 지원 등이 도입됨으로써 부모들이 다양한 서비스를 선택할 수 있는 자유를 가질 수 있다고 보고 있다. 이들에게 있어 자유선택이란 자녀를 키우는 가족들이 공공보육시설을 이용할 수도 있고 민간보육시설을 이용할 수도 있어야 한다. 또한 보육서비스를 이용하지 않고 일정 기간 동안 일을 그만두고 자녀를 가정에서 직접 양육하면서 수당과 같은 현금지원을 받을 수 있어야 하며, 본인이 직접 키우지 못하더라도 시설보육을 이용하지 않고 대체노동력을 통해 가정 내 양육이 가능하도록 재정적 지원을 해야 한다는 것이다. 심지어는 높은 비용을 지불하고라도 질높은 보육의 질을 담보할 수 있는 민간 보육서비스 등 다양한 형태의 양육방식을 부모가 자유롭게 선택할 수 있도록 국가는 지원을 해야 한다고 보고 있다.

반면 공보육시설을 통한 보편적 공보육서비스 제공을 가장 최적의 대안으로 간주하고 자유선택에 대해 부정적인 입장은 현실적으로 모든 가족들이 자유의지에 의해 자유롭게 선택하는 것이 가능하지 않은 사회적 조건 속에서 자유선택을 강조하는 것은 '자유'의 본

질이 아님을 역설한다(Morgan, 2002). 이들은 자본주의 사회구조 속에서 자유는 노동을 통해서, 혹은 노동과 가족의 양립을 통해서 온전한 시민권을 확보할 수 있을 때 가능해진다고 보고 있다. 자본주의 사회 속에서 노동시장 참여는 임의적 선택이 아니라 모든 개인의 기본적 존재조건이자 필수요건이기 때문에, 자녀양육을 위해 일을 그만두는 양자택일적 선택은 자녀양육과 일을 양립하기 어려운 구조에서 어쩔 수 없이 자녀양육을 택한다는 차원에서 진정한 의미의 자유선택일 수 없다. 즉, 일과 가족의 양립을 전 생애에 걸쳐 추구해가야 하는 개인에게 있어 일과 가정을 배타적으로 선택해야 하는 양자택일적 선택은 진정한 의미의 자유로운 선택이 아니며 '제한된 선택'일 수밖에 없음을 강조한다(Hiilamo and Kangas, 2003; Hiilamo, 2004; Leira, 2002). 일과 가족의 양립이 어려운 사회적 환경 속에서 이제까지 자녀양육 역할을 수행해왔던 여성은, 특히 저임금으로 노동시장 유인이 크지 않은 저소득층 여성에게 자유선택의 명목 아래 주어지는 양육수당은 자신의 노동권을 포기하고 전통적 역할로 회귀하게 하는 함정(trap)으로 작용할 가능성을 내포하고 있다. 따라서 국가는 일과 가족에 대한 양자택일적 선택에 빠지게 하는 것이 아니라, 일과 가족을 양립할 수 있도록 사회적 조건을 만들어나감으로써 그 속에서 자유롭게 자녀양육의 문제를 해결해나갈 수 있도록 하는 것을 자유선택으로 보아야 한다.

2) 사회정의 : 형평성과 평등

선택의 자유를 강조하는 입장은 한 가지 양육방식, 대체적으로 시설보육서비스를 선택한 가족에게만 지원을 하는 방식은 다른 양육방식을 선호하거나 혹은 아동의 특성, 지역적 요인 등으로 보육서비스를 이용할 수 없는 가족의 입장에서 보면 형평성에 위배된다는 비판이다. 즉, 자유선택을 강조하는 입장에서는 기존의 보육서비스에 집중된 국가의 재정적 지원방식은 공공보육시설을 이용하는 가족만이 국가로부터 혜택을 받을 수 있기 때문에 다른 형태의 아동양육을 선택한 가족은 국가로부터의 지원으로부터 배제됨으로써 형평성 문제가 발생한다는 지적이다. 이들은 국가가 다양한 형태의 아동양육에 대한 재정적 지원을 함으로써 아동을 양육하는 부모들에게 상황에 맞게 특정한 양육방식을 자유롭게 선택할 수 있도록 하여야 한다고 보고 있다. 사회적으로 보육시설보다는 자신의 자녀를 가정 내에서 키우고 싶어하는 부모들이 있고, 타인보다는 본인이 직접 자녀를 키우고 싶어하는 부모들에게도 자유롭게 그들이 선호하는 양육방식을 선택할 수 있도록 지원해야 하며, 보육서비스를 받기 어려운 지역에 살고 있거나, 장애 등 아동의 특성으로 인하여 보육서비스를 받기 힘든 경우는 가정 내 양육지원을 받을 수 있도록 조치하는 것이 바로 사회적 형평성이라는 입장이다.

양육수당의 도입을 주도했던 핀란드 정당의 정의/ 형평성 관점을 살펴보면 첫째, 공공보육체계는 주로 도시에 거주하는 사람들을 기반으로 집중되어 있기 때문에 지역적으로 농촌지역이나 인구밀집도가 높지 않은 지역에서는 아동양육 지원에 있어 배제되는 집단이 생긴다는 것이다. 이처럼 지역적 특성에 따라 사회 내에서 보육서비스를 받기 어려운 이들에게도 동등한 수준의(comparable) 사회적 지원을 제공해야 하는데, 양육수당이 대안이 될 수 있다. 즉, 사회적 형평성이란 어떤 지역에 살든, 일하는 형태와 상관없이 모든 사람들은 동등하게 아동양육 지원을 받을 권리를 주는 것이다. 둘째, 공보육시설을 쓰지 않고(혹은 못하고) 조세를 내는 가족들은 그렇지 않은 가족에 비해서 조세를 함께 냄에도 불구하고 자녀양육 문제로 고통을 받고 있는 현실을 보아야 하며 이에 대한 지원을 하는 것이 사회정의에 부합한다. 따라서 국가는 보육시설을 이용할 수 없는 조건이거나 이용하고 싶어 하지 않는 사람에게도 보조금을 받을 권리를 주어야 하며, 다양한 종류의 양육방식을 선택할 권리를 보장받도록 함으로써 사회정의를 이루어야 한다(Hiilamo and Kangas, 2003; Hiilamo, 2004).

반면 자유선택의 허구성을 강조하는 입장에서는 보육시설, 양육수당, 가정 내 양육서비스 중 부모가 원하는 대로 자유롭게 선택할 수 있다는 것이 사회적으로 아동양육과 연관된 시설이나 인프라가 충분히 갖추어져 있지 않는 상황에서 근본적으로 가능할 수 있는가에 의구심을 제기한다. 또한 부모의 비용지불능력이 다르고, 성별분업 이데올로기가 여전히 강한 사회구조 속에서 자유선택은 계층별로, 성별로 분절화된 선택으로 귀결될 수밖에 없다고 주장한다(유해미, 2003; Jenson and Sineau, 2003). 즉, 한 명의 배우자(대부분 여성)가 자녀를 전적으로 돌보고 살아도 될 만큼 경제적으로 소득수준이 높은 배우자를 가지고 있거나, 자녀를 돌봐줄 가정 내 보육인력을 고용할 만한 충분한 소득이 있거나, 높은 비용의 민간보육시설을 이용할 수 있는 소득수준의 가족에게만 자유선택은 의미가 있을 뿐 한부모가족, 비혼모가족, 노동자 계급가족 등 대다수가족에 자유선택은 계층적으로 분절화된 선택일 수밖에 없다. 또한 남・녀, 부・모에 관계없이 일과 가족을 양립시켜나갈 수 있도록 하는 보육서비스와는 달리, 양육수당은 개인이 가진 성별 혹은 가족 내 지위에 따라서 진정으로 자유의지에 의한 선택을 할 수 없게 하는 사회구조 위에 작동하고 있다. 일과 가족을 통합적으로 접근하기보다는 일과 가족을 분리시키고 양자택일하게 하는 자유선택의 논리는 전통적으로 어머니 역할을 수행해왔던 여성들에게 노동권을 포기하고 가정으로 복귀하는 반쪽의 자유만을 주는 것이다. 따라서 자유선택의 명분은 계층적으로나 성별로 분절화된 선택을 할 수밖에 없는 실제 사회현실을 왜곡하고 있다는 측면에서 사회정의와 평등에 위배된다.

스웨덴의 양육수당과 보육서비스를 둘러싼 자유선택 논쟁에서는 자유선택이 내포하고 있는 계층성을 문제로 삼으면서 사회정의와 평등에 기반한 가족정책의 방향을 명확히 하고 있다(Hiilamo and Kangas, 2003). 이들은 사회정의와 자유선택을 평등의 관점에서 재조명하면서 가족정책은 기본적으로 경제적으로나 가족형태별로 다른 가족배경을 가지고 태어난 아동이 그들이 태어난 가족 배경에 규정되지 않고 동등하게 자랄 수 있는 환경을 조성함으로써 아동들 간의 평등을 증진하고 사회를 지속·발전시켜나가는 데 두고 있다. 이를 실현하기 위해서는 개별 가족의 상황에 따라 양육의 질과 내용이 달라질 수 있는 가정 내 양육방식보다는 사회적으로 양육의 질이 담보된 보육기관이 최적의 대안임을 강조한다. 또한 여성에게 있어서 진정한 선택의 자유란 여성이 노동시장에 나아갈 수 있는 사회적 환경이 성립된 속에서 일과 가족을 양립할 수 있을 때 보장되는데, 이를 위해서는 공공보육체계가 가장 우선적으로 해결되어야 한다고 보았다. 즉, 자유란 일 또는 가정이냐의 양자택일적(alternative) 선택의 자유가 아니라, 여성(남성과 마찬가지로)이 노동시장에서 일을 하거나 일과 가정을 양립하는 생활 간 선택을 할 수 있을 때 진정성을 확보할 수 있다고 보았다. 이러한 측면에서 공공보육은 여성과 남성 간 부모권과 노동권을 동시에 보장하며 계층 간, 가족형태 간, 성별 간 정의를 실현할 수 있는 주요한 가족정책의 기틀로서 의미가 있다고 보았다.

이에 비해 양육수당에 의하여 보장되는 자유는 근본적으로 제한적이며 평등에 위배된다는 측면에서 사회정의에 반한다고 보고 있다. 양육수당은 전통적으로 중산층 남성이 누려왔던 전업 가정주부에의 권리를 노동자 계급의 남성에 확대하는 차원 이상이 아니라고 보았다. 즉, 자유선택에 기반한 양육수당정책의 확대는 여성들이 노동시장을 벗어나 가정을 택하게 하는 일방향의 배타적 선택일 뿐, 그 반대로 자녀양육을 그만두고 일을 선택할 수 있는 자유가 허용되거나 일과 가족을 양립해나갈 수 있는 자유를 허용하지 않고 있다. 그나마 이와 같은 일방향의 배타적 선택을 할 수 있는 여성은 그들을 부양할 남성배우자를 가진 가족형태에만 제한되며, 한부모가족과 같이 독신부모로 살아가는 경우 선택할 자유조차 없다. 이처럼 겉으로는 자유선택의 외피를 쓰고 있지만 양육수당은 계층별, 성별, 가족형태별로 사회구성원 간 격차를 더욱 분명하게 만들어나가기 때문에 사회정의 측면에서 바람직하지 않다[7].

현실적으로 자유선택에 기반하여 가정양육수당이나 가정 내 양육서비스에 대한 지원을 확대한 국가들에서는 계층별로 아동양육의 방식이 차별화되는 양상이 뚜렷하다. 1990년대 이후 공공보육시설 이외에도 민간보육시설, 가정양육수당이나 가정보육모제도 등 다양한 형태의 가정 내 양육서비스를 도입하고 이를 모두 지원하는 정책을 전개하고 있는 프랑스의 경우 소득계층이나 여성의 임금소득 수준에 따른 아동양육방식의 차이가 더욱 두드러지고 있다(백선희·송다영·이성희, 2008; Morgan, 2002; Morel, 2007). 구체적으로 살펴보면 프랑스의 중산층 가정은 공공보육시설을 이용하며, 중산층은 개별적으로 보모를 고용하거나 민간보육시설을 이용하며, 저소득층은

7) 스웨덴 자유선택 논쟁에서 1994년 사민당 여성의원 Ingvar Carlsson은 양육수당을 '여성의 덫'이며 사회부대 비용이 엄청난 것에 비해 사회정의에서는 벗어나는 비효율적인 정책이라고 비판한다. 양육수당이 불러올 두 가지 부정적 여파로서 여성을 가정에 머물게 하여 남편의 임금에 의존적인 상태가 되게 함으로써 여성의 평등에 있어서 후퇴가 올 것이며, 장기적으로는 노동시장에서의 일자리를 얻지 못하여 노동자로서의 지위약화를 제시한다. 따라서 양육수당에 의해서 보장될 자유는 전적으로 허구(imaginary)(Hiilamo and Kangas, 2003 : 13)일 뿐임을 역설한다.

아동양육수당을 받으면서 아동을 직접 양육하는 방식으로 계층화되고 있다. 이렇게 계층별로 아동양육방식이 차이가 나는 것은 양육(서비스)형태별로 비용문제가 있기 때문이다. 중산층은 별도의 추가비용 부담없이 일을 하면서 아동양육을 시킬 수 있는 대안으로써 공공보육시설(Crèche)을 택하고 있는 반면, 상대적으로 경제적 자원을 가지고 있는 중산층은 공공보육과 달리 부모가 지불해야 하는 보육비용이 높은 등록된 보육교사가 있는 가정보육모등록제도(AFEAMA)를 이용하거나, 개별적으로 보모를 고용하는 방식(AGED)을 선택하고 있다(Morgan, 2002). 이에 비하여 저소득층 가족(여성)들은 노동시장 참여를 중단하는 조건으로 지급되는 아동양육수당(APE)을 지급받고 아동을 집에서 키우고 있는 것으로 나타났으며 비율적으로 늘어나고 있는 추세이다. 프랑스 내 양육수당은 1994년 수급자격을 세 자녀가 있는 가구에서 두 자녀가 있는 가구로 확대하면서 수당을 지급받은 비율이 높아졌으며, 상당히 대중적인 아동양육형태로 자리를 잡아가고 있다. 프랑스에서 3세 미만의 아동을 가진 가정 중 가정양육수당을 통해 아동을 양육하는 비율은 전체의 64%에 이르며, (가정)등록보육교사제도는 18%에 이른다. 이에 비해 보육시설을 이용하는 비율은 전체 3세 미만 중 8%에 불과하다(Drees, 2004, Morel, 2007 재인용). 이와 같이 자유선택의 강조와 함께 보육시설이 줄어들고 양육수당이나 가정 내 양육을 이용하는 비율이 늘어나고 아동양육방식 간 계층화가 뚜렷해지는 현상은 비단 프랑스에 국한된 현상이 아니다. 공공보육의 감소, 아동양육의 계층화는 핀란드, 노르웨이, 네덜란드 전반에 걸쳐 유사하게 발생되고 있다(Hiilamo and Kangas, 2003; Morel, 2007).

또한 양육수당의 선택은 노동시장에서 일을 하지 않는다는 조건을 전제로 하기 때문에 여성들의 노동시장 퇴장을 강제하고 가속화시키면서 성별 불평등을 야기하고 있다. 프랑스는 양육수당의 확대 이후 3세 미만의 자녀를 가진 여성들의 경제활동참가율은 1994년 69%에서 1997년 53%로 급격히 떨어지면서(Afsa, 1998, Morel, 2007 재인용), 양육수당이 여성노동권에 자유를 주기보다는 장애로 작동하고 있음을 확인시켜 주었다. 가정양육수당으로 가족정책 방향을 잡은 핀란드는 보육시설을 중심으로 한 가족정책 기조를 유지하고 있는 스웨덴에 비하여 3세 미만의 아동을 가진 여성일수록, 자녀의 숫자가 많아질수록 양육수당을 받고 노동시장에서 퇴장하는 경향이 보다 뚜렷하게 나타났다. 자유선택으로서의 가정양육수당이 여성의 직업경력과 소득수준에 부정적인 영향을 주면서 노동권에 제약을 가하고 있으며(Rissanen and Knudsen, 2001; Ronsen and Sundstrom, 2002; Sipila and Korpinen, 1998; Vikat, 2004), 간접적으로 가족 내 여성의 남성에 대한 경제적 의존을 강화[8)]시켜 성별평등을 저해시킬 수 있다.

이처럼 일과 가정을 양립시킬 수 있는 사회적 환경과 인프라가 구축되어 있지 않은 가운데 주어진 자유선택은 계층 간, 성별 간 격차와 차별을 확대시키는 기제로 작용하면서 사회정의를 위배할 뿐만 아니라 장기적으로는 사회통합을 저해한다. 자유선택의 명분 아래 보육서비스에서 양육수당이나 가정 내 양육서비스로의 전환 및 확대정책 기조는 계층적으로는 저소득층 아동의 보편적 양육권리를 저해할 뿐만 아니라, 젠더 측면에서는 여성들에게 전통적 성역할로의 회귀를 제도화시키고 있기 때문에 이에 대한 정책적 재고가 필요하다.

8) 양육수당은 여성의 어머니 혹은 전업주부로서의 기간을 장기화하고 노동시장으로의 재진입을 지연시키는 효과로 인하여 핀란드 여성은 스웨덴에 비하여 남녀 커플인 가구 중 남성배우자에의 수입의존도가 높은 것으로 나타났다(OECD, 2005 : 79).

3) 아동양육에 대한 국가의 역할

아동양육에 있어 국가의 역할이 차지하는 비중은 점점 높아지고 있다. 자유선택에 있어서도 국가는 어떻게 아동양육, 돌봄에 정책적으로 관여를 할 것인가에 대한 입장의 차이가 있다. 사회적 차원의 돌봄 책임의 분담이나 중요성은 양 입장 모두 동의하고 있으나, 개입방식에 대하여 전자는 국가는 양육의 경제적 부담을 해소시키는 데 주력하고 양육의 방식은 가족이 선택하도록 하는 것을 전제로 하는 데 반해, 후자는 국가의 역할을 아동양육의 질 담보와 보편적 적용을 바탕으로 한다. 즉, 자유선택에 대한 부정적 입장은 국가가 시설, 가정 내 개별 양육, 양육수당 등에 대한 경제적 지원을 하고 이에 대한 관리, 감독을 하는 방식으로는 아동양육의 보편주의적 질 담보가 어렵다고 본다. 국가가 사적 가정영역에서 발생할 수 있는 다양한 유형의 방임, 안전치 못함, 수준에 미치지 못하는 보육의 질에 대해 세세히 관리, 감독하는 것은 거의 불가능하다(백선희 외, 2008)는 것이 후자의 견해다. 에스핑-앤더슨은 스칸디나비아 국가는 질 높은 보편적 보육시설의 확대를 통해 아동에게 사회로 나아가는 동등한 조건의 형성으로 작동함으로써 학업성취뿐 아니라 노동시장 지위에 있어 격차가 감소하고 있다고 보면서 국가의 아동보육서비스에 대한 역할을 강조하였다(Esping-Andersen, 2002).

4) 재정 효율성

자유선택에 대한 양 입장은 재정 효율성에 대해서도 서로 다른 견해를 피력하고 있다. 전자는 보육시설 설치는 구조적 특성으로 인하여 아동 수의 증감에 따라 유연하게 적용하면서 비용을 조절하지 못하며, 농어촌이나 인구밀집도가 낮은 지역에는 투입대비 산출

량이 적절치 못할 경우가 많아서 재정적 낭비를 수반할 수 있다고 본다(Hiilamo, 2004). 이에 비해 양육수당은 보육시설이나 서비스 제공에 의해 발생되는 문제점을 탄력적으로 유연하게 보완할 수 있다는 점에서 재정 효율적이다. 또 사회적으로 경제위기와 같은 상황에서는 급여액의 증감을 자유롭게 할 수 있어서 재정운용에 있어서 매우 유연한 강점이 있다. 이에 비해 후자는 재정 효율성은 단기적, 미시적 효과뿐 아니라 장기적, 사회 전반의 체계와 효과를 바탕으로 검토되어져야 한다고 역설한다. 이들은 고령화 시대에 생산가능 노동력의 확보를 통해 조세재원을 지속적으로 확보하는 것은 사회의 지속 가능성을 위한 기본 초석이라고 보고 있다. OECD 국가의 평균 고령화율은 13.8%로 사회적으로 부양해야 할 노인인구 비율이 절대적으로 많아지고 있는바(OECD, 2007), 더 많은 인구가 생산노동에 참여함으로써 사회적 재원의 총량을 늘려나가는 것이 무엇보다도 요구된다. 이를 위해 현재 비경제활동군으로 있는 여성에 대한 개발 및 투자는 정책의 핵심이슈가 될 수밖에 없다고 본다(Esping-Andersen, 2002; OECD, 2007; 장지연 외, 2005). 즉, 남성 노동력의 대부분이 이미 노동력화 되어 있는 것에 비하여, OECD 국가 여성의 노동력은 아직 평균 57%에 머물러 있기 때문에 이들이 바로 향후 사회의 지속가능한 성장을 담보할 노동가능집단이다. 따라서 여성의 안정적 노동력화를 담보케 하는 양질의 보육서비스 제공은 고령화시대 사회적 재원을 지속적으로 확보할 수 있게 하는 가장 효과적이고 재정 효율적인 방편이다.

5) 사회적 바람직성(desirability) 전제

자유선택에 대해 긍정적인 입장과 비판적인 입장은 명시적으로 공표하지는 않았으나 '아동양육이 어떻게 이루어져야 자연스럽고 이상적인가'라는 소위 사회적 바람직성(desirability)에 대해 서로 다른 전제를 하고 있다. 자유선택을 강조하는 입장은 아동보육의 최적의 장소를 가정으로 놓고 있으며, 여성이 일과 자녀양육을 동시에 수행하기보다는 순차적으로 양립하면서 아동양육을 수행하는 것을 사회적 바람직성으로 전제하고 있다. 이에 비해 보육서비스를 강조하고 자유선택에 대해 비판적인 입장은 아동은 보육을 통해 사회성을 키워낼 수 있으며, 부모는 성별에 관계없이 일과 가족 내 역할을 동시에 수행할 수 있어야 한다는 것이다. 일과 가족의 양립을 위해서 여성이 일정 기간 일을 그만두고 가정 내 자녀양육을 수행하고 다시 노동시장으로 복귀하는 순차적 양립은 여성의 노동권을 침해하는 적절치 않은 방식이며 오히려 전체 사회의 평균노동시간을 줄여서 부모가 함께 일과 가족을 양립하면서 생활하도록 국가는 지원해야 한다는 것이다.

스웨덴과 핀란드의 양육수당 논쟁에 나타난 사회적 바람직성에 대한 견해를 살펴보자. 핀란드의 초기 농민당은 여성이 속해야 할 영역은 가정이며 아동도 가정영역 안에서 키워지는 것을 자연스러운 것으로 놓고 있다. 이후 이들의 입장은 여성의 역할을 제한한다는 비판을 받으면서 변화를 하였으나 양육수당이 전제한 가족정책의 기조는 3세 미만의 아동에게 최적의 보육장소는 가정이며 부모 중 한 명(대체적으로 여성이)은 가정에 머물 수 있도록 해야 한다는 견해는 지속적으로 유지하고 있다. 이런 사회적 바람직성은 여성들이 노동시장과 가정 내 역할로 인해 발생하는 긴장을 줄일 수 있는 방안으로 양육수당을 선택할 수 있도록 조치하는 것이었다. 반면 자유선택에 비판적인 스웨덴 사민당은 여성의 노동권은 시민사회의 가장 기본적인 권리이며 부모권과 대비되는 개념으로 배치하는 것에 반대한다. 이들은 여성이 일 또는 가족을 생애주기적으로 순차적으로 양립하는 방식(either-or)보다는 남녀 모두 일과 가정의 이중역할을 동시에 수행해가는 동시적 양립(both-and)이 보다 사회적으로 바람직하다고 보고 있다. 이를 위해서 명목상으로는 부모에게 사용할 권리를 주지만 내용적으로는 여성에게만 강제되는 양육수당보다는 일과 가족 양립을 위한 사회환경 조성과 공공보육제도를 이상적 안으로 받아들인다. 즉, 일하는 부모(working parents)의 노동권과 부모권을 실현하는 가장 이상적인 방안은 근로시간을 6시간으로 줄이고 노동시장 내 임금격차 해소 등 남녀 간 동등한 노동조건을 확보하는 사회환경 속에서 공공보육시설의 양적, 질적 확충을 통해 아동양육 문제를 해결해나가는 것이다. 현대사회에서 아동양육의 가장 커다란 어려움으로 지적되어 온 여성의 이중부담은 노동권과 부모권(parenthood)에로의 동등한 접근에 의해서, 그리고 노동시장과 가정에서의 일을 동시에 수행할 수 있는 진정한 자유를 얻을 때 비로소 완화된다고 보았다.

한편 아동의 복지도 개별가정의 양육보다는 공동가정으로서 보육시설의 우위성을 강조한다. 보육시설을 아동을 함께 키우는 공동가정(collective house)으로 보았으며, 공동가정은 가정에서의 따뜻함과 시민으로서 성장할 수 있는 합리성을 동시에 제공할 수 있다고 보았다. 가정 내에서 아이가 가장 잘 보살핌을 받을 수 있다는 생각은 중산층적인 제한성을 지니며 그 중에서도 소수의 가족만이 그들의 아동에게 완전한 의미의 보육을 제공한다고 보았다. 많은 경우 부모들은 자녀를 잘 키우는 기술이나 교육이 부재하며, 여럿이 어울리고 쾌적한 환경이 아닌 곳에서 자라는 아동들은 주변인이 되기 쉽다고 보았다. 이에 비해 보육시설에서의 양육은 안전한 환경에서 아동이 성장할 수 있는 기반을 제공하며, 가정에서 부족한 부분을 보완할 수 있다는 점에서 아동의 보편적 복지에 긍정적인 기여를 한다고 보았다. 이러한 측면에서 공공보육시설은 아동이 태어난 가정환경에 관계없이 따뜻한 보호 속에서 건강한 시민으로 자라날 수 있게 하는 우위성을 가진 대안으로 부각되었다.

6) 노동시장 내 여성의 노동자로서의 지위 : 완충인력(buffer) vs 노동권

자유선택 대안으로서 가정양육수당이나 가정 내 양육서비스 도입은 내부적으로는 경제적 불안과 이에 따른 긴축재정의 필요성, 실업률 증가에 대한 사회적 대응이라는 측면이 존재하고 있다(Jenson and Sineau, 2003; Morel, 2007). 즉, 가정 내 양육에 대한 정책적 지원은 국가의 재정적 위기에 대한 대응으로서 공공보육의 확대보다는 민간보육서비스를 대폭 끌어들여서 재정지원의 규모를 줄이고, 실업률 증가와 일자리 감소에 대한 대응으로서 여성이 노동시장에서 벗어나 가정 내 자녀양육을 하는 것에 대한 금전적 보상 차원에서 부상하였다. 따라서 자유선택의 기반 위에 선 가정 내 양육지원 정책기조는 부모(주로 여성이)가 일을 중단하고 가정 내에서 자녀양육을 전적으로 책임지는 것에 대한 보상으로서의 양육수당, 공공보육시설의 대안으로서 민간보육시설이나 가정 내 개별보육서비스를 이용할 경우 제공되는 일정한 보조금 지원과 세금공제 혜택 등 여성노동자의 재가족화, 사회화된 보육서비스의 개별화 및 가족화 등을 보수주의적 방식을 기반으로 하고 있다. 따라서 아동양육방식의 다양성과 재가족화(re-familization)는 표면적으로는 아동을 키우고 있는 부모가 처한 상황이나 조건에 따라 여러 가지 선택을 할 수 있게 한다는 명분이 있으나, 실질적으로는 실업문제로부터 자유롭지 못한 노동시장의 유연화 전략에 가족(주로 여성)을 노동시장 조정의 완충인력으로 활용했었던 측면이 있다. 실제 프랑스, 핀란드 등에서 실업율 상승으로 인한 경제적 위기 시기에 노동시장 유연화 전략으로 양육수당을 적극적으로 활용하였다. 실업율이 12%를 넘고 출산율이 하락하면서 경제적 위기가 가속화되었던 1994년 경제위기를 맞아 프랑스 정부는 양육수당(APE)의 수급자격조건을 세 자녀를 가진 가족에서 둘째 자녀를 가진 경우로 완화하면서 노동여성이 노동시장에서 벗어나 양육수당을 선택하는 유인을 강화시켰다. 실제 이로 인해 프랑스 여성의 경제활동참가율은 1994년과 97년 사이에 69%에서 53%로 급격히 감소한다(Afsa, 1998, Morel, 2007 재인용). 또한 1994년 보수당 정부는 양육수당의 확대와 함께 가정보모를 고용한 가족에 대한 세금공제 혜택을 늘리고 가정등록보육교사 제도에 대한 혜택 확대를 통하여 새로운 저임금일자리로서 가정보모(nanny)와 가정등록보육교사를 양산하고 여성의 일자리를 재배치하는 조치를 취한다. 이와 같은 여성의 노동시장으로부터의 퇴출과 재배치는 남성의 실업을 막아주는 완충제로서의 역할을 한 것으로 긍정적으로 평가하고 있다(Morel, 2007).

그러나 여기에 대해 자유선택에 부정적인 입장은 여성의 노동권 침해를 강력히 비판한다. 즉, 자유선택의 주요한 대안으로 등장한 양육수당이나 가정 내 양육서비스 부문은 실업과 저임금이라는 노동시장의 구조적 제약에 여성이 희생되면서도 이들의 노동권 약화가 합리화되는 기제로 작용된다고 보고 있다. 따라서 아동양육의 (재)가족화, 개별화로 대변되는 자유선택의 강화는 여성노동권 약화와 전통적 성역할 회귀를 통하여 여성차별을 강화시키기 때문에 정책 도입을 재고해야 한다고 주장한다(Fipila and Anttonen, 1994; Jenson and Sineau, 2003).

4. 자유선택의 현실과 전망

근래에 들어 가족정책은 남녀 모두가 노동권과 부모권을 동시에 양립할 수 있는 보편적 생계부양-돌봄 유형의 정착이 추세가 되고 있다. 따라서 부모들에게 노동권과 부모권을 보장해주면서, 동시에 아동에게는 질높은 양육을 보장해주는 방안을 마련하는 것이 가족정책 제일의 과제다(윤홍식, 2005). 우리나라의 아동양육 문제와 연관된 가족정책은 참여정부를 거치면서 많은 사회적 관심과 재정 지원액이 증가하였으나 앞으로도 모든 아동이 건강하고 안전하게 자라날 수 있도록 공공성과 보편성을 확보하기 위한 정책적 노력이 더욱 요구되는 현실이다. 그런데 새 정부는 가족정책적 차원에서 해결해야 할 사안으로 공공성 강화방안으로서 공보육서비스의 확충이나 서비스 다양화, 보육서비스 공급체계 정비보다는 수요자 중심의 보다 자유로운 선택을 강조하면서 양육수당 도입, 보육바우처 지급을 통한 시설 간 경쟁을 유도하고, 가정 내에서 개별적으로 이루어지는 양육서비스에 대한 보육료 지원방안을 모색하고 있다. 새 정부의 주요 정책기조는 아동양육의 경제적 부담 완화를 주요 목적으로 한 보육료 지원대상의 확대나 보육료 지원방식의 변화(공급자 제공 → 수요자 제공)로 바꾸는 것에 초점을 두고 있다. 또한 현 정부는 현금지급 대체물로서 보육바우처를 사용자들에게 직접 제공하고 이를 통해 보육시설을 선택하게 하는 구조로 가게 되면 보육공급자들이 경쟁시장에서 살아남기 위하여 보다 질 높은 서비스를 제공할 수 있을 것으로 전망하고 있으며, 정부 미지원시설에 대한 보육료 자율화 조치를 통해 보다 더 좋은 서비스를 요구하는 부모들에게 선택의 폭을 넓혀주겠다고 하고 있다. 특히 보육서비스를 이용하지 않고 가정 내에서 조부모, 친척들에 의하여 양육되고 있는 아동들에 대한 보조금 지원을 시작하였다. 그러나 보육서비스의 약 80% 이상이 민간 및 가정보육시설에 의하여 운영되고 있는 현행 구조 속에서 보육바우처나 보육료 자율화, 가정 내 아동양육에 대한 보조금 지원 강화는 전반적 가족정책의 기조를 탈가족화, 사회화, 공공성 강화에서 재가족화, 개별화, 시장화하는 결과를 초래하고 있다.

이와 같은 선택의 폭 확대라는 취지하에 전개되는 가족정책 방향의 전환은 다양한 차원의 정책결과에 대한 논의를 거쳐야 한다. 보육서비스의 공공성 확보나 보편주의적 접근성이 확보되지 않은 상황에서 자유선택의 명목 아래 재가족화, 개별화, 시장화로 전환해가는 것은 선진국 사례에서 살펴본 바와 같이 소득계층별, 성별, 가족형태별 계층화를 유발할 수 있다는 점에서 주의가 요구된다. 자녀를 공보육시설에 맡길 것인지, 현금지원으로 부모가 직접 양육할 것인지, 친척이나 가족에게 맡길 것인지, 대리인력을 고용해서 양육할 것인지, 아니면 고품질의 민간보육시설에 맡길 것인지 등에 대한 선택을 할 때, 그것이 진정한 의미의 자유선택이 되기 위해서는 우선 충분히 다양한 보육의 선택지들이 사회적으로 갖추어져 있어야 하며, 둘째, 모든 부모들이 어떤 선택도 할 수 있는 충분한 경제적 재원을 가지고 있어야 하며, 셋째, 여성의 노동권과 부모권이 동시에 존중된다는 사회적 조건이 성립되어 있어야 한다. 앞서 살펴본 바와 같이 다양한 아동양육방식에 대한 자유로운 선택은 중산층 이상의 남성-생계책임, 여성-보조생계+자녀양육의 분업이 가능한 가족형태만 선택으로서 활용될 뿐, 소득수준이 낮거나 혼자서 생계의 책임과 가족돌봄을 모두 수행하는 가족형태들에서는 접근가능한 선택이 아니다. 또 자유선택에 내재된 재가족화 기조는 기존 가족관계 내에서 아동양육의 주요 책임을 전담해왔던 여성들의 양육

전담자로의 회귀를 유인하고 있다. 이것은 소득수준에 관계없이, 가족형태에 관계없이, 성별에 관계없이 모든 가족구성원이 사회의 동등한 구성원으로 존중받을 수 있도록 설계되어야 한다는 가족정책의 목표에 부합하지 않는 결과이다. 복지국가로 발돋움하고 있는 우리나라에게 있어 아동을 어떻게 잘 키워내느냐는 매우 중요한 과제이다. 이를 위해서 보편적이면서 질높은 보육서비스 확충은 무엇보다도 우선적으로 선결되어야 할 과제이다. 공공보육서비스의 양적 확충과 질적 보장은 미래사회노동력으로서 아동을 건강하고 평등하게 성장시키고, 부모 모두에게는 일과 가족 중에 하나를 선택하지 않는 사회안전망으로 작용하기 때문이다. 이와 더불어 보육서비스의 사각지대로 존재할 수 있는 농촌 및 산간지역, 장애인이나 한부모 등 특수 상황이나 욕구에 대해서는 양육수당이나 가정 내 개별양육서비스 지원 등을 한시적으로 활용하는 정책적 보완이 요구된다.

CHAPTER 06

남성의 돌봄 참여[1)]

1. 남성 돌봄 참여의 의미

급격한 가족의 변화 속에서 한국사회는 아버지들에게 무엇을 기대하고 아버지들은 무엇을 원하고 있는 것일까? 경제성장만이 유일한 선(善)이라고 간주되던 권위주의적 발전국가 시기에 아버지의 역할은 생계부양자로서 가족의 경제적 안정을 책임지는 것이었다. 아버지들에게 양육이란 직장에서 열심히 일해서 돈을 버는 것이라고 믿었다. 권위주의 발전국가하에서 강력하게 강제된 (남성)노동력의 상품화는 아버지를 한국사회에 없어서는 안 될 산업역군으로, 가족구성원에게는 자신의 모든 것을 바쳐 생계를 부양하는 가족의 영웅으로 치장했다. 실제로 경제발전과정에서 훌륭한 아버지상은 아내와 자녀들을 충실히 부양하는 생계부양자로서로 규정되어왔다. 그리고 생계부양의 역할을 수행하는 아버지는 가족 내에서 이루어지는 모든 재생산 노동으로부터 면제되는 특권(?)을 누려왔다. 반면 어

1) 본 장은 사회복지학에 실린 윤홍식(2006 c), 젠더리뷰에 실린(윤홍식, 2007), 여성정책개발원의 아버지할당제에 관한 미간행 정책연구서(윤홍식, 2007)를 중심으로 수정·보완한 것이다.

머니들은 가족 내의 모든 돌봄의 욕구를 충족시킬 의무와 책임을 감당해야만 했다.

그러나 제조업의 점진적 쇠퇴와 아버지의 생계부양능력의 약화는 가족과 경제발전의 영웅으로 간주되던 아버지의 상에 대한 의문을 갖게 했다. 특히 1997년 찾아온 경제위기로 인한 대량 (반)실업사태로 인해 아버지가 가족의 생계를 책임지는 유일한 사람이라는 기대는 무너지기 시작했다. 결국 아버지는 가족 내에서 설 자리를 잃고, 여성은 생계부양과 돌봄이라는 이중적 책임에 힘겨워하며, 아이들은 아버지 없이 자라나고 있는 것이 현재 우리가 직면한 현실이다.

더욱이 가족과 가족을 둘러싼 최근의 변화에 대한 대응은 공·사적 영역에서 부·모 역할에 대한 재규정을 요구하고 있다. 전통적인 아버지와 어머니의 역할에 대한 강조는 가족을 둘러싼 변화에 대한 한국사회의 합리적 대응을 지체시키고 있다. 실제로 서구의 경험을 되돌아보면 출산력 저하 등 가족변화에 대한 합리적 대안은 전통적 가족가치와 형태를 강화하는 문제이기보다는 보편적 생계부양과 돌봄의 실현과 밀접히 관련되어 있다. 전통적 가족가치와 형태가 강조되고 있는 남부유럽 국가들이 극저출산율을 기록하고 있음을 주목할 필요가 있다. 특히 점증하는 여성의 경제활동 참여가 후기산업사회의 성격을 규정하는 결정적인 요인이라면(Esping-Andersen, 2002), 이에 수반되는 가족 내 돌봄노동의 문제는 복지국가 재편의 핵심적 과제라고 할 수 있다(Mahon, 2002; Bergqvist and Nyberg, 2002). 이제 더 이상 남성생계부양자와 돌보는 자로서 여성이라는 성별분업은 가족의 변화로 야기되는 한국사회의 새로운 요구를 감당할 수 없다. 이러한 문제의식에 동의한다면 남성의 돌봄노동참여 문제야말로 복지국가 재편의 핵심적 과제라고 할 수 있을 것이다.

이러한 의미에서 부의 돌봄노동 참여는 단순히 부의 자녀양육 참여 여부를 넘어 이제 한국사회정책의 대상이 재생산 영역으로 확대되어야 한다는 것을 의미하고 있다. 생산노동에서 재생산 노동으로의 이전은 소위 공적 영역(노동시장)에서 발생하는 실업, 노령, 질병 등으로 인해 임금노동을 수행하지 못하는 위험에 대응하기 위해 제도화된 전통적 사회보장제도가 사적 영역(가족)에서 발생하는 임신, 출산, 양육으로 인한 임금노동의 단절로 인한 소득 감소와 같은 새로운 사회위험(the new social risk)에 대한 대응으로 확대되어야 한다는 것을 의미한다. 이러한 관점에서 남성의 돌봄참여를 제도화하기 위한 시도는 재생산과 생산이 조화되는 사회로 전환하기 위한 매우 의미 있는 출발점이 될 것이다. 또한 남성의 돌봄노동 참여는 기존의 여성주의 접근이 주로 생계부양자로서 여성의 지위를 강화하는 과제에 제한된 한계를 넘어 남녀 모두를 가족정책의 대상으로 포괄하는 것이다(윤홍식, 2005). 즉, 한국사회에서 남성의 돌봄노동참여를 제도하기 위한 시도는 프레이저(Fraser, 2000)가 주장한 보편적 돌봄 모형의 실현을 통해 궁극적으로 한국사회의 젠더 불평등을 완화하는 중요한 출발점이 될 것이다. 이러한 문제의식을 바탕으로 이번 장에서는 남성(아버지)의 돌봄노동참여 과제를 가족정책 관점에서 풀어보고자 한다.

2. 남성 돌봄노동참여의 배경

1) 서구 복지국가(스웨덴을 중심으로)

스웨덴을 비롯해 몇몇 서구유럽사회에서 돌봄노동에 대한 성별 공유에 대한 관심은 1930년대 인구위기로부터 출발하고 있다(Haas, 1992). 특히 스웨덴의 경우 1930년대 인구위기(출산력의 감소)에 대해 다른 유럽 국가들과는 상이한 관점에서 정책대안을 고민하였다. 대부분의 유럽 국가들이 인구감소에 대응해 직접적 출산장려정책을 중심으로 대안을 마련한데 반해 미르달(Myrdal)이 중심이 된 스웨덴에서는 인구감소 문제를 젠더불평등을 포함해 사회경제적 불평등을 완화하는 주요한 전기로 삼게 된다(Hirdman, 1998). 즉, 출산정책이라는 명분을 통해 남녀 모두에게 가족생활의 책임을 나누는 방향으로 제도를 설계하였다(Haas, 1992; Leria, 2002). 실제로 1940년대 아동수당의 수급자가 모가 되면서 남성의 생계부양자 역할이 약화되는 계기가 되었다(Bergman and Hobson, 2002 : 105). 그러나 스웨덴을 비롯한 유럽사회에서 남녀가 자녀양육을 함께 나누는 제도가 현실화된 것은 1970년대에 이르러 스웨덴에서 부・모 모두가 휴가를 사용할 수 있는 부모휴가가 제도화되면서부터이다(Haas and Hwang, 1999; Bergman and Hobson, 2002).

그리고 이렇게 1970년대 이후 명목적이지만 돌봄노동에 대한 성별공유가 가능하게 된 배경에는 제2차 세계대전 이후 여성 경제활동인구의 지속적인 증가가 있다. 스웨덴의 사례를 보면 미취학 자녀가 있는 여성의 취업률은 1965년 36.8%에서 1974년 56.7%로 10년 만에 19.9% 포인트나 증가했다(Liljestrom, 1978). 즉, 점증하는 여성의 노동시장 참여로 인해 북유럽사회는 2인 생계부양자 가구로 변화하였고, 이러한 변화로 인해 가족 내 돌봄노동의 남녀공유가 중요한 정책이슈로 등장하게 되었다. 그리고 1974년 스웨덴에서 최초로 여성만이 사용할 수 있는 모성휴가가 남녀가 함께 사용할 수 있는 부모휴가로 통합하였고, 뒤를 이어 노르웨이와 핀란드가 각각 1977년과 1978년에 부모휴가를 도입하였다(Røsen and Sundström, 2002; Bergqvist and Jungar, 2000; Haas, 1992). 이후 성 중립적인 부모휴가가 대부분의 유럽국가에서 제도화된다.

라리아(Leria, 2002)는 부모휴가의 제도화는 아동양육의 주체로서 남성 노동자를 포괄했다는 점에서 재생산과제가 생산과제에 우선하게 되었다는 의의를 부여하고 있다. 비록 라리아의 주장에 전적으로 동의할 수는 없다고 해도, 분명한 사실은 부모휴가의 제도화로 아동양육이 여성만의 과제가 아닌 남성의 과제로 확대되는 계기를 마련했다는 점이다. 특히 부모휴가의 제도화가 1960년대 후반부터 스웨덴 사회의 주요 이슈로 등장했던 젠더 불평등의 문제, 즉 여성의 높은 노동시장 참여와 남성의 저조한 돌봄노동 참여로부터 기인했다는 점(Bergman and Hobson, 2002 : 104)을 고려했을 때 재생산노동이 여성은 물론이고 남성에게도 주요한 과제로 등장한 것은 매우 중요한 의미를 가진다. 그러나 부모휴가의 제도화 이후에도 휴가를 이용하는 대부분이 여성이라는 점은 돌봄노동이 여전히 여성에게만 부과되는 문제를 야기하고 있다(OECD, 2005). 예를 들어, 1977년 스웨덴에서 전체 부모휴가기간의 단지 2%만이 남성이 이용했다(Bergqvist and Jungar, 2000).

이러한 문제의식 속에 1970년대 중반 스웨덴 중도당(the Center Party) 여성의원들은 12개월의 부모휴가 중 한부모가 이용할 수 있는 기간을 8개월로 제한하는 법안을 발의하게 되고, 사민당 여성의원들은 당론의 반대에도 불구하고 최소한 부모휴가의 1개월은 반드시 부가 사용하도록 하는 법안의 발의를 시도한다(Bergman and Hobson, 2002; Bergqvist and Jungar, 2000). 그러나 아버지할당제(the daddy month)의 제도화는 그 후로 20년이 지난 1994년[2)]에 이르러서야 마침내 제도화된다(Bergman and Hobson, 2002). 그리고 남성의 돌봄노동참여를 증대시키기 위한 지난한 노력의 결과 스웨덴에서 남성이 일상적으로 돌봄노동에 참여하는 비율은 1960년대에 1%에 불과했으나 1990년대 말에는 85%에 이르게 되었고(SOU, 1998, Bergqvist and Jungar, 2000 재인용), 부모휴가 이용률은 1974년 3%에서 2002년 43%로 무려 15배 가까이 증가했다(Nyberg, 2004).

2) 한 국

아동 돌봄의 남성 참여가 가장 활성화된 스웨덴에서 남성의 육아휴직 참여를 제도화하기까지 수 십 년의 시간이 소요된 것에 비하면 한국에서 남성의 육아휴직 참여에 대한 논의는 상대적으로 매우 빠르게 진행되고 있다. 2000년대 초반부터 제기된 출산력의 급격한 저하를 둘러싼 논란은 출산력을 높이기 위한 한국사회의 적극적 대응을 요구하게 되었고, 이러한 논의에 힘입어 남성의 양육참여를 제도화하기 위한 논의는 2005년부터 정부의 주요 정책 아젠다로 등장했다. 그리고 2005년 여성부가 여성가족부로 확대·개편되면서 한국 가족정책의 5가지 원칙과 방향 중 하나로 "남성의 부모역할 지원" 과제가 포함된다(여성부, 2004). 이후 여성가족부의 출범과 함께 남성의 양육참여는 2008년 여성가족부가 여성부로 다시 재편되고, 가족업무가 보건복지가족부로 이전되기 전까지 한국가족정책의 주요한 의제로 검토되었다.[3)]

2) 본격적으로 부모휴가가 실행된 시기는 1995년부터이다.

저출산에 대한 사회적 우려에 힘입어 공론화된 남성의 양육참여 문제는 그러나 시민사회의 기층으로부터 제기된 문제의식을 반영했다고 보기는 어렵다. 물론 남성의 양육참여에 대한 심정적 공감대가 형성되어 있을 가능성을 배제할 수는 없지만 정책과제로써 남성의 양육참여는 시민단체(여성단체연합, 한국민우회, 한국청년연합, 참여연대 등), 학계, 전문가, 여성가족부 등 일부에 의해 주도되었다고 보는 것이 타당할 것이다. 다만, 2005년 여성민우회가 명동에서 펼친 육아휴직의 아버지할당제 도입을 위한 운동과 KYC(한국청년연합)가 서울광장에서 주도한 아버지할당제 도입을 위한 출산파업[4] 등은 시민운동 영역에서 남성의 양육참여를 요구했다는 점에서 큰 의미를 가지고 있다고 할 수 있다. 더불어 아버지할당제를 입법화하기 위한 시도도 있었다. 2006년 당시 열린우리당 김형주 의원이 현행 육아휴직기간을 13개월로 1개월 늘리고, 확대된 한 달을 아버지에게 할당하는 것과 함께 해당 기간의 급여는 임금의 100%를 보존해 주는 법안을 준비했지만 현실화되지 못했다. 그리고 지난 2007년 대통령 선거에서 참여연대가 유력후보들에게 아버지할당제 도입에 대한 의견을 문의한바 있는데 대부분의 대선후보들은 아버지할당제 도입에 대해 긍정적인 답변을 해온 바 있다. 하지만 아버지할당제로 대표되는 남성의 돌봄참여에 대한 논의와 요구는 2008년 이후 더 이상 정부정책의 중요한 아젠다가 되지 못했다.

한국에서 남성의 양육참여 제도화를 위한 노력은 육아휴직제도 내 아버지 할당제를 도입하는 것을 중심으로 전개되었으나 현실적

3) 2010년 3월(예정)부터 가족업무는 보건복지가족부에서 다시 여성부로 이관돼 여성가족부(명칭은 확정되지 않음)로 이관될 예정이다. 가족정책에 대한 이해와 전망 없이 행정편이에 따라 "가족정책"의 소관부처를 이관하는 것은 많은 논란을 야기할 수 있다.

4) 아버지할당제가 도입될 때까지 한시적으로 2005년 말까지 자녀를 출산하지 않겠다는 의지를 KYC가 출산파업으로 명명했다.

성과는 부성휴가(배우자출산휴가)의 제도화로 나타났다. 배우자출산휴가는 2007년 법제화되어 2008년 하반기부터 3일간의 무급휴가로 시행되었다. 비록 무급으로 제도화되었지만 유교적 전통과 가부장제적 문화가 지배적인 한국사회에서 배우자출산휴가의 도입은 남성의 양육참여를 제도화했다는 점에서 상징적 의미가 있다. 그러나 이러한 상징적 시도 또한 순탄한 것만은 아니었다. 서구 복지국가들과 달리 제도 도입이 제도권 정당 간의 대립으로 나타난 것은 아니지만 고용주의 이해를 대표한다고 할 수 있는 경제인총연합회(이하 경총)의 강력한 반대가 있었다. 경총의 반대논리는 현재 한국 노동자의 휴일이 많은 편인데 부성휴가를 법제화하면 휴일 수가 너무 많아져 기업의 생산활동에 부담이 되고, 일본과 스위스 같은 선진국도 법제화하지 않은 제도를 한국이 시행하는 것은 시기상조라고 주장했다. 그러나 OECD보고서에 따르면 한국 노동자의 연평균 노동시간은 2008년 현재 2,256시간으로 OECD 평균보다 무려 492시간이나 길다(OECD. 2010. OECD Factbook 2010. Paris : OECD). 또한 이후 자세히 살펴보겠지만 한국과 경제수준이 비슷한 포르투갈과 스페인은 임금을 100% 보장해주는 부성휴가를 이미 도입했다. 다른 한편 시민단체와 일부 학계에서는 3일의 부성휴가가 너무 짧고, 무급휴가의 경우 남성의 참여를 실질적으로 확대할 수 없는 형식적 제도라고 비판했다. 실제로 대기업의 경우 이미 자체적으로 유급 부성휴가를 제도화한 경우가 많은데, 법제화를 통해 새롭게 제도의 대상으로 편입되는 중소사업장 노동자의 경우 무급을 감수하고 휴가를 이용할 가능성은 그리 높아 보이지 않는다. 가족업무가 보건복지가족부로 이관되고 여성가족부가 여성부로 재편된 이후 남성의 돌봄 참여과제는 사실상 사회적으로 주요한 정책이슈로 제기되지 못하고 있다.[5)] 이러한 결과는 남성의 양육참여가 한국사회 전체의 공감대에 기반했기보다는 이슈에 관심 있는 소수집단을 중심으로 제기되었던 것의 결과라고 할 수 있다.

3. 남성 참여 정책 개괄

1) 부모휴가 : 아버지할당제

산업화된 서구 복지국가에서도 육아휴직(부모휴가, parental leave, 이후 부모휴가는 육아휴직이란 용어를 사용한다[6)])은 성 중립적으로 제도화되어 있지만 육아휴직의 대부분을 여성이 사용하고 있기 때문에 육아휴직은 여전히 성 분리적인 제도라고 할 수 있다(윤홍식, 2005). 이러한 문제로 인해 1970년대부터 스웨덴, 노르웨이 등 북유럽 국가들에서 부의 육아휴직 이용을 강제할 수 있는 정책안들이 제기되었다. 육아휴직기간 중 일정 기간 이상을 부만 이용할 수 있도록 제도화한 아버지할당제는 1970년대 스웨덴에서 가장 먼저 논의되었으나 최초로 제도화한 국가는 노르웨이이다(Leria, 2002). 1993년 노르웨이에서 제도화된 부모휴가는 1995년 스웨덴, 1999년 덴마크[7)]와 아이슬란드, 2007년 독일에서 제도화된다.

5) 가족업무는 2010년 3월 19일자로 여성부가 여성가족부로 재편되면서 복지부 소관에서 여성가족부 소관으로 재이관되었다. 여성가족부 폐지를 주장하던 이명박 정부의 출범 당시와는 상반된 결정이다.

6) 스웨덴과 노르웨이의 경우 모성휴가(산전후휴가)와 육아휴직이 부모휴가로 통합되어 있기 때문에 부모휴가를 우리나라의 육아휴직으로 표현하는 것은 다소 무리가 있지만 대부분의 국가에서 모성휴가와 부모휴가가 분리되어 있어 본 논의에서는 부모휴가를 육아휴직이란 용어로 대체해서 사용했다.

7) 덴마크는 2002년 인센티브 방식의 아버지할당제를 폐지하고 육아휴직기간을 대폭 확대하는 조치를 취한다.

아버지할당제를 제도화하는 방식은 <표 6-1>과 같이 크게 세 가지로 나눌 수가 있는데 첫 번째는 스웨덴, 노르웨이, 독일과 같이 육아휴직기간 중 특정 기간을 부 · 모 각각의 개별적 권리로 부여하는 방식이다. 그리고 이렇게 할당된 기간은 다른 부 또는 모에게 양도할 수 없도록 제도화하였다. 현재 노르웨이는 부모휴가를 4주 연장하면서 연장된 4주를 부에게 할당하고 있고(Leria, 2002), 스웨덴은 1995년 도입 당시는 기존의 육아휴직기간 내에서 4주씩 각각의 부 · 모에게 할당하였다가, 2002년 육아휴직기간을 4주 연장하면서 부 · 모 각각에게 8주씩 할당하고 있다(Eriksson, 2005). 독일의 경우는 2007년부터 제도를 도입했는데 부 · 모 각각에게 8주간의 기간을 할당했다(Wüst, 2006). 특히 노르웨이는 아버지에게 할당되는 기간을 육아휴직기간을 연장하는 방식으로 도입함으로써 남성의 육아휴직 참여율을 비약적으로 증가시켰다(Leria, 2002). 1986년 당시 25%의 아버지만이 부모휴가를 이용한데 반해 아버지할당제를 시행한 이후 무려 70~80%의 아버지가 부모휴가를 이용한 것으로 집계되었다. 그러나 2002년 육아휴직기간을 4주 연장하는 방식으로 4주에서 8주로 확대한 스웨덴이 노르웨이와 같이 비약적인 남성 참여를 이끌 수 있을 지는 주목할 필요가 있다(그림 6-1 참고). 또한 독일 가족정책의 일관된 특징이 전통적 가족형태를 지원하는 것이라는 점을 고려한다면 부모휴가기간 중 아버지할당제의 도입은 파격적이라고 할 수 있다. 부모휴가 개혁이전 급여는 자산조사에 근거한 정액급여형식이었다(Wüst, 2006). 그러나 2007년 개혁을 통해 부모휴가 급여는 임금의 67%를 보존해주고, 노르웨이와 같은 방식을 통해 부모휴가를 2개월 연장하고, 연장된 기간을 포함해 부 · 모에게 각각 2개월의 휴가기간을 할당했다. 그러나 독일의 파격적인 변화가 얼마만큼 남성의 참여를 이끌어낼지는 단언하기 힘들다.

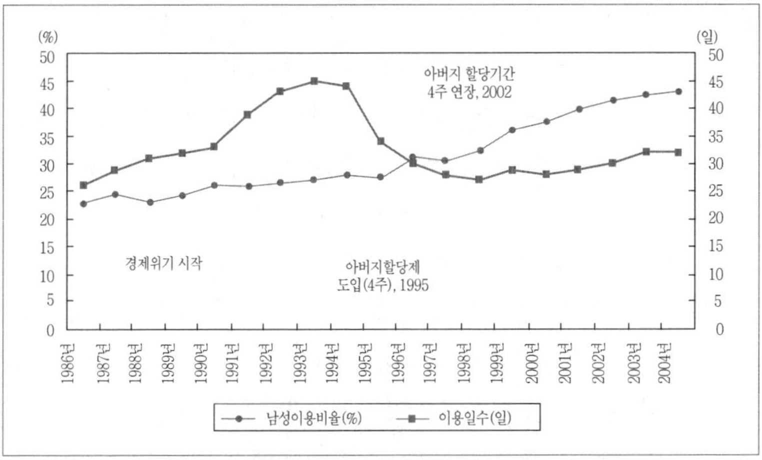

▌그림 6-1▐ 스웨덴 남성의 부모휴가 이용비율 : 1986~2004

출처 : Duvander et al.(2005 : 20)의 <표 1>의 자료를 근거로 작성된 것임

두 번째 방식은 핀란드와 덴마크와 같이 부모휴가의 일정 기간을 부가 사용했을 때 유급부모휴가 기간을 연장해주는 방식이다. 핀란드의 예를 보면, 아버지가 부모휴가를 사용했을 때 1~12일 사이에서 유급부모휴가가 연장된다. 덴마크의 경우 1999년부터 2001년까지 부모휴가 기간에서 아버지할당제를 운용했으나, 2001년 26주간의 아동양육휴가와 2주간의 아버지할당제가 폐지되는 대신(Ferrarini, 2006 : 49; OECD, 2002 : 129) 부모휴가가 32주로 확대되었다(Pylkkanen and Smith, 2004).

세 번째 방식은 오스트리아와 이태리 같이 부모휴가가 아닌 아동양육휴가(childcare leave benefits)에서 아버지가 사용할 수 있는 기간을 할당하는 방식이다. 1974년 처음으로 유급아동양육휴가를 도입한 오스트리아의 경우[8](Ferrarini, 2006 : 47) 명목적으로 아동양육휴가기간 중

8) 처음에는 모만이 아동양육휴가를 이용할 수 있었으나 1990년 파생권리로써 부에게 휴가권리를 부여했다.

일정 기간을 부가 사용했을 경우 유급아동양육휴가기간이 6개월 연장된다(Moss and Deven, 1999 : 311). 그러나 아동양육휴가를 이용한 다수의 모가 휴가 후 노동시장에 복귀하지 않는 문제가 발생하자(Nebenfür, 1995, Ferrarini, 2006 재인용) 1996년 제도개혁을 통해 아동양육휴가의 마지막 26주의 이용권리를 남성의 사용 여부에 연동시켰다. 즉, 부가 최소한 13주간의 아동양육휴가를 이용할 경우에만 마지막 26주를 사용할 수 있는 권리를 부여했다. 오스트리아의 도입방식은 적극적으로 부의 양육참여를 보장하기 위해 부의 휴가이용에 긍정적 인센티브를 부여하기보다는 벌칙조항(네거티브 인센티브 방식)을 통해 남성이용을 확대하려는 방식을 택한 것으로 보인다. 하지만 낮은 급여수준으로 인해 남성의 유의미한 참여를 제도화하지는 못했다. 반면 이태리는 포지티브 인센티브 방식을 통해 남성의 양육참여 제도화를 시도한 국가로 부가 11개월의 아동양육휴가기간 중 최소 3개월을 이용하면 전체 휴가기간을 1개월 연장하는 방식을 취했다(Haas, 2003; Moss and Deven, 1999 : 327). 그러나 이태리 정부는 남성참여를 독려하지 않았으며, 급여의 수준도 임금의 30% 수준에 머물러 실제적으로 남성이용은 거의 없는 것으로 알려져 있다(Bruning and Platenga, 1999).

〈표 6-1〉 **아동양육과 관련된 휴가제도에서 아버지할당제의 유형**

아버지 할당제 유형	기간할당형	인센티브형	
		부모휴가 인센티브형	아동양육휴가 인센티브형
할당방식	부모휴가기간 중 특정 기간을 부에게 할당하는 방식	부모휴가기간 중 일정 기간을 부가 이용하면 부모휴가기간이 연장되는 방식	아동양육휴가기간 중 일정 기간을 부가 이용하면 아동양육휴가기간이 연장되는 방식
시행국가	노르웨이(1993년), 스웨덴(1994년, 2002년), 독일(2007년)	핀란드, 벨기에, 덴마크(2001년까지)	이태리, 오스트리아

<표 6-2>는 기간할당형과 인센티브형을 실시하고 있는 주요 국가들의 정책비교를 통해 아버지의 육아휴직 참여를 제도화한 국가들의 특성을 보다 구체적으로 살펴본 것이다. 노르웨이, 스웨덴, 벨기에, 핀란드, 독일을 주요 국가로 선택한 이유는 이들 국가들에서 실행하고 있는 제도들이 현재 산업화된 복지국가에서 실시하고 있는 아버지의 육아휴직 참여를 제도화하기 위한 방식을 대표하고 있기 때문이다. 노르웨이의 경우는 앞서 언급했듯이 최초로 아버지할당제를 도입한 국가로 도입 당시부터 부모휴가기간을 연장하는 방식을 취해 경이적인 남성참여를 이끌어낸 국가로 평가받고 있다. 개인권리에 기반한 할당기간은 4주이고 소득대체율은 100%로 비교국가들 중 가장 높은 수준이다. 스웨덴은 1995년 도입 당시는 기존 부모휴가에서 할당하는 방식을 취했으나 2002년 부모휴가를 확대하면서는 노르웨이와 같은 방식을 취했다. 남성의 육아휴직 이용율은 대략 70%에 이르는 것으로 보고되고 있다. 기간은 8주로 2007년 이후 독일과 함께 가장 긴 할당기간을 적용하고 있으며, 소득대체율은 80%로 노르웨이보다는 낮지만 다른 국가들에 비해서는 높은 편이라고 할 수 있다. 노르웨이와 같이 개인권리에 기반하고 시간제 또는 기간을 나누어 사용할 수 있도록 하는 등 제도 이용의 유연성을 보장하고 있다.

독일의 경우는 노르웨이 방식을 따르고 있는 것으로 보이는데 2007년 이전에는 12개월에 한해 정액급여가 보장되었으나 부모 각각에게 8주간의 할당기간을 부여하는 동시에 전체 유급휴가기간을 14개월로 확대했다(Wüst, 2006). 급여수준은 휴직 전 임금의 67% 정도를 보존해 주고 있다. 독일에서 이러한 부모휴가제도의 개혁이 가능했던 배경에는 높은 고용율과 안정적 출산율을 달성하고 복지국가가 직면한 도전에 대한 효과적인 정책대응으로써 부모휴가의

역할에 대한 기대가 높아졌기 때문이다. 특히 성별분업에 근거한 전형적인 가족형태에 대한 국가의 지원이 주를 이루었던 독일에서 아버지할당제의 도입은 가히 혁명적 개혁이라고 할 수 있다. 즉, 기존의 방식으로는 현재 독일 복지국가가 직면한 산적한 문제를 해결할 수 없다는 독일 사회의 절박한 현실인식을 반영한 결과라고 할 수 있다.

노르웨이, 스웨덴, 독일이 기간할당형 아버지할당제를 실시하고 있다면 벨기에와 핀란드는 인센티브형 방식으로 아버지의 부모휴가 이용을 제도화하고 있는 국가들이다. 먼저 벨기에는 네거티브 동기(動機)부여방식을 통해 아버지의 육아휴직 이용을 제도화하고 있다. 만약 아버지가 부모휴가를 이용하지 않으면 법정 부모휴가기간을 90일 축소하는 방식을 채택하고 있다. 그러나 아버지의 부모휴가 권리는 가족권리에 근거하고, 소득 대체비율은 37%로 매우 낮은 편이다. 제도 사용의 유연성을 보장하고 있지만 실제로 남성(아버지)이 육아휴직을 이용하는 경우는 거의 없다. 핀란드는 노르웨이, 스웨덴과 더불어 사민주의 복지국가이며 상대적으로 일과 가족의 양립과 여성의 노동시장 참여가 매우 높은 국가이다. 그러나 아버지의 부모휴가 이용을 활성화하기 위한 제도화 방식은 앞선 두 국가와 상이하고 그 결과 또한 다르다. 일명 포지티브 동기부여방식을 사용해 아버지가 부모휴가를 12일 이상 이용하면 1~12일 내에서 부모휴가를 연장해주는 방식을 사용하고 있다. 소득대체율은 66%로 노르웨이와 스웨덴보다는 낮지만 부모휴가를 제도화한 국가들과 비교하면 중간수준은 넘는다. 유연성을 보장하고 가족권리로 부여하고 있다. 그러나 포지티브 동기부여방식을 사용하고 있는 핀란드에서 육아휴직기간 중 남성이 이용하는 비율은 상대적으로 낮은 것으로 보고되고 있다. 실제로 핀란드의 이러한 특성으로 인해 남성의 양육참여를 제도화하기 위한 정책지원 수준은 스웨덴, 노르웨이 등 사민주의 복지국가들과 유사하기보다는 포르투갈, 영국 등의 국가와 더 유사한 특성을 갖는 것으로 분석되고 있다(윤홍식, 2006b). 이러한 관점에서 본다면 핀란드는 공적 영역에서 남성과 여성의 보편적 생계부양역할에 대한 분담은 상대적으로 평등하게 이루어지고 있다고 평가할 수 있지만 사적 영역인 가족 내에서의 돌봄노동에 대한 분담은 전통적 성역할을 강조하는 국가들과 같이 여성의 역할이 강조되고 있는 사회로 이해할 수 있을 것이다.

〈표 6-2〉 **아버지할당제를 실시하고 있는 주요 국가의 실시현황 : 기간할당형과 인센티브형을 중심으로**

국 가	독일 (Germany)	노르웨이 (Norway)	스웨덴 (Sweden)	벨기에 (Belgium)	핀란드 (Finland)
권리 성격	개인권리	개인권리	개인권리	가족권리	가족권리
기 간	8주	4주	8주 (2002년 전 4주 2002년 후 8주)	네거티브 인센티브 방식 (90일 축소)	포지티브 인센티브 방식 (1~12일 연장)
소득대체 비율	66%	100%	80%	37%	66%
유연성	보장	보장	보장	보장	보장
남성이용 비율	n.a.	70~80%	70%	0%	4%
제도 도입 특징	2007년 기존의 정액급여방식을 임금비례방식으로 전환하고, 8주간의 아버지할당제 도입	1993년 도입 당시 기존 부모휴가에서 4주를 확대하는 방식	1994/ 5년 도입방식 : 기존 부모휴가에서 4주를 할당하는 방식 2002년 도입방식 : 기존 부모휴가에서 4주를 확대하는 방식	만약 부가 부모휴가를 이용하지 않으면 부모휴가 기간 90일 축소	부가 부모휴가를 12일 이상 이용할 경우 1~12일 내에서 부모휴가 확대

출처 : 독일(Wüst, 2006); 노르웨이(Leria, 2002); Moss and Deven, 1999; 스웨덴(OECD, 2005; Leria, 2002; Moss and Deven, 1999); 벨기에(Haas, 2003); 핀란드(OECD, 2005; Leria, 2002; Moss and Deven, 1999).

2) 부성휴가

OECD 주요 국가들 중 법정 부성휴가가 제도화된 국가는 한국을 포함해 호주, 벨기에, 덴마크, 핀란드, 프랑스, 그리스, 헝가리, 이태리, 룩셈부르크, 네덜란드, 뉴질랜드, 노르웨이, 폴란드, 포르투갈, 스페인, 스웨덴, 영국 등이다(OECD, 2007). 이 중 부성휴가가 무급인 호주[9], 뉴질랜드, 한국을 제외하면 대부분의 국가에서 유급 부성휴가를 제도화하고 있다. 일반적으로 부성휴가기간은 짧은데, 가장 긴 핀란드의 경우 3주의 유급 부성휴가를 제도화하고 있고, 네덜란드의 경우 부성휴가 기간은 이틀만 주어진다. 소득대체율은 네덜란드, 노르웨이, 덴마크가 가장 높은데 평균임금의 100% 수준을 보장해주고 있다. 유급 부성휴가가 제도화된 국가 중 소득대체율이 가장 낮은 국가는 핀란드로 평균임금의 65%를 법률로 보장해주고 있다.

부성휴가를 모성휴가와 비교해 보면 모성휴가는 스위스를 제외한 대부분의 국가에서 제도화되어 있고, 기간도 상대적으로 길어 부성휴가와는 대조적이다. 유급 여부도 호주, 뉴질랜드, 스위스를 제외하고는 모두 유급 모성휴가를 제도화하고 있다. 예를 들어, 네덜란드의 경우 2일간의 부성휴가만을 제도화하고 있지만, 모성휴가 기간은 17주에 이르고 있다(OECD, 2002). 이는 OECD 국가들에서 부성휴가를 통해 부의 돌봄노동참여를 지원하는 정책이 일반적이지 않다는 사실을 보여주고 있는 것이다. 즉, 자녀출산과 영아에 대한 양육의 주체는 여성이며, 남성은 보조자로 인식되고 있는 것을 반영하고 있다. 부성휴가의 재원은 일반적으로 모성휴가와 유사하며 주로 고용주, 피고용자, 정부가 사회보험 형식으로 공동 부담하고 있다. 다만, 스페인의 경우 부성휴가 급여는 전적으로 고용주가 부담

9) 호주는 제도화된 부성휴가는 무급이지만 단체협약에 의해 일정 수준의 임금보존이 이루어지고 있다.

하고 있고, 영국의 경우는 정부부담 없이 고용주와 피고용주가 재원을 부담하고 있다. 덴마크의 경우는 고용주와 정부가 부담하는데, 지방정부로 명시된 부분이 주목할 만하다.

〈표 6-3〉 **주요 경제협력개발기구 법정부성휴가 실시현황**

	부성휴가기간	부성휴가 소득대체율	재 원	재정부담 주체
프랑스㉠	2주	100%	건강보험	고용주, 피고용주, 정부
벨기에㉡	10일	100%	건강보험	고용주, 피고용주, 정부
호주㉢	1주	무급	–	–
덴마크	2주(10일)	100%	고용주와 정부	고용주, 지방정부
핀란드	3주	65%	질병보험	고용주, 피고용주, 정부
스페인	2일	100%	고용주	고용주
네덜란드	2일	100%	일반실업기금	고용주, 피고용주, 정부
포르투갈㉣	20일(5+15)	100%	na	na
뉴질랜드	2주	무급	–	–
스웨덴	2주	80%	질병보험	고용주, 정부
영 국	2주	90%	사회보험	고용주, 피고용주
스위스	–	–	–	–
노르웨이	2주(10일)	100%	사회보험	고용주, 피고용주, 정부
한 국	3일	무급	–	–

출처 : 주요 내용은 윤홍식(2006b)과 OECD(2007). 참고. ㉠ 2주 중 처음 3일간 100%의 임금을 보존받는다(OECD, 2007). ㉡ 3일은 고용주로부터 100%의 임금을 보존받고, 나머지 기간은 건강보험에서 82% 수준의 급여를 받는다(OECD, 2007). ㉢ 호주의 경우 법률적으로 보장된 유급휴가는 없지만 단체협약을 통해 노사 간에 합의된 유급 부성휴가와 부모휴가가 있다(OECD, 2002). ㉣ 포르투갈에서 남성(아버지)은 두 기간의 유급 부성휴가를 이용할 수 있는데, 첫 번째 부성휴가는 아동이 출생한 지 1달 이내에 사용할 수 있는 5일간의 휴가이고, 두 번째 부성휴가는 모성휴가기간 동안 이용할 수 있는 15일간(휴일을 포함해서)의 유급휴가가 있다(OECD, 2004).

3) 한국의 실태

육아휴직제도는 1987년 남녀고용평등법이 제정되면서 제도화되었다. 그러나 제도화 당시 육아휴직제도의 대상은 여성으로 제한되었다. 육아휴직의 대상이 여성 노동자로 제한됨으로 인해 육아휴직이 전통적 젠더역할을 강화하고 있다는 비판이 비등해지자 1995년 육아휴직 대상을 '여성노동자'뿐만 아니라 '여성노동자'의 배우자로 확대하는 남녀고용평등법 2차 개정이 이루어진다. 남녀고용평등법 2차 개정은 남성이 육아를 담당할 수 있는 기회를 열어 놓음으로써 명목상 전통적 '젠더역할'로부터 벗어났다. 그러나 남성노동자의 육아휴직 권리가 여성노동자의 권리에 근거했다는 점과 여전히 무급이었다는 점으로 인해 양육에 대한 책임은 여전히 여성에게만 부과되고 있었다. 특히 무급인 육아휴직제도는 일반적으로 가구의 생계부양을 주로 담당하고 있던 남성노동자의 육아휴직 사용을 원천적으로 봉쇄한 것이라고 할 수 있을 것이다.

2001년은 육아휴직과 관련된 남녀고용평등법과 고용보험법이 개정되어 육아휴직제도에서 남성의 권리가 현재와 같은 모습을 띄게 된다. 여성의 노동시장 지위에 따라 자격을 부여 받던 남성노동자가 배우자(여성)의 노동시장 지위와 관계없이 육아휴직 권리를 갖게 되었다는 점은 의미 있는 진전이라고 할 수 있다. 그러나 많은 논란 끝에 육아휴직 급여가 당시 남녀노동자 월 평균임금총액의 15.5%에 불과한 월 20만 원의 정액으로 정해짐으로써 낮은 휴직급여수준이 여전히 육아휴직 활성화에 중요한 걸림돌로 작용하고 있다. 특히 남성노동자에게 육아휴직이 가능한 선택이 되기 위해서는 아동을 돌보기 위해 임금노동을 중단해도 가구가 적절한 생활을 유지할 수 있도록 임금소득이 보존될 필요가 있다. 실제로 서유럽 각 국의 남성 육아휴직(Parental leave) 이용실태를 보면 육아휴직 급여가 정액이고 소득대체율이 낮을수록 이용율은 매우 저조한 것으로 나타나고 있다(윤홍식, 2006b). 이후 육아휴직 급여는 2003년 30만 원, 2004년 40만 원으로 상향 조정되었고, 2007년부터는 50만 원으로 상향 조정되었다. 그러나 2004년을 기준으로 했을 때도 육아휴직 급여는 남녀노동자 평균 월 임금총액의 22.9%에 불과해 처음 여성단체 등이 주장한 70%에 훨씬 못 미치는 수준이다(류임량, 2003).

남성의 육아휴직 이용실태를 살펴보는데 있어서 주목해야 할 점은 아무리 육아휴직이 제도적으로 젠더통합적으로 설계되어 있어도 남성이 육아휴직을 이용하지 않는다면 육아휴직제도는 젠더분리를 강화하는 역할을 수행할 수 있다는 점이다(윤홍식, 2005). 실제로 육아휴직 이용현황을 보면 <표 6-4>에 제시된 것과 같이 2008년 현재 육아휴직 이용자는 29,145명이다. 이 중 남성이용자는 355명으로 전체 이용자의 1.2%에 불과하다. 2001년 남녀고용평등법 4차 개정을 통해 남성노동자의 독립적인 수급권을 보장했음에도 불구하고 2008년 현재 전체 육아휴직자 중 남성노동자의 이용비율은 과거보다 감소했다. 즉, 명목적으로는 양육의 책임이 남녀 모두에게 부과되고 있지만 실제로는 여성에게만 부과되고 있는 것이다. 이러한 원인은 다양하게 언급되고 있지만 육아휴직급여가 월 50만 원으로 제한되어, 남녀노동자의 평균 월 급여총액의 20%를 조금 넘는 수준에 불과하기 때문인 것으로 보인다.[10) 외국의 경험을 비추어 보면 육아휴직의 소득대체율이 낮을 때 거의 모든 국가에서 남성노동자의 참여는 매우 저조한 것으로 나타나고 있기 때문이다(윤홍식, 2006b).

10) 2011년부터 월급여총액의 40%를 보장하는 정률제로 전환되었지만 최하 50만 원에서 최대 100만 원까지로 제한되어 남성의 참여가 획기적으로 높아질 가능성은 높지 않은 것으로 보인다.

〈표 6-4〉 **육아휴직 실시현황 : 2002~2009**

연 도	계	여 성	남 성	육아휴직이용자 중 남성비율
2002년	3,763	3,685	78	2.1%
2003년	6,817	6,712	104	1.5%
2004년	9,303	9,122	181	1.9%
2005년	10,700	10,492	208	1.9%
2006년	13,672	13,442	230	1.5%
2007년	21,185	20,875	310	1.5%
2008년	29,145	28,790	355	1.2%
2009년	35,400	34,898	502	1.4%

출처 : 고용노동부(2010). 2010 고용노동백서. 고용노동부.

4. 남성참여와 관련된 쟁점

아버지할당제로 대표되는 남성의 양육노동참여는 합의되지 않은 몇 가지 주요한 쟁점들을 내재하고 있다(윤홍식, 2006b). 첫째, 대상과 관련된 문제이다. 최근의 유럽사회의 정책경향을 보면 육아휴직 대상을 단순히 임금노동자로 한정하지 않고, 실업자, 학생 등을 포괄하는 등 제도의 대상범위를 확대하고 있다. 특히 대상과 관련된 문제는 한국사회에서 매우 중요한 문제이다. 현재 육아휴직자는 고용보험에 가입한 피보험자로 제한되기 때문이다. 여성의 경우도 자격이 있는(고용보험에 가입한) 출산여성의 9.0%만이 육아휴직을 이용한 것으로 보고되고 있다(홍승아, 2011). 즉, 현재 대상자가 고용보험 가입자로 제한되어 있기 때문에 제도의 사각지대에 방치되어 있는 비정규직과 자영업 종사자들을 어떻게 대상자로 포괄할 것인가가 주요한 쟁점이 된다.

둘째, 아버지할당제의 도입은 계층 간 불평등을 강화할 수 있다. 복지국가 유형에 관계없이 대부분의 국가에서 남성의 양육참여는 소득 및 교육수준과 정의 관계에 있는 것으로 보고되고 있다. 실제로 덴마크, 핀란드, 스웨덴 등에서 가구소득수준이 높을수록 아버지가 부모휴가를 이용하는 비율이 높은 것으로 나타났다(Leria, 2000). 즉, 아버지할당제의 도입은 상대적으로 고학력이고 안정적 직장을 가진 남성의 양육참여를 지원할 수는 있지만 저숙련·저임금 남성 노동자에게는 상대적 박탈감을 증대시킬 수 있다. 실제로 '아버지할당제' 도입을 주제로 토론을 진행하던 KBS라디오의 '열린 토론' 시간에 한 청취자가 전화를 해 "지난 12년 동안 한 번도 휴가를 가지 못했는데 아버지할당제를 도입하면 나 같은 사람의 소외감만 커질 것"이라는 하소연이 아버지할당제 도입을 둘러싼 논란에 전달하는 정책적 함의는 매우 크다고 할 수 있다.

셋째, 첫 번째와 두 번째 문제로 인한 불평등을 완화하기 위해서는 휴직기간 동안 지급되는 급여의 재원과 수준에 대한 대안을 고민해야 한다. 일반적으로 아버지의 육아휴직 이용정도가 소득대체율 수준과 일정 정도 비례한다는 점을 고려했을 때, 아버지할당제의 급여수준은 휴직 전 남성의 임금소득을 충분히 보장해 줄 수 있어야 한다. 그러나 앞서 언급했듯이 소득수준에 따른 급여는 노동시장에서의 차이가 휴직기간 동안에도 유지된다는 문제를 야기한다. 그러므로 임금대체율 문제는 단순히 임금소득 대체수준을 높이는 문제를 넘어 다양한 쟁점을 던져주고 있다(윤홍식, 2006b). 저소득층 남성의 참여를 높이기 위해서는 육아휴직급여의 최소 보장수준을 높여야 하는 반면 고소득층 남성의 참여를 높이기 위해서는 급여의 상한선을 높이고 최대한 노동시장의 임금수준을 보장해야 하기 때문이다[11](Duvander et al., 2005). 즉, 육아휴직급여는 육아휴직을 이용하는 모든 부 또는 모에게 육아휴직급여만으로도 적절한 수준의 생활을 보장할 수 있는 정도가 되어야 하며, 임금소득에 비례하는 급여는 이 같은 기본적 보장 위에서 그 수준이 결정되어야 한다.

마지막으로 가족 내 무급 돌봄노동이 노동시장에서 수행되는 유급노동보다 높은 사회적(적어도 동등한) 가치를 갖기 전에는 남성의 양육 참여를 기대할 수 없다는 점이다. 고르닉과 메이어(Gornick and Meyers, 2003a)는 보편적 돌봄 실현을 위한 중요한 전제는 부・모(특히 부)가 노동시간을 줄일 수 있는 선택권을 가지고 있는지 여부에 달려 있다고 주장한다. 그러나 노동시간을 감축하는 것이 일과 가족양립 가능성을 높일 수 있다는 가정에 대한 정책효과는 논쟁적이다. 덴마크와 스웨덴에서의 노동시간 감축은 젠더불평등을 완화하는 역할을 하는 것으로 평가되고 있다(Gornick and Meyers, 2003a). 반면 프랑스에서는 그 효과가 개별노동자의 노동시장의 지위에 따라 상이하게 나타나고 있는 것으로 평가되고 있다(Fagnani and Latablier, 2004). 프랑스는 유럽연합 국가 중 유일하게 정부가 법률제정(1998년 Aubry 1, 2000년 Aubry 2)을 통해 주당 평균노동시간을 35시간으로 감축한 국가이다. 결과는 중상층 관리자의 노동시간에는 변화가 없었고, 사무직은 1시간 20분, 제조업 종사자(manual workers)는 2시간 노동시간이 감축된 것으로 보고되고 있다. 그러나 이러한 긍정적 효과는 일과 가족생활 양립을 위한 조건이 잘 갖추어진 가족친화적인 환경에서 나타났으며 기계적으로 노동시간을 감축하는 것은 아동이 있는 부・모의 일과 가족양립에 긍정적 영향을 미치지 않는 것으로 나타났다.

---

11) 실제로 스웨덴에서 부모휴가를 이용하는 부모 중 임금대체수준의 상한선을 넘는 경우는 대략 36% 정도고, 이 중 75%가 남성인 것으로 조사되었다(Socialdepartementet, 2000, Nyberg, 2004 재인용).

5. 남성의 돌봄 참여를 위한 정책과제

남성의 돌봄 참여를 확대하기 위한 정책과제는 다음과 같다. 첫째, 부가 돌봄노동을 모와 공유하기 위해 요구되는 제도에 대한 면밀한 검토가 요구된다. OECD 국가들의 경험을 통해 제도화할 수 있는 정책은 부성휴가와 아버지할당제(fathers' quota)의 도입이다. 먼저 부성휴가를 살펴보면 현재 무급으로 3일 보장되는 배우자출산휴가를 유급화하고 기간도 확대할 필요가 있다. 부성휴가는 자녀출산 후 3주간[12] 제공하고 100%의 임금이 보존되어야 한다.[13] 만약 부가 가족 내에서 돌봄노동을 수행할 때 임금보존이 충분히 이루어지지 않는다면 해당 가족이 경제적 곤란에 직면할 가능성이 높기 때문에 부가 제도를 이용할 가능성은 거의 없다. 현실성의 문제를 들어 이러한 제안의 실현 가능성에 대한 의문을 제기하는 경우가 있으나 출산한 부·모가 일로부터 면제받는 것은 우리 사회의 오랜 전통이다. 실제로 조선왕조실록 세종 12년 10월 19일자 기록에 의하면(제도를 남용하는 우려가 제기되었으나) 관비(官婢)가 출산을 할 경우 산전 1개월부터 산후 100일간의 휴가를 주었으며, 비의 남편이 관노(官奴)인 경우 30일간의 휴가를 주었다고 기록되고 있다(조선왕조실록, 세종 50권, 세종 12년 10월 19일). 또한 조선의 헌법이라고 할 수 있는 경국대전을 보면 관비에게는 출산 전후 80일간의 휴가가 주어졌으며, 남편이 관노인 경우 15일간의 휴가를 주도록 법제화하였다(이효재, 2003).

12) 3주간의 휴가기간은 전통적으로 한국사회에서 출산한 여성이 정상적인 생활을 하기 위해 요구되는 최소 산후조리기간이 3주(3·7일) 정도라는 관습적 합의에 근거한다.

13) 2011년 2월 1일 국무회의 결정에 따르면 정부가 현행 무급 3일인 배우자 출산휴가(부성휴가)를 유급으로 전환하고 기간도 최대 5일까지 확대하는 방안을 추진하기로 했다고 보도되고 있다.

더 나아가, 형식적인 제도 도입은 남성의 돌봄 참여를 유인할 수 없다. 양질전화(量質轉化)[14]의 관점에서 이해한다면 정책목표의 달성은 단순히 제도 도입 여부와 같은 형식적 문제가 아니라 제도가 얼마나 정책의 대상자의 실제적 욕구에 적절히 부응하고 있는가와 밀접히 관련되어 있다. 실제로, 호주, 뉴질랜드 등과 같이 무급 부성휴가를 도입한 국가들에서 남성의 돌봄 참여라는 정책목표를 달성한 예가 없다. 왜냐하면 낮은 임금대체수준 또는 무급휴가는 임금노동자가 자녀를 돌보기 위해 임금노동을 중단했을 때 해당 가족이 적절한 수준의 생활을 유지한다는 것이 불가능하기 때문이다. 즉, 제도의 탈상품화 수준이 매우 낮기 때문에 실제로 남성노동자의 돌봄노동 참여는 불가능하다. 특히 한국처럼 남성생계부양자 모형이 강한 국가에서(높은 수준의) 유급부성휴가를 제도화하지 않을 때 정책의 실효성은 거의 없으며, 아버지의 돌봄 참여는 기대할 수 없을 것이다. 그러므로 현재 제도화된 배우자출산휴가에 대해 충분한 소득을 보장하고(탈상품화 수준이 높고), 적절한 기간을 보장하며, 부・모의 노동시장과 사회조건에 따른 유연성이 보장될 수 있는 방안(높은 가족화 수준)을 모색해야 한다. 이렇게 충분한 수준의 탈상품화와 가족화를 제도화한다면 한국사회는 제도 도입을 통해 얻고자 하는 정책목표와 관련한 가시적 성과를 기대할 수 있을 것이다.

둘째, 아버지할당제의 도입은 남성의 육아휴직 이용률이 극히 저조한 한국사회에서 반드시 필요하다.[15] 도입방식은 기존의 육아휴

---

14) 양질전화는 사물의 질의 변화는 양적 축적이 일정 정도의 수준에 이르러야 변화한다는 변증법적 유물론의 주요한 철학적 주제이다. 예를 들어, 물은 1도이거나 99도 모두 액체성질을 가지고 있는 물이라는 것이다. 그러나 99도에서 1도가 더해지면 물은 더 이상 액체가 아니라 기체화된다. 즉, 물은 온도가 99도에서 100도로 전환되는 시점에서만 기체로 변화되는 것이다. 그러므로 물을 기체로 전환하려면, 우리는 반드시 물의 온도를 100도까지 끌어올려야 하는 것이다.

15) 2008년 6월 22일 개정된 남녀고용평등법에서 육아휴직을 이용할 수 있는 자녀연령이 기존 만 1세 미만에서 만 3세 미만으로 개정되었다. 예를 들어, 부모 모두가 육아휴직 이용자격을 충족했을 경우, 부모 각각이 1년

직기간에서 '아버지'에게 휴가기간을 할당하는 것은 적절하지 않다. 특정 기간을 아버지에게 할당해 부가 이용하지 않으면 할당기간이 없어지는 방식을 채택하면, 남성의 육아휴직이용률이 낮은 현실에서 여성이 이용할 수 있는 절대적 기간만 줄어드는 문제를 야기할 수 있다. 성공적 출발을 위해서는 노르웨이와 같이 기간을 연장하는 방식을 검토해야 한다. '아버지할당제'의 적절한 기간에 대해 명확히 합의된 바는 없으나 덴마크에서 실시했던 2주간과 스웨덴에서 실시하고 있는 8주간 사이에게 결정되면 될 것이다. 또한 제도 도입에 있어 중요한 것은 충분한 수준의 임금대체가 보장되어야 한다. 외국의 제도를 검토했을 때 부모휴가의 소득대체율은 육아휴직급여만으로도 가족이 적절한 생활을 유지할 수 있는 수준에서 결정되어야 한다.

셋째, 한국사회가 사회적 합의를 이끌어내야 하는 중요한 과제 중에 하나는 부성휴가와 육아휴직 급여의 재원과 관련된 문제이다. 현재와 같이 고용보험방식으로는 새로운 제도를 도입할 수 없다. 예를 들어, 고용보험을 활용할 경우 현재 취업자 대비 고용보험 피보험자 비율이 절반에도 미치고 있지 못하는 상황에서 많은 대상자를 사각지대에 방치할 우려가 있다. 실제로 2010년 기준으로 임금노동자 중 정규직 비율은 50.2%에 그치고 있다(김유선, 2010). 즉, 현행 고용보험을 이용하게 되면 부성휴가와 '아버지할당제'를 이용할 수 있는 남성은 고용보험의 피보험자인 상대적으로 상용직 남성 노동

동안 육아휴직을 이용할 수 있기 때문에 (부모 각각이 1년간 이용해도 자녀출산 후 1년이 되기 전에 육아휴직을 개시했다면 논리적으로 부모 모두가 각각 1년씩 육아휴직을 이용해도 자녀의 연령이 만 3세가 되지 않게 된다), 한국에서 사실상 아버지할당제가 도입된 것이라고 주장하는 경우도 있다. 그러나 아버지할당제가 남성의 육아휴직 이용을 독려하기 위해 법정 육아휴직기간을 기준으로 남성에게 휴직기간을 할당하고 있는 제도라는 점을 고려했을 때, 위와 같은 주장은 아버지할당제의 제도적 목적을 바르게 이해한 것이라고 보기 어렵다. 위와 같은 주장은 아버지할당제의 제도적 목적을 바르게 이해한 것이라고 보기 어렵다. 만약 위와 같이 아버지할당제를 이해한다면 육아휴직을 이용할 수 있는 자녀의 연령이 개인이 사용할 수 있는 법정 육아휴직기간보다 길게 제도화한다면 아버지할당제를 제도화한 것이라는 논리가 성립된다.

자로 제한되고, 비임금노동자인 자영업자나 농어민을 제도 내로 포괄할 수 없는 문제를 야기한다.

결국 재원에 관한 문제는 한국사회 사회보장체계의 전반적인 패러다임의 변화를 수반해야 한다. 우리 사회의 사회보장제도는 주로 공적 영역인 노동시장에서 발생하는 실업, 질병, 노령 등의 위험으로 인해 임금노동을 하지 못할 때 발생하는 위험에 대비하게 설계되어 있다. 이에 반해 육아휴직과 부성휴가는 소위 사적 영역이라 지칭되는 가족 내에서 발생하는 임신, 출산, 양육으로 인해 임금노동을 수행하지 못함으로써 발생하는 위험에 대한 사회적 대응정책이다. 그러므로 현재와 같이 공적 영역에서 발생하는 위험에 대응하기 위해 설계된 고용보험으로는 재생산 영역에서 발생하는 위험을 효과적으로 대처할 수 없다. 즉, 재생산 영역에서 발생하는 위험인 임신, 출산, 양육과 같은 돌봄노동을 수행함으로써 발생하는 사회적 위험에 대비하기 위한 독립적인 새로운 사회보장체계가 요구되는 것이다. 물론 어떠한 방식으로 사회보장체계를 설계할지는 이후 구체적인 연구가 진행되어야겠지만 원칙적인 내용을 짚어보면 다음과 같다. 첫째, 재생산 영역에서 발생하는 임신, 출산, 양육의 과제가 특정한 성에게 국한되는 위험이 아닌 남녀 모두에게 발생하는 위험이라는 사회적 합의를 도출해야 한다. 둘째, 새로운 사회보장체계는 특정 계층만을 위한 제도가 아닌 모든 계층을 대상으로 하는 보편주의 관점에서 설계되어야 한다. 새로운 사회보장체계는 비정규직 임금노동자는 물론이고 자영업자와 농어민까지 포괄하는 보편주의를 지향해야 한다. 셋째, 국가의 책임을 강화하는 방안으로 설계되어야 한다. 임신, 출산, 양육의 문제가 미래에 세금과 사회보장기여금을 납부할 인구규모와 관련 있다는 점에 동의한다면 국가의 역할을 재정적 기여를 포함해 보다 적극적으로 모색할 필요가 있다. 특히 임금 노동자가 아닌 자영업자와 농어민을 제도 내로 포괄하기 위해서는 국가의 재정적 기여가 반드시 필요하다.

결론적으로 부의 돌봄노동참여는 단순히 남성의 부성휴가와 육아휴직을 이용하는 문제가 아니라 한국사회의 패러다임을 전환하는 본질적인 문제와 관련되어 있다. 정책적으로는 부성휴가의 내실화와 육아휴직 내 '아버지할당제'를 도입하고, 이를 가능하게 하기 위해 사회보장체계를 재생산 영역에서 발생하는 위험으로 확대하는 것이 요구된다. 더불어 한국사회는 '새로운 아버지 상'의 정립을 통해 재생산 노동에 대한 가치를 생산노동과 동등하게 부여하는 근본적 전환이 요구된다. 이러한 한국사회의 근본적 변화는 남성의 지위와 역할에 대한 재규정을 통해 복지국가 재편의 핵심적 과제라고 할 수 있는 보편적 돌봄노동의 기반을 닦는 의미 있는 출발점이 될 것이다.

03 PART

복지국가의 가족정책

CHAPTER 07

복지국가 가족정책의 유형과 특성[1)]

가족정책이 복지국가 재편의 핵심적 영역으로 등장하면서 산업화된 서구 복지국가는 물론 한국에도 가족투자에 대한 관심이 증대되고 있다. 실제로 앞서 언급했듯이 전통적 복지영역인 공공부조, 연금, 실업급여 등의 지출이 감소되는 것과는 달리 가족정책과 관련된 사회지출은 지속적으로 확대되어 왔다. 특히 복지국가의 새로운 사회적 위험이 가족정책의 영역과 밀접한 관련이 있는 돌봄, 여성의 노동시장 참여, 사회서비스의 민영화와 관련 있다는 주장들이 지속적으로 제기되면서 가족정책에 대한 관심은 이제 보편적 현상이 되었다. 예를 들어, 여성의 노동시장정책 참여는 복지국가의 지속적 발전은 물론 가족의 안정적 생활을 위한 필수적 전제가 되었다. 그러나 여성의 노동시장 참여는 전통적으로 여성이 가족 내에서 담당했던 돌봄노동에 대한 사회정책의 개입 없이는 불가능하다. 이렇듯 전통적 성별분업의 해체를 동반한 가족정책의 확대는 많은 논란을 동반하고 있다. 한편에서는 가족과 관련된 사회지출의 증가

1) 본 글은 2008년 미간행된 보건사회연구원의 OECD 주요 국가의 가족투자분석의 프로젝트 중 윤홍식이 작성한 OECD 국가의 가족투자분석의 글을 수정·보완한 것이다.

가 도리어 전통적 성별분업을 강화시킨다는 주장이 제기되고, 다른 한편에서는 사회적 불평등을 증대시킨다는 비판도 제기되고 있는 것이 현실이다.

특히 한국사회에서 가족정책의 관심은 급격한 출산력의 저하에 힘입은 바가 크다는 점을 고려한다면 가족정책의 확대가 어떤 결과를 내올 것인지 예단하기는 쉽지 않다. 경우에 따라서 가족정책의 확대로 당장의 출산력 저하 현상을 완화시킬 수는 있을지 모르지만 성 간, 계층 간 불평등을 확대할 가능성이 상존하기 때문이다. 만약 이러한 일이 현실화된다면 가족정책의 확대는 우리 사회의 독배가 될 가능성이 높기 때문이다. 이제 가족정책 확대를 고민하기 시작한 한국사회로서는 매우 난감한 상황이 아닐 수 없다. 대안을 어디서 찾아야 할까? 이번 장은 이러한 질문에 답을 고민할 수 있는 단초를 제공하기 위해 작성되었다. OECD 주요 국가들의 가족정책 방향에 대한 검토를 통해 이들 국가들을 유형화할 수 있는 출발점을 제공하자고 한다. 가족정책을 통해 복지레짐의 유형화를 시도한다고 이야기할 수도 있다. 그러나 본 논의의 중심은 복지레짐을 설명하는 본질적 문제(국가, 가족, 시장의 역할)에 대한 접근보다는 현재의 OECD 주요 국가의 가족정책 실태분석을 통해 현상적인 성격을 구분해 보는 것으로 그 범위를 제한하고자 한다. 이러한 논의를 바탕으로 우리는 한국사회에서 가족정책의 바람직한 방향을 모색하고자 한다. 누구나 동의할 수 있는 답을 찾기란 쉽지 않다. 다만, 사회적 문제를 최소화하면서 가족에 대한 사회지출 확대가 한국사회의 지속가능한 발전에 기여할 수 있는 방향을 모색할 수 있을 뿐이다.

이러한 문제의식을 바탕으로 본 장에서는 개별 복지국가의 가족정책에 대해 개략적인 소개를 했다. 먼저 제1절에서는 탈가족화와 가족화를 중심으로 복지국가의 가족정책을 유형화하는 준거에 대해 개략했다. 제2절에서는 가족정책의 유형과 특성에 대해 살펴보고, 제3절에서는 결론을 대신해 유형별 가족정책의 변화방향에 대해 개략했다.

1. 가족정책 유형화를 위한 준거

1) 가족정책의 범위[2)]

앞서 제2장 "가족정책의 정의"에서 가족정책의 범위에 대한 자세한 검토가 있었기 때문에 여기서는 가족정책 유형화에 필요한 범주 내에서 가족정책의 범위에 대한 논의를 개괄하고자 한다. 하딩(Harding, 1996)에 따르면 가족정책에 대한 합의된 정의도 분석적인 정의도 존재하지 않는다고 한다. 그렇다면 가족정책은 독립적 영역으로 존재할 수 있는 것일까? 윤홍식(2005)이 정리한 내용을 보면 다음과 같다. 논의가 분분하다. 그렇다고 주장한 학자들도 있고(Kamerman and Kahn, 1978; Zimmerman, 1992) 다른 사회정책과 차별성이 없다고 주장하는 경우도 있다(Myrdal, 1968, Zimmerman, 1992 재인용). 실용적인 측면에서 보면 가족정책을 미성년 아동과 1명 이상과 성인으로 구성된 가구(가족)를 대상으로 하는 국가의 정책이라고 정의하고 있을 뿐이다. 즉, 구체적으로 가족이 직면하는 문제에 대해 개별적이지만 상호 연관되어 있는 정책선택의 집합체로써 가족정책을 정의하고 있다.

그러나 문제는 가족정책을 가족정책의 대상을 중심으로 정의할 경우 논점이 매우 모호해진다. 가족정책은 유급노동과 무급노동을

2) 가족정책의 범위는 윤홍식(2005 : 293-295)의 논의를 수정·보완해 작성되었다.

포괄하는 정책으로 젠더관점이 분명하게 드러나야 하는데 대상을 중심으로 정의하게 되면 젠더라는 중심논점이 희미하게 된다. 스웨덴 가족정책의 역사는 왜 가족정책이 젠더관점에서 논의되어야 하는지를 잘 보여주고 있다(윤홍식, 2005). 스웨덴에서 가족정책은 1910년대 아동이 있는 가족에 대한 (조세정책을 통한) 소득보장정책으로부터 출발했다(Liljestrom, 1978). 이후 1930년대 출산율의 감소로 인해 가족정책이 사회정책의 중요한 영역으로 공식화된다. 가족의 소득보장과 저출산문제를 계기로 사회적 관심을 얻게 된 가족정책은 이후 소득활동과 자녀양육을 병행할 수 있는 조건을 창출하는 데 집중되었다(Liljestrom, 1978 : 21). 이러한 과정을 거쳐 1970년대에 이르면 미성년 자녀가 있는 부・모의 노동시장 참여와 돌봄노동 수행이 스웨덴 가족정책의 핵심적 과제로 자리잡게 된다. 이로써 가족정책은 무급노동과 유급노동을 포괄하는 모습을 띄게 되는 것이다. 더욱이 여성의 노동시장 참여가 개별적 선호에 의한 선택이 아니라 가구의 적절한 생활수준을 유지하기 위한 필수적 전제임에 동의한다면 가족정책이 무급노동과 유급노동을 포괄하는 것은 너무나 자연스러운 결과인 것이다.

그러나 전통적 성별분업이 유지되는 사회에서 유급노동의 참여는 (특히 미성년 자녀가 있는 여성에게) 무급노동의 사회화(탈가족화)를 전제하고 있다. Esping-Andersen(1990)의 탈상품화에 대한 여성주의자들의 핵심적 비판 또한 이러한 논의와 맥을 같이 한다. 탈상품화는 상품화를 전제하고, 상품화는 돌봄노동으로부터 자유로운 노동력을 전제하고 있다는 점을 간과하고 있다는 점이다. 무급노동이 사회화되지 않은 상황에서 돌봄노동으로부터 자유로운 노동자란 결국 유급노동의 참여를 전제로 무급노동의 책임을 면제받은 남성으로 제한될 수밖에 없다. 이러한 현실에 대해 Orloff(1993)는 기존 복지국가에 대한 연구가 국가에 의한 남성 지배력을 재생산하는 방식과 정도에 대해서만 관심을 기울였다고 비판하고 있다. 바로 이 지점에서 가족정책은 복지국가를 이해하는 핵심영역이 된다. 여성에게 돌봄노동이 사회화되지 않았을 때 남아 있는 과제는 유급노동과 무급노동의 양자택일의 문제로 제한되기 때문이다.

이러한 관점에서 본 장에서는 가족정책에 대한 분석은 무급노동과 유급노동을 포괄하는 정책으로 설정했다. 4장에서 검토한 것과 같이 무급노동은 돌봄의 가족화와 관련된 정책으로, 유급노동은 탈가족화를 위한 정책으로 정의했다. 일부에서 가족정책을 돌봄과 관련된 과제로 제한하려는 시도가 있지만 전통적 성별분업을 유지·강화하려는 정책적 의도가 없는 한 가족정책을 돌봄노동의 문제로 고정시키는 것은 적절하지 않다.

2) 탈가족화와 가족화를 통해 본 가족정책 유형

가족정책의 중요성은 전후 복지국가의 역할이 현재 복지국가가 직면한 새로운 사회위험에 대해 적절히 대응하지 못하고 있다는 데 기인한다. 1970년대 이후 남성생계부양자의 일자리였던 반숙련 제조업의 쇠퇴로부터 출발하자(Taylor-Gooby, 2004, 2006; Esping-Andersen, 2005; Surender, 2004), OECD 자료에 따르면 1970년 90%대를 유지하던 남성의 고용율은 이후 70%대로 무려 20% 포인트나 감소했다(Taylor-Gooby, 2006: 30). 반면 유럽 복지국가들에서 지난 1985년부터 1990년까지 만들어진 일자리의 2/3는 모두 여성의 일자리였다(Cahiers de Femmes d'Europe, 1992, Jenson and Sineau, 2003 재인용). 이러한 노동시장의 변화는 왜 복지국가에서 완전고용의 대상이 남성에서 여성으로 확대되고 있는지를 설명해주고 있다(Jenson, 2005). 근대복지국가의 핵심이 자본과 노동(남성노동자)과의 협상의 과정이었다면, 이제 그 협상의 중심은 점차 남성과 여성으로 이전되고 있는 것이다(Hobson, Lewis and Siim, 2002). 이러한 변화는 복지국가의 지출변화에 직접적으로 반영되어 나타나고 있다. 전통적 사회보장제도와 관련된 실업, 연금 급여 등은 대부분의 국가에서 지출수준이 정체 또는 축소되었지만 가족정책, 특히 일과 가족생활 양립과 관련된 지출은 꾸준히 증가하고 있기 때문이다. 이러한 현실을 근거로 Esping-Andersen(1996)은 가족이 복지국가 재편의 핵심적 영역이라고 지적한 것이다.

그렇다면 현대 복지국가의 핵심적 과제는 전통적으로 돌봄 제공의 주체라고 간주되었던 여성의 노동시장 참여를 증대시키는 것으로 모아진다. OECD(2007)에 따르면 2005년 현재 OECD 국가들의 평균 남성 고용율은 74.5%에 이르고 있는데 반해 여성의 고용율은 남성 고용율의 2/3를 조금 넘는 58.7%에 그치고 있다. 더욱이 남성의 시간제 고용비율은 7.3%에 그치고 있는데 반해 여성은 남성 시간제 고용비율의 3배가 넘는 26.5%에 이르고 있다. 즉, 복지국가 재편의 성패는 비활성화된 여성노동력을 얼마나 효과적으로 활성화시키는가에 달려 있다고 해도 과언은 아닐 것이다. 실제로 1990년대 네덜란드에서는 복지국가 위기의 원인이 여성 인적 자본의 사장과 관련되어 있다는 사회적 인식이 확대되었다(Morel, 2007). 이러한 조건하에서 여성의 노동시장 참여는 선택이 아닌 가구의 안정적 생활과 복지국가의 지속가능한 생존을 위한 필수적 전제로 자리하게 되었다. 실제로 남성일인생계부양자가구의 빈곤율이 남녀이인생계부양자가구의 빈곤율보다 적게는 두 배에서 많게는 6배에 이르고 있다는 것(Esping-Andersen, 2002a)과 발전된 복지국가에서 여성의 노동시장 참여율이 높다는 것은 왜 여성의 노동시장 참여가 복지국가의 성패를 좌우하는 핵심적 과제인지를 역설하고 있다.

그러나 여성의 노동시장 참여는 여성에게 부과되는 가족 내 돌봄 책임의 사회화 없이는 쉽지 않다. 실제로 많은 연구들은 불충분한 돌봄 노동의 사회화를 남성에 비해 상대적으로 낮은 여성 노동참여율의 원인으로 인식하고 있다. 실제로 네덜란드에서는 공적보육시설의 부족이 낮은 여성의 노동시장 참여율의 원인으로 지목되고 있다(Daly and Rake, 2003). 물론 점증하는 여성의 노동시장 참여율은 공적 보육시설이 확대되기 이전에 나타난 현상이었다. 스웨덴에서도 공적 보육시설의 확대는 이미 여성 노동시장 참여율이 일정 수준으로 높아진 이후에야 이루어졌다(Nyberg, 2004). 또한 영국과 미국의 경우를 보면 공적보육시설의 확대 없이도 상대적으로 높은 수준의 여성 노동시장 참여율을 기록하고 있다. 이렇게 보면 돌봄 책임의 사회가 여성의 노동시장 참여를 높인 것이기보다는 높은 여성의 노동시장 참여가 아동보육의 확대를 요구한 것으로 보인다. 이렇듯 아동보육과 여성의 노동시장 참여는 알이 먼저인지, 닭이 먼저인지의 논쟁이기는 하지만 분명한 것은 (공적)보육시설의 확대가 대부분의 사회에서 여성이 노동시장에 참여할 수 있게 하는 필수적 전제가 되고 있다는 점이다. 더욱이 질 높은 아동보육시설의 확대는 단순히 여성의 노동시장 참여를 높일 뿐만 아니라 지식기반사회가 요구하는 높은 수준의 인적자본을 가진 시민을 길러내는 출발점이라는 점에서 가족정책의 핵심과제 중 하나다.

이렇듯 돌봄의 사회화는 가족정책의 핵심적 과제인 것이다. 그러나 돌봄의 사회화가 현재 요구되는 모든 돌봄 필요에 부응한다고 할 수는 없다. 설령 보육시설이 하루 10시간에서 12시간씩 운영된다고 해도 아동은 여전히 절반이 넘는 시간을 가족 내에서 보내야 한다. 또한 독일과 같은 국가에서는 아동보육시설의 대체재로서 부모가 직접 아동을 양육하도록 지원하고 있기도 하다. 이처럼 돌봄은 복지국가의 핵심 과제로 등장한 것은 사실이지만 돌봄 과제를 돌봄의 사회화 방식으로 풀어갈지, 아니면 가족화 방식으로 풀어갈지에 대해서는 여전히 일치된 이해가 없다. 또한 돌봄의 사회화와 가족화는 반드시 상호배제적인 정책원리가 아닐 수도 있다. 이러한 문제의식을 바탕으로 본 분석에서는 OECD 주요 국가의 가족정책을 돌봄의 사회화(탈가족화)와 가족화의 관점에서 분석했다. 제4장에서 검토한 정의에 근거해 탈가족화는 가족 내 돌봄의 필요를 사회화시켜 가족의 돌봄 부담을 완화하는 정책으로 정의했다. 가족화는 가족 내 돌봄의 필요에 대해 부모가 직접 아동을 돌볼 수 있도록 지원하는 정책으로 개념 정의했다.

이러한 개념에 근거해 본 분석은 복지국가 가족정책의 유형을 <표 7-1>에서 보는 것과 같이 4가지 유형과 한 개의 국가군으로 유형화했다. 시장형은 국가에서 가족화 정책에 대한 지원도 사회화 정책에 대한 지원도 적극적으로 이루어지지 않는 경우다. 이들 국가의 특징은 돌봄과제를 시장기제에 맡기고 있다는 점이다. 대표적인 국가로는 미국, 영국 등이 있다. 가족화우선형은 탈가족화(사회화) 정책에 비해 가족화 정책을 선호하는 경우이다. 가족화 우선형 국가들은 가족 내 돌봄에 대한 지원을 탈가족화에 대한 지원보다 우선한다. 독일과 오스트리아가 이 유형에 속하는 대표적 국가들이다. 그러나 독일의 경우 최근 여성의 노동자성에 대한 인식이 확대되고, 육아휴직(부모휴가)과 같은 가족정책의 노동시장 연계가 강화되고 있다는 점에서 전통적인 가족화 우선형인 오스트리아와는 상이한 모습을 보이고 있다. 독일은 전형적인 가족화우선형에서 벗어나고 있는데 반해 오스트리아는 오히려 그 특성이 강화되고 있어 두 국가를 하나의 범주로 묶는 것은 논란의 여지가 있다. 다음으로 탈가족화・가족화병행형은 가족과 여성에게 이중적 동기를 부여하는 국가들이다.

한편에서는 탈가족화 정책을 강화하지만 다른 한편에서는 선택의 자유라는 명분으로 가족화 정책을 강화한다. 모순적이지만 두 정책 모두 일정 수준에서 확대가 이루어진 국가들이다. 대표적인 국가로는 프랑스와 벨기에가 있다. 탈가족화우선형은 가족화우선형과는 반대로 탈가족화 정책이 돌봄정책의 근간을 이루고 있으며, 가족화 정책은 탈가족화 정책을 보완하는 수준에서 배치된다. 스웨덴과 덴마크가 대표적 사례이다. 마지막으로 미발달형은 현재 복지확대 수준이 일천해 어떤 유형으로도 분류하기 적절하지 않은 유형이다. 즉, 탈가족화 또는 가족화 두 측면 모두에서 유의미한 확대가 없으며, 시장형 국가들보다도 국가의 책임정도가 낮은 국가들이다. 그렇다고 돌봄과제를 해결하기 위해 시장이 충분히 발달하지도 않았다. 대표적인 국가로는 한국과 그리스가 있다.

〈표 7-1〉 **가족정책의 유형 : 돌봄 과제를 중심으로**

가족정책 유형	특 징	해당 국가
시장형	돌봄의 가족화와 탈가족화 모두 국가의 역할은 미비함. 대신 시장이 돌봄의 사회화의 주된 방식으로 자리함	미국, 영국, 캐나다, 뉴질랜드 등
가족화 우선형	• 돌봄의 사회화보다는 돌봄의 가족화에 상대적으로 관대한 지원을 하고 있는 사회 • 가족화우선형에서는 가족화 정책이 탈가족화의 대체재로 위치됨	독일, 오스트리아 등
가족화 · 탈가족화 병행형	• 돌봄의 가족화와 사회화 모두에서 국가의 지원이 이루어지고 있음 • 여성의 사회적 수급권은 모성과 노동자성 양자에 근거하고 있음	프랑스, 벨기에, 네덜란드 등
탈가족화 우선형	돌봄의 가족화 정책은 돌봄의 탈가족화 정책을 보완하는 위치에 있음	스웨덴, 덴마크 등
미발달형	돌봄의 사회화와 가족화를 위한 충분한 정책확대가 이루어지고 있지 않는 국가	한국, 그리스 등

3) 국가 간 정책비교의 한계

국가 간 가족정책을 비교하는 것은 매우 어려운 일이다. 가장 근본적인 문제는 분석대상 국가의 정확한 정책내용을 반영하는 자료를 구하기 어렵다는 점이다. 자료접근이 제한되어 있기도 하겠지만 일부는 자료가 생성조차 되지 않았기 때문이다. 여러 가지 어려움 중에서도 고티에(Gauthier, 1993, Davaki, 2003 재인용)는 4가지를 지적하고 있다. 첫째는 여러 국가의 현물급여와 현금급여를 비교할 만한 적절한 자료가 없다는 점이다. 예를 들어, OECD SCOX Data의 가족부분 자료 중 아동돌봄과 관련된 부분을 보면 호주의 경우 "Childcare Support"라는 항목으로 지출이 구성되어 있는데, 오스트리아의 지출항목을 보면 "Childcare Support"라는 항목은 없고, "Child day care"라는 항목이 이를 대신하고 있다. 또한 미국의 경우 실제 부모휴가는 없고 "Family Medical Leave(가족간호휴가)"라는 제도가 이를 대신하고, 벨기에는 경력휴가(Career Break)라는 제도가 부모휴가를 대신한다. 그러나 이 두 제도는 아동양육을 위해서뿐만 아니라 다른 목적을 위해서도 사용될 수 있는 제도로, 이들 제도를 부모휴가제도와 직접 비교하는 것은 적절하지 않다. 둘째, 비교하고자 하는 정책과 제도의 대상과 이용비율이 누락되어 있다는 점이다. 예를 들어, 한국의 경우 육아휴직(부모휴가)은 OECD 국가들과 비교하면 중간정도의 수준이다. 그러나 제도의 대상이 고용보험 가입자로 제한되어 있고, 설령 고용보험의 가입자라 하더라도 상당수가 이용하지 않고 있다. 이러한 상황이 감안되지 않고, 한국제도를 다른 OECD 국가들과 제도의 형식만으로 비교하면 한국 부모휴가는 실제보다 과대평가되는 문제를 야기하게 된다. 셋째, 가족정책의 상당 부분은 지방정부가 중심적 역할을 담당하고 있다. 그러나 지방정부의 역할은 국가 간 정책비교에서 대부분 누락된다. 설령, 지방정부의 역할에 대한 자료가 있다고 해도 각 지방정부마다 상이한 제도 특성을 국가 간 비교에서 반영하기란 쉽지 않다. 예를 들어, 미국의 가족간호휴가는 무급이지만 캘리포니아의 경우 모성휴가에 대해 임금대비 60%의 급여를 6주 동안 지급하고 있다(OECD, 2007). 그러나 국가 간 비교에서 미국의 모성휴가는 무급으로 기록된다. 넷째, 정부뿐만 아니라 민간의 역할이 중요한 경우가 있는데 이 또한 국가 간 비교에서는 누락되어 있다. 네덜란드의 부모휴가는 무급이지만 단체협약에 의해 일부 이용자들은 급여를 받고 있다. 이처럼 가족정책을 비교한다는 것은 매우 어려운 작업이다. 그러므로 가족정책을 국가 간 비교할 때 우리는 일정 정도의 오류를 감수할 수밖에 없다.

4) 아동양육과 관련된 휴가제도의 개괄

가족정책의 유형을 논의하기에 앞서 선행되어야 할 것은 각각의 제도에 대한 이해다. 앞서 고티에가 언급한 것과 같이 국가 간 가족정책의 비교는 매우 어려운 과제이기 때문에 제도를 구분할 수 있는 개념정의가 선행될 필요가 있다. OECD(2007 : 105)에 따르면 모성휴가(Maternity leave 또는 Pregnancy leave)는 고용보장을 전제로 여성근로자에게 출산 또는 입양을 전후로 부여되는 휴가이다. ILO는 최소한 14주의 모성휴가를 보장할 것을 제안하고 있고, 대부분의 OECD 국가들에서 모성휴가기간 동안 임금을 대체하는 급여를 제공하고 있다. 부성휴가(Paternity leave)는 배우자 출산 시 남성(아버지)에게 부여되는 고용이 보장된 휴가이다. 대체로 모성휴가보다는 기간이 짧고, 대부분 100%의 임금을 보존해주고 있다. 부모휴가(Parental leave)는 모성휴가 또는 부성휴가에 이어서 사용할 수 있는 휴가이다. 부모휴가의 자격은 개인권리로 주어지지만 공적 소득지원은 종종 가족단위로 지급된다. 시간제 사용 등 예외적인 경우를 제외하고 부모가 동시에 휴가를 이용할 수 없다. 가정양육휴가(Home-care leaves)는 자녀가 3세가 될 때까지 자녀를 돌보기 위한 목적으로 휴가가 주어진다는 점에서 부모휴가의 다양한 형태 중 하나로 이해될 수 있다. 그러나 휴가 이용 전 고용을 전제하지 않는다는 점에서 부모휴가와 차이가 있다. 노르웨이와 핀란드의 경우 공적 보육시설을 이용하지 않는 조건으로 가정양육휴가 이용권리가 부여된다. 급여는 부모 중 한 명이 가정에 있을 때 가족소득을 지원하거나 사적 돌봄을 구매할 경우 지원하는 것을 목적으로 지급되고 있다(OECD, 2007). 아동간호휴가(Short-term leave to care for sick children)를 모성휴가, 부성휴가, 부모휴가, 가정양육휴가와 별도로 제도화한 경우도 있다.

아동간호휴가의 목적은 자녀가 아플 경우 가정에서 자녀를 간호하기 위해 휴가를 사용할 수 있는 권리를 부여한 제도이다. 노르웨이와 스웨덴의 경우 법률에 의해 아동간호휴가의 권리를 보장하고 있다. 스웨덴에서는 의사의 확인서가 있는 경우 아픈 아동당 연간 60일간을 이용할 수 있다. 그러나 아동간호휴가는 부모휴가나 모성휴가와 같이 OECD 국가들에서 보편적으로 제도화된 휴가제도는 아니다. 마지막으로 5장에서 자세히 살펴본 아버지할당제는 부모휴가제도가 여성의 전통적 성역할을 강화하는 역할을 한다는 비판에 대한 대안으로 제도화된 정책이다. 왜냐하면 부모휴가의 대부분을 여성이 이용하고 있기 때문이다. 실제로 스웨덴과 노르웨이를 제외한 대부분의 국가에서 부모휴가 이용자의 절대다수(90% 이상)는 여성이다. 이러한 문제를 개선하기 위해 부모휴가기간 내에 배우자에게 양도할 수 없는 특정 휴가기간을 아버지와 어머니에게 각각 부여하고 만약 아버지와 어머니가 해당 기간을 이용하지 않을 경우 자동으로 소멸하도록 제도를 설계하고 있다.

2. 가족정책의 유형과 특성

1) 돌봄의 탈가족화 정책

(1) 시장형 : 미국, 영국

주류 복지체제 유형화에서 미국, 영국, 호주는 자유주의 복지국가로 분류된다. 사회보험 영역에서 영국이 가지는 보편적 특성으로 인해 다른 자유주의 복지국가들과 같은 체제로 구분하는 것에 의문이 제기되기도 하지만 영국복지에서 시장의 역할이 증대되고 있다는 점은 영국을 자유주의 복지국가로 분류한 근거가 된다. 특히 돌봄의 사회화 정책에서 영국은 지속적으로 국가의 책임을 축소하는 노력을 진행했다. 실제로 앤토넨(Anttonen, 2006)은 영국에서 국가는 공적 서비스 제공에 책임이 있는 것으로 가장하고 있지만 적극적으로 국가의 역할과 공적 서비스의 축소를 추진했다고 주장한다. 1980년대 이전 국가의 역할은 북유럽 사민주의 국가들과 유사했지만 1980년대 이후 잔여주의 체제로 전환되었다. 다만, 1997년 신노동당의 집권 이후 일부 변화가 감지되고 있다. 1997년 신노동당이 집권하기 전까지 아동보육은 사적인 문제로 간주되었다(Taylor-Gooby and Larsen, 2004). 그러나 1997년 신노동당의 집권 이후도 아동보육에 대한 공적 지원은 제한적 범위 내에서 이루어졌다. 현상적으로는 3세 이상 아동의 보육시설 이용비율이 증가하고 있지만, 반일제에 그치고 있고 3세 미만의 경우 주요한 정책대상이 되고 있지 않다(Taylor-Gooby and Larsen, 2004).

영국이 3세 이상 아동에 대한 공적 책임을 부분적으로 강화했다면 미국에서 국가의 개입은 매우 제한적이다. 소수 극빈층을 제외한 대부분은 시장에서 보육서비스를 구매하고 있다. 단순히 시장에서 보육서비스를 구매한다는 것이 문제이기보다는 시장에서 구입하는 서비스의 질이 매우 낮다는 점이다. 또한 가장 보육서비스가 필요한 저소득 계층들은 정작 보육서비스를 시장을 통해 구입할 능력이 없다. 실제로 저소득층 아동의 10%가 가정에서 홀로 방치되거나 질 낮은 비공식적 서비스를 이용해 아동을 단순히 TV 앞에 앉혀 놓는 실정이다(Esping-Andersen, 1999).

보육비율만을 놓고 보면 이들 국가들의 상황은 북유럽 국가들을 제외하고는 가장 양호한 상황이다. 그러나 앞서 언급했듯이 돌봄의 탈가족화의 과제는 단순히 돌봄의 책임을 탈가족화시키는 것에 있는 것이 아니라 탈가족화 질의 보장이 수반되어야 한다. 에스핑-앤더슨(Esping-Andersen, 2002b)의 주장처럼 이들 국가들은 보편적이고 질 높은 보편적 보육서비스의 부재로 불평등과 양극화의 확대재생산과 빈곤의 대물림만이 기다리고 있을지 모른다.

〈표 7-2〉 **돌봄 사회화 지원정책(공적 아동보육 비율)**

국 가	0~2세	3세~취학 전	GDP 지출
오스트리아	4.1	73.7	0.5
벨기에	38.5	99.6	0.8
덴마크	61.7	89.7	2.1
프랑스	26.0	100.0	1.2
독 일	9.0	80.2	0.4
그리스	7.0	70.6	0.2
한 국	19.9	71.5	0.1
스웨덴	39.5	86.6	1.7
영 국	25.8	80.1	0.6
미 국	29.5	61.0	0.3

출처 : OECD(2007). Social Expenditure 1980-2003. OECD Family database. OECD(2006). Starting Strong II : Early Childhood Education and Care. OECD. OECD(2005). Babies and

Bosses : Reconciling Work and Family Life. Volume 4, Canada, Finland, Sweden and the United Kingdom. OECD. OECD(2007). Babies and Bosses : Reconciling Work and Family Life. A Synthesis of Findings for OECD Countries. OECD.

(2) 가족화우선형 – 오스트리아와 독일

아동 돌봄에 대한 기혼여성의 돌봄 책임을 강조하고 있는 오스트리아에서 공적 아동보육시설 확대에 대한 사회적 관심은 낮은 편이다(Strell and Duncan, 2001; Morgan and Zippel, 2003). 아동 돌봄은 여전히 사적인 문제로 남아 있어 가족중심적인 돌봄 모형으로 분류되고 있다(Haas, 2003). 특이한 점은 다른 유럽 국가들과 달리 좌파조차 "여성이 아동양육을 선호한다"는 명제에 동의하고 있다는 점이다(Morgan and Zippel, 2003). 그러나 1990년대 이후 주목할 만한 변화는 새로운 사회권의 일환으로 아동보육권리가 이해되고 있다는 점이다(Pfau-Effinger, 2006). 실제로 3세부터 6세 아동의 보편적 권리가 선언되었다. 다른 복지영역에서 국가의 역할이 축소되는 것과 대조적인 현상이라고 할 수 있다. 그러나 이러한 변화에도 불구하고 3세 미만 아동에 대한 보육시설은 여전히 부족한 것으로 나타나고 있다. <표 7-3>에서 보여주듯 3세 미만 아동의 보육율은 4.1%에 그치고 있다. 1998년 기준으로 대략 14만 개의 보육시설이 부족한 것으로 평가되고 있다(Strell and Duncan, 2001).

독일의 경우도 오스트리아와 같이 3세 이하의 아동은 집에서 돌봐야 한다는 관념이 지배적인 사회이다(Morgan and Zippel, 2003). 실제로 1986년 기민당과 자유당 연합정부에서는 부모휴가를 도입함으로써 3세 미만 아동에 대한 보육시설 확대를 좌절시켰던 역사적 경험이 있다(Scheiwe, 2000). 즉, 독일에서 가족화 정책인 부모휴가에 비해 아동보육시설의 확대는 대중적 지지를 받는 정책이 아니었다. 그러나 최근 변화가 목격되고 있다. 재정적 이유로 1996년에서 99년으로 연기되기는 했지만 3세 이상 아동에 대한 보편적 보육권리를 제도화했다(Aust and Bönker, 2004). 이로 인해 1996년 이후 3세 미만의 자녀를 둔 여성의 고용율이 7.5%포인트나 상승했다. 하지만 문제는 여전히 남아 있다. 3세 이상 보육은 반일제이며, 유치원은 매일 열지 않는다(Anttonen, 2006). 1996년 보편적 권리가 도입된 이후에도 아동보육시설은 하루 6시간만 운영하고 있다(Knijn and Ostner, 2002). 또한 3세 미만 아동에 대한 공적 양육시설의 확대계획은 없고, 그나마 있는 것도 3개의 대도시에 60% 이상이 편중되는 모습을 띠고 있다(Pettinger, 1993).

(3) 가족화 · 탈가족화병행형 – 프랑스와 벨기에

주류 복지국가 논의에서 보수주의 국가로 분류되는 프랑스와 벨기에는 다른 유럽대륙의 보수주의 복지국가들과 달리 오랜 공적보육의 전통을 갖고 있다(Leitner, 2006). 먼저 프랑스의 돌봄 사회화 정책을 보면 1880년대부터 이미 아동에 대한 조기교육이 시작되었다(Morgan, 2002). 1980년대 말과 1990년대 초 경제위기 시에도 유치원에 대한 국가의 역할은 변화하지 않았고, <표 7-3>에서 보듯 이미 100%의 아동이 유치원을 이용하고 있었다. 그러나 중요한 특성은 3세 이상 아동에 대한 보편적 보육형태가 돌봄의 사회화, 일과 가족생활 양립과 같은 젠더이슈와는 관계없이 프랑스 공화주의의 목적을 달성하기 위해 이루어졌다는 점이다. 반면 경제위기 이후 영아보육시설(Crèche)은 심각한 타격을 입게 된다. 미테랑 정부는 막대한 재정지출이 요구되는 3세 미만 아동에 대한 보육시설 대신 다른 영아보육형태에 대해 관심을 돌리게 된다(Jenson and Sineau, 2003).

1986년 부모(고용주)가 보모를 고용해 자신의 집에서 아동을 돌볼 수 있게 하는 AGED가 제도화된다. 국가는 고용주가 납입해야 하는 사회보험기여금을 면제해줌으로써 AGED를 이용하는 부모에 대한 재정적 지원을 했다. 양육비용과 조세지원을 통해 1990년에는 보육시설이 아닌 다른 가정에서 아동을 보육할 수 있는 AFEAMA도 제도화한다(Fagnani, 1998). 또한 1994년에는 아동양육수당(APE)을 두 자녀가 있는 모에게 확대함으로써 저소득 여성이 노동시장에 참여하지 않고 직접 가정에서 아동을 양육할 수 있도록 지원했다[3]. 결국 부모의 아동양육에 대한 자유로운 선택을 보장한다는 명목으로 공적 보육시설 이외의 다양한 정책들을 제도화 했다. 이로 인해 프랑스에서 아동양육형태는 계층에 따라 상이한 모습을 갖게 된다(Sabatineli, 2006). 저소득층은 APE, 중산층은 Crèche, 중상층은 AFEAMA 또는 AGED를 이용하는 형태로 계층화되었다(Fagnani, 1998).

벨기에에서 3세에서 5세 아동에 대한 보육은 상대적으로 잘 발달되어 있는데 반해 영아보육(2세 미만)은 보편적이지 않다(Leitner, 2003). 3세 이상 취학 전 아동에 대한 보편적 보육은 부모의 일과 가족생활 양립을 돕기 위해서라기보다는 프랑스와 같이 조기교육이 주된 목적이다(Morel, 2007). 영아에 대한 보육시설(Crèche)은 1960년대 말에서 70년대 초에 시작되었는데 출발 당시부터 저소득층을 위한 시설로 인식되었다(Leitner, 2003). 그럼에도 불구하고 1970년대와 80년대 초 급속히 확대되던 영아보육시설은 80년대에 들어서 중단되고 이후 사적 돌봄을 지원하는 형태로 전환하게 된다. 이러한 정책변화는 당시의 재정적 어려움도 중요한 역할을 했지만 바람직한 아동 돌봄은 비록 친모가 직접 아동을 돌보지 않는다고 해도 어머니(대리모)가 돌보는 것이 최선이라는 벨기에 사회의 믿음에 근거하고 있다(Kremer, 2002).

3) 2001년부터 APE는 저소득층 여성이 일자리를 찾는 것을 돕기 위해 첫 두 달 동안은 임금노동을 하면서 APE를 수급 받을 수 있도록 개혁되었다(Paler and Mandin, 2004). 노동시장에 참여하지 않는 조건을 APE로 제도화했던 것과 비교하면 커다란 전환이라고 할 수 있다.

(4) 탈가족화우선형 – 스웨덴과 덴마크

<표 7-2>에서와 같이 탈가족화우선형의 스웨덴과 덴마크의 아동보육비율은 상당히 높은 수준이다. 특히 덴마크에서 3세 미만 아동에 대한 보육비율은 60%를 넘고 있는데 이는 상대적으로 짧은 아동양육 휴가와 관련이 있다. 상대적으로 짧은 부모휴가는 여성의 노동시장 복귀를 위해 아동보육시설의 확대를 필수적 전제로 요구하기 때문이다. 덴마크와 스웨덴의 아동돌봄사회화 정책의 가장 중요한 특성은 아동양육에 대한 사회적 책임을 강조하고 있다는 점이다(Sainsbury, 1996; Kvist, 1999). 1960년대부터 두 국가에서 아동보육시설의 확대는 여성의 강한 노동자성과 밀접한 관계를 갖는다(Pylkkänen and Smith, 2004; Leria, 1993). 더불어 덴마크와 스웨덴에서는 다른 국가들과 달리 아동보육시설이 유아기 아동의 인지능력 발달에 긍정적이라는 사회적 믿음이 강했고, 이는 국가가 아동보육시설 확대에 적극적일 수 있는 근거가 되었다(Emerek, 1998). 특히 이들 두 국가는 아동보육시설의 대체재적 성격을 갖는 아동양육수당을 제도화하지 않았다.

그러나 공적 보육시설이 아동돌봄사회화 정책의 중심인 이들 국가에서도 변화의 바람이 일고 있다. 아동보육시설의 민영화가 진행되고 있다. 직접 부모가 아동을 돌보거나 민간시설을 이용하는 경우가 늘고 있다(Borchorst, 2002). 물론 이러한 변화가 공적 보육을 대신하는 것이라기보다는 보완하는 성격을 갖고, 비영리조직이 중심이 된다는 점에서 차이가 있지만 분명한 것은 아동양육형태의 다양성이 확대되고 있다는 점이다. 더불어 이들 국가들에서 아동보육의 주 목적이 변화하고 있다(Nyberg, 2004). 아동돌봄은 돌봄노동의 사회화와 같은 젠더과제에서 아동에 대한 인적 자원 확대과제로 전환되고 있다. 더 이상 아동보육의 목적이 여성의 노동시장 참여를 위한 돌봄노동의 사회화만이 아니라는 점이다(윤홍식, 2007e).

(5) 미발달형 – 한국과 그리스

가족화우선형의 오스트리아와 독일과 같이 그리스도 복지에서 가족의 역할이 매우 중요하다(Moreno, 1998). 여성은 여전히 노인과 아동의 주요 돌봄 제공자로 인식되고 있다. 돌봄의 사회화정책과 고용정책의 연관성이 낮아 전통적 성역할은 여전히 강하게 남아 있고, 여성의 노동시장 참여 또한 제한적이다(Minguez, 2003). 반면 다른 국가들과 같이 3세 이상 취학 전 아동에 대한 보육비율은 조기교육과 관련되어 상대적으로 높은 비율을 보이고 있다. 그러나 전통적 성역할이 지배적인 사회에서 3세 미만 아동에 대한 보육비율은 가족화우선형과 같이 매우 낮고 아동보육에 대한 GDP 대비 지출비율도 0.2%에 그치고 있다.

한국도 그리스와 유사한 모습을 보이고 있다. 다만, 3세 미만 아동보육의 경우 지속적으로 증가하고 있다. 실제로 3세 미만 아동에 대한 보육비율은 가족화우선형의 오스트리아와 독일, 같은 미발달형인 그리스보다 높다. 2002년 2,103억에 불과하던 보육예산은 2008년 1조 4천 억으로 무려 7배가 증가했다(보건복지가족부, 2008). 이러한 경향이 지속적으로 유지된다면 한국의 아동돌봄의 탈가족화 수준(현상적인 측면에서)은 지속적으로 높아질 것으로 추정된다. 이러한 변화는 한국사회의 이중적 모습에 근거한다. 내재적으로는 여성의 성역할에 대한 전통적 관념은 여전히 강하게 남아있음에도 불구하고 가구의 경제적 필요에 의해 여성의 노동시장 참여를 적극적으로 반대하지 않는 모순적 모습을 보이고 있다. 한국에서 탈가족화 정책의 특징은 공적 보육시설을 중심으로 이루어지기보다는 민간시설에 대한 공적 지원이라는 방식을 통해 이루어지고 있다. 그리고 아직까지 아동보육에 대한 보편적 권리는 제도화되지 못하고 있다.

2) 돌봄의 가족화 정책[4)]

(1) 모성휴가

먼저 시장형을 보면 미국은 12주의 모성휴가를 제도화하고 있으며 급여는 원칙적으로 무급이다. 자격요건은 12달 동안 고용상태에 있어야 하고 적어도 1250시간을 일했을 경우 모성휴가의 자격이 주어진다. 다만, 캘리포니아주의 경우 임시장애보험(Temporary Disability Insurance)을 재원으로 6주간 임금의 60%(최대 주당 728USD)를 보존해주고 있다. 영국은 OECD 국가들 중 가장 긴 52주의 모성휴가를 보장하고 있다. 모성휴가 자격은 자녀출산 15주 전까지 최소 26주를 계속해서 고용상태에 있어야 한다. 최대 유급휴가 기간은 26주이며, 고용주가 지급할 의무가 있다. 다만, 고용주는 최소 92%의 휴가지급액을 되돌려 받는다. 처음 6주 동안은 90%의 임금을 보존해주는데 반해 나머지 기간은 주당 154유로, 임금이 낮은 경우는 90%의 임금을 보존 받는다.

가족화우선형의 경우를 보면 오스트리아는 원칙적으로 16주의 모성휴가를 보장해주고 있다. 다만, 의료적 필요가 인정되는 경우에 한해 20주까지 모성휴가를 이용할 수 있다. 자격조건은 없으며 모든 임금근로자가 대상이다. 국가에서 운영하는 사회보험을 통해 급여수준은 임금의 100%를 보존해주고 있다. 독일은 기본적으로 14주의 모성휴가를 보장하고 있으며, 쌍둥이를 출산할 경우 18주를 보장해주고 있다. 자격요건은 사회보험의 피보험자이다. 사회보험과 고용주로부터 출원된 재원을 통해 휴가기간 동안 100%의 임금을 보존해주고 있다.

---

4) 아동양육과 관련된 휴가정책의 구체적 내용은 OECD(2007) 자료를 바탕으로 작성되었다. OECD(2007). Babies and Bosses : Reconciling Work and Family Life. A Synthesis of Findings for OECD Countries. OECD.

가족화・탈가족화병행형을 보면 프랑스는 첫째와 둘째 자녀에 대해서는 16주의 휴가를 보장해주고 있고, 셋째 자녀를 출산한 경우 26주를 보장해준다. 최소한 10달 동안 사회보험에 기여금을 납입한 경우 자격이 부여된다. 급여수준은 임금의 100%를 최대 2,432EUR까지 지급하고 있다. 재원은 사회보험을 통해 조달된다. 벨기에는 15주간의 모성휴가를 제도화하고 있고, 쌍둥이를 출산할 경우 17주까지 보장해 준다. 프랑스와 마찬가지로 사회보험에 가입한 여성을 대상으로 자격을 부여한다. 사회보험으로부터 출연되는 급여는 처음 30일 동안은 82%의 임금을 보존해주고 있고, 30일 이후부터는 75%의 임금을 보존해주고 있다.

탈가족화우선형인 스웨덴과 덴마크의 모성휴가를 보면 스웨덴은 7주간의 모성휴가와 부모휴가로부터 60일간을 추가적으로 보장해주고 있다. 자격은 모든 부모가 이용이 가능하다. 재원은 국가로부터 출연되며 최대 80%의 임금을 보장해주고 있으며 최소급여는 하루당 19EUR이다. 덴마크는 18주간의 휴가를 제도화하고 있고, 최소 6주간 거주해야 자격이 부여된다. 100%의 임금을 보존해주고 있고, 최대 급여는 주당 3,115DKR이다. 재원은 고용주로부터 출연되고 있다.

한국은 13주 동안을 모든 임금근로자에게 100%를 보장하고 있다. 재원은 고용보험과 사업주로부터 출연된다. 고용보험에 6개월 이상 가입여성을 대상으로 산전후휴가급여를 지급하고 있다. 그러나 상당수의 여성노동자가 비정규직 종사자로 고용보험의 사각지대에 있다는 점을 고려하면 상대적으로 소수의 여성에게만 완전한 모성휴가의 이용권리가 부여된다. 그리스는 모성휴가 이용 전 2년 동안 200일 이상을 취업한 경우 자격을 부여하고 있다. 100% 임금을 지급하고 있으며, 재원은 사회보험과 고용주로부터 출연된다.

〈표 7-3〉 돌봄 가족화 지원정책

구 분	모성휴가		부성휴가		부모휴가	
	최대기간	급여수준	최대기간	급여수준	최대기간	급여수준
미 국	12주	무급	na	na	12주	무급
영 국	52주	90%	2주	정액/ 90%	13주	무급
오스트리아	16주	100%	na	na	2년	정액(31%)
독 일	14주	100%	na	na	1년	67%
프랑스	16주	100%	2주	100%	3년	정액(27%)
벨기에	15주	82%	10일	100%	3개월	정액(25%)
덴마크	18주	100%	2주	90%	32주	90%
스웨덴	7주+60일	80%	10일	80%	480일	80%
그리스	17주	100%	3일	100%	3.5개월	무급
한 국	13주	100%	3일	무급	1년	정액(18%)

출처 : OECD(2007). Babies and Bosses : Reconciling Work and Family Life. A Synthesis of Findings For OECD Countries. OECD.

(2) 모성수당과 모성(출산)장려금

모성휴가와는 별도로 모성수당과 모성장려금(Grant)을 제도화하고 있는 국가들도 있다. 호주는 3,040USD의 모성장려금을 지급하고 있다. 오스트리아는 법률에 의해 모성휴가 자격을 부여받지 못하는 여성들을 위해 모성수당을 제도화하고 있다. 주 대상은 농업, 판매직 등의 자영업자들과 시간제, 계약직 등 비정규직 근로자들이다. 급여수준은 자영업자의 경우 일 23유로를 16주 동안 다른 대체인력을 고용한다는 조건으로 지급하고 있다. 비정규직 근로자에게는 일 6.91유로를 16주 동안 지급하고 있다. 영국은 모성휴가의 대상으로부터 배제된 임금근로자와 자영업자를 대상으로 모성수당을 26주 동안 평균주급의 90%를 지급하고 있다. 또한 출산 시 부 또는 모에게 728유로의 장려금을 지급하고 있다. 벨기에도 자영업 여성들을 위해 매월 889유로를 모성수당 명목으로 3개월 동안 지급하고 있다. 벨기에는 모성장려금도 지급하는데 첫째 아동에 대해서는 945유로를, 둘째 아동부터는 711유로를 출산 시 지급하고 있다. 프랑스는 모성수당은 없으며, 모성장려금을 출산 시 지급하는데 154일 이상 임신한 여성에 대해 출산 시 필요한 용품 또는 140유로를 지급하고 있다. 독일은 모성휴가의 대상이 아닌 여성을 위해 모성수당을 월 210유로 지급하고 있다. 또한 모성휴가 대상자에 대해 모성장려금을 지급한다.

(3) 부성휴가

미국, 오스트리아, 독일은 법률에 의해 보장되는 부성휴가가 없다. 다만, 오스트리아의 경우 단체협약에 의해 사업장별로 하루 또는 이틀간의 휴가가 제공되는 경우가 있다. 영국의 부성휴가는 모성휴가와 동일한 자격을 요구하고 있으며 2주간의 휴가를 제도화하고 있다. 주당 100파운드 또는 (임금이 낮을 경우) 90%의 임금을 보존해주고 있다. 벨기에는 고용을 전제로 10일간의 부성휴가를 자녀출산(또는 입양) 후 30일 내에 사용할 수 있다. 3일 동안은 고용주가 100%의 임금을 지급하고, 나머지 기간은 건강보험에서 82%의 임금을 보존해준다. 프랑스도 고용을 전제로 2주간(쌍둥이 출산일 경우 3주간)을 보장해 준다. 처음 3일 동안 100%의 임금을 보존해주고 있다. 덴마크는 2주간의 휴가를 보장해주고, 90%의 임금을 지급한다. 스웨덴은 자녀출산 후 60일 내에 10일간의 휴가가 가능하며, 모의 모성휴가기간과 겹쳐서 사용할 수가 있다. 급여는 80%의 임금을 보존해주고 있다. 그리스는 3일 동안 100%의 임금을 보존해주고 있다. 한국은 최근에 법률로 보장되는 부성휴가를 제도화했으며 무급 3일을 보장하고 있다(2011년 현재 유급 5일 휴가를 검토하고 있다).

(4) 부모휴가(육아휴직)

미국은 배우자, 아동, 부모 등이 심각한 건강문제가 있는 경우 가족간호휴가(Family Medical Leave)를 이용할 수 있다. 가족간호휴가의 이용사유로 아동에 대한 돌봄을 포괄하고 있어 국제비교에서 가족간호휴가를 부모휴가로 간주하고 있을 뿐이다. 12주를 보장하고 있으며 무급이다. 영국은 13주간의 무급 부모휴가를 제도화하고 있다.

오스트리아는 각각의 부모가 2년 동안 부모휴가를 이용할 수 있다. 한부모가 시간제로 근로할 경우 4년간 가능하며, 양부모가구의 경우 부모 모두가 시간제로 근무할 경우 4년간 이용이 가능하다. 자녀 출생 3개월부터 만 7세가 되는 기간 동안 이용할 수 있다. 정해진 부모휴가기간보다 적은 기간을 이용할 경우 일 14.53유로를 지급하며, 임금수준과 관계없이 년간 14,600유로를 정액으로 지급한다. 부모휴가 이용에 있어 아버지는 어머니의 휴가권리에 우선해 최소 3개월간 연속적으로 휴가를 이용할 권리를 보장한다. 독일은 2007년 부모휴가 개혁을 통해 아동당 3년씩 부모 각각에게 보장되던 부모휴가기간을 14개월로 축소하면서 부모 각각에게 배우자에게 이전이 불가능한 2개월간 할당기간을 도입했다(Leitner, 2006; Morel, 2007). 더불어 자산조사에 근거하던 구 부모휴가급여는 임금소득의 67%를 보존하는 신부모휴가급여(Elterngeld)로 대체되었다. 최소급여수준은 월 300유로이고 최대 급여는 월 1,800유로이다.

벨기에는 각각의 부모에게 아동당 3개월의 부모휴가를 자녀가 만 4세(장애자녀인 경우 8세까지) 될 때까지 보장하고 있다. 만약 부모가 시간제로 근로할 경우 6개월의 이용이 가능하고, 정규근로시간의 80%만 시간제로 일할 경우 15개월의 휴가를 보장하고 있다. 분할이용도 가능하다. 전일제로 이용할 경우 월 537유로, 시간제로 일할 경우 268유로를 지급하고 있다. 프랑스는 아동당 3년간의 부모휴가를 부모 각각에게 자녀가 만 3세가 될 때까지 보장하고 있다. 시간제로 이용할 권리가 있으며, 급여수준은 통상 월 521유로를 지급하고 있다.

덴마크는 아동당 32주의 유급부모휴가와 개별권리로 무급 8주를 추가적으로 자녀가 만 9세가 될 때까지 이용할 수 있도록 하고 있다. 32주간 임금의 90%까지를 보존해 주고, 최대 급여액은 주당 3,115DKR이다. 시간제 이용이 가능하면 시간제 이용정도에 따라 지급액은 감소한다. 스웨덴은 480일간의 휴가를 보장하고 있으며 이 중 60일씩은 부모 각각에게 할당하고 있다. 처음 390일간은 임금의 80%를 보존해주고 있으며, 나머지 90일은 정액으로 일 60SEK를 지급하고 있다. 부모휴가는 완전히 자유롭게 분할해서 사용할 수 있다.

한국의 육아휴직은 고용보험 적용대상자에게 이용자격이 부여되고 있으면, 육아휴직 신청 전 1년간 동일 사업장에서 근무한 노동자에게 자격이 부여된다. 2008년 개혁을 통해 아동당 부모 각각 1년간의 휴가를 자녀가 만 3세가 될 때까지 이용할 수 있으며, 월 50만 원을 정액으로 지급하고 있다. 그리스는 부모 각각 3.5개월의 무급휴가를 보장하고 있다. 그러나 부모휴가를 전일제로 사용할 수 없으며 고용주가 허가한 경우에 한해 시간제로 사용할 수 있다.

(5) 아동양육휴가

부모휴가와 구분되는 독립된 제도로서 아동양육휴가를 제도화한 국가는 노르웨이와 핀란드다. 프랑스, 벨기에, 독일 등에서 아동양육수당(급여)을 제공하고 있으나 이는 부모휴가의 급여형태로 인식되고 있다. 예를 들어, 독일은 부모휴가와 부모휴가급여(아동양육수당)가 분리되어 있고, 프랑스의 부모휴가는 원칙적으로 무급인 CPE이지만 급여형태는 아동양육수당(APE)이다. 그래서 프랑스에서는 부모휴가 이용자와 아동양육수당 수급자는 반드시 일치하지 않는다. 아동양육수당을 최근에 도입한 대표적인 국가인 노르웨이 제도를 살펴보면 다음과 같다.

아동양육휴가의 제도화에 좌파진영은 반대했지만 기독인민당, 중도당, 자유당의 중도연립정부에서 제안되고 보수당과 진보당의 지원으로 1998년에 제도화되었다(Ellingsœster, 2007). 아동양육수당의 목적은 공적 보육시설을 이용하지 않는 가구와 공적 보육시설을 이용하는 가구에 대한 국가지원의 형평성을 확보한다는 명분으로 제도화되었다. 공적 보육시설을 이용하지 않는 것을 전제로 월 3,657NOK를 제공하고 있다(OECD, 2007).

3. 유형별 가족정책의 변화방향

먼저 시장형은 돌봄과제가 주요한 사회정책의 이슈가 아닌 국가이다. 돌봄은 사적인 문제로 치부되며 개인과 가족이 시장에서 해결해야 할 과제로 인식되고 있다. 극빈층을 제외한 대부분의 가족이 아동보육서비스를 시장에서 구매하거나 비공식 관계를 통해 해결해야 하는 미국이 대표적 사례라고 할 수 있다. 영국은 1997년 신노동당 정부 집권 이전 시기가 돌봄에 대해 시장형에 상응하는 시기라고 할 수 있다(Taylor-Gooby and Larsen, 2004). 이 시기 국가는 사적 문제라고 간주되는 아동돌봄에 대해 적극적 지원을 하지 않았다. 그러나 신노동당 집권 이후 아동보육에 대한 국가의 투자가 증가하고 있고, 이러한 경향이 지속된다면 다른 유형으로 전환이 가능할 것으로 판단된다. 그러나 가족화 정책에서 국가의 개입은 여전히 제한적이다. 영국에서 부모휴가는 다른 국가들과 달리 모성휴가보다 짧고 여전히 무급이며, 미국에서는 아동양육을 위한 별도의 휴가는 없으며, 그나마 이용이 가능한 가족간호휴가 역시 무급이다(OECD, 2007).

가족화우선형은 돌봄의 사회화보다는 돌봄의 가족화에 대해 상대적으로 관대한 정책적 지원을 하는 국가들이다. 이러한 국가들에서 가족화 정책은 탈가족화 정책의 대체재로 기능하고 있다. 대표적인 국가로는 독일과 오스트리아를 꼽을 수 있다. 독일과 오스트리아는 가족중심적인 돌봄모델로 분류되는 국가들이다(Haas, 2003). 일반적으로 여성의 전통적인 성역할을 반대하는 좌파정당들조차 독일과 오스트리아에서는 여성이 아동양육을 선호하는 것에 동의하고 있으며(Morgan and Zippel, 2003), 아동이 3세 미만일 경우 집에서 어머니가 돌봐야 한다는 관념이 강하게 남아 있다(Winkler et al., 1995, Morgan and Zippel, 2003 재인용). 가족화 정책은 단순히 가족 내 아동돌봄을 지원하는 수준을 넘어 아동돌봄의 사회화의 대체재로서 기능하고 있다. 오스트리아에서 아동돌봄정책은 가족돌봄을 강화하는 방식으로 이루어졌다(Leitner, 2006). 독일에서 아동양육과 관련된 휴가(parental leave)의 제도화는 우파정당인 기민당과 자유당 정권이 아동양육시설의 확대를 막는 중요한 정책적 도구로 사용되었다(Scheiwe, 2000). 가족화우선형의 가족화 지원 정책의 특징은 가족화 정책이 노동시장에서의 지위와 관련성이 약하다는 점이다. 이후 구체적으로 살펴보겠지만 예를 들어, 오스트리아 모성휴가의 이용자격은 여성의 고용 여부와 무관하게 부여되고 있다. 독일에서는 사회보험 대상자에게 모성휴가 권리가 부여되지만 사회보험에서 제외된 여성에 대해서도 모성수당 형식으로 급여를 제공하고 있다. 그러나 최근 오스트리아와 독일에서도 변화의 조짐이 감지되고 있다. 독일에서는 다른 정책들과 달리 아동돌봄과 관련해 북유럽과 유사한 방식으로 변화가 일어나고 있다(Aust and Bonker, 2004). 대표적 가족화 지원정책인 부모휴가는 2007년부터 자산조사에 의한 정액급여방식에서 노동시장과 연계를 강화한 임금비례급여 체계로 전환했다(Morel, 2007). 또한 1990년대 들어서면 비록 3세 이상 아동들에게만 적용되지만 보편적 보육권리가 제도화된다(오스트리아도 1990년대 들어 3세 이상 아동에 대한 보편적 보육권리를 선언한다) (Pfau-Effinger, 2006; Scheiwe, 2000). 변화는 시작되었지만 아직 특성을 변화시킬 만한 질적인 변화를 야기할 양적 변화가 축적되지는 않았다.

프랑스와 벨기에는 대표적인 탈가족화와 가족화 정책지원을 병행하는 국가들이다. 이들 국가들에서 여성의 사회적 수급권은 어머니와 노동자라는 두 가지 지위로부터 규정 받는다(Taylor-Gooby, 2004; Morel, 2007). 이러한 특성은 다른 국가들과 달리 조기교육을 목적으로 한 아동보육에 대한 오랜 전통을 가지고 있으며 상대적으로 잘 발달되어 있다(Morel, 2007; Morgan, 2002). 2003년 현재 0~2세 아동의 보육비율은 벨기에와 프랑스가 각각 54.7%, 56.4%로 스웨덴과 덴마크보다는 낮은 수준이지만 핀란드와 노르웨이에 비해서는 매우 높은 수준이다(OECD, 2002, 2005; LIS, 2003). 그리고 3세에서 취학 전까지 아동의 보육비율은 벨기에와 프랑스가 북유럽 4개국보다 앞서고 있다. 아동보육비율을 놓고 보면 프랑스와 벨기에는 보수주의 복지국가들보다 오히려 북유럽 복지국가들과 유사성이 더 크다고 할 수 있다(Naumann, 2006; Sainsbury, 1999). 그러나 1970년대를 지나 80년대를 거치면서 이들 국가들에서 아동보육은 가족화 지원을 강화하는 모습으로 나타나고 있다. 두 가지 중요한 이유가 있는데 하나는 이들 국가들에서, 특히 프랑스에서, 가족정책은 여성의 노동권을 지원하는 것이기보다는 전통적 출산장려정책에 집중했기 때문이다(Palier and

Mandin, 2004). 다른 이유는 가족정책의 기본적 목적이 돌봄노동의 사회화 또는 일과 가족생활 양립을 통한 여성의 노동시장 참여보다는 고용정책의 일환으로 제도화되었다는 점이다(Fagnani, 1999). 부모휴가와 아동양육수당의 도입과 확대 모두 여성의 노동시장 참여를 효과적으로 제어함으로써 직면한 실업문제를 완화하는 노동력 감축정책의 일환으로 배치되었다(Devisscher, 2004; Fagnani, 1999). 돌봄노동의 탈가족화(사회화)에서 가족화로의 전환명분은 부모에게 아동양육의 자유로운 선택을 준다는 것이었다. 결과적으로 프랑스와 벨기에는 여성에게 어머니의 역할과 노동자의 역할을 동시에 강화하는 이중적 동기를 부여했으며, 이는 탈가족화와 가족화 모두를 지원하는 모순적 형태로 나타났다. 또한 아동양육과 관련된 자유선택은 아동양육형태의 계층화를 유발했다. 다만, 최근 프랑스에서 대표적인 가족화 정책이라고 할 수 있는 아동양육수당(APE)정책에서 근로동기를 강화하는 방안이 모색되고 있다(Lietner, 2006).

스웨덴과 덴마크의 가족정책은 돌봄노동의 탈가족화에 기반하고 있는 탈가족화우선형의 전형이다. 스웨덴 복지모델의 핵심은 성인은 경제적으로 스스로를 부양해야 한다는 점이다(Nyberg, 2004). 즉, 일은 모든 시민의 기본 권리이자 의무이다. 이러한 관점에서 아동양육의 탈가족화는 스웨덴과 덴마크 가족정책의 기본 방향으로 설정되었다. 3세 이상은 물론 3세 미만 아동에 대한 높은 보육비율은 이를 반증하고 있다. 부모휴가와 같은 가족화 정책은 아동의 특정한 시기(만 1세 미만)에 한해 보육시설 이용의 보완재로서 기능하고 있다. 물론 이들 국가들에서 가족화 정책의 강화를 위한 시도가 없었던 것은 아니다. 1994년 총선을 앞두고 스웨덴 우파정부에 의해 전격적으로 시행되었던 아동양육수당은 6개월 후 사민당의 재집권으로 폐기되었다(Hiilamo and Kangas, 2003). 스웨덴에서 여성의 노동시장 참여를 대신할 수 있는 아동양육수당은 여성의 함정이라는 인식이 강하다. 또한 덴마크에서도 아동양육수당은 비좌파 집권기인 1992~93년 26주간 도입되어 여성의 돌봄책임을 강화했다(Borchorst, 2002). 그러나 2001년이 되면 아동양육수당은 부모휴가의 개혁과 함께 폐기된다(OECD, 2002). 탈가족화우선형인 덴마크와 스웨덴에서 돌봄노동의 가족화는 돌봄노동의 탈가족화를 보완하는 수준에서 역할을 하고 있다. 한국과 그리스는 아직까지 특정 유형으로 분류할 수 없을 것 같다. 돌봄노동의 탈가족화와 가족화를 놓고 굳이 분류하자면 미국, 영국과 같이 시장형이 되겠지만, 이마저도 여의치 않다. 왜냐하면 한국의 GDP 대비 가족화 정책인 모성휴가와 부모휴가에 대한 지출비율은 2005년 현재 0.0%(0.001%)에 불과하고, 아동보육에 대한 지출도 0.1%를 넘지 않고 있다. 이는 영국은 물론 미국보다도 훨씬 낮은 수치이다. 그리스는 한국보다는 상황이 낫다. 그리스는 돌봄노동의 사회화와 가족화와 관련된 GDP 대비 예산지출 규모에서 모두 한국을 앞서고 있다. 그러나 여전히 돌봄에 대한 가족의 책임을 권장하고 있으며 낮은 여성의 노동시장참여율은 가까운 장래에 그리스와 한국이 탈가족화우선형 또는 가족화·탈가족화병행형의 모습을 강화할 것이라고 예상하기 힘들다. 또한 가족화에 대한 적극적 지원이 없는 상태에서 가족화우선형으로의 전환도 요원한 과제이다.

CHAPTER 08

북유럽의 가족정책[1)]:
탈가족화우선형 대 탈가족화·가족화병행형

복지국가 유형화에서 덴마크, 핀란드, 노르웨이, 스웨덴은 사민주의 복지체제의 전형으로 간주되고 있다. 역사적으로 북유럽 복지체제는 대상(coverage)과 관대성(generosity)의 확대를 통해 사회적 연대와 평등을 강화함으로써 그 동질적 특성을 공유해왔다고 평가되고 있다. 실제로 적극적인 국가의 역할, 완전고용, 평등, 보편주의, 질 높은 공적 서비스, 관대한 급여수준 등은 북유럽 복지체제의 공통적 특징으로 기술되고 있다(Kvist, 1999; Hiilamo, 2004). 그러나 일반적인 이해와 달리 '북유럽 복지모형'의 전형에 대한 합의는 존재하지 않는다. 복지체제를 비교하는 연구에서 북유럽 4개국이 동질적인 특성을 지닌 국가들로 분류하는 것이 일반적이지만 북유럽 국가들 간에는 간과할 수 없는 차이들이 내재해 있는 것이 현실이다(Hiilamo and Kangas, 2003).

1) 본 장은 윤홍식(2007a)의 논문과 보건사회연구원의 유근춘과 함께 수행한 서구 복지국가의 가족관련 사회적 지출과 관련된 미발간 보고서에서 북유럽 관련부분을 발췌해서 일부 수정·보완한 것이다.

특히 가족정책[2] 분야에서 북유럽 국가들의 동질성은 일부 논자들이 주장하는 것과 같이 이미 과거의 역사적 산물이 되었는지 모른다. 더 나아가 북유럽 가족정책 모형이 현재 시점에서 역사적 산물이 되었다기보다는 어쩌면 북유럽 국가들의 가족정책은 출발부터 동질적이지 않았는지도 모른다. 먼저 1930년대 출산력 감소로 인한 인구문제가 덴마크, 핀란드, 스웨덴 가족정책 형성에 중요한 역할을 담당한 반면(Lindgren, 1978; Vedel-Petersen, 1978; Lijiestrom, 1978) 노르웨이에서 인구감소는 가족정책 형성에 상대적으로 유의미한 역할을 담당하지 않았다(Henriksen and Holter, 1978). 노르웨이에서 출산력 문제가 주요한 사회쟁점으로 대두되기 시작한 시기는 핀란드, 덴마크, 스웨덴에서 인구문제가 중요한 사회적 과제로 제기된 지 40여 년이 지난 1970년대에 이르러서다. 다음은 가족정책이 본격적으로 발전하기 시작한 1960년대 스웨덴과 덴마크에서는 노동력 부족이 사회발전에 심각한 장애요인으로 등장했다(Emerek, 1998; Hiilamo and Kangas, 2003). 반면 핀란드에서는 과도한 노동공급으로 인한 실업문제가 사회발전의 장애요인으로 지적되었다(Hiilamo and Kangas, 2003). 이로 인해 스웨덴과 덴마크에서는 여성의 노동시장 참여가 중요한 국가적 과제가 되었지만, 핀란드에서는 여성노동력의 공급 조절을 통해 노동

2) 현재까지 가족정책에 대한 합의된 정의는 존재하지 않는다. 일부 학자들은 가족정책과 사회정책을 구별할 수 없다고 주장하고(Myrdal, 1968, Zimmerman, 1992 재인용), 또 다른 학자들은 가족정책은 독립적인 정책영역을 갖는 분야라고 주장하기도 한다(Kamerman and Kahn, 1978; Zimmerman, 1992). 국내에서도 가족정책에 대한 합의된 정의는 존재하지 않는다. 이러한 문제로 인해 서구 복지국가에서는 가족정책을 돌봄이 필요한 자녀가 있는 가족을 대상으로 하는 정책으로 한정하고 있다. 이러한 관점에 근거한다면 Korpi(2000)의 지적과 같이 주요한 가족정책은 가족에 대한 조세급여, 돌봄과 관련된 휴가정책, 아동보육정책, 가족(아동)수당과 같은 급여정책이라고 할 수 있다. 특히 최근 연구경향들을 보면 아동보육정책과 돌봄과 관련된 휴가정책들이 다른 사회정책(고용정책, 실업정책, 빈곤정책 등)의 정책목표와 밀접히 결합됨으로써 가족정책의 핵심적 정책으로 부상하고 있다(Pfau-Effinger, 2006). Esping- Andersen(2002)은 아동보육정책과 돌봄과 관련된 휴가정책 등 가족정책이 곧 사회투자라고 주장하고 있다. 특히 국가 간 가족정책을 비교하는 많은 연구는 아동보육정책과 돌봄과 관련된 휴가정책을 중심으로 이루어지고 있다(Leria, 2002; Pfau-Effinger, 2006). 이러한 문제의식에 근거해 본 논의에서는 북유럽 4개국 가족정책의 비교 · 분석을 아동보육정책과 돌봄과 관련된 휴가정책을 중심으로 검토하고자 한다.

력의 초과공급을 줄임으로써 실업률을 낮추는 것이 보다 더 중요한 사회적 과제였다. 마지막으로 1990년대의 경기침체에 대한 북유럽 국가들의 대응방식 또한 상이하게 나타났다. 스웨덴과 핀란드[3)]가 경기침체로 인해 가족정책과 관련된 중요한 사회보장 프로그램들의 급여수준을 삭감한데 반해 노르웨이는 북해로부터 생산되는 석유로 인해 오히려 국가재정을 통한 급여의 대상과 수준을 대폭적으로 확대해나갔다[4)](Ellingsœter, 2000).

이렇듯 북유럽 사회가 직면한 역사적·현실적 문제와 과제의 상이함은 북유럽 국가들이 사회정책, 특히 가족정책에서 지난 반세기 동안 사민주의 복지체제의 동질성을 유지했다는 명제가 매우 논쟁적일 수 있음을 보여주고 있다. 일부 학자들이 주장하는 것과 같이 21세기에 들어 북유럽 국가들의 가족정책은 분명히 서로 다른 길을 걷고 있을 수 있다(Hiilamo, 2004). 반대로 다른 사회정책연구자들은 북유럽 모형이 사회적 연대와 평등의 강화라는 사민주의 목적을 실현하는데 있어 여전히 동질적 특징을 공유하고 있다고 주장한다(Esping-Andersen, 1990). 예를 들어, 가족정책의 핵심적인 과제인 임신, 출산, 양육의 신사회위험[5)]에 대해 북유럽 국가들은 다른 산업화된 복지

---

3) 스웨덴에서는 1990년부터 95년까지만 공적 부문에서 30만 개가 넘는 일자리가 감소되었고(Ellingsœter, 2000), 부모휴가의 임금대체수준은 1980년 90%에서, 1995년 80%, 1996년 75%로 감소했다(Rostgaard, Christoffersen, and Weise, 1999; Nyberg, 2004). 핀란드의 경우 부모휴가의 소득대체율은 1982년 이후부터 91년까지 80%였으나 1992년부터 단계적으로 감소됨. 1992년 75%, 1993년 66%로 감소한다(Røsen and Sundström, 2002). 핀란드 부모휴가의 소득대체율은 1982년 이후부터 1991년까지 80%였으나 1992년 75%, 1993년 66%로 단계적으로 감소되었다(Røsen and Sundström, 2002). 스웨덴에서 소득대체수준은 1980년 90%에서, 1995년 80%, 1996년 75%로 축소되었다(Rostgaard et al., 1999; Nyberg, 2004).

4) 북해로부터 생산되는 석유로 인해 국가의 복지지출에 재정압박의 수위가 낮았을 것이라는 주장에 대한 반론도 존재한다. 북해석유로부터 유입되는 재원은 연금부분에만 쓰였기 때문에 정부의 전반적인 복지지출 전반에 대한 여력을 향상시켰다는 지적은 과장된 해석이라는 것이다.

5) 일반적으로 유럽사회에는 임신, 출산, 양육 등과 같이 가족 내에서 발생하는 돌봄과 관련된 과제를 신사회위험(new social risks)으로 인식하고 있다(Taylor-Gooby, 2004). 반면 북유럽 국가에서는 임신, 출산, 양육 등에 대한 사회적 위험에 대해 적절히 대응해왔고 이로 인해 이러한 위험에 대해 구신사회위험(old new social risks)으로 인식하고 있다(Timonen, 2004).

국가들과 달리 성공적인 대응체계를 구축한 것으로 평가되고 있다(Timonen, 2004). 또한 빈곤, 여성취업, 출산력 등의 사회지표를 통해 본 북유럽 사회는 다른 복지국가들과 확연히 구분되는 동질성을 보여주고 있다.

보편적인 북유럽 모형의 실재와 존속 여부는 이렇듯 많은 논쟁을 수반하며 복지국가 재편의 핵심적 사안으로 부각되고 있다. 그러나 국내외 논의를 종합했을 때 북유럽 가족정책에 관한 논의수준은 부분적인 분석에 그치고 있다. 국가 간 비교를 보면 북유럽 4개국을 함께 비교한 연구(Leria, 2000)는 드물고, 대부분 2~3개국의 비교(Rønsen and Sundström, 2002; Pylkkänen and Smith, 2004; Hiilamo and Kangas, 2003; Leria, 1993, Ellingsœter, 2000)에 그치고 있다. 또한 국가 간 비교분석을 한 경우도 대부분 가족정책에 대한 횡단비교와 부분적인 정책비교에 그치고 있다. 더욱이 국내에서는 북유럽 가족정책의 상이성을 비교한 연구를 찾아보기 어렵다[6]. 북유럽 모형이 한국사회가 직면한 저출산, 고령화, 불평등을 완화하는 유력한 대안 중에 하나로 논의되고 있다는 점을 고려했을 때 돌봄의 탈가족화와 가족화 정책을 중심으로 한 북유럽 가족정책에 대한 이해를 통해 한국 가족정책의 원칙과 방향을 제시하는 중요한 준거가 될 것임에 분명하다. 특별히 휴가정책과 아동보육을 중심으로 북유럽 가족정책을 비교하려는 이유는 많은 선행연구에서 지적했듯이 부모휴가, 아동보육 등이 해당 국가의 가족정책 특성을 가장 잘 반영하고 있다고 평가되기 때문이다(Kreimer, 2004; Sutela, 2004; Nyberg, 2004).

이러한 문제의식에 근거해 본 장에서 아동양육과 관련된 휴가정책(leave)과 아동보육을 중심으로 탈가족화와 가족화 정책이 지난 20

6) 2006년도 사회복지학회 춘계학술대회에서 송다영이 Hiilamo와 Kangas(2003)의 성과를 중심으로 핀란드와 스웨덴의 논의를 정리한 논문이 있다.

여 년간 어떻게 변화해왔는지를 비교・분석을 하고자 한다. 더불어 제도의 변화와 함께 이들 4개국의 사회지출 변화를 함께 살펴봄으로써 북유럽 복지국가들의 가족정책의 상이성에 대해 검토하고자 한다. 특히 본 장에서는 북유럽 가족정책의 상이성에 집중하고자 한다. 왜냐하면 상이성에 대한 검토를 통해 북유럽 모형이 단순히 특정 모형에 대한 선택 여부가 아닌 다양한 선택지의 조합을 가지고 있는 다양한 대안과 쟁점을 조정・통합・적용하는 과정이 되어야 함을 의미하기 때문이다. 이를 통해 우리는 스웨덴, 덴마크, 노르웨이, 핀란드가 동일한 가족정책의 특성을 공유하고 있지 않음을 주장할 것이다. 스웨덴과 덴마크가 탈가족화우선형 유형이라면 노르웨이와 핀란드는 벨기에와 프랑스와 유사한 탈가족화・가족화병행형으로 분류하는 것이 더 타당할지 모른다. 한국사회에서 지난 2006년 저출산・고령사회 기본계획을 마련하는 과정에서 아동양육수당, 민간과 공적 보육시설의 역할 등을 둘러싼 대립지점들을 고려했을 때 반세기 가까이 이러한 논쟁들을 지속했던 북유럽 4개국 가족정책에 대한 분석은 이제 첫 발을 내딛은 한국 가족정책에 주요한 함의를 전달할 것으로 기대한다.

1. 북유럽 가족정책 논의를 위한 주요 준거

1) 북유럽 가족정책의 상이성 : 자유선택

앞서 6장에서 가족정책과 관련된 자유선택의 의미를 자세히 살펴보았다. 여기서는 주로 북유럽 4개국을 중심으로 자유선택이 어떻게 상이하게 이해되고 있는지를 논의해 보았다. 자유선택에 대한 논의를 통해 북유럽 4개 국가들의 가족정책의 차이를 보려는 이유는 이들 국가들에서 아동양육과 관련된 자유선택을 어떻게 이해하고 있는지가 해당 국가의 가족정책 특성과 밀접한 연관이 있다고 보았기 때문이다.

일반적으로 북유럽 가족정책은 급여의 보편성, 젠더평등, 수직적·수평적 재분배, 국가의 적극적 역할 등을 통해 아동이 있는 가족의 삶의 질을 높였다는 공통점을 가지고 있다(Hiilamo, 2004). 반면 북유럽 가족정책의 핵심적 차이는 부·모가 자녀를 돌보는 과제를 수행하는데 있어서 부·모의 '자유선택'을 바라보는 관점과 실현방법의 상이성과 밀접한 관련성을 가지고 있다(Bergqvist and Jungar, 2000; Bergqvist and Nyberg, 2002). 먼저 자유선택에 대한 북유럽 국가들의 인식 차이를 살펴보면, 스웨덴과 덴마크는 상대적으로 일과 가족의 이분법적 선택이 아닌 일과 가족생활을 함께 수행할 수 있는 조건을 창출하는 것을 '자유선택'이라고 이해하고 있다[7](Borchorst, 2002; Hiilamo and Kangas, 2003). 반면 핀란드와 노르웨이에서는 부·모가 자녀를 양육하는 다양한 대안들 중 하나를 선택할 수 있게 하는데, 그 중에서도 가족 내에서 자녀를 돌볼 권리를 강조하는 것으로 이해되고 있다. 실제로 1980년과 98년 핀란드와 노르웨이에서 도입된 아동가정양육수당(child home care allowance)의 주된 목적은 부·모의 선호에 따라서 부·모가 가정에서 자녀를 양육할 수 있는 권리를 증대시키는 데 있었다(Ellingsœter, 2000; Hiilamo and Kangas, 2003).

이러한 '자유선택'에 대한 상이한 인식에 근거해 스웨덴과 덴마크는 일과 가족생활을 동시에 수행할 수 있는 아동보육정책이 자유

7) 그러나 구체적으로 보면 스웨덴과 덴마크도 자유선택에 관련해서 중요한 차이를 내재하고 있다. 왜냐하면 역사적으로 덴마크는 스웨덴에 비해 적극적 노동시장정책을 통한 고용창출에 적극적이지 않았다는 점이다. 즉, 일과 가족생활의 양립에서 덴마크는 스웨덴과 비교했을 때 적극적으로 일에 대한 선택의 조건을 제공하지 않았다(Ellingsœter, 2000).

선택의 근간이 되고 이를 부모휴가가 보완하는 방식을 통해 가족정책을 제도화했다[8]. 반면 핀란드와 노르웨이에서는 아동보육시설과 부모휴가와 함께 현금급여인 아동가정양육수당이 가족정책의 핵심적 역할을 수행하고 있다(Borchorst, 2002; Hiilamo and Kangas, 2003). 특히 노르웨이에서는 아동가정양육수당은 스웨덴 가족정책의 핵심인 공적 보육시설의 대체재로 제도화되었다는 점에 주목할 필요가 있다(Leria, 2000). 아동가정양육수당의 수급자격은 취업 여부가 아니라 공적 보육시설을 이용하지 않는 것이라는 점에서 공적 보육시설의 대체재의 성격을 갖는다고 할 수 있다. 라리아(Leria, 1993)는 이러한 특성 때문에 노르웨이의 공적 아동보육정책은 다른 북유럽 국가들과 유사하기보다는 자유주의 국가인 영국과 더 동질적이라고 주장하기도 했다. 실제로 최근 연구에 따르면 가족정책의 노동권 보장부문에서 스웨덴·덴마크와 노르웨이·핀란드 간의 유의한 차이가 있는 것으로 나타났다(윤홍식, 2006a). 즉, 스웨덴과 덴마크는 부·모 노동력의 탈가족화·상품화를 위해 상대적으로 높은 수준의 정책적 지원을 하고 있는 반면, 노르웨이와 핀란드는 그 지원수준이 오스트리아, 프랑스 등 소위 보수주의 국가들과 유사한 것으로 나타났다. 결국 가족정책에서 '자유선택'의 문제는 아동양육정책의 중점을 부·모 노동력의 가족화에 둘 것인지, 아니면 탈가족화에 둘 것인지에 따라 구분되어 나타난다.

더 나아가 북유럽국가들의 차이는 '자유선택'의 주체로 여성을 상정할 것인지 아니면 남녀 모두를 상정할 것인지에 따라 구분되어진다. 핀란드와 노르웨이가 아동양육과제에 있어서 부·모의 자유

---

8) 덴마크의 일-가족양립정책에 있어서 부모휴가의 역할은 스웨덴보다도 더 부차적이다(Bruning and Plantenga, 1999). 실제로 스웨덴에서는 480일간의 부모휴가(모성휴가가 부모휴가에 통합된 것까지를 포함해서)를 보장하는데 반해 덴마크에서는 1999~2002년 부모보험 개혁 전까지 단지 10주간의 휴가를 보장할 뿐이었다(Pylkkänen and Smith, 2004).

선택을 주장하지만 아동가정양육수당은 임금소득을 보존해 주지 않기 때문에 제도의 주 이용자가 '어머니'로 제한되고 있는 것이 현실이다. 반면 노르웨이와 스웨덴은 부모휴가기간 중 일정 기간을 부와 모 각각에게 할당함으로써 남성의 양육참여를 제도화하고 있다. 정리하면 북유럽 가족정책의 상이성은 개별 국가의 부모, 모성, 양육휴가와 공적 보육의 가족화, 탈가족화, 젠더통합의 수준에 따라 서로 상이한 집단으로 구분되어질 개연성이 높다고 할 수 있다.

2) 가족정책 분석의 의미

산업화 이후 가족의 기능은 점점 축소되고 있다는 것이 일반적 상식으로 이해되고 있다. 그러나 모순적이게도 가족은 우리의 일반적 이해와 달리 시민의 복지를 결정하는 점점 중요한 요인이 되어가고 있다. 전후 서구 복지국가의 역할은 남성생계부양자가 노동시장에서 직면하는 실업, 질병, 노령 등의 사회위험에 대한 대응을 중심으로 확대되었다. 실업, 질병, 노령 등에 대한 대응을 통해 복지국가는 남성생계부양자의 소득을 보존해 줌으로써 남성생계부양자뿐만 아니라 남성생계부양자의 피부양자의 복지를 보장해 주었다. 복지국가의 이러한 역할은 1970년대까지 잘 작동되고 있었다.

그러나 1970년대 경제위기 이후부터 상황은 변화하고 있었다. 가족의 생계를 보장해주던 남성생계부양자의 고용율과 임금이 경향적으로 저하되기 시작했다(Taylor-Gooby, 2004, 2006; Esping-Andersen, 2005; Surender, 2004). 1970년대까지 90%에 이르렀던 남성의 고용율은 지속적으로 감소해 70%로 낮아졌다(Taylor-Gooby, 2006 : 30). 그렇다고 남성을 대신해 여성의 고용율이 배가 된 것도 아니다. 대부분의 국가에서 여성의 고용율은 여전히 낮은 수준에 머물고 있다. 2005년 현재 OECD 평균 여성의 고용율은 58.7%로 남성 고용율에 비해 평균 19% 포인트 낮은 것으로 집계되고 있다(OECD, 2007). 특히 한국은 그 차이가 무려 30% 포인트에 이르고 있다. 이러한 조건하에서 복지국가 재편의 핵심과제는 전통적으로 돌봄제공의 담당자로 인식되었던 비활성화된 여성 노동력을 활성화시키는 것이 될 것이다. 더욱이 남성의 시간제 고용비율은 7.3%에 그치고 있는데 반해 여성은 남성 시간제 고용비율의 3배가 넘는 26.5%에 이르고 있다(OECD, 2007).

이러한 현상은 여성의 고용율이 가족 내에서 여성이 전통적으로 담당했던 돌봄책임의 탈가족화와 관련되어 있기 때문이다. 비록 가족 내 돌봄노동의 사회화가 반드시 여성의 고용을 담보하는 것은 아니지만 돌봄의 탈가족화 없이 여성의 노동시장 참여는 가능하지 않기 때문이다. 또한 여성의 노동시장 참여는 단순히 선택의 문제가 아닌 해당 가구와 복지국가 생존을 위한 필수적 전제로 등장했다. 복지국가 위기가 여성의 낮은 노동시장 참여에 있다는 인식이 확산되었다(Morel, 2007).

2. 북유럽 가족정책의 현황

1) 돌봄의 가족화 정책

<표 8-1>은 1980년부터 2002년까지 북유럽 4개국의 모성, 부모, 아동양육휴가제도의 현황을 보여주고 있다. 먼저 분석의 출발시점이 되는 1980년을 보면 모성휴가기간은 핀란드가 25주로 가장 긴 것으로 나타난다. 그 뒤를 이어 덴마크 14주, 스웨덴과 노르웨이가 각각 7주와 9주의 모성휴가를 실시하고 있던 것으로 조사되었다[9]. 모

성휴가의 소득대체율은 노르웨이와 스웨덴이 90%로 덴마크의 55%, 핀란드의 45%보다 각각 35% 포인트, 45% 포인트 높은 수준이다. 부모휴가는 덴마크를 제외한 3개국에서 제도화되었다. 부모휴가기간은 스웨덴이 33주로 가장 길며, 노르웨이가 12주, 핀란드가 4주를 보장해주고 있다. 1980년 핀란드의 부모휴가기간을 4주로 표시한 것은 1980년부터 모성휴가기간 중 4주에 한해 부 또는 모가 이용할 수 있도록 제도화했기 때문이다(Salmi and Lammi-Taskula, 1999). 명시적으로 부모휴가를 제도화하지 않았지만 부·모 중 누구나 이용가능한 4주는 부모휴가로 보아야 한다.

1980년대 중·후반부터 1990년대는 북유럽 가족정책이 비약적으로 발전하는 시기이다. 먼저 덴마크에서는 1985년 10주간의 부모휴가를 도입했다(Knudsen, 1997 : 27). 1984년 모성휴가가 14주에서 20주로 확대되고, 1985년 다시 24주로 확대되면서 마지막 10주는 부 또는 모가 이용할 수 있도록 제도화했다. 소득대체비율은 모성휴가와 같이 임금소득의 55%를 보존해 주었다. 주목할 점은 덴마크에서 부모휴가 도입은 부모가 가정 내에서 자녀를 돌볼 권리(부모권) 강화를 목적으로 했다기보다는 실업정책의 일환으로 제도화되었다(Ellingsœter, 2000). 핀란드는 1980년과 비교해 부모휴가기간이 무려 24주나 연장되었다(Salmi and Lammi-Taskula, 1999; Røsen and Sundström, 2002). 또한 소득대체율도 75%로 1980년에 비해 30% 포인트나 높아졌다. 노르웨이도 1993년 이후 부모휴가를 42주간을 이용할 경우 100%의 임금대체를 보장하고, 52주를 이용할 경우 80%의 임금대체를 보장해 주었다(Leria, 2000). 특히 1993년 노르웨이에서 세계 최초로 4주간의 아버지할당제가 부모휴가의 확대와 함께 도입되었다는 사실이다(Bruning

9) 그러나 스웨덴은 1974년 모성휴가를 부모휴가로 통합했기 때문에 모성휴가기간을 정확히 반영하고 있다고 보기 어렵다(Leria, 2002).

and Pantenga, 1999). 제도 도입 이후 노르웨이 남성의 부모휴가 이용률은 1993년 4%에서 1995년 70%로 경이적인 증가를 기록했다. 특히 경기침체에도 불구하고 노르웨이에서 아버지할당제를 부모휴가의 연장과 함께 도입할 수 있었던 배경은 북해로부터 생산되는 석유로 인해 노르웨이 정부의 재정부담이 상대적으로 덜 했기 때문인 것으로 추정된다(Ellingsœter, 2000). 실제로 다른 유럽 국가들과 달리 노르웨이는 북해로부터 생산되는 원유로 인한 수입으로 인해 정부지출의 증가에 대한 큰 부담 없이 사회보장제도(양육과 관련된 휴가, 연금 등)를 개선할 수 있었다(Kangas and Palme, 2001a : 52; Kangas and Palme, 2005a : 283; Kiander, 2005 : 236). 스웨덴은 1988년 부모휴가를 40주(모성휴가 7주 포함)에서 59주로 확대하였고 소득대체율은 1980년과 같이 90%를 유지하였다(Nyberg, 2004; Rostgaard et al., 1999). 아동양육휴가에 대한 논의는 스웨덴에서 먼저 시작되었으나 핀란드에서 최초로 제도화했다(Hiilamo and Kangas, 2003). 핀란드에서 아동가정양육수당은 중도당의 지지와 보육시설의 부족이라는 조건하에서 보육시설의 대안으로 제도화되었다. 당시 핀란드에서는 공적 보육시설을 이용하지 않는 지역(농촌)에 대해 공적 보육시설 지원에 상응하는 사회적 지원이 필요하다는 공감대와 함께 부・모가 다양한 아동양육 선택을 할 수 있는 자유를 보장해 주어야 한다는 명분 아래 대략 112주에 해당하는 아동양육휴가제도가 도입되었다[10]. 부분적으로 1980년부터 시작되었으나 전국적인 체계를 구축한 것은 아동가정양육수당법이 통과된 1985년부터 시작해 1990년 현재와 같은 제도로 정착되었다. 덴마크에서는 비

10) 아동가정양육수당 도입은 핀란드의 정치적 역관계의 산물이기도 하다. 핀란드에서는 사민주의 정당이 권력을 장악한 경우가 거의 없으며 농민당, 중도당 등의 정치적 세력이 강했다(Morgan and Zippel, 2003). 이러한 차이가 핀란드 가족정책이 다른 북유럽 국가들과 상이하게 나타나는 주요한 요인 중 하나로 지적될 수 있다. 또한 핀란드의 전통적 여성조직은 공적 보육시설의 확대가 남성이데올로기에 근거해 가정에서 여성의 일을 평가절하한다고 비판했다.

좌파 집권기인 1992~93년 26주간의 아동양육휴가를 도입함으로써 어머니의 돌봄역할을 강화하였다(Borchorst, 2002).

1995년을 전후한 북유럽 가족정책의 변화는 이 시기 북유럽 국가들이 경제적 어려움에 직면했다는 점을 고려했을 때 부모가 가정 내에서 자녀를 돌볼 권리 지원의 지속성 여부를 판단하는 중요한 시기다. 먼저 덴마크를 보면 경제적 어려움에 직면했음에도 불구하고 1991년과 비교하여 아동양육과 관련된 휴가정책(leave)의 축소는 나타나지 않았다. 오히려 1999년 이후 부모휴가기간 중 2주를 아버지에게 할당하는 '아버지할당제'가 도입되었다(Leria, 2002). 반면 핀란드와 스웨덴에서는 휴가기간과 급여의 축소가 목격된다. 핀란드 부모휴가의 소득대체율은 1992년 이후 지속적으로 하락하는데 1992년 75%에서 1993년 66%로 감소되었고, 1992년 일시적으로 확대되었던 부모휴가기간도 다시 26주로 축소되었다(Røsen and Sundström, 2002). 스웨덴에서는 두 가지 제도의 변화를 주목할 필요가 있다. 먼저 소득대체율은 1991년 90%에서 1995년 80%로, 1997년 75%, 1998년 다시 80%로 변동했고(김주숙, 2000), 1995년 4주간의 아버지할당제를 도입했다는 점이다. 특히 1995년 도입되었던 아버지할당제는 노르웨이에서와 같이 남성들의 휴가 이용을 급격히 증가시키지는 못했다. 이는 제도 도입 당시 경기침체로 인해 재정부담이 적은 기존 부모휴가기간 내에서 할당되는 방식으로 아버지할당제를 도입했고, 동시에 부모휴가의 소득대체율이 90%에서 80%로 낮아졌기 때문인 것으로 추정된다. 또한 스웨덴에서는 1994년 선거를 앞두고 우파정권이 전격적으로 아동양육휴가를 도입하지만 같은 해 9월 사민당의 재집권으로 도입 6개월만에 폐지되었다(Hiilamo and Kangas, 2003).

2002년을 전후해 주목할 변화는 다음과 같다. 덴마크에서 1992년과 99년에 각각 도입되었던 26주간의 아동양육휴가와 2주간의 아버지할당제가 1999~2002년 폐지되고, 부모휴가가 10주에서 32주로 대폭 확대된다(Pylkkänen and Smith, 2004; OECD, 2003). 또한 LIS(2003) 자료에 의하면 대략 2000년대에 80%에 이르는 부모휴가와 모성휴가 수급자가 100%의 임금보존을 받는 것으로 보고되고 있다. 즉, 2000년대 들어서 덴마크는 그동안 여성의 모성역할을 강화했던 아동양육휴가와 남성의 돌봄노동 참여를 제도화한 아버지할당제를 폐지하고 명목상 젠더중립적인 부모휴가를 대폭 강화하는 방향으로 제도를 설계해 나간다. 핀란드는 1990년대 초 경기침체로 인해 축소했던 급여수준을 2000년대에도 회복하지 못했다. 노르웨이는 1998년 62주간의 아동양육휴가를 도입함으로써 소위 부·모가 양육형태를 선택할 수 있는 자유를 확대하는 방향으로 나아간다(Røsen and Sundström, 2002). 스웨덴은 2002년 부모휴가를 4주 연장하면서 아버지할당제를 4주에서 8주로 확대, 남성 참여율을 높이려는 정책적 시도를 강화한다(Nyberg, 2004). 그러나 1993년 노르웨이처럼 부모휴가의 연장을 통해 아버지할당기간이 4주에서 8주로 확대했음에도 불구하고 부의 참여는 1995년 첫 번째 제도를 도입했을 때의 성과보다도 저조한 것으로 나타났다(Eriksson, 2005). 오히려 할당기간의 확대는 모의 휴가이용기간을 5.1일 증가시켰다.

〈표 8-1〉 **북유럽 4개국의 모성휴가, 부모휴가, 아동양육휴가 : 1980~2002**

	모성휴가		부모휴가			아동양육휴가㉩	
	기간	소득 대체율	기간	소득 대체율	아버지 할당 기간		
덴마크(Denmark) ㉨							
1980	14주	55%	–	–	–	–	2002년 아동양육휴가 폐지
1991㉠	18주	55%	10주	55%	–	26주	
1995	18주	55%	10주	55%	2주	26주	
2002㉡	18주	100%	32주	100%	–	–	
핀란드(Finland)							
1980㉢	25주	45%	4주	45%	–		1985년에 제도화 후 1990년에 완성
1992㉣	18주	75%	28주	75%	–	112주	
1995	18주	66%	26주	66%	–	112주	
2002	18주	66%	26주	66%	–	112주	
노르웨이(Norway)							
1980㉤	6주	90%	12주	90%	–	–	1998년 제도화 1999년 2세까지 확대
1993㉥	9주	100%	33주	100%	–	–	
1995	9주	100%	33주	100%	4주	–	
2002	9주	100%	33주	100%	4주	62주	
스웨덴(Sweden)							
1980㉦	7주	90%	33주	90%	–	–	1994년 도입 직후 6개월만에 폐지
1991㉧	7주	90%	52주	90%	–	–	
1995	7주	80%	52주	80%	4주	–	
2002	7주	80%	56주	80%	8주	–	

㉠ 1991년 모성휴가기간을 18주, 부모휴가기간을 10주로 기재한 것은 2004년 자료에 근거한 것이다(Pylkkänen and Smith, 2004). 덴마크의 아버지할당제는 1999년 제도화되었다가 2002년에 폐지되었다(Leria, 2002). ㉡ LIS(2003) 자료에 의하면 80%의 부모와 모성휴가수급자가 100%의 임금보존을 받고 있다고 보고되었다. 이를 근거로 본 자료에서는 2002년도 소득대체율을 100%로 설정했다. ㉢ 1970년대 후반 모성휴가가 174일(토요일 포함)로 확대되고 소득대체율은 1982년 이전까지는 45% 수준이었다(Lindgren, 1978; Røsen and Sundström, 2002). ㉣ 1992년의 부모휴가기간을 28주로 기입한 것은 1991~92년 일시적으로 부모휴가를 2주간 연장했기 때문이다. 이에 따라 모성휴가는 18주로 조정되

었다. 그러나 1991년부터 부모휴가의 2주 확대는 부가 부모휴가를 사용할 경우라는 전제를 충족시켜야 했고, 이후 다시 26주로 축소되었다(Salmi and Lammi-Taskula, 1999; Røsen and Sundström, 2002). 즉, 인센티브형 아버지할당제가 도입되었다고 볼 수 있다. 소득대체율은 1982년 이후부터 91년까지 80%였으나 1992년부터 단계적으로 감소되어, 1992년 75%, 1993년 66%로 낮아졌다(Røsen and Sundström, 2002). ㉤ 1977년부터 87년까지 모성휴가와 부모휴가의 전체기간은 18주이다(Røsen and Sundström, 2002). ㉥ 1993년 이후 모성휴가와 부모휴가가 통합되어 42주간을 이용할 경우 100%의 임금대체를 보장하고, 52주를 이용할 경우 80%의 임금대체를 보장했다(Leria, 2000). 여기서는 42주 100%의 소득대체율을 사용하였고, 1993년 이후 모성휴가는 모가 반드시 사용해야 하는 기간을 모성휴가기간으로 설정하였다. ㉦ 스웨덴은 1974년 모성휴가와 부모휴가가 통합되었기 때문에 모성휴가는 모성수당에서 지급되는 50일을 모성휴가기간으로 설정하였다(Moss and Deven, 1999 : 338). 또한 부모휴가 중 90일은 정액급여(임금의 약 9%)이므로 본 연구의 부모휴가기간에서는 제외하였다. 그러므로 스웨덴의 공식적 부모휴가기간은 <표 8-1>의 기간에 90일을 더한 일수이다. ㉧ 부모휴가는 1980년 360일(정액급여 90일 포함)에서, 1988년 450일로, 2002년 아버지할당기간이 8주로 확대되면서 480일이 되었고, 임금대체수준은 1980년 90%에서, 1995년 80%, 1996년 75%, 1998년 다시 80%로 회복되었다(Rostgaard et al., 1999; Nyberg, 2004). ㉨ 본 연구에서는 과거의 임금대체율 자료가 부재한 관계로 1995년과 그 이전은 공식적으로 보장되는 임금대체율인 55%를 사용하였고, 2002년도는 100%의 대체율을 적용하였다. ㉩ 양육휴가와 관련된 자료는 덴마크는 Rostgaard et al.(1999)의 자료, 스웨덴, 핀란드, 노르웨이는 Røsen과 Sundström (2002)의 자료를 참고했다. 핀란드와 노르웨이 양육휴가의 경우 각각 아동이 만 3세와 만 2세가 될 때까지 사용이 가능하므로, 1년을 52주로 계상해서 핀란드는 156주에서, 노르웨이는 104주에서 모성과 부모휴가를 제외한 기간을 양육휴가기간으로 설정했다. 양육휴가는 일반적으로 최소수준을 보장하고, 임금대체를 목적으로 하지 않기 때문에 임금대체수준은 변수에서 제외하였다.

정리하면 1980년부터 2002년까지 부·모가 가정 내에서 자신의 자녀를 돌볼 권리를 강화하기 위한 북유럽 국가들의 노력은 다양한 형태로 나타난다. 첫째, 모성휴가는 큰 변화가 없는 것으로 보인다. 다만, 1980년 이전에 노르웨이와 스웨덴에서 성 분리적인 모성휴가가 성 중립적인 부모휴가로 통합되었다. 둘째, 부모휴가의 도입과 확대를 통해 명목상 성 중립적인 휴가제도가 강화되었다. 핀란드에서 부모휴가기간이 줄고, 스웨덴과 핀란드에서 1990년대를 거치면서 소득대체율이 다소 감소했다는 점을 제외하고는 전반적으로 부모휴가기간과 급여수준이 확대된 것으로 보인다. 셋째, 노르웨이와 스웨덴에서 도입된 아버지할당제를 주목할 필요가 있다. 명목상 성

중립적인 부모휴가를 제도화했지만 대부분의 이용자가 여성이라는 불평등을 완화하기 위해 부의 부모휴가 이용을 제도화하는 방안을 강구했다는 점이다. 핀란드와 덴마크의 경우도 기간을 할당하는 아버지할당제 대신 인센티브 형식의 아버지할당제를 도입했지만 남성참여는 저조했다. 핀란드의 경우 부모휴가의 남성이용비율이 4%에 불과한 것으로 보고되고 있다(OECD, 2005; Leria, 2002; Moss and Deven, 1999). 이러한 이유 때문인지 2002년 덴마크에서 부모휴가의 확대와 함께 아버지할당제가 폐지되었다. 마지막으로 아동가정양육휴가정책은 상반된 방향으로 나아간다. 지난 20여 년간 북유럽 4개국 모두에서 아동가정양육휴가의 제도화가 가족정책의 쟁점으로 등장했으나 2002년 현재 아동가정양육휴가를 제도화한 국가는 노르웨이와 핀란드이고, 스웨덴과 덴마크는 양육휴가를 폐지하고 공적 보육시설과 부모휴가를 확대하는 방향으로 나가고 있다. 이러한 경향은 핀란드, 노르웨이와 달리 스웨덴, 덴마크에서 어머니는 노동자로서 상대적으로 강한 정체성을 가지고 있기 때문인 것으로 판단된다.

2) 돌봄의 탈가족화 정책 : 아동보육

<표 8-2>는 지난 20여 년간 북유럽 4개국의 0~2세와 3~5세 아동의 보육시설 이용비율을 보여주고 있다. 1981년 0~2세 보육비율을 보면 덴마크가 37%로 가장 높고, 스웨덴이 24%, 핀란드가 17%로 그 뒤를 따르고 있다. 노르웨이의 0~2세 아동보육비율은 5%로 북유럽 국가 중 가장 낮은 수준으로 덴마크의 1/7에도 미치지 못했다. 1990년대에 들어오면 0~2세 아동에 대한 보육비율 순위에 변화가 발생한다. 덴마크는 90년대를 걸쳐 가장 높은 수준을 유지했고, 스웨덴도 덴마크의 뒤를 따랐다. 그러나 1993년 보육비율을 보면 노르웨이

가 20%로 핀란드의 16%보다 4% 포인트 높은 수준을 유지함으로써 1980년대의 순위가 역전되었다. 이후 노르웨이와 핀란드의 차이는 대체로 2000년대까지 유지된다. 특이한 점은 핀란드의 경우 1990년대에 3세 이하의 모든 아동이 보육시설을 이용할 수 있는 권리가 부여되었음에도 불구하고(Hiilamo, 2004) 0~2세 아동의 보육시설 이용비율이 북유럽 4개국 중 가장 낮은 수준에 머물고 있다는 점이다[11]. 이는 핀란드에서 공적 아동보육의 대체재로 제도화된 아동가정양육휴가로 인해 나타난 현상으로 추정된다. 2000년대에 들어서면서 0~2세 아동보육비율의 순위는 1981년과 다른 모습으로 변화한다. 스웨덴의 보육비율이 처음으로 덴마크보다 높은 수준을 유지했으며, 노르웨이와 핀란드의 차이는 더욱 벌어져 노르웨이가 핀란드에 비해 12% 포인트 높은 수준을 유지했다. 정리하면 0~2세 아동보육에 관해 지난 20년간 노르웨이와 스웨덴의 약진이 두드러진 것으로 나타났다. 특히 노르웨이는 1981~2002년 사이 0~2세 아동보육비율이 무려 640.0%나 증가하는 경이적인 성과를 달성했다. 스웨덴도 90년대의 경기침체에도 불구하고 보육비율은 170.8%나 증가했다. 반면 지난 20여 년간 핀란드의 0~2세 아동의 보육시설 이용비율은 단지 47.1% 증가하는 것에 그쳤다. 2002년 현재 0~2세 아동에 대한 보육비율을 보면, 덴마크와 스웨덴 아동의 64%와 65%인데 반해 노르웨이와 핀란드는 각각 37%와 25%만이 이용하고 있는 것으로 나타났다. 노르웨이가 지난 20여 년간 경이적인 변화를 이루었지만 1981년 수준이 워낙 낮아서 덴마크와 스웨덴과 비교했을 때 여전히

11) 키비스트(Kvist 1999 : 241)는 핀란드의 아동보육시설 이용이 상당한 수준의 보편주의에 도달했다고 주장한다. 그러나 이러한 키비스트의 주장은 첫째 0~2세 아동보육비율을 고려하지 않고, 3~5세만을 고려했다는 문제가 있고, 설령 3~5세 보육비율을 비교하더라도 <표 8-1>에서 보는 바와 같이 핀란드의 보육비율은 북유럽 4개국 중 가장 낮은 수준이다. 즉, 키비스트의 주장과는 반대로 핀란드의 아동보육시설 이용은 북유럽 국가들 중 보편주의가 가장 낮다고 할 수 있다.

큰 차이가 나타나고 있다.

3~5세 아동의 보육비율은 0~2세 아동의 보육비율처럼 북유럽 국가 간에 큰 차이는 보이지 않는다. 1981년 스웨덴의 3~5세 보육비율은 65%로 북유럽 4개국 중 가장 높은 수준을 유지했으며, 덴마크(47%), 핀란드(37%), 노르웨이(35%)가 그 뒤를 이었다. 1993년 수치를 보면 스웨덴과 덴마크 간에 차이가 거의 없어졌으며, 노르웨이의 보육비율이 0~2세 보육비율과 같이 다시 핀란드를 앞서 나갔다. 이러한 현상은 1990년대 초반 이후 계속 유지되었다. 덴마크와 스웨덴의 순위는 1995년 덴마크의 3~5세 아동의 보육시설 이용비율이 스웨덴보다 9% 포인트 높게 나타났으나, 그 차이는 2002년 다시 1% 포인트로 줄어들었다. 전반적으로 지난 20여 년간 0~2세 보육과 같이 노르웨이의 약진이 두드러지며 다른 국가들은 유사한 수준을 유지하고 있는 것으로 보인다. 이렇듯 3~5세 보육비율이 유사한 이유는 3세 이상의 아동에 대한 조기교육이 강조되었기 때문인 것으로 보인다. 그러므로 북유럽 국가들에서 아동돌봄을 탈가족화시킴으로써 부·모의 노동권을 보장하는 정책의 차이는 주로 0~2세 아동의 보육정책에 대한 차이로 나타나고 있다.

〈표 8-2〉 **북유럽 4개국의 (공적) 아동보육비율 : 1981~2002**

	덴마크		핀란드		노르웨이		스웨덴	
	0~2세 (%)	3~5세 (%)	0~2세 (%)	3~5세 (%)	0~2세 (%)	3~5세 (%)	0~2세 (%)	3~5세 (%)
1981㉠	37	47	17	37	5	35	24	65
1993	47	74	16	51	20	63	32	76
1995㉡	48	83	18	55	22	61	37	74
2002㉢	64	91	25	68	37	78	65	90
'81~'02 변화율	73.0	93.6	47.1	83.8	640.0	122.9	170.8	38.5

㉠ 1981년과 1993년 자료는 세인즈베리(Sainsbury, 1999)의 저작에서 재인용한 것임 ㉡ 1995년 자료 중 핀란드, 노르웨이, 스웨덴은 라리아(Leria, 2002) 자료에서 인용한 것이고, 덴마크는 Knudsen(1997) 자료에서 인용한 것임 ㉢ 덴마크의 2002년도 보육율은 OECD 2002년 자료이고 0~2세 보육율은 6개월부터 2세까지의 보육율을 나타냄(OECD, 2002). 핀란드와 스웨덴 보육율은 OECD 2005년도 자료에 근거한 것이며, 스웨덴의 3~5세 90%는 3~4세 89%, 4~5세 91%의 중간 값을 취한 것임(OECD, 2005). 노르웨이 자료는 2000년도 수치임(LIS, 2003)

다른 유럽 국가들과 비교했을 때 북유럽 국가들의 아동보육정책은 젠더평등 관점에 근거해 아동양육을 사회화시킴으로써 부・모, 특히 모의 노동력을 상품화시킬 수 있는 전제를 마련했다는 점에서 공통적 특성을 가지고 있다(Rosenbeck, 2000, Borchorst, 2002 재인용). 그러나 북유럽 국가 내의 차이를 보면 상당한 수준의 상이성이 목격된다. 이러한 차이는 세 가지 측면에서 검토될 수 있는데 첫째는 덴마크와 스웨덴이 아동양육에 대한 사회적 책임을 강조한 반면 노르웨이와 핀란드의 경우 상대적으로 아동양육에 대해 부・모의 책임을 강조했다는 점이다(Leria, 1989; Bergqvist, 2000a, Borchorst, 2002 재인용; Sainsbury, 1996; Kvist, 1999). 스웨덴과 덴마크에 비해 핀란드와 노르웨이에서는 부・모가 아동양육의 형태를 선택할 수 있는 자유를 보장하고, 부・모가 직접 아동을 양육할 때 아동에게 가장 바람직하다는 주장에 대해(상대적으로) 폭넓은 동의가 이루어진 것으로 보인다(Hiilamo and Kangas, 2003; Kvist, 1999). 예를 들어, 노르웨이에서는 복지국가의 초기 단계에서부터 여성은 아동양육의 주 담당자로 정의되었으며, 아동양육은 개인적으로 풀어야 할 과제로 인식되었다(Leria, 1993). 1989년 3세 이하의 자녀를 둔 노르웨이 여성의 70%가 노동시장에 참여하고 있음에도 불구하고 공적 아동양육시설을 이용하는 비율은 10%에 불과했다. 반면 스웨덴과 덴마크에서는 1960년대부터 어머니, 여성은 임금노동자로 정의되었기 때문에 아동양육시설에 대한 지원은 필수적이었다(Pylkkänen and Smith, 2004; Leria, 1993). 또한 덴마크와 스웨덴에서는 아동이 유아기를 아동보육시설에서 보내는 것이 아동복지에 긍정적이라는 인식이 확산됨으로써 국가가 적극적으로 아동양육시설을 확대하였다(Emerek, 1998). 아동보육의 목적에 관한 덴마크와 스웨덴의 차이도 목격되는데 덴마크에서는 프뢰벨(F. Fröbel) 등의 영향으로 19세기 말과 20세기 초부터 아동보육의 교육적 측면이 강조된 반면(Vedel- Petersen, 1978; Borchorst, 2002), 스웨덴에서는 여성의 노동시장 참여를 위한 아동보육의 확대가 상대적으로 더 중요한 목적이 되었다(Leria, 2002).

둘째는 이러한 사회조건하에서 핀란드, 노르웨이에서는 스웨덴, 덴마크와 달리 아동가정양육수당이 보육시설 이용의 대체재적 성격으로 제도화되었다(Kvist, 1999; Hiilamo and Kangas, 2003). 실제로 1994년 핀란드에서는 아동가정양육수당의 수급자격이 있는 가구의 80% 가까이가 수당을 신청했고(Leria, 2002), 아동가정양육수당이 완전히 정착한 1990년부터 1990년대 중반까지 아동보육시설 이용비율은 감소한 것으로 나타났다[12)](Rønsen and Sundström, 2002; Leria, 2000). 또한 핀란드 전국에서 신설된 아동보육시설의 수는 1997년 16,400개에서 1998년 3,350개로 무려 79.6%나 감소했다(Leria, 2000). 노르웨이에서는 1998년부터 생후 12개월부터 36개월까지 아동을 양육하고 있는 가구에 대해 아동가정양육수당 지급을 제도화했다(Leria, 2000; Kvist, 1999). 노르웨이에서 아동가정양육수당은 가족이 아동과 더 많은 시간을 보낼 수 있게 하고, 아동양육에 실제적 선택권 보장의 명분하에 제도화되었다(Ellingsœter, 2000; Leria, 2000).

12) 실제로 핀란드에서 아동양육수당을 지급받는 조건은 공적 아동양육시설을 이용하지 않아야 한다(Salmi and Lammi-Taskula, 1999). 단, 사적 아동양육시설은 이용 여부와 관계없이 아동양육수당의 수급자가 될 수 있고, 보육시설 이용비율은 1990년대 후반 다소간 상승했다.

세 번째는 중앙정부와 지방정부(Kommun and Kunta)의 역할에 관한 것이다. 북유럽 사회에서 지방정부는 영국과 같이 중앙정부가 확대된 개념으로 이해되기보다는 국가와 나머지 사회의 매개자로 이해되고 있다(Kautto, 1994, Kröger, 1997 재인용). 특히 북유럽 사회에서 지방정부는 공적 서비스 전달의 핵심적 역할을 담당하고 있다. 그러나 이러한 보편성에도 불구하고 북유럽 4개국에서 지방정부의 역할은 상이한 모습으로 나타나고 있다. 노르웨이는 아동보육서비스에서 이념과 원칙에서는 보편적이지만 서비스 제공에서는 잔여적인 모습을 띠고 있다(Kröger, 1997). 실제로 정책결정의 분권화와 느린 보육확대로 인해 지역 간 큰 차이를 유발하고 있다. 또한 보육서비스의 교육적 측면이 강조되면서 이용시간이 제한되어 부·모의 전일제 고용을 어렵게 하고 있다. 반면 스웨덴은 보육서비스에 대한 중앙통제가 매우 강하며 중앙정부에 대한 지방정부의 저항이 거의 없다. 지방자치단체는 비용절감의 차원에서 보육시설의 확대를 달가워하지 않기 때문에 보육시설에 대한 자치단체의 독립적 권한이 강할수록 아동보육의 보편성이 낮아지는 것이 일반적이다(Kvist, 1999). 실제로 이러한 이유로 인해 북유럽 4개국의 보육시설 이용비율의 차이가 발생하는 것으로 이해될 수 있다. 정리하면 아동보육서비스 제공에서 노르웨이는 자율성과 분권화를 강조하는데 반해 스웨덴과 핀란드는 중앙통제와 통일성을 강조하고 있다(Kröger, 1997). 덴마크는 그 중간에 위치하고 있다. 특이한 점은 핀란드가 보육서비스의 중앙통제를 스웨덴과 같이 강조하고 있음에도 불구하고 보육서비스 이용비율이 낮다는 점이다[13]. 또한 노르웨이는 가장 지방분권

13) 더욱이 덴마크 등 다른 북유럽국가들은 1970년대 이후 아동보육의 책임이 지방정부로 이양된 반면(Borchorst, 2002), 핀란드에서 아동보육시설은 1997년까지 여전히 중앙정부의 관할하에 있었다(Hiilamo, 2004). 핀란드에서는 1997년 이후에도 중앙정부가 설정한 규제를 통해 보육시설이 운영되는 등 상대적으로 중앙집권적임에도 불구하고 보육시설 이용비율이 낮았다는 점이다. Kvist(1999 : 241)는 핀란드의 아동보육시설 이용이 상당

적임에도 불구하고 90년대 이후 공적 서비스 부분이 비약적으로 성장했다는 사실이다[14].

정리하면 아동보육정책은 부・모의 아동양육에 대한 실제적 선택권을 공적 아동보육의 확대를 통해 지원할 것인지, 아니면 가족 내에서 아동을 양육할 권리를 강화할 것인지와 관련된 선택의 과정이었다고 볼 수 있다. 덴마크와 스웨덴은 명백히 공적 보육시설을 통한 부・모의 선택권을 강화한 탈가족화 정책을 취했다. 특히 덴마크는 2002년 아동양육휴가를 폐지함으로써 공적아동보육을 강화하는 방향으로 부・모의 선택권을 강화했다. 반면 핀란드는 상대적으로 가족 내에서 아동을 양육할 권리를 강화하는 가족화에 중점을 두었다고 평가할 수 있을 것이다. 노르웨이는 정책방향이 모호하다. 지난 1981년부터 2002년까지의 과정을 보았을 때 부・모의 일할 권리에 대한 지원정책은 명백히 공적 아동보육시설을 강화하는 탈가족화 방향으로 제도화되는 듯하다. 그러나 1998년 아동가정양육수당을 제도화한 것을 고려했을 때 여전히 탈가족화와 가족화 두 가지 정책방향이 상존하고 있는 것으로 보인다.

더불어 주목해야 할 몇 가지 경향은 첫째 북유럽국가들에서 아동보육의 민영화가 진행되고 있다는 점이다. 스웨덴의 경우 아동양육시설에서 민간부분은 1990년 5%에서 1999년 15%로 무려 3배 이상 증가했다(Bergqvist and Nyberg, 2002). 물론 순수영리목적의 아동양육시설은 1998년 기준으로 전체의 3.8%에 불과하고, 실제 아동수용비율은

한 수준의 보편주의에 도달했다고 주장한다. 그러나 이러한 주장은 첫째 0~2세 아동보육비율을 고려하지 않고, 3~5세만을 고려했다는 문제가 있고, 설령 3~5세 보육비율을 비교하더라도 <표 8-2>에서 보는 바와 같이 핀란드의 보육비율은 북유럽 4개국 중 가장 낮은 수준이다. 즉, Kvist의 주장과는 반대로 핀란드의 아동보육시설 이용은 북유럽국가들 중 보편주의가 가장 낮다고 할 수 있다.

14) 노르웨이의 경우 다른 북유럽국가들과 달리 심각한 경제적 위기에 직면하지 않았으며, 사민주의 집권기간 동안 경제적 안정으로 인해(분권화된 정책결정구조에도 불구하고) 보육서비스의 확대가 가능했던 것으로 보인다(Kröger, 1997).

1980년대에 40%에서 1990년대 16%로 절반 이상 감소했으며, 민간 부분의 공적 재정지원과 규제가 강화되었다는 점을 고려했을 때 자유주의 국가와 같은 민영화로 이해하기에는 무리가 있다. 그러나 이러한 아동보육시설의 민영화 경향은 스웨덴, 덴마크에서도 부・모가 직접 아동을 돌보거나 민간에 위탁하는 등 일정 수준에서 진행되고 있다는 점을 주목할 필요가 있다(Borchorst, 2002). 즉, 이러한 민영화 경향은 공적 아동보육과 사적 아동보육의 선택의 폭이 확대되고 있음을 반증하고 있는 것이다. 둘째, 아동보육의 주된 목적이 부・모, 특히 모의 노동권 보장에서 다른 목적으로 이동하고 있다는 사실이다(Nyberg, 2004). 실제로 1990년대 이후 스웨덴에서 여성의 고용율이 감소했음에도 불구하고 공적 아동양육시설이 확대되었다는 것이 이러한 경향을 반증하고 있다. 즉, 아동보육의 목적이 더 이상 여성의 노동권을 지원하기 위한 것이 아니라 미래인력의 개발을 위한 필수적인 사회투자로 전환되고 있다는 점을 주목해야 한다[15]. 셋째, 부・모의 부담이 점차 증가되고 있다는 점이다. 스웨덴의 경우 아동보육비용에서 부・모가 부담하는 비율은 1990년 10%에서 2000년 19%로 불과 10년만에 90%나 증가했다[16](Hoorens, Parkinson, and Grant, 2005).

---

15) 특히 최근 한국사회에서 논의되고 있는 사회투자전략의 관점을 적용했을 때 아동보육정책은 매우 중요한 정책지위를 갖는다. 첫째는 제조업에서 지식기반(강화)사회로의 이전은 높은 수준의 인지능력을 요구하는데 이러한 인적 자본은 취학 전 아동기에 형성된다고 보고되고 있다(Esping-Andersen, 2005). 이러한 측면에서 본다면 보편적이고 질 높은 아동보육시설의 확충은 단순히 부・모의 노동권 보장과제를 넘어 해당 사회의 미래를 위한 사회투자로서 중요한 지위를 갖게 되는 것이다. 둘째, 사회투자전략의 핵심은 고용율을 높이는 것인데, 이를 위해서는 비활성화된 인구집단을 활성화시키고, 반실업상태 또는 시간제 근로자를 전일제 근로자로 전환시킬 필요가 있고 이러한 정책의 핵심적 대상은 남성보다는 자녀가 있는 여성일 가능성이 높기 때문이다. 비록 북유럽 국가에서는 다른 유럽국가들과 달리 유자녀 여성의 고용율이 높은 편이지만 여성의 고용율은 여전히 남성보다 낮고, 상대적으로 시간제 고용비율이 높다는 점을 기억할 필요가 있다(Taylor-Gooby, 2006 : table 4).

16) 부・모의 아동보육비용 부담의 급격한 증가로 인해 2002년 스웨덴 의회에서는 부모가 부담해야 할 상한선(a maximum parental fee)을 설정했다(Bergqvist and Nyberg, 2002; Hiilamo, 2004).

3. 사회지출을 통해 본 북유럽 가족정책

1) 탈가족화 정책 지출 변화

▌그림 8-1▐은 GDP 대비 아동보육과 관련된 사회지출 변화를 보여주고 있다. 2003년 현재 GDP 대비 아동보육과 관련된 사회지출은 덴마크가 2.10%로 가장 높은 것으로 나타났다. 그 뒤를 이어 스웨덴 1.70%, 노르웨이와 핀란드가 1.00%로 집계되었다. 1990년까지는 스웨덴의 지출비율이 가장 높은 수준이었으나 1990년 이후 덴마크가 가장 높은 비율을 유지하고 있다. 노르웨이의 아동보육관련 GDP 대비 사회지출은 1995년까지 북유럽 복지국가들 중 가장 낮은 수준이었으나 2000년에 들어서면서 핀란드를 앞선 것으로 나타나고 있다. 특히 핀란드는 1990년대에 0~2세 아동에 대한 보편적 권리를 제도화했음에도 불구하고(Hiilamo, 2004), 아동보육과 관련된 사회지출이 감소하고 있다는 점이다. 이러한 현상은 핀란드에서 중도당(비좌파 정당) 정부가 1983년부터 제도화하기 시작한 가정아동양육수당(Child home care allowance)이 1985년 아동가정양육수당법이 법제화되면서 1990년대 핀란드 전역으로 확산된 것(Morgan and Zippel, 2003; Hiilamo and Kangas, 2003)과 관련이 있는 것으로 보인다. 앞서 지적했듯이 가정아동양육수당의 대상이 공적 아동보육시설을 이용하지 않은 가구로 제한됨으로써(OECD, 2007), 가정아동양육수당이 공적 아동보육시설의 대체재로 기능했기 때문이다. 이러한 결과로 1990년대 이후 핀란드에서 공적 아동양육시설에 대한 사회지출이 감소한 것으로 나타난 것으로 보인다. 실제로 핀란드에서 아동가정양육수당이 전국적으로 확대된 1990년대 중반 이후 아동양육시설의 이용비율이 감소한 것으로 나타났다(Leria, 2000).

국가별로 보면 1980년에서 1985년 사이 다소 축소를 경험하지만 덴마크만 GDP 대비 아동보육과 관련된 사회지출이 1980년부터 2003년까지 지속적으로 증가하고 있는 것으로 나타났다. 스웨덴의 경우 1990년까지는 증가하다가 1990년 초 경제위기 이후 감소하는 모습을 보인다. 1990년 이후 감소경향은 2000년에 들어서야 다시 반등하는 양태로 나타난다. 핀란드는 1995년을 정점으로 지속적으로 감소하고 있는 것으로 나타나고 있고, 노르웨이는 2000년까지 증가하다가 2000년 이후 아동보육관련 사회지출이 축소되는 모습을 보이고 있다. 2000년 이후 노르웨이에서 아동보육관련 사회지출의 감소도 핀란드와 같이 아동양육수당의 도입과 관련이 있는 것으로 추정된다. 노르웨이 아동양육수당은 좌파정당인 노동당과 사회당이 반대했음에도 불구하고 기독인민당, 중도당, 자유당의 중도연립정부에 의해 제안되고 보수당과 진보당이 가세함으로써 1998년 제도화되었다(Ellingsœster, 2007). 핀란드와 같이 아동양육수당이 공적 보육시설에 대한 대체재로 기능하면서 이후 아동보육시설에 대한 사회지출규모의 축소가 야기된 것이다. 2000년 이후 지출의 감소는 이러한 정책변화가 반영된 수치라고 할 수 있다.

1990년대까지 북유럽 4개국 모두 아동보육과 관련된 사회지출이 지속적으로 증가하다가 1990년대 이후 덴마크를 제외하고 스웨덴, 핀란드, 노르웨이 모두 아동보육과 관련된 사회지출의 감소를 경험한다. 일반적으로 다른 유럽국가들과 비교했을 때 아동보육시설에 대한 북유럽복지국가들의 지원이 관대하다고 간주되지만, 그 내면은 상이한 모습을 띠고 있다. 스웨덴과 덴마크의 경우 지원의 관대성을 유지하고 있지만 노르웨이와 핀란드의 사례를 보면 반드시 그렇다고 이야기할 수 없다. <표 8-2>에서 보듯 스웨덴과 덴마크의 아동보육비율(특히 0~2세 아동)은 다른 산업화된 복지국가들에 비해 높은 수준이지만 노르웨이와 핀란드는 프랑스와 벨기에보다 낮은 것으로 나타나고 있다.

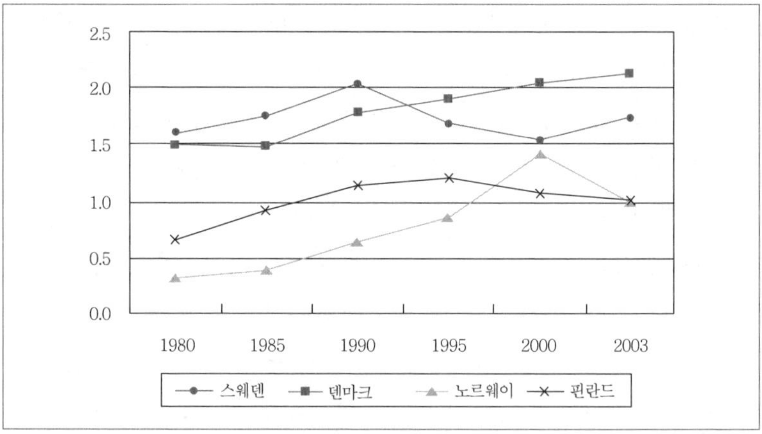

❙그림 8-1❙ GDP 대비 아동보육 지출 변화 : 1980~2003

❙그림 8-2❙는 아동보육 이외의 가족과 관련된 사회서비스에 대한 사회지출의 변화를 보여주고 있다. 아동보육과 관련된 사회지출과 달리 1990년대를 거치면서 주목할 만한 변화를 보여주고 있다. 1990년 이전까지는 스웨덴과 덴마크의 해당 항목 사회지출 비율이 노르웨이, 핀란드와 비교해 높게 나타났다. 그러나 1990년 이후 지표를 보면 스웨덴과 덴마크의 사회지출 비율은 감소하는데 반해 노르웨이와 핀란드의 지출수준은 증가하는 모습을 보인다. 특히 노르웨이의 경우 1985년 아동보육 이외의 가족 관련 사회서비스에 대한 사회지출은 0.2%였지만 1995년에 들어서면 두 배가 넘는 0.5%로 증가한다. 핀란드의 지출비율도 1985년 0.2%에서 2003년에 이르면 0.4%로 두 배 증가한 것으로 나타났다. 반면 스웨덴은 동 기간 동안 0.6%에서 0.2%로 해당 분야 지출비율이 1/3로 감소한다. 덴마크도 스웨덴과 같

이 1990년에 이르면 지출수준이 감소하지만 이후 꾸준히 증가하면서 2003년에는 1985년 수준인 0.2%를 회복한다. 그러나 핀란드와 노르웨이와 비교하면 절반에 불과한 수준이다.

이렇듯 직접적인 아동양육과 관련 없는 서비스에 대한 사회지출이 핀란드와 노르웨이에서 증가하고 스웨덴과 덴마크에서 상대적으로 감소 또는 정체한 것은 아동양육에 대한 북유럽 4개국의 사회적 인식의 차이에 근거한 것으로 추정된다. 덴마크와 스웨덴에서는 아동양육에 대한 사회적 책임을 강조하는데 반해 노르웨이와 핀란드에서는 아동양육과 관련해(스웨덴과 덴마크와 비교해) 상대적으로 부모의 책임을 강조하고 있기 때문이다(Borchorst, 2002; Sainsbury, 1996; Kvist, 1999). 실제로 노르웨이와 핀란드에서 아동보육 이외의 서비스 지출항목을 보면 상담, 긴급지원, 가족적응 프로그램, 건강에 대한 서비스 등으로 구성되어 있다. 즉, 아동양육과 직접 관련되지 않은 서비스에 대한 국가지원에 대해 상대적으로 관대한 모습을 보이고 있다고 할 수 있다.

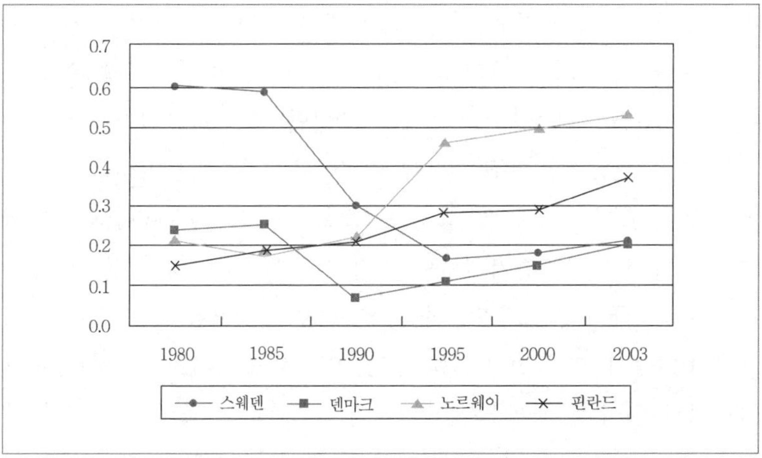

▌그림 8-2▐ GDP 대비 가족 관련 서비스 지출 변화 : 1980~2003

종합하면 탈가족화 사회지출에서 스웨덴과 덴마크가 노르웨이와 핀란드에 비해 상대적으로 관대하다는 사실을 보여주고 있다. 실제로 핀란드와 노르웨이에서는 부모가 직접 아동을 양육하는 것이 아동에게 가장 바람직하다는 인식이 폭넓게 공유되고 있는 것이 현실이다(Hiilamo and Kangas, 2003; Kvist, 1999). 특히 노르웨이의 경우를 보면 복지국가를 확대하던 초기부터 아동양육에 대한 가족(여성)의 책임을 강조하면서, 아동양육 과제를 사적 문제로 간주하였다(Leria, 1993).

2) 가족화 정책 지출 변화

모성휴가와 부모휴가는 부모의 노동력을 가족화시키는 대표적인 사회지출이라고 할 수 있다. ❙그림 8-3❙은 이러한 가족화 사회지출인 모성휴가와 부모휴가에 대한 GDP 대비 지출비율을 보여주고 있다. 2003년 현재 GDP 대비 지출비율은 노르웨이가 0.80%로 가장 높다. 그 뒤를 이어 스웨덴이 0.70%이고 덴마크와 핀란드가 0.60%인 것으로 나타났다. 1985년부터 90년까지는 스웨덴의 지출비율이 가장 높았다. 1995년에는 핀란드가, 2000년 이후에는 노르웨이가 모성휴가와 부모휴가에 대한 GDP 대비 지출비율이 가장 높은 것으로 나타났다. 특히 노르웨이의 경우 1980년만 해도 북유럽 4개 복지국가들 중 모성휴가와 부모휴가에 대한 GDP 지출비율이 0.20%로 가장 낮았지만 이후 감소 없이 지속적으로 증가했다. 2000년에 들어서면 노르웨이는 모성휴가와 부모휴가에 대한 GDP 대비 지출비율은 북유럽 복지국가들 중 가장 높은 수준을 유지한다. 핀란드와 스웨덴은 1990년대 이후 덴마크는 95년 이후 지출이 감소한 것과 비교하면 노르웨이의 지출증가는 눈여겨 볼 만하다. 또한 주목해야 할 점은 최대 지출국과 최소 지출국과의 차이가 1980년 0.40% 포인트,

1990년 0.70% 포인트를 정점으로 점점 감소해 2003년에 들어서면 0.20% 포인트로 1990년과 비교해 무려 71.4%나 감소했다는 사실이다. 즉, 북유럽 4개국에서 모성휴가와 부모휴가에 대한 GDP 대비 지출비율의 격차가 지난 20여 년 동안 현격히 감소했다.

국가별 특성을 살펴보자. 먼저 지난 20여 년간 GDP 대비 사회지출에서 괄목한 만한 성과를 일구어낸 노르웨이는 앞서 언급했듯이 가족화 정책인 모성휴가와 부모휴가에 대한 사회지출을 지속적으로 증가시킨 유일한 북유럽 복지국가이다. 특히 1990년대 초반 경제위기에 직면해 사회지출을 축소한 다른 북유럽 복지국가들과 달리 1990년대 이후 오히려 제도를 확대시킴으로써 사회지출을 증대시켰다는 점이다. 실제로 1993년 노르웨이는 세계에서 최초로 아버지에게 부모휴가의 4주간을 할당하는 아버지할당제를 부모휴가기간을 연장하는 방식으로 도입했다. 1980년 12주에 불과했던 부모휴가기간도 1993년이 되면 33주로 3배 가까이 증가한다(Leria, 2000; Røsen and Sundström, 2002). 또한 1990년 초반 이후 부모휴가와 모성휴가 모두 소득 대체율을 100%로 유지하고 있다. 이는 앞서 언급했지만 북해에서 생산되는 원유로 인한 정부수입증대와 관련있는 것으로 보인다(Ellingsœster, 2000).

핀란드에서 부모휴가의 도입은 1980년부터 모성휴가기간 중 4주를 부 또는 모가 이용할 수 있게 제도화한 것으로부터 출발한다. 이후 핀란드의 부모휴가는 비약적으로 발전한다. 1980년 45%에 불과했던 부모휴가의 급여대체율도 75%로 30% 포인트나 증가한다. 또한 부모휴가기간도 1980년 4주에서 92년이 되면 28주로 급격히 증가하게 된다(Røsen and Sundström, 2002; Salmi and Lammi- Taskula, 1999). 이러한 제도의 확대가 1980년에서 90년까지 핀란드에서 모성휴가와 부모휴가에 대한 GDP 대비 사회지출 비율이 비약적으로 증가하는 모습으로 나타나게 된다. 북유럽 복지국가들 중 부모에 의한 자녀양육을 상대적으로 선호하는 핀란드 사회의 가치와 부합하는 현상이라고 할 수 있다. 그러나 1990년대 초 동구권의 몰락으로 찾아온 경제위기는 핀란드에서 대표적 가족화 사회지출이라고 할 수 있는 부모휴가에 대한 축소로 이어진다. 소득대체율은 1992년 75%에서 93년 66%로 감소했고, 부모휴가기간도 24주로 축소되었다(Røsen and Sundström, 2002). 1992년 이후 지금까지 핀란드 부모휴가는 1992년 수준으로 회복하지 못하고 있다. 이로 인해 GDP 대비 모성휴가와 부모휴가에 대한 사회지출수준은 1990년 이후 지속적으로 하락하는 모습을 보이고 있다.

스웨덴은 1974년 처음으로 아버지와 어머니가 함께 사용할 수 있는(모성휴가가 통합된) 부모휴가를 제도화한 국가이다. 이러한 위상에 걸맞게 1980년대 이후 90년대 초까지 스웨덴의 부모휴가의 급여와 기간은 북유럽 복지국가들 중 가장 관대했다. 1990년대 경제위기가 시작되기 직전인 1990년 모성휴가와 부모휴가에 대한 GDP 대비 사회지출은 1.1%로 매우 높았다. 그러나 핀란드와 같이 1990년대 초 유동성 위기로 찾아온 경제위기로 인해 모성휴가와 부모휴가에 대한 사회지출의 축소는 불가피했던 것으로 보인다. 사회지출규모와 직접관련 있는 소득대체율은 1991년 90%에서 1995년 80%로, 1997년 75%로 급격히 낮아졌다(Røsen and Sundström, 2002; 김주숙, 2000). 이러한 변화는 GDP 대비 지출에서 그 모습이 확인된다. 스웨덴에서 모성휴가와 부모휴가에 대한 GDP 대비 지출비율은 1990년 이후 급격하게 감소하는 것으로 나타난다. 다만, 핀란드가 경제위기 이후 10여 년이 지난 이후에도 1990년대 초 수준으로 회복하지 못한 것에 비해 스웨덴의 사회지출 규모는 1990년대 후반 이후 조금씩 회복되는 모습을 보여주고 있다. 부모휴가의 소득대체율도 경제위기의 여파가 완화된 1998년에는 80%로 다소 높아졌다(Røsen and Sundström, 2002).

마지막으로 덴마크는 1985년 처음 10주간의 부모휴가를 제도화한다(Knudsen, 1997). 덴마크도 핀란드, 스웨덴과 유사하게 1990년 중반까지 모성휴가와 부모휴가에 대한 GDP 대비 사회지출이 증가하며 가족화를 강화하는 모습을 보이다가 1990년대 중반 이후 다시 감소하는 양상을 보이고 있다. 2000년 이후 모성휴가와 부모휴가에 대한 GDP 대비 사회지출의 증가는 부모휴가를 기존의 10주에서 32주로 대폭 연장하는 조치가 반영된 것으로 판단된다. 그리고 아동양육휴가의 폐지와 부모휴가의 확대는 가족화를 위한 덴마크의 사회지출이 노동시장과 보다 밀접하게 결합되어가고 있음을 추정하게 한다[17].

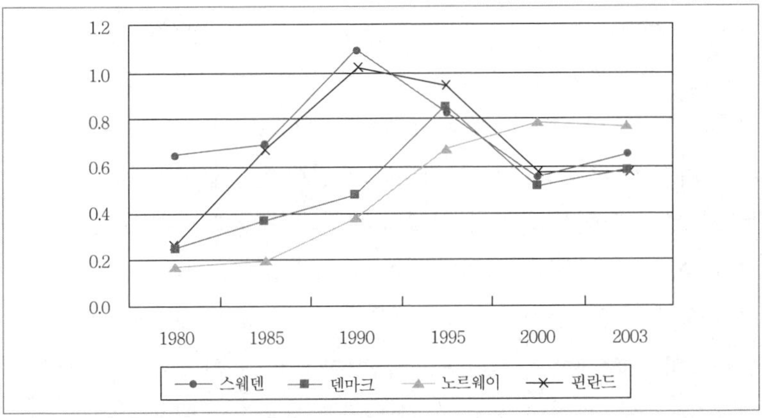

|그림 8-3| GDP 대비 모성휴가 및 부모휴가 급여 지출 변화 : 1980~2003

|그림 8-4|는 GDP 대비 가족수당 등 가족에 대한 현금지출규모의 변화를 보여주고 있다. 가족(아동)수당과 같은 가족에 대한 현금급여는 부 또는 모가 가족 내에서 돌봄이 필요한 자녀 또는 가족원

17) 부모휴가의 경우 대체로 노동시장 참여를 전제로 하고 있으며, 휴가기간이 종료된 이후에 노동시장으로 복귀할 것을 기대하고 있기 때문이다. 반면 아동양육휴가는 노동시장 참여를 전제로 하지 않고, 휴가종료 이후 고용에 대한 보장도 없다.

을 돌볼 수 있도록 하는 정책이다. 2003년 현재 가족(아동)수당 등 가족에 대한 현금급여의 GDP 대비 지출비율은 노르웨이가 1.1%로 가장 크다. 그 뒤를 이어 덴마크와 핀란드가 1.0%, 스웨덴이 가장 작은 0.9%이다. 노르웨이, 덴마크, 스웨덴, 핀란드 모두 가족에 대한 현금급여는 1990년대 초 중반까지 증가하다 이후 감소하는 모습을 보이고 있다.

국가별로 보면 노르웨이는 1980년부터 2003년까지 북유럽 4개 복지국가들 중 가족에 대한 현금급여의 GDP 지출비율이 가장 높은 수준을 유지하는 국가로 나타났다. 비록 1995년 이후 지출규모가 급격히 감소한 것은 사실이지만 2003년 현재 여전히 가족에 현금급여를 가장 많이 하는 국가로 남아 있다. 핀란드는 1990년에서 1995년 사이 가족에 대한 현금급여가 급격히 증가하는 양상을 띠고 있다. 1990년 아동수당 등의 가족에 대한 현금급여는 GDP의 0.8%로 북유럽 복지국가들 중 가장 낮은 수준이었으나, 1995년에는 무려 두 배나 증가한 GDP의 1.6%를 가족수당과 같은 현금급여로 지출하고 있는 것으로 나타났다. 앞서 언급한 다른 정책들과는 비교되는 현상이다. 이 같은 현상은 1990년대 초반 경제위기로 인해 가족에 대한 현금급여의 필요성이 증가한 것과 연관이 있을 것으로 추정된다. 덴마크와 스웨덴은 노르웨이와 핀란드에 비해 가족에 대한 현금급여보다는 부·모의 고용유지에 대한 지원을 선호하는 국가들이다. 실제로 덴마크와 스웨덴에서 가족정책의 근간은 부·모의 고용유지를 근간으로 일과 가족생활을 양립할 수 있게 사회지출방식이 선호되고 있다(Borchorst, 2002; Hiilamo and Kangas, 2003). 대부분의 기간 동안 스웨덴과 덴마크에서 가족수당과 같은 현금급여는 북유럽 복지국가들 중 가장 낮은 수준을 유지하고 있다. 마지막으로 주목할 점은 지출수준의 차이가 있는 것이 사실이지만 이들 국가들에서 아동수당은 특정 사회집단이 아닌 보편적 사회제도로 기능하고 있다. 또한 프랑스, 룩셈부르크 등 다른 유럽 국가들과 달리 아동수당의 수급대상은 북유럽 4개 복지국가 모두에서 여성(어머니)이다(Bradshaw and Finch, 2002). 이는 아동수당으로 대표되는 가족에 대한 현금급여가 가족 내에서 행해지는 무급노동에 대한 사회적 보상성격을 가지고 있음을 의미한다.

전반적으로 가족 또는 아동수당으로 대표되는 가족에 대한 현금급여는 핀란드와 노르웨이에서는 가족에 대한 사회지출 중 가장 큰 부분을 차지하고 있다. 반면 덴마크에서는 아동보육에 대한 사회지출의 절반이 조금 못되고 스웨덴에서는 아동보육에 대한 지출의 절반을 조금 넘는 수준이다. 이러한 차이는 앞서 언급했듯이 가족에 대한 사회지출에서 덴마크와 스웨덴이 탈가족화를 상대적으로 강조하는데 반해 노르웨이와 핀란드에서는 가족화에 대한 지원을 강조하고 있는 특성을 반영하고 있다고 할 수 있다.

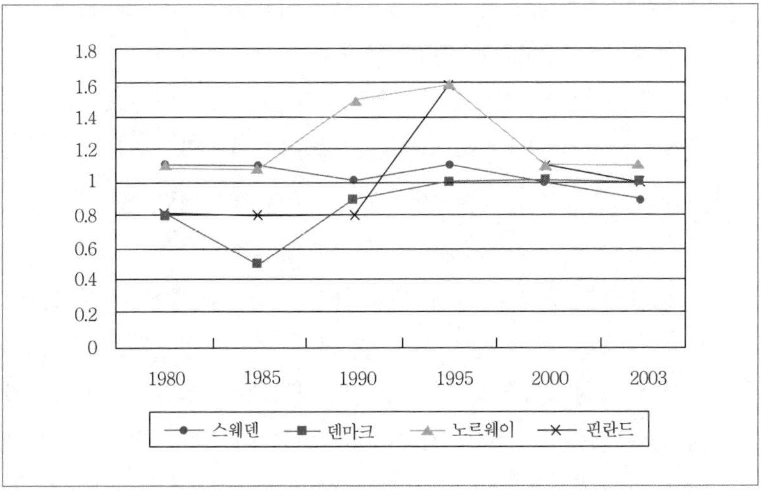

❙그림 8-4❙ GDP 대비 가족(아동)관련 수당 지출 변화 : 1980~2003

4. 결론 : 북유럽 가족정책이 주는 함의

이상의 논의는 북유럽 가족정책을 바람직한 모형 중 하나로 인식하고 있는 한국사회에 다양한 함의를 전달하고 있다. 특히 가족정책이 노동시장과 가족의 변화로 야기되는 새로운 사회위험에 대한 정책대응에 유의한 함의를 전달하고 있기 때문이다. 첫째, 노르딕 가족정책이 동질적이라는 명제에 대한 부정이 선행되어야 한다. 노르딕 국가들의 가족정책이 서로 이질적인 다양한 양태로 제도화되고 있다는 것을 받아들일 때 한국사회가 선택할 수 있는 대안의 폭은 넓어질 수 있다. 핀란드와 같은 방식으로 부·모의 선택권을 제도화한다면 우리에게 시급한 과제는 공적 보육시설의 확대와 함께 가족 내에서 아동을 돌볼 권리를 보장하는 아동양육수당제도의 도입을 서둘러야 할 것이다. 실제로 저출산·고령사회 기본계획 수립 과정에서 시민단체의 아동수당 요구에 대해 정부는 아동보육시설의 수요에 대한 대체재적 성격을 갖는 아동양육수당의 도입을 내부적으로 검토한 바 있다. 핀란드와 같이 아동양육수당을 도입하면 노동시장에서의 성 간 불평등이 강화될 수 있지만, 아동보육시설에 대한 접근성이 상대적으로 떨어지는 농어촌지역의 주민과 여성의 절반에 가까운 전업주부의 가족 내 돌봄노동에 대한 (부분적) 보상 가능성은 열어 줄 수도 있을 것이다. 실제로 복지국가가 일하는 어머니를 전제하는 것은 남성 중심적 시각에 근거한 것이라는 비판에 귀기울일 필요가 있다(Brush, 2002). 반대로 핀란드식 자유선택이 노동시장에서 여성배제를 고착화시키기 때문에, 여성에게 동등한 일할 권리를 보장해야 한다고 믿는다면 스웨덴식 가족정책이 보다 합리적인 대안이 될 수 있다. 스웨덴과 같이 부·모가 가족 내에서 아동을 돌보는 권리를 지원하되 이는 공적 보육의 보완적 수단으로 제도화하는 것이다. 스웨덴 방식은 보육시설을 이용하지 않는 집단에 대해서는 지원을 할 수는 없지만 모든 시민을 노동시장에 참여하게 하는 과제는 효과적으로 달성될 수 있고, 성 간 불평등 또한 최소화시킬 수 있을 것이다. 또한 1990년대 덴마크와 같이 가족 내에서 아동을 돌보는 기간은 최소화하고, 아동양육의 대부분을 사회화시켜 부・모의 노동권 보장에 중점을 두는 방안도 고려해 볼 수 있다. 아직까지 한국에서 제 정치세력들과 사회단체들이 명확하게 아동양육과 관련된 자유선택 문제를 쟁점화시키고 있지는 않지만 이 문제는 한국 가족정책의 근본적 방향을 결정하는 핵심주제임에 분명해 보인다. 즉, 북유럽 모형을 한국사회에 적용하려고 한다면 현재 한국 가족정책의 동향은 어디로 향하고 있는지를 정확히 평가하고 이를 바탕으로 다양한 가능성을 점검해 볼 필요가 있다.

둘째는 남성의 아동양육 참여에 대한 과제이다. 스웨덴이 2002년에 1990년대와 차별되는 가족정책을 발전시킬 수 있는 정책적 뒷받침은 아동의 공적 보육시설과 아버지할당제의 확대에서 찾을 수 있다. 특히 2002년 개혁을 통해 아버지할당기간을 4주에서 8주로 확대한 이유는 제도적 노력 없이 남성과 여성이 동등하게 아동양육에 참여하기를 기대할 수 없다고 판단했기 때문이다. 특히 한국사회와 같이 가부장적 특성이 강하게 잔존하고 있는 사회에서 스웨덴, 노르웨이 같은 적극적 정책개입 없이는 남성의 아동양육 참여를 증대시키기란 요원하다. 상대적으로 여성의 모성역할이 강조되던 노르웨이에서 1993년 세계 최초로 아버지할당제를 도입해 남성의 양육 참여를 획기적으로 증대시켰다는 역사적 경험에 주목할 필요가 있다. 최근 유럽복지국가들 중에서 가족 내 성별분업이 가장 강하게 남아 있는 독일이 스웨덴 방식을 따라 2007년부터 두 달의 아버지할당제(스웨덴과 같이 부모휴가기간 중 두 달을 부・모 각각에게 할당하고 사용하지 않으면 없어지는 방식)를 도입했다(Wűst, 2006)는 사실이 한국사회에 전달하는 바는 매우 크다. 한국사회에서 남성의 양육참여를 위한 제도화가 여성가족부의 출범과 함께 공론화되어 비록 무급이지만 아버지출산휴가가 제도화되었고, 최근까지 육아휴직 내 아버지 할당제의 논란이 지속되고 있는 상황에서 노르웨이와 스웨덴 방식에 근거한 독일의 정책결정은 중요한 정책적 함의를 전달한다. 즉, 독일의 변화는 남성의 돌봄 참여가 가족정책의 핵심적 과제임을 보여주고 있으며, 이 과제에 관해 스웨덴과 노르웨이 방식의 타당성을 엿볼 수 있는 사례라고 할 수 있다.

셋째는 아동보육시설에 대한 지방정부의 역할이 강화되는 시점에서 지방정부의 정책의지를 효과적으로 높일 수 있는 방안이 검토되어야 한다. 노르딕 국가의 경험에서 보듯 지방정부와 중앙정부의 관계를 어떻게 정의하는가에 따라 가족정책과 관련된 서비스 확대는 상이한 모습으로 나타나고 있다. 그러므로 스웨덴과 같이 아동보육시설 설립, 운영, 비용에 대한 중앙정부의 기준을 법제화하고 이를 통해 지방정부가 아동보육에 대한 책임을 다하도록 제도화하는 노력이 필요하다. 분권화는 국가적 정책비전과 관련된 것이 아닌 정책실천을 중심으로 이해되어야 한다. 특히 공적 보육시설 확대와 아동보육시설 이용비율의 확대를 위해 지방정부의 역할을 효과적으로 제도화하기 위해 중앙정부는 전체적인 정책비전과 효과적 점검체계를 만드는 동시에 지방정부에 대한 과감한 지원을 수행해야 한다. 그리고 지방정부는 이를 바탕으로 지역실정에 근거한 유연하고 다양한 정책실천을 수행해야 할 것이다. 현재와 같이 국가적 비전, 충분한 지원, 점검체계 없이 주요한 책임만을 지방정부에 이관하는 분권은 한국 가족정책의 발전에 위해로 작용할 가능성이 높다.

넷째, 한국사회에서 가족정책의 방향에 대한 사회적 합의가 필요하다. 스웨덴과 덴마크와 같이 탈가족화를 중심으로 가족화를 배치할 것인지 아니면 노르웨이와 핀란드와 같이 가족화를 탈가족화의 대체재로 사용할 것인지에 대한 검토가 요구된다. 최근 저소득층 대상의 아동양육수당은 한국사회에서 가족에 대한 현금급여를 제도화한 것으로 가족화 지출의 확대를 의미하는 신호탄이 될 수 있다. 특히 자산조사에 근거하고, 보육시설을 이용하지 않는 조건을 제시함으로써 탈가족화에 대한 대체재와 소득계층에 따른 차별적 가족화 정책의 제도화를 시도하고 있다. 물론 그 대상이 보편적이지 않기 때문에 핀란드나 노르웨이와 같이 탈가족화에 대한 대체재로 유의미한 기능을 할 수 있을 지는 좀더 지켜볼 필요가 있다. 일반적으로 탈가족화를 중심으로 가족지출을 제도화한 스웨덴과 덴마크 여성의 노동시장 참여율이 핀란드와 노르웨이보다 높다는 점을 고려해야 한다. 현재와 같이 여성의 노동시장참여율이 터키, 멕시코 등 일부 국가를 제외하고 OECD 국가들 중 가장 낮은 수준이라는 점과 여성의 노동시장 참여가 한국사회의 지속가능한 발전에 중요한 역할을 한다는 것에 동의한다면 탈가족화 중심의 가족관련 사회지출의 증대는 필수적이라고 할 수 있다.

다섯째, 사회지출 전반과 관련해서는 1990년대 이후 경제위기와 맞물리면서 탈가족화, 특히 아동보육에 대한 사회지출이 다소 둔화되는 경향을 보이고 있지만 지속적으로 확대되고 있다는 점이다. 특히 주목할 점은 이들 국가에서 아동보육에 대한 사회지출의 목표가 변화하고 있다는 점이다. 과거에는 주로 여성의 노동시장 참여가 일과 가족생활 양립에 맞추어졌다면 현재는 아동의 인적 자본에 대한 투자로 전환되고 있다. 이러한 북유럽 사회의 경향은 한국에서 아동보육에 대한 확대가 단순히 일과 가족생활 양립, 출산율의 문제로 제한되는 것이 아니라 한국사회의 지속 가능성을 담보할 수 있는 중요한 정책수단이 될 수 있음을 보여주고 있다. 이러한 문제의식에 근거한다면 질 높은 아동보육에 대한 보편적 확대를 위한 사회지출의 전폭적인 확대는 매우 필요하다고 할 수 있다. 2003년 현재 한국의 아동보육에 대한 GDP 대비 지출은 0.1%로 덴마크의 1/27에 불과하다.

마지막으로 가족정책의 보편주의 원칙이 수립되어야 할 것이다. 북유럽 국가들이 1990년 초·중반의 경제적 위기에도 불구하고 돌봄의 탈가족화와 가족화 지원의 적정수준을 유지하고, 2000년대 들어서 가족정책을 더욱 확대할 수 있는 주요한 근거는 북유럽국가들의 가족정책이 보편주의에 근거했기 때문이다. 특정 정당이 절대다수당이 되었던 경험이 거의 없는 노르딕 국가들의 상황에서 제도의 보편주의적 확대는 사회적 합의를 이끌 수 있는 유력한 대안이 될 수 있었을 것이다. 특히 아동보육과 돌봄과 관련 휴가 등 가족정책이 사회투자전략, 제3의 길 등 복지국가 재편의 핵심적 과제로 등장하고 있는 시점(Wűst, 2006)에서 가족정책의 보편적 확대야말로 전통적 복지국가의 발전과 재편을 동시에 요구받고 있는 한국사회에 지속가능한 복지국가를 만들어나가는 핵심과제가 될 것이다.

CHAPTER 09

대륙유럽의 가족정책[1)]: 탈가족화·가족화병행형 대 가족화우선형

새로운 사회위험에 대한 합의된 정의는 없다. 다만, 지금까지 논의를 종합하면(Esping-Andersen, 2002a; Taylor-Gooby, 2004) 신사회위험은 가족 내(아동) 돌봄과 유자녀여성의 노동시장 참여와 같이 가족정책 영역과 밀접한 관련이 있는 것으로 보인다. 이미 한국에서도 여성의 노동시장 참여는 가족의 안정적 생활을 위한 필수조건이 되었다. 서구 복지국가들과 같이 남성생계부양자가구가 빈곤에 처할 가능성이 이인생계부양자가구에 비해 높게 나타나는 현실이 이를 뒷받침하고 있다(윤홍식·조막래, 2008). 산업화된 서구 복지국가 확대 당시와 같이 남성생계부양자가 직면한 사회위험에 대한 대응을 통해 여성의 노동시장 참여 동인을 효과적으로 감소시킬 수 있는(Knijn and Ostner, 2002) 조건이 창출되지 않았다. 이러한 상황에서 정규직 남성노동자가 주 대상이 되는 사회보험의 확대는 새로운 사회위험의 확대에 대한 효과적 대안이 될 수 없었다. 그럼에도 불구하고 여성의 노동시장 참여를 가능하게 하는 사회서비스(돌봄의 사회화)는 초보적

1) 본 장은 Yoon, H., and Chung, S.(2009)의 내용을 번역해서 수정·보완한 것이다.

수준에 머물러 있다. 노동시장 참여 여부와 관계없이 돌봄 책임도 여전히 여성에게 부과되고 있다. 여성은 일과 가족생활의 양립이 아닌 양자택일을 강요받고 있다.

어디로부터 대안을 찾아야 하는 것일까? 대안의 실마리는 보수주의 복지국가[2]로부터 찾을 수 있을 듯하다. 낮은 여성의 노동시장참여율과 사회서비스의 미발달로 대표되는 보수주의 복지국가의 특성은 한국이 직면한 새로운 사회위험과 유사하다. 더욱이 아동양육의 책임이 여전히 가족(여성)에게 있다는 한국사회의 강한 사회적 믿음은 한국과 보수주의 복지국가 가족정책의 유사성을 논거하는 중요한 지점이 될 것이다. 더 나아가 일과 가족생활 양립으로 대표되는 신사회위험은 북유럽 사민주의 복지국가들에게는 이미 구신사회위험이 되었고(Timonen, 2004), 미국으로 대표되는 자유주의 복지국가는 시장을 통해 대응하고 있다(Esping-Andersen, 2005). 그러나 사민주의 정책대응은 한국에게 너무 멀리 있고, 일과 가족생활 양립의 목적이 단순히 돌봄노동을 사회화시키는 것에 있지 않기 때문에 자유주의 대응방식은 대안이 될 수 없다. 유사한 사회적 위험에 직면한 보수주의 복지국가들의 가족정책 분석을 통해 한국은 대안의 실마리를 찾을 수 있을 것이다. 특히 보수주의 국가에서 완전고용이 남성에서 여성을 포괄하는 것으로 재개념화가 이루어지고 있다는 것(Jenson, 2005)은 한국사회의 필요와 정확히 일치하는 지점이다. 더 나아가 일반적 이해와 달리 보수주의 복지국가의 가족정책이 단일하지 않다면, 그 상이성은 한국에게 보다 많은 선택지를 제공해 줄 것이다.

---

2) 네덜란드, 오스트리아, 독일, 프랑스, 벨기에를 통칭하는 용어는 보수주의 복지국가, 비스마르크 복지국가, 대륙 유럽복지국가 등이 쓰이고 있다. 사실 네덜란드는 다른 국가들과 달리 복지제도의 보편성이 강한 국가로 보수주의 복지국가로 분류하는 데 문제가 있다(Daly, 2001). 또한 같은 이유로 비스마르크 복지국가라는 용어도 적절하지 않다. 결국 대륙 유럽복지국가라는 개념이 분석대상인 5개 국가를 가장 잘 포괄하는 용어이지만, 대륙 유럽복지국가라는 것이 이론적 지향 없이 너무 모호하고 많은 국가를 포함하고 있는 개념이라 판단되어, 가족주의적 특성을 가장 잘 드러내고 있고, 논쟁을 야기할 수 있는 보수주의 복지국가라는 표현을 사용했다.

이러한 문제의식을 바탕으로 본 장은 보수주의 복지국가의 가족정책을 분석하고, 이를 한국의 가족정책과 비교했다. 구체적으로 가족정책은 탈가족화와 가족화 정책을 중심으로 분석했다. 분석시기는 복지국가가 신사회위험에 대한 대응을 본격화하기 시작한 1990년대부터 2000년대 초반까지이다.

1. 분석을 둘러싼 주요 준거

1) 보수주의 복지국가의 단일성에 대한 문제

일반적으로 프랑스, 벨기에, 오스트리아, 독일은 보수주의 복지체제의 전형으로 간주된다[3]. 보수주의 복지국가는 노동시장의 지위에 기반한 사회보장체제, 수평적 형평성(horizontal equity), 보충성의 원칙, 강한 가족주의라는 특성을 공유하고 있는 것으로 평가된다(Daly, 2001; Morel, 2007). 그러나 이러한 일반적 이해와 달리 보수주의 복지모형에 대한 합의된 정의와 경험적 근거는 없다. Esping-Andersen의 탈상품화 지표를 재구성한 Scruggs and Allan(2006)은 세 개의 복지체제는 존재하지 않는다고 주장한다. Daly(2000)도 Esping-Andersen이 분석한 18개국 중 7개가 예외적인 사례라는 점을 들어 복지체제 구분의 타당성에 의문을 제기하고 있다. 특히 본 장의 주된 분석대상인 가족정책 영역에서 보수주의 복지국가들의 보편성은 중요한 논쟁의 대상이 되고 있다. Esping-Andersen(1990)은 가족주의의 전형적 유형으로 프랑스, 독일, 오스트리

3) Haas(2003)는 아동돌봄과 관련해서는 오스트리아, 독일, 프랑스, 벨기에를 family-centered care model로 분류하고 있는데 반해 네덜란드는 영국, 아일랜드와 같이 Market-oriented care model로 분류하고 있다. 그러나 이러한 차이에도 불구하고 여성을 아동돌봄의 주체로 간주했다는 점에서 현상적으로 다른 보수주의 복지국가들의 가족정책과 공통분모를 가지고 있다.

아 등 보수주의 복지체제를 언급하고 있다. 그러나 가족정책 영역에서 보수주의 복지체제의 단일성은 Esping-Andersen의 주장과 같이 그렇게 명료해 보이지는 않는다.

Haas(2003)는 네덜란드를 제외한 대부분의 대륙 유럽국가들을 가족중심적 돌봄모형으로 분류했다. Esping-Andersen(1990)은 낮은 수준의 사회서비스와 여성의 노동시장 참여율을 가족중심적 보수주의 복지국가의 특성으로 지적하고 있다. 그러나 이러한 주장은 보수주의 복지국가를 설명하는 공통의 특성이라고 할 수 없다. 왜냐하면 벨기에와 프랑스의 아동보육비율은 다른 보수주의 복지국가들에 비해 상당히 높은 수준이다(Morel, 2007; Naumann, 2006). 2003년 현재 벨기에와 프랑스의 0~2세 아동의 보육비율은 스웨덴과 덴마크보다는 낮지만 핀란드와 노르웨이보다는 높다(OECD, 2002, 2005; LIS, 2003; Blome and Muller, 2007). 그리고 3세에서 취학 전까지 아동의 보육비율은 근소한 차이지만 벨기에와 프랑스가 북유럽 4개국보다 높다. 아동보육비율을 놓고 보면 프랑스와 벨기에는 보수주의 복지국가들보다 북유럽 복지국가들과 유사성이 더 크다.

아동보육비율의 대륙 유럽국가들 간 차이는 보수주의 복지국가들의 상이성 중 하나의 사례일 뿐이다. 이들 간의 중요한 차이는 여성과 돌봄노동을 바라보는 관점이다. 네덜란드에서 아동돌봄은 모의 책임이며 국가의 공식적 지원은 없다(Anttonen, 2006). 독일과 오스트리아에서 아동돌봄의 책임은 가족(주로 모)에게 있지만, 국가는 가족의 비공식적 돌봄에 대해 공적으로 지원하고 있다. 반면 벨기에와 프랑스에서 아동돌봄의 책임은 국가와 가족(모) 양자에 있는 것으로 이해되고 있다(Taylor-Gooby, 2004; Morel, 2007).

아동돌봄의 책임 소재와 관련된 차이를 여성의 사회적 수급권의 자격과 관련지어 보면 그 차이는 보다 분명해진다. 독일, 오스트리아,

(최근까지) 네덜란드의 경우 여성의 사회적 급여 자격(social entitlement)은 모성에 기반하고 있는데 반해 벨기에와 프랑스에서는 모성과 노동자성 모두에 근거하고 있다(Taylor-Gooby, 2004; Strell and Duncan, 2001; Sainsbury, 1999; Morgan and Zippel, 2003). 이러한 차이는 개별국가의 특수한 역사적 경험과 관련 있다. 예를 들어, 상대적으로 늦은 산업혁명으로 가족농장의 중요성이 지속된 프랑스에서 여성의 노동자성은 상대적으로 강하게 남아 있었다(Morgan, 2002). 실제로 제2차 세계대전 전 프랑스 가족기업과 농업부문에서 여성은 유급노동자로 인식되었다(Lewis, 1993).

종교 또한 이러한 차이를 설명하는 중요한 요인이다[4]. 왜냐하면 보수주의 복지국가들에서 가족정책의 특성은 계급과 함께 종교의 정치세력화 정도와도 밀접히 관련되어 있기 때문이다. 전통적 가족형태를 지지하는 가톨릭 정치세력이 강한 국가의 경우 여성의 사회적 수급권은 모성에 근거할 가능성이 높다. 대부분의 유럽 기민당은 가부장적 가족의 유지를 목적으로 한 보충성 원칙에 입각해 복지국가를 발전시켜나갔기 때문이다(Morgan, 2003 : 275). 예를 들어, 독일과 오스트리아에서 종교정당은 사회권 향상에 기여했지만(Häusermann, 2006; Korpi, 2003) 아동양육에 대한 사회적 책임을 강화하는 데까지 진전되지는 못했다. 반면 혁명과정에서 종교와 세속정치세력의 치열한 경쟁에서 세속정치세력이 완전한 주도권을 잡은 프랑스의 경우 복지확대에서 종교적 정치세력의 역할은 매우 제한적이었다(Morgan, 2003). 종교세력이 배제된 프랑스에서 복지확대는 상대적으로 보충성 원칙으로부터 자유로웠고, 아동양육과 관련해 국가의 적극적 역할을 가능하게 했던 중요한 요인이었다. 이상의 논의에서와 같이 복지정책의 확대

4) 좌파 세력화 정도는 일반적으로 복지국가 발전의 핵심적 요인으로 간주되지만 보수주의 복지국가의 발전에서는 계급분포와 함께 종교전선에 대한 고려가 필수적이다(Kersbergen, 1995, Häusermann, 2006 재인용).

와 관련된 정치세력, 여성의 사회적 수급권, 아동양육정책 등은 가족정책영역에서 보수주의 복지국가의 상이성을 주장할 충분한 근거가 된다. 이러한 현실인식에 근거해 Häusermann(2006)은 보수주의 복지국가의 돌봄과 가족정책이 점점 파편화되어가고 있다고 주장한다.

2) 주요 가족정책 : 비교를 위한 정책변수

탈가족화를 대변하는 변수들로는 적극적 노동시장 정책 프로그램에 대한 GDP 대비 지출비율, 24~49세 여성의 노동시장 참여율, 0~2세 아동보육비율, 3세 이상 취학 전 아동보육비율을 사용했다. 먼저 적극적 노동시장정책 지출지표를 사용한 이유는 보수주의 복지국가에서 완전고용의 대상이 남성에서 여성과 남성으로 재개념화되고 있기 때문이다[5](Jenson, 2005). 탈가족화 수준을 나타내는 또 다른 변수로는 어린 자녀가 있을 가능성이 높은 25세부터 49세 여성의 노동시장 참여율을 사용했다[6]. 0~2세 아동보육비율과 3세 이상 취학 전 아동보육비율 변수는 여성의 노동시장 참여를 위한 필수적 조건이다. 왜냐하면 돌봄노동의 탈가족화 없이 여성의 상품화는 불가능하기 때문이다. 두 변수에서 제시된 수치는 공적 보육시설과 공적으로 지원되는 보육시설을 포함된 수치를 사용했다. 다만, 3세부터 취학 전 아동보육비율의 경우 1993년, 1998년, 2003년과 정확하게 일치하는 자료를 구하지 못해, 해당 시기를 포괄하는(예를 들어, 1990~93년의 평균) 자료로 대신했다.

---

5) 1985년부터 90년까지 유럽에서 만들어진 일자리의 2/3가 여성 일자리였다(Cahiers de Femmes d'Europe, 1992, Jenson and Sineau, 2003 재인용).

6) 취학 전 자녀가 있는 여성의 노동시장 참여율에 대한 시계열적 자료를 수집하려 했으나 본 분석에서 사용되는 3개 시점, 6개 국가에 대한 신뢰할 만한 자료를 수집하지 못했다.

가족화를 대표하는 변수는 부모와 모성휴가의 기간, GDP 대비 지출비율, 가족수당과 가족수당외 가족관련 현금급여의 GDP 대비 지출비율을 사용했다. 먼저 부모휴가와 모성휴가는 대표적인 가족화 정책이다. 휴가의 자격은 대부분 노동시장 참여를 전제하고 있고, 그 목적은 부모가 가족 내에서 자녀를 양육하는 것이다. 부모와 모성휴가기간은 각각 별도의 변수로 상정하기보다 두 기간을 합산해 사용했다. 다만, 분석대상인 6개국 중 분석기간 당시 모성휴가와 부모휴가의 기간이 겹치는 한국의 경우는 중복되는 기간을 전체기간에서 차감했다[7]. 급여수준은 모성휴가와 부모휴가의 급여 대체율을 사용하는 대신 GDP 대비 지출비율을 사용했다. 지출비율을 사용한 이유는 휴가대상의 범위와 급여수준의 비교문제 때문이다. 예를 들어, 네덜란드의 경우 주당 20시간 동일한 고용주를 위해 1년 동안 고용된 경력을 가져야 부모휴가의 자격이 주어진다(OECD, 2006). 이로 인해 여성의 75%, 남성의 30%가 부모휴가를 이용할 자격을 충족시키지 못하고 있다. 또한 자산급여적 성격을 갖고 있는 급여의 경우 자산조사를 하지 않는 급여와 비교하기도 곤란하다. 이러한 문제를 보완하기 위해 급여대체율(액) 대신 제도의 포괄범위・급여수준과 관계가 있는 부모와 모성휴가의 GDP 대비 지출비율을 사용했다. 마지막으로 가족수당과 다른 현금급여는 현금급여를 통해 가족 내에서 돌봄노동을 수행할 조건을 만들 수 있다는 점에서 가족화 변수로 사용했다[8].

---

7) 한국의 경우 2008년 이전까지 부모휴가기간이 출산자녀가 1세가 되는 해까지이기 때문에 대략 1.5개월 정도 중복되는 기간이 발생한다.

8) 가족화와 관련해 아동양육수당은 분석대상에서 제외했다. 왜냐하면 프랑스의 예에서 보듯 아동양육수당(Allocation Parentale d'Education, APE)은 무급인 부모휴가(Congé Parental d'Education, CPE)와 급여로 이해되기 때문에 별도 제도로 분리해내기가 어려웠다. 또한 아동양육수당은 부 또는 모가 가족 내에서 아동을 돌보는 것에 대한 사회적 급여 성격을 가지므로 임금적 성격을 부여할 수 있다고 주장한다(윤홍식, 2006b). 만약 수당에 임금적 성격을 부여하게 되면 아동양육수당은 모성임금의 형식이 되며 이때는 아동양육수당은 가족화와 탈상품화 개념에 의해 설명되기보다는 가족화와 상품화의 개념을 통해 설명되어야 하기 때문이다.

2. 대륙 유럽복지국가의 특성

1) 탈가족화 정책

<표 9-1>을 보면 2003년 현재 0~2세 아동보육비율은 프랑스가 56.4%로 가장 높고, 벨기에가 그 뒤를 따르고 있다. 독일과 오스트리아는 매우 낮고, 네덜란드와 한국은 중간에 위치한다. 3세 이상 취학 전 아동보육비율은 보수주의 국가들에서 거의 모든 아동들이 이용하고 있는 것으로 나타났다. 이처럼 3세부터 취학 전 아동의 보육비율의 차이가 크지 않기 때문에 아동보육은 0~2세 아동을 중심으로 논의를 전개하고자 한다.

탈가족화 수준을 보여주는 프랑스와 벨기에의 영아보육비율은 북유럽 복지국가들과 유사한 수준이다. 그러나 그 내용을 구체적으로 보면 북유럽 국가와는 상이한 특성을 가지고 있다. 프랑스와 벨기에에서 여성의 사회적 권리는 모성과 노동자성이라는 이중적 권리에 기반하고 있다(Morel, 2007). 이로 인해 한편에서는 아동양육의 책임이 가족에 있다는 관념이 잔존하고 국가가 가족화를 지원하지만 다른 한편에서는 아동보육시설의 확대를 통해 돌봄노동의 탈가족화를 지향하고 있다. 어떻게 보면 이러한 정책방향은 모순적이지만 프랑스 복지국가의 역사에서 상이한 원칙의 공존은 가족정책만의 특수성이 아니다. 실례로 프랑스는 제2차 세계대전 후 복지국가 형성기에 비스마르크적 조합주의와 베버리지적 보편주의 원칙을 동시에 포괄하는 형태를 취했다(Palier and Bonoli, 1995, 김수행·안삼환·정병기, 홍태영, 2006 : 275~276 재인용). 이러한 경험은 아동양육정책에도 적용되고 있으며, 모순적 정책발전을 가능하게 했던 명분은 아동양육에 대한 부모의 자유선택을 보장한다는 것이다(Sabatineli, 2006).

그러나 양자의 공존은 1980년대 이후 아동보육에 대한 공적 책임의 강화 대신 부모의 직접 돌봄을 포함한 다양한 양육형태로 전환된다. 실제로 1994년과 2001년 사이 공적 재원 중 Crèche에 대한 지출은 16%에서 8%로 감소한 반면 개인적 돌봄[9]에 대한 지원은 78%에서 84%로 증가했다(Leprince, 2003, Morel, 2007 재인용). 그리고 다양한 양육형태로의 전환은 저소득층은 아동양육수당을, 중간층은 보육시설을, 상층은 개인적인 돌봄을 선호하는 형태로 아동양육을 계층화했다(Morel, 2007). 그러나 이러한 변화가 공적 아동보육시설의 축소를 의미하는 것은 아니다. 지난 10년간 0～2세 아동보육비율은 20%에서 56.4%로 두 배 이상 증가했다. 이러한 현상은 벨기에에서도 유사하게 나타나고 있는데, 보육시설의 확대와 다양한 아동양육형태에 대한 지원이 반드시 대체적이지 않을 수도 있다는 사실을 보여주고 있다.

독일과 오스트리아의 낮은 아동보육비율은 가족중심의 전형적 보수주의 가족정책의 특성을 보여준다(Daly, 2001). 특히 독일에서 낮은 탈가족화 수준은 역사적으로 독일여성운동의 전략과 관련이 있다고 보여진다. 복지국가 재편기에 독일 페미니스트들은 돌봄동등모델(caregiver-parity)을 추구함으로써 아동돌봄의 탈가족화(사회화)를 확대하는 대신 모를 위한 양육수당을 도입하고 휴가를 늘리는 것을 선택했다(Sainsbury, 1999). 실제로 독일 여성운동은 출발 당시(1970년대)부터 아동돌봄을 중요한 이슈로 간주하지 않았고, 이후 여성운동에서 아동돌봄 이슈는 사라지게 된다[10](Naumann, 2003). 오스트리아의 경우도 공적 양육시설에 대한 사회적 관심은 크지 않았으며(Morgan and

9) 2004년부터 여러 가지 아동급여는 PAJE(Prestation d'Accueil du Jeune Enfant)로 통합되었다(Morel, 2007).

10) 특히 좌파여성운동(Aktionsrat : ABF)은 아동돌봄에는 관심 있었지만 국가의 책임을 강화하는 것 대신 직접 아동보육시설을 운영하는 것으로 관심을 돌렸다(Naumann, 2003).

Zippel, 2003), 여성은 여전히 아동돌봄의 주된 책임자로 간주되고 있다(Stell and Duncan, 2001). 그러나 최근 독일과 오스트리아에서의 변화는 주목할 만하다. 독일에서 1998년 적녹정권하에서 일하는 어머니는 주요한 정책의제로 등장했으며, 여성의 전통적 역할을 강조하던 기민당도 여성의 노동시장 참여를 선택적으로 지지하기 시작했다(Häusermann, 2006). 실제로 1992년 the Children and Youth Act를 제정해 1999년부터 3~6세 아동의 보육시설 이용 권리를 보장하고 있다[11)] (Scheiwe, 2000). 오스트리아에서도 독일과 같이 1990년대 이후 전통적 영역에서의 복지축소에도 불구하고 아동양육과 관련된 지출이 증가하고 있다.

앞서 언급한 4개국과 비교하면 네덜란드의 변화는 극적이다. 1993년 0~2세 아동보육비율은 보수주의 복지국가들 중 가장 낮은 수준이었다. 그러나 2003년에 이르면 아동보육비율은 불과 10년만에 무려 33.0% 포인트나 증가했다. 3세 이상 취학 전 아동에 대한 보육비율도 2001년에 이르면 거의 모든 아동을 대상으로 이루어지고 있다. 아동보육시설은 행복한 가정에 모순되고, 아동을 양육하는 여성의 특별한 능력을 부정하는 것이라는 인식이 지배적인 사회에서 기대할 수 없었던 변화이다[12)](Bussemarker and Kerbergen, 1994; Anttonen, 2006). 특히 1990년대 복지국가의 위기는 남녀가 함께 생계부양과 아동돌봄의 책임을 나누는 것에 대한 사회적 동의를 확산시키는 계기가 되었다(Kremer, 2005). 이러한 탈가족화의 확대과정에서 네덜란드만이 갖는 특성은 국가역할의 축소와 부모와 고용주의 책임이 증대했다는 점이다(Knijn and Ostner, 2002). 네덜란드에서 민간의 역할은 공공부

---

11) 1996년에 실시하려던 것을 재정적 이유로 1999년으로 연기했다.

12) 네덜란드는 전통적 가족구조에 대한 강조가 높은 탈상품화 수준과 모순되지 않는다는 사례로 언급되었다 (Bussemarker and Kerbergen, 1994).

문에 통합된 것으로 이해되지만(Sainsbury, 1996), 아동보육의 확대과정에서 국가의 역할은 세금공제와 같은 제한적 영역에 머물면서 민간 영역이 급속히 확대되었다.

〈표 9-1〉 **탈가족화(Defamilialization) : 1993, 1998, 2003**

	0~2세 아동보육비율 (공적 또는 공적 지원)①			3세~취학 전 아동보육비율 (공적 또는 공적 지원)②		
	1993	1998	2003	1990~93	1997~00	2001/04
네덜란드	2.0	7.5	35.0	71	98	95
독 일	2.1	2.8	8.6	78	78	90
벨기에	25.0	30.0	54.7	95	97	97
오스트리아	2.6	4.0	8.9	75	68	80
프랑스	20.0	43.0	56.4	99	99	99

출처 : ① 0~2세 아동보육비율의 유럽국가들 자료는 Blome and Müller(2007)의 <표 9-1>에서 필요한 부분만 재인용한 것임 ② Hofäcker, Dirk(2003). Towards a dual earner model? European Family Policies in Comparison. Globalife Working Paper, No. 49, p. 13 : Table 5.

2) 가족화 정책

모성휴가와 부모휴가는 어린 자녀를 돌보기 위해 상품화되었던 부모의 노동력을 탈상품화·가족화시키는 대표적인 정책이다. <표 9-2>를 보면 모성휴가와 부모휴가를 합산한 최대 기간은 프랑스가 172주로 가장 길고, 그 뒤를 이어 오스트리아, 독일, 네덜란드, 벨기에 순이다. 한국은 네덜란드와 벨기에보다는 긴 59주를 보장하고 있다. 벨기에, 독일, 프랑스, 오스트리아의 GDP 대비 모성휴가와 부모휴가에 대한 지출비율은 대략 0.2%에서 0.3% 수준이다. 네덜란드의 경우 무급휴가를 제도화했기 때문에 GDP 대비 지출이 0%로 기재되었다. 반면 한국은 2003년 당시 정액급여[13]를 지급하고 있었음에도 불구하고 0.006%에 불과했다.

구체적인 특성을 보면, 네덜란드 부모휴가는 다른 보수주의 국가들과 달리 유급과 무급노동의 재분배와 여성의 노동시장 재진입을 목적으로 설계되었다(Bruning and Plantenga, 1999). 돌봄노동의 가족화의 책임을 부·모가 함께 나누고, 가족화와 상품화가 병행될 수 있도록 제도를 설계했다. 이러한 목적은 최근까지 부모휴가 이용이 시간제로만 가능했다는 사실로 입증된다.[14] 네덜란드 부모휴가의 제도적 특성은 부·모가 직접 아동을 양육하는 것이 광범위하게 지지받고 있지만 그 책임은 어디까지나 부·모에게 있다는 점을 확인시켜주고 있다. 부·모 노동력의 가족화는 자신의 선택이며, 개별 부·모의 선택에 대해 국가가 책임을 질 이유가 없다는 것이다. 그러나 부·모의 노동력을 탈가족화시키는 아동보육시설에 대한 적극적 확대가 이루어지고 있는 것과는 대조적이다[15](Knijn and Ostner, 2002). 즉, 아동양육에 대한 사회적 수사와 달리 현재 네덜란드에서 부·모의 노동시장참여(탈가족화를 통한 상품화)는 사회경제적 필요에 의해 가족 내 아동돌봄(탈상품화를 통한 가족화)보다 우선되고 있다.

벨기에는 아동돌봄과 관련해 상호 모순적인 정책(탈가족화와 가족화)을 확대했다는 점에서 프랑스와 유사하다(Marques-Pereira and Paye, 2003). 그러나 벨기에의 부모휴가는 프랑스는 물론이고 다른 보수주의 복지국가들과도 확연히 구분된다. 부모휴가로 간주되는 경력휴가(Career Break)는 돌봄 외에 재교육과 여가 등을 위해서도 사용할 수 있도록 제도화되어 있다[16](Devisscher, 2004). 휴가제도의 공식적 목적

13) 2003년 당시 남녀노동자 평균임금의 18.2%인 월 30만 원을 지급했다.

14) 현재는 전일제로 13주 사용이 가능하며 2000년에는 모든 노동자에게 휴가권리를 보장했다(Knijn and Ostner, 2002).

15) 네덜란드에서 부모휴가에 대한 대중적 지지는 아동보육시설에 대한 지지보다 높다(Portergijs et al., 2004, Kremer, 2005 재인용).

은 일자리를 나누는 것이다(Marques-Pereira and Paye, 2003). 실제로 2001년까지 부모휴가 이용자의 대체인력은 완전실업급여 수급자로 제한되어 있었다(Leitner, 2006). 경력휴가의 목적은 실업상태에 있는 노동력을 상품화시키기 위해 현재 상품화된 노동력을 가족화시키는 것이다. 즉, 휴직의 목적은 돌봄노동의 가족화가 아닌 실업과 같은 경제위기에 대한 대응전략이다(Morel, 2007).

프랑스 부모휴가는 젠더이슈에 대한 모호한 가정을 보여주는 대표적 사례이다(Faganai, 1998). 부모휴가(CPE)는 1977년 고용정책의 일환으로 제도화되었다. 기본적으로 CPE는 무급휴가이고, 자격(노동시장에 참여하지 않는 조건)을 충족하는 경우에 한해 아동이 36개월 될 때까지 아동양육수당(APE)을 받도록 설계되었다. 그러나 2001년까지 노동력 감축의 일환으로 기능했던 APE는 2001년 여성이 일자리를 찾는 것을 돕기 위해 첫 두 달 동안 임금노동이 가능하도록 개혁되었다(Palier and Madnid, 2004). 그리고 2006년에는 셋째 자녀에 대한 짧은 휴가기간과 높은 급여를 제공함으로써 여성의 신속한 노동시장 복귀동기를 높였다(Leitner, 2006). 1985년 APE가 도입된 이후 여성의 가족화를 전제했던 제도에서 2000년대 이후 자산조사에 의한 급여와 일로 돌아갈 것을 권장하는 방식으로 전환함으로써 상품화에 대한 동기(근로동기)를 강화하는 자유주의 사회보장체제와 유사한 모습을 띠고 있다(Palier and Madnid, 2004).

네덜란드, 벨기에, 프랑스 휴가정책의 기본 목적이 노동시장정책과 밀접히 관련되어 있는 반면 독일과 오스트리아 휴가정책은 아동돌봄에 대한 여성의 가족화를 강화하기 위한 목적이 우선된다. 하지만 두 국가 간의 차이 또한 존재한다. 먼저 독일에서 부모휴가

16) 2002년 휴직제도의 개혁이 이루어지는데 민간부분에서는 기존의 제도를 휴직이용권리를 시간크레딧제도로 대체했다(Devisscher, 2004).

(Erziehungsurlaub)는 1986년 우파정당인 기민당과 자유당 연합정부에 의해 돌봄의 탈가족화 정책인 아동보육시설 확대를 좌절시킬 목적으로 도입되었다(Scheiwe, 2000). 부모휴가급여(Erziehungsgeld)는 임금에 대한 보존이 아니라 가정에서 아동을 양육에 대한 보상(recognition)을 목적으로 설계되었다[17](Pettinger, 1999). 그러나 이후 독일에서 부모휴가의 개혁을 통해 부모 노동력의 상품화를 전제한 가족화 방향으로 변화해나간다. 2000년에는 모의 고용유지를 위해 부모휴가기간 중 시간제 노동권을 법제화하고(Leitner, 2006), 2001년에는 모든 노동자에게 부모휴가 권리를 부여했다(Knijn and Ostner, 2002). 그리고 2007년 개혁을 통해서는 급여의 성격을 자산조사에 근거한 양육노동에 대한 보상에서 휴가기간 중 임금을 보존하기 위한 임금비례급여로 전환한다(Leitner, 2006). 이러한 일련의 개혁으로 부모휴가의 성격은 상품화・탈상품화와 관련 없이 전통적 가족의 역할을 지원하는 것에서 상품화와 가족화 양립을 지원하는 모습으로 변화하고 있다[18]. 반면 오스트리아의 부모휴가제도는 보수주의 복지국가들 중 가족돌봄 체제를 강화하는 특성을 유지하고 있다. 실제도 2002년 개혁을 통해 부모휴가 이용권리가 고용경력이 있는 부모에서 모든 부모로 확대함으로써 상품화와 탈상품화(노동시장)와의 관련성을 더욱 약화시켰다(Leitner, 2006).

---

17) 그러나 Morel(2007)은 벨기에와 프랑스와 같이 독일도 높은 실업률에 대한 대응으로 여성들을 노동시장에서 가정으로 돌려보내기 위해 부모휴가급여를 도입했다고 주장한다.

18) 특히 이러한 정책방향의 전환은 독일에서 다른 사회정책과 달리 아동양육정책에서 북유럽 모델을 선호하는 특성(Aust and Bonker, 2004)이 부분적으로 반영된 결과라고 할 수 있다.

〈표 9-2〉 가족화(Familialization) : 모성 및 부모휴가 1993, 1998, 2003

	Maternal and Parental Leave (Duration, week)			Expenditure in Percentage of GDP			
	1993	1998	2003	1993	1998	2003	2005
네덜란드	42(16+26)	40(16+24)	40	0.0	0.0	0.0	0.0
독 일[19]	104(14+90)	104	118(14+104)	0.3	0.2	0.2	0.2
벨기에	14(14+0)	15(15+0)	27(15+12)	0.2	0.2	0.2	0.2
오스트리아 ①	146(16+130)	120	120	0.7	0.4	0.3	0.1
프랑스	120(16+104)	172(16+156)	172	0.3	0.3	0.3	0.4

Hofäcker, Dirk.(2003). Towards a dual earner model? European Family Policies in Comparison. Globalife Working Paper, No. 49, p. 13 : Table 5. Blome, Agnes and Muller, Kai-Uwe.(2007). Attitudes towards mothers' employment and family policies in 11 European welfare states. Paper to be presendted at the 5th Annual ESPAnet Conference 2007. OECD.(2007a). Social Expenditure Database. Directorate for Employment, Labour and Social Affairs. ① 오스트리아의 경우 94년부터 30개월에서 24개월로 축소됨. OECD(2008). Social Expenditure Database.

정리하면 일반적으로 보수주의 복지국가의 휴가정책의 특성은 전통적 가족역할을 강화하기 위한 목적으로 제도화된 것으로 알려져 있다. 그러나 이를 보수주의 복지국가 부모휴가의 공통적 특성이라고 할 수는 없다. 프랑스와 벨기에는 실업정책의 일환으로 부모휴가를 제도화했다. 반면 오스트리아와 개혁 전 독일은 전통적 가족(여성)역할을 강화하는 목적이 강하게 내재되어 있으며, 네덜란드는 남녀 간 무급노동과 유급노동을 나누는 것을 목적으로 제도화되었다. 이러한 특성을 종합했을 때 보수주의 복지국가들이 공통의 가족화 정책을 공유하고 있다고 보는 것은 타당하지 않다.

다음으로 현금급여는 부모의 노동력을 가족화할 가능성을 높이는 또 다른 정책이다. <표 9-3>을 보면 2003년 현재 GDP 대비 가

19) 독일은 2007년부터 부모휴가 기간이 12개월로 조정되고 급여방식도 정액급여에서 소득비례방식으로 변화했다(67%). 더욱이 2개월의 아버지 할당기간을 도입해서 남성참여를 제도화했다.

족수당의 지출규모가 가장 큰 국가는 오스트리아로 GDP의 2.2%를 지출하고 있다. 주목할 점은 오스트리아의 경우만 제외하고 다른 국가의 지출규모는 감소했다. 특히 네덜란드와 벨기에의 경우 지난 10년 동안 가족수당의 지출규모는 각각 36.4%, 25.0%씩 격감했다. 이러한 특성은 오스트리아를 제외한 다른 보수주의 복지국가에서 탈가족화를 지원하는 방향으로 정책을 선회하고 있는 현실을 반영하고 있다. 반면 오스트리아의 경우 다른 국가들과 달라 2000년대 이후에도 전통적 가족의 역할을 강화하는 모습을 보이고 있는데(Leitner, 2006) 이러한 정책의지가 가족수당 확대(22% 증가)와 연관되었을 가능성이 높다. 가족수당 외 현금급여는 네덜란드, 독일, 오스트리아에서만 유의미한 수치가 도출되었다. 정리하면 보수주의 복지국가들 중 오스트리아를 제외한 국가들의 부·모 노동력의 상품화가 전제되지 않은 가족화 정책의 역할은 축소되고 있다. 다만, 오스트리아만이 상품화와 무관한 가족화 정책이 상대적으로 강하게 유지되고 있다.

〈표 9-3〉 **탈상품화 : 가족수당 및 기타 현금급여에 대한 사회적 지출**

	Family Allowance			Other cash benefits(Family related)		
	1993	1998	2003	1993	1998	2003
네덜란드	1.1	0.8	0.7	0.0	0.0	0.1
독일(서)	0.8	0.7	0.8	0.2	0.2	0.2
벨기에	2.0	1.8	1.5	0.0	0.0	0.0
오스트리아	1.8	1.7	2.2	0.1	0.1	0.1
프랑스	1.2	1.2	1.1	0.0	0.0	0.0

출처 : OECD(2007b). Social Expenditure Database. Directorate for Employment, Labour and Social Affairs.

3. 결론 및 한국 가족정책에 주는 함의

보수주의 복지국가 가족정책의 비교·분석을 통해 몇 가지 주목할 만한 결과를 도출했다. 첫째, 일반적 이해와 달리 가족정책 영역에서 보수주의 복지국가의 보편성은 존재하지 않는다. 프랑스, 벨기에, 네덜란드는 상대적으로 탈가족화와 가족화 정책을 상보적 관계로 유지하고 있다. 이들 국가의 상대적으로 높은 탈가족화와 관대한 가족화 수준은 사민주의 복지국가들 중 핀란드, 노르웨이[20]와 유사한 모습을 보이고 있다. 반면 오스트리아와 독일에서 가족화 정책은 탈가족화 정책에 대한 대체재적 성격을 띤다. 이제 적어도 가족정책 영역에서 복지국가를 구분하기 위한 "보수주의"라는 용어는 적절한 개념이 아니다.

둘째, 지난 10년간 보수주의 복지국가의 가족정책은 끊임없이 변화해왔지만 현재까지는 어떤 국가도 가족정책의 질적 변화를 보이고 있지는 않다. Leitner(2006)는 보수주의 국가들의 가족정책 분석에서 독일과 오스트리아가 유사하고, 프랑스와 벨기에가 유사한 상황에서 오스트리아와 벨기에가 유사하고 독일과 프랑스가 유사해지는 상황으로 변화하고 있다고 주장했다. 그러나 탈가족화와 가족화를 중심으로 일과 가족생활양립정책을 분석했을 때 적어도 2003년까지는 이러한 변화가 목격되지 않는다. 오스트리아와 독일의 가족정책은 네덜란드, 프랑스, 벨기에와는 구분되는 특성을 유지하고 있다. 다만, 경향성을 볼 때 1990년 후반 이후 탈가족화 정책을 강화하려는 모습들이 목격된다. 아동양육과 관련해 가족책임을 강조하는 오스

20) 핀란드와 노르웨이의 0~2 아동보육비율은 2002년 현재 각각 25%와 37%에 그치고 있어 프랑스, 벨기에보다는 낮고, 네덜란드보다는 조금 높다(OECD, 2005; LIS, 2003). 또한 노르웨이와 핀란드는 스웨덴, 덴마크와 달리 아동양육수당을 제도화하고 있다(윤홍식, 2007). 물론 프랑스, 벨기에, 네덜란드의 상당수 아동보육시설이 시간제로 운영되고 있다는 점에서 현상적인 보육비율의 비교는 명백한 한계가 있다.

트리아와 독일에서조차도 3세 이상 취학 전 아동의 보편적 보육권리를 선언하고 있다(Pfau-Effinger, 2006; Morel, 2007). 이러한 변화는 경쟁단위가 지역적 차원에서 세계적 차원으로 확대되는 과정에서 여성의 상품화가 국가 경쟁력의 필수적 요건으로 등장한 것과 밀접한 연관이 있다. 앞서 언급했지만 1990년대 이후 네덜란드에서는 여성의 인적 자본이 사장되는 것이 네덜란드 복지국가의 위기라는 인식이 확대되었다(Morel, 2007).

이상의 결과는 한국가족정책 확대방향에 두 가지 함의를 준다. 하나는 상대적으로 강한 가족주의에 기반한다고 알려진 독일과 오스트리아조차 탈가족화 정책을 확대하는 방향으로 나아가고 있다는 점이다. 이러한 모습은 90년대 후반에 들어서면 보다 확연해지고 있다. 한국도 보편적 아동보육권리를 선언하고 국가의 책임을 확대할 필요가 있다. 그러나 중요한 전제가 있다. 국가의 책임강화는 다양한 형태의 아동양육에 대한 지원이 아닌 공적 아동보육시설 확대에 집중될 필요가 있다. 아동보육에 대한 공적 인프라가 미비한 가운데 프랑스와 같이 다양한 아동양육형태를 지원한다면 심각한 계층적 불평등을 야기할 수 있기 때문이다. 다른 하나는 가족화와 탈가족화에 대한 지원이 양자택일이 아닌 상보적 관계가 될 수 있다는 점이다. 그러나 세 가지 전제가 있다. 하나는 가족화 기간은 노동시장 참여동인을 감소시킬 정도로 길어서는 안 된다. 또한 해당 기간 동안의 급여는 부·모가 자녀와 함께 독립적 가구를 형성·유지할 수 있는 수준이어야 한다. 가족화로 인해 여성이 남성의 소득에 다시 의존하게 됨으로써 전통적 성별분업을 재생산해서는 안 된다. 마지막으로는 가족화 정책은 반드시 상품화 전략과 연관되어야 한다. 실업과 같은 노동시장의 문제를 완화하기 위해 여성을 가족으로 돌려보내는 것은 적절한 방향이 아니다. 사회 전체는 물론이고 개별가구에게 있어서도 여성의 상품화는 선택이 아닌 필수적 과제이기 때문이다. 이러한 원칙이 지켜진다면 탈가족화 정책은 가족화 정책과 대립적, 대체재적 관계가 아닌 상보적 관계가 될 수 있을 것이다.

CHAPTER 10

자유주의 복지체제 가족정책 : 영국, 미국을 중심으로(시장형)

현대 복지국가를 분류한 에스핑-앤더슨(1990)은 국가-시장-가족의 관계, 탈상품화 정도 및 사회권 보장을 기준으로 사회민주주의 국가군, 조합주의적 국가군, 자유주의 국가군으로 나누고 있다. 이 중 자유주의 국가로 군집되는 국가들은 국가의 탈상품화, 사회권 보장수준에 대한 기여도가 낮고 시장의 경쟁원리를 기반으로 사회를 운영하는 것을 특징으로 한다. 또한 국가가 가족에 대한 지원수준은 낮아서 가족을 통한 복지욕구 해결이 또 하나의 특징이 되고 있다. 즉, 시민으로서의 기본 권리는 시장관계나 가족관계를 통해서 형성되며, 보편적인 이전이나 사회보험제도는 제한되어 있고 복지에 대한 혜택은 주로 자산조사를 기반으로 저소득층에게 제한시키는 잔여주의적 방식으로 이루어지고 있다. 이들 국가는 노동시장에서의 개인의 자유와 사적 책임을 강조하며, 상대적으로 국가의 역할을 제한하며 가족형태나 사회계층에 따른 일정한 수준의 불평등을 수용하는 정책적 기조를 유지하고 있다. 이에 따라 보편적 사회권을 보장하기 위한 국가의 역할을 중시하며 가족의 욕구에 부응하는 각종 사회서비스를 제공함으로써 여성들의 사회참여를 보장하는 사회민주주의 국가군이나, 시장과 가족의 일차적 책임을 강조하지만 국가의 보충적 가족지원 원칙을 유지하는 조합주의 국가군에 비하여, 자유주의 국가군은 가족에 대한 현금이나 아동보육, 노인케어 등 각종 사회서비스 지원정책이 관대하지 않기 때문에 아동이나 노인을 돌보기 위한 가족 내 부담비율이 높고 가족형태별 소득불균등이나 계층화가 뚜렷하게 나타난다(Esping-Andersen, 1990). 주로 영국, 미국, 캐나다, 오스트레일리아 등이 여기에 속한다.

영국[1]이나 미국은 전통적으로 공사영역의 분리와 국가의 사적영역 비개입 혹은 개입 최소화라는 자유주의적 원칙을 가진 국가들이다. 이들 국가는 유럽의 다른 국가들에 비해 상대적으로 자녀양육과 같은 돌봄의 문제는 국가나 사회가 함께 분담해야 할 사안이 아니라 가족의 책임하에 이루어져야 한다는 견해가 강하게 존재하고 있으며, 가족구성원에 의한 아동보육을 강조하는 경향이 강하다. 이에 따라 타 유럽국가들에 비해 가족에 대한 공공지출총액도 적을 뿐만 아니라 보육서비스 수준이 양적으로나 질적으로 낮은 수준이다. 최근 들어 보육서비스에 대한 국가적 차원의 지원을 증가하려는 정책들이 증대되고 있으나, 전통적으로 저소득층, 장애아 등 특별한 욕구가 있는 아동이 아닌 경우 국가차원의 공공보육서비스 지원은 매우 저발달된 구조이다. 무엇보다도 사회적으로 시장을 통한

---

1) 영국은 세계적으로 가장 빠르게 가족수당 도입을 제도화하고 아동수당 지급 등 가족지원에 대한 정책적 노력을 기울여 온 국가로, 미국, 캐나다, 오스트레일리아 등 다른 자유주의적 국가군과는 구분되는 특징을 지닌다. 그러나 전반적으로 국가의 가족지원을 최소화하려고 하는 기본 골격을 가지고 있고 공공지출 재정지원액 등도 조합주의나 사민주의 국가군과는 일정하게 대비되는 측면이 있다. 또한 1980년대 대처정부 이후 영국의 가족정책의 전반적 방향은 미국, 캐나다, 오스트레일리아 등 자유주의 국가군에 보다 유사하게 시장과 효율성을 강조하고, 자산평가에 기반한 급여제공이라는 방식을 강화하는 측면이 있어서 이들과 유사한 자유주의 국가군으로 분류하고자 한다.

복지욕구의 해결을 강조하는 전통 속에서 아동보육의 문제도 민간 부문의 보육서비스 시장 창출과 서비스 이용을 기본적 방식으로 하고 있다. 국가에 의한 공공서비스 개입은 최소한도로 제한하는 상황에 의하여 아동에 대한 보육 서비스는 공급 부족이라는 양적인 문제 이외에도, 서비스 질이 보육비용에 따라 차등화되는 질적인 문제를 동시에 수반하고 있다. 따라서 이들 국가에서는 여성의 취업으로 보육시설을 써야 하는 가족들은 사적 부문을 이용할 수밖에 없으며, 보육료에 대한 정부의 지원도 제한적으로 실시되고 있어서 대부분 일을 하고 있는 부모가 지불하는 특성을 지니고 있다. 이와 같은 구조로 인하여 영국이나 미국은 계층별로나, 가족형태별로 서로 다른 유형의 아동양육방식을 채택할 수밖에 없으며, 아동이 차별적으로 성장하는 계층화 구조가 재생산된다는 비판이 제기되어 오고 있다.

본 장에서는 영국과 미국을 중심으로 자유주의 레짐 국가군의 가족정책의 특징과 현황을 개괄적으로 검토하고 이들 자유주의 국가 가족정책의 경험을 통하여 우리나라 가족정책에 미치는 정책적 함의를 분석해보도록 하겠다.

1. 영국의 가족정책[2)]

영국의 블레어 정부 이전까지는 보육이나 일가족 양립에 대한 정책적 관심이 제한되었으나 1990년대 중반 이래 맞벌이가족이 증대하고 한부모가족의 빈곤문제와 고용문제가 사회적으로 주요 이슈가 되면서 보육, 휴가, 탄력적 노동시간정책 등이 다양하게 가족정책 차원에서 도입되고 있다. 2004년 '10년 보육 전략(10-year strategy for childcare)' 수립, 2006년 '일과 가족법(Work and Families Act)' 제정 등은 향후 영국 가족정책이 나아갈 방향을 보여주고 있다. 또한 아동양육의 문제를 사회투자적 관점에서 국가의 개입을 강화하기 위하여 2007년 6월부터 새로운 정부부처로서 아동·학교·가족부(Department of Children, Schools and Families, DCSF)를 출범하고 아동보육과 교육을 하나의 통합된 체계로 전환시키는 것을 포함한 일련의 변화를 시도하고 있다. 아동보육과 교육의 통합은 모든 아동들이 안전하게 성장하고 질 높은 교육을 받을 수 있게 기회를 보장하겠다는 영국 정부의 정책적 의지를 반영한다.

그러나 이와 같은 일련의 대대적 개혁 이전에는 영국은 전통적으로 자녀양육은 가족 내에서 이루어져야 하며 국가의 개입에 대한 부정적인 사회적 인식이 오랫동안 자리를 잡아왔다. 여성의 경제활동 참여와 취업문제는 사회적으로 관심을 가져야 할 정책 중의 하나이기보다는 여성 자신 혹은 가족의 개인적 선택이나 책임으로 간주되어왔다. 따라서 영국은 전통적으로 여성의 경제활동참가율을 높이기 위한 사회적 관심보다는 여성이 가정 내 아동을 돌보는 일에 대한 보상으로서의 가족수당이나 아동양육 소득공제가 상대적

---

2) 영국 가족정책 부분은 송다영(2009b). "영국 가족정책의 변화와 한계". 상황과 복지, 28, 51-94를 수정·인용하였다.

으로 발달하였다[3]. 이에 비하여 여성의 경제활동을 보장하기 위한 방편으로서 보육서비스는 경제적으로 매우 어려운 상황이거나 특별한 도움이 요구되는 소수의 저소득 아동들을 대상으로 한 선별적이고 잔여적인 접근에 제한되었다(Lewis, 2003). 근래 블레어 정부 이후 보편적인 가족정책과 일가족양립정책의 필요성이 대두되었는데, 만 5세 미만의 취학 전 자녀가 있는 여성(특히 한부모가족 여성가구주)들의 고용율을 높여야 하는 필요성이 증가하고 있으며, 고용구조의 불안정 증대 속에서 맞벌이가족이 증가하고 이와 함께 가족 내 남녀의 자녀양육 역할공유의 분위기가 확산되고 있기 때문이다.

1) 블레어 정부 이전의 가족정책

영국은 복지국가의 이념적 기초로 공사영역의 분리, 국가의 사적 영역에 대한 불개입이라는 자유주의 철학을 바탕으로 하고 있다. 공사영역 분리원칙은 한편으로는 남성은 시장영역에 나아가 유급노동을 함으로써 가족을 부양하는 역할을 수행하고, 여성은 가정 내에서 아동에 대한 보살핌 노동을 수행하는 남성생계부양자 모델을 강화시키는 메커니즘으로 작동하게 하였으며, 다른 한편으로는 국가를 공적 영역화하면서 사적 영역에 대한 책임으로부터 벗어나게 하였다. 이에 따라 영국에 있어서 아동양육이나 가족보살핌은 전적으로 가족의 책임, 더 구체적으로는 여성이 하는 것이 자연스럽게 받아들여졌으며, 국가는 무개입원칙 속에서 극히 제한적인 잔여적으로 재정지원을 하는 전통이 강고하게 만들어져 왔다. 남성생계부양자 모델과 사적 영역 불개입 전통으로 여성의 경제활동이나

3) 영국의 가족수당과 소득공제는 오랜 기간 영국의 가족정책의 특징으로 해석되어지나 프랑스, 벨기에 등 다른 나라의 수당수준과 비교를 하게 되면 상당히 낮은 급여수준과 포괄범위의 제한, 아동부양공제제도와의 병행 등으로 성별, 계층별 소득재분배를 제약한다는 비판을 받고 있다(김수정, 2002).

유급노동에의 접근을 지원하는 보육과 같은 제도적 장치들이 지체되었기 때문에, 영국 여성들은 주로 가족 내에서 아동을 양육하는 사람으로서 자리매김하였으며 유급노동을 수행하더라도 아동양육이나 가족책임을 수행할 수 있도록 파트타임으로 조정하는 노동패턴을 유지할 수밖에 없었다.

(1) 생계부양자모델과 보육정책의 부재

영국의 남성생계부양자모델에 기반한 가족정책은 전통적으로 여성에게 가정에 남아 아동을 돌보는 것을 일관된 방향으로 하고 있어서 여성의 경제활동참여를 유도하고 일과 가정을 양립할 수 있도록 지원하는 제도적 지원은 상당히 지체되어 왔었다. 무엇보다도 아동의 가족 내 보호와 여성에 의한 양육을 이상적으로 받아들이는 남성생계부양자모델의 전통 속에서 보육서비스 정책이 거의 발달하지 않았다. 역사적으로 보육서비스를 증가시키고 국가가 재정적 지원을 했었던 사례는 노동력 공급 부족 시에만 제한적으로 나타났다. 가장 대표적인 예가 제2차 세계대전 때 전쟁 수행으로 남성노동력이 부족하던 시기에 여성노동력 노동시장 배치와 이에 따른 보육시설 증가가 그 예이다. 이후 전쟁이 끝나자 여성들은 다시 가정으로 복귀하고 보육서비스는 전쟁시기에 비해 반 이상으로 줄어들고, 보육서비스 제공은 공공(public)보다는 민간에 의한 시설 운영이 이루어지면서 보육료 가격이 올라가는 방향으로 전환해갔다(Lewis, 1992; 김수정, 2002).

영국 내 공공보육시설의 제한, 보육시설의 민간운영과 이에 따른 고부담 보육비용은 아동을 양육하는 가족들의 보육접근성을 제한하는 구조적 요인으로 작용하였다. 즉, 영국은 기본적으로 부모에 의한 아동양육과 국가의 지원을 배제한다는 원칙으로 하고 있기 때문에 보육시설이 발달하지 않았으며 보육시설이 있더라도 민간에 의해 운영이 되어 왔기 때문에 서비스 질이나 서비스 비용문제로부터 자유로울 수 없었고 이에 따라 대다수의 부모들은 시설을 이용하는 것을 꺼리거나 부담스러워 하였다. 시설이용에 대한 전반적 거부감이 강하게 존재하고 있고 보육료 고비용 문제도 있기 때문에 5세 미만의 어린 자녀를 직접 양육하기 어려운 경우에도 시설보다는 친인척이나 이웃, 친구 등 비공식 네트워크를 이용하는 비율이 높았다. 어린 아동의 주간보호를 위한 정부로부터의 공적 지원이 부족한 영국에서 일을 하는 부모들은 만 5세 미만 아동에 대한 보육을 위하여 시설보다는 비공식 부문을 이용하는 경우가 많았으며, 이와 같은 비공식 돌봄 방식은 블레어 정부의 개혁 이후에도 지속되는 경향이 있다. 2002년 전국 단위 조사에 의하면 영국에서 비공식적으로 아동을 돌보는 방식을 살펴보면 조부모에 의한 비율이 가장 높으며(34.0%) 이외에도 친구 및 이웃(7.0%), 형제・자매(6.0%), 기타 친척 및 비혈연(10.0%), 비동거배우자나 전 배우자(5%) 등으로 다양하다. 여기에 약간의 비용을 지불하는 가정보육모(8%) 등 다양한 가족이 가진 인적 네트워크나 비공식적 통로를 활용하는 방식으로 아동보육문제는 대체적으로 가족을 통한, 가족에 의한 해결책을 모색하는 것을 확인할 수 있다(Office for National Statistics, 2002, 서문희, 2007 재인용).

영국의 보육시설은 크게 4가지 형태로 분류되는데, 4세 이하의 아동을 위한 보육시설(day nurseries), 4세 이상 취학 전 아동을 위한 유치원(nursery schools), 취학 전 아동을 대상으로 주 2~3회 운영되는 놀이그룹(playgroups), 자신 혹은 부모의 집에서 1~3명의 아동을 돌봐주는 가정보육모(childminders or babysitters)가 그것이다. 이 중 보육시설의 일부분만이 국가에 의한 공적 지원을 받았을 뿐 다른 형태의 보육시설은 민간부문에 의해서 실질적으로 움직여왔다. 보육시설의 대다수는 주로 영리를 목적으로 하는 민간부문이나 비공식분야에 의해서 운영되었다. 가정보육모(childminders)나 가정파견보모(babysitters)는 비용이나 시간상의 문제로 보육시설을 이용하기 어려운 가족들이 사적으로 이들을 고용하여 아동양육문제를 해결하는 방안으로 발달되어왔다. 영국 정부가 늘어나는 민간보육시설에 대해 개입한 부문은 보육시설 운영방식에 대한 관리와 규제에 초점이 있을 뿐 직접적으로 보육서비스 제공주체로서 국가는 어떤 역할도 하지 않았다. 1992년 공적으로 운영되는 보육원(day-nursery)과 사적으로 운영되는 보육원은 각각 29,678개, 102,679개로 영국 내 보육부문이 대부분 시장과 민간에 의해 움직여져 왔음을 보여준다. 또한 공적으로 재정지원을 하는 공공보육에 대한 보장도 따로 법적으로 존재하지 않았으며 80년대 후반까지도 공적으로 재원이 조달되는 보육시설(publicly-funded daycare facilities)을 이용하는 2세 이하의 아동비율은 2%에 불과하였으며, 3세에서 학령기 전 아동 중 공적으로 재원이 조달되는 시설에 소속된 비율은 38%로 유럽의 다른 국가들에 비하여 매우 낮은 수준이었다. 교육적 차원에서 도입된 5세 아동 예비학교 등록율은 100%로 다른 국가들에 비해 상대적으로 두드러지게 높은 특징을 보인다. 그러나 시설운영시간이 오전 9시부터 3시까지로 파트타임으로 운영되기 때문에 전일제 풀타임 취업부모는 사용하는 데 어려움이 있는 것으로 나타나고 있다(Meyers et al., 1999). (표 10－1 참조). 랜달(Randall, 2002)은 이와 같은 영국의 상황을 공적 보육은 거의 아무 것도 존재하지 않았다고 보는 것이 옳다고 지적한다.

〈표 10-1〉 보육에 대한 공적 재정지원 및 보육아동 이용비율(80년대 말 기준)

	0~2세 중 공공보육범위	3~5세 중 공공보육범위	0~2세 중 공공보육 아동비율	3세~학력기 중 공공보육 아동비율	5세 아동 중 학교/예비학교 등록자 비율
스웨덴	18개월	3~5세	32	79	79
덴마크	0~2세	3~5세	48	85	80
핀란드	0~2세	3~5세	32	59	59
프랑스	2세	3~5세	20	95	100
독 일	없음	없음	2	78	85
영 국	없음	없음	2	38	100
미 국	없음	없음	1	14	87

* 공공보육은 공적으로 재원이 조달되는(publicly funded) 것을 말함
출처 : Meyers et al.(1999), p. 127 재구성

유럽은 물론 전 세계적으로 여성의 경제활동이 증가하면서 보육시설(서비스) 확대에 대한 요구가 1970년대 이후 지속적으로 제기되어왔던 점에 비추어 본다면, 영국의 이와 같이 낮은 공공보육시설 비율은 상당히 놀라운 현상이라고 할 수 있다. 영국에서도 1980년대 후반에는 여성들의 경제활동참가율이 49%에 이를 정도로 여성들의 노동시장 참여가 지속적으로 증가하였다. 여성의 노동시장 참여가 증가해도 보육확대가 제한되고 상당히 저발전하게 된 원인은 '남성이 생계를 부양하고 여성이 가족을 돌보는 가족구조가 이상적이다', '어머니가 가정에서 아동을 양육하는 것이 이상적이며, 특히 3세 미만의 아동은 어머니가 양육을 해야 한다', '취학 전 아동을 가진 여성은 금전적 어려움이 있거나 반드시 경제적 필요가 있을 경우에만 일을 해야 한다'는 생각들이 사회적으로 강력하게 존재하고 있었고, 국가는 아동양육의 문제가 부모에 의해 제대로 이루어지지 않아서 아동이 위험에 처하게 되거나 부모의 양육능력이 부적절하거나 부족할 경우에만 제한적으로 공공보육을 제공하고 구제한다는 남성

생계부양자 모델에 기반한 자유주의 원칙을 고수했기 때문이다(Lewis, 1997, 2003). 그러나 1980년대 후반 이후 영국에서 경제적 필요에 의하여 일을 할 수밖에 없는 맞벌이가족, 한부모가족의 비율이 증가하면서 아동보육에 대한 요구는 점차 집단적 요구로 변화하기 시작한다. 아동보육에 대한 국가의 지원을 요구하는 사회 각 계층의 요구도 집단화하기 시작한다. 이와 같은 집단적 요구는 생산적 복지를 강조하는 신자유주의 블레어 정부 아래에서 획기적인 보육에 대한 국가의 개입 강화라는 정책기조 속에서 수용되기 시작한다(Gornick and Meyers, 2003).

(2) 일과 가족 양립을 위한 휴가정책의 미흡

영국의 아동양육이나 가족돌봄 문제에 대한 가족 책임 및 국가 개입 최소화 원칙은 공공보육의 차원은 물론 일과 가족의 양립을 위한 휴가나 휴직과 연관된 정책도 발전시키지 않게 하는 기조로 작용하였다. 여성의 경제활동이 증가하고 임신, 출산, 양육의 시기에 기혼여성이 일과 가족을 양립할 수 있게 지원하는 휴가정책이나 노동시간정책도 다른 나라와 비교해 볼 때 상당히 미발달되어 있다. 유급 모성출산휴가(maternity leave)는 다른 국가들에 비해서 매우 늦은 1975년에야 도입되었으며 정률급여로 소득대체율이 매우 낮은 수준이어서 이용율이 높지 않았다. 1990년대 영국의 출산휴가 소득대체율은 45%에 불과하였으며 이용율은 18%에 머물렀다(Gornick et al., 1997). 게다가 남성들에게도 법적으로 부성출산휴가(paternity leave)가 보장되지 않아서 이를 사용할 수 없었다. 출산휴가뿐만 아니라 육아휴직 휴가도 상당히 제한적이어서, 1~3년 정도의 육아휴직 후 전 직장으로의 복귀를 보장하는 프랑스, 벨기에, 스웨덴 등과 달리 영국은 유급 육아휴직제도가 도입되지 않았으며 1999년이 되어서야 제한적으로 도입된다. 이처럼 영국에서 출산이나 휴직제도가 발달되지 않은 이유는 앞서 보육정책에서도 언급되었던 바와 같이 주로 여성들의 역할을 가정 내 역할로 한정하는 생계부양자 이데올로기 전통이 강해서 기혼여성이 출산을 하게 되면 노동시장에서 퇴장할 것으로 전제하는 사회적 풍토와 연결되어 있었다.

(3) 상대적으로 약한 가족에 대한 현금지원제도

영국은 모성의 양육자 역할에 대한 보상적 측면의 가족수당제도를 세계적으로 빠르게 도입한 역사적 전통이 있음에도 불구하고, 가족에 의한 자녀양육 책임을 강조한 자유주의적 전통을 기조로 하였기 때문에 다른 유럽의 국가들에 비해서 가족에 대한 현금 지원 수준도 높지 않다(표 10-2 참조). 1960년대부터 1990년대에 이르기까지 영국은, 여성의 노동참여와 보육서비스를 강조하고 상대적으로 수당과 같은 양육자 역할을 지원하는 것에 대한 현금지원에 소극적이었던 사회민주주의 국가군에 비해서도, 여성의 양육자로서의 역할을 중시하고 이를 소득형태로 보존하려는 조합주의적 가족정책 국가군에 비해서도, 현금지원의 대표적인 형태인 가족수당 급여액에 있어 낮은 수준을 유지하고 있다. 이것은 영국이 1939년 세계 최초로 가족수당을 도입한 프랑스와 함께 상당히 이른 시기인 1945년에 가족수당을 제도화했다는 사실과 대비된다. 프랑스는 가족수당의 도입 이후 기업이나 종교조직의 온정주의적 태도에 힘입어 자녀양육을 수행하는 가족에 대한 현금지원을 강화시켜나가는 궤적을 밟은 반면, 영국은 가족에 대한 국가의 현금지원에 대한 보수당이나 노동조합에 의한 반대에 부딪치면서 보편주의적 수당으로서의 성격이 아니라 계층 및 소득이 연동된 형태의 세액공제 형태로 변모해나간다(김수정, 2002).

〈표 10-2〉 **가족수당 급여액(/ 1인당 GDP) 규모의 변화(1960~1990)**

국 가	1960	1970	1980	1990
스웨덴	12.4	12.0	10.0	8.3
덴마크	–	12.6	8.2	5.1
핀란드	7.9	5.1	7.0	7.4
프랑스	22.2	14.3	8.0	15.3
독 일	5.5	2.7	7.5	6.5
네덜란드	28.0	15.9	15.2	7.1
영 국	3.6	2.8	7.8	5.1
캐나다	6.6	3.5	4.5	3.3

각주 : GDP per capita는 OECD, National Accounts, 각 년도에서 계산
출처 : 가족수당 급여액은 Family Policy Database(2001)과 Social Security throughout World, 각 년도에서 구성; 김수정(2002), p. 75 재인용

영국은 20세기 초 노동자 계급의 빈곤문제가 대두되면서 아동을 키우는 가족들에게 현금지급을 통해 기본적인 생활을 누릴 수 있게 하고 한편으로는 빈곤문제를 해결하기 위한 방안으로 가족수당이 도입되었다. 그러나 국가의 가족에 대한 개입이나 복지예산의 확대에 의한 재정증대에 대해 부정적 입장을 견지하는 보수당과 남성을 통한 가족임금제가 일차적이고 주요한 생활의 기반이 되어야 국가의 가족에 대한 개입은 남성배우자가 없는 경우(예 전시 혹은 사별, 병고 등)와 같이 최후의 선택이 되어야 한다는 노동조합의 견해가 맞물리면서 이후 가족수당은 제한적으로 제공된다. 가족수당을 여성과 아동을 위한 기본 생활 보장과 여성의 양육자로서의 역할에 대한 보상으로서 옹호했던 여성주의 세력의 활동에 의해 가족수당은 어머니에게 지급되는 성과를 거두기는 하나, 도입 초기부터 열등처우원칙에 의해 급여액이 최저 임금수준을 넘어서는 안 된다는 원칙 속에서 매우 낮은 수준의 가족지원이라는 특성으로 고착된다. 가족수당에 대한 사회적 견제가 강한 탓에 급여액이 실질적으로 증가하

지 못하는 추세도 다른 나라에 비하여 높아서, 영국의 가족수당 급여액의 수준은 1960년 구매력 기준으로 보았을 때 프랑스의 1/4, 벨기에의 1/3, 오스트리아의 1/2 수준의 낮은 수준이었고, 1970년에도 프랑스와 벨기에의 약 30%, 오스트리아의 약 60% 수준이었으며, 가족수당을 도입한 OECD 국가들 중에서도 하위권에 머물렀다(MZES, 2001; 김수정, 2002 : 149).

더욱이 영국의 가족수당은 아동이 있는 가족의 경제적 부담을 덜어주기 위한 방편인 아동부양공제제도와 병행되는 구조로 발달하였기 때문에 소득역진성이 일어나는 문제가 있었다. 즉, 가족수당액이 가족의 과세대상소득으로 합산된 후 이에 대해 다시 부양공제를 적용하는 방식이기 때문에, 수당의 주요 혜택이 저소득층이 아니라 오히려 고소득층에게 적용됨으로써 소득재분배 효과에 있어 오히려 역차별이 일어날 가능성을 내포하고 있었다. 이와 같은 문제점을 해결하기 위해 아동부양공제를 폐지하고 발생하는 조세수입증가분을 가족수당으로 쓰는 방안이 검토되기는 하였으나, 점차 모든 아동을 키우는 가구에 대한 경제적 지원방식으로서의 보편적 가족수당에 대한 정책효과에 대해 부정적인 입장이 강해지면서 자산소득 평가 저소득층 가족지원으로 변모한다.

1970년대 영국의 경제위기가 확대되면서 보수당은 보편적 가족수당을 폐지하고 저임금 가족에 대한 소득지원인 가족소득보충제도(Family Income Supplement)를 도입한다. 가족소득보충제도는 이전의 가족수당과 달리 자산평가적 공공부조적 성격이 강한 제도로, 한 명 이상의 자녀를 둔 가족 중 일정 수준 이하의 소득기준을 가진 계층에게만 제한적으로 주어졌다. 가족소득보충제도는 그 명칭에서도 나타나는 바와 같이 저소득층 가족의 소득이 최저생계비에 미치지 못하는 부분까지 보충한다는 취지로 만들어졌기 때문에, 저소득층 가족들에게 근로를 통해 소득을 향상시킬 의욕을 불러일으키지 못하는 근로 역유인적 성격이 강한 문제점을 노정하였다. 이와 더불어 가족에 대한 아동양육 비용을 지원하고 이를 통해 빈곤을 예방하고 기초적인 생활을 보장받게 하려는 가족수당과 다르게, 가족소득보충제도는 실업 등의 이유로 일정한 소득수준에 이르지 못하는 저소득 소득계층의 가족 혹은 이미 빈곤층으로 떨어진 가족에게 사후적으로 낮은 수준의 현금을 지원하는 방식으로 인하여 빈곤의 덫에서 벗어나지 못하는 많은 가족들을 양산하였다.

1970년대 이후 지속된 경제적 위기 속에서 1980년 집권한 대처정부는 기존의 소득보장과 공공부조 전반의 집행방식이나 정책효과에 대해서 더욱 비판적인 입장을 더욱 강화하면서 보수주의적 복지개혁을 단행하기 시작한다. 대처정부는 집권과 함께 복지지출을 삭감하고 이의 대안으로 근로를 강조하는 대대적인 개혁을 감행하면서 가족지원에 있어서도 자산평가에 의한 잔여주의적 복지 프로그램을 강화하는데, 1988년 가족크레딧(Family Credit)이 그것이다(Dilnot and McCrae, 1999). 가족크레딧 제도란 한 명 이상의 아동양육을 하고 있는 가족들 중 적어도 가족(성인) 중 한 명이 주 16시간 이상의 노동을 하면서도 일정 수준 이하의 소득수준인 저소득층 가족을 위한 지원을 제공하는 것이다. 급여는 가족순소득이 특정액을 초과하는 경우 70% 삭감되며, 6개월마다 지급되고, 일단 지급되면 그 시기 소득증가에 의해 영향을 받지 않도록 구조를 만듦으로써 근로유인을 강화시키는 방식으로 설계되었다. 가족크레딧 제도는 전통적인 자산평가적 급여방식과 근로유인의 강화를 결합하여 복지예산을 감축하겠다는 의도로 도입되었으나 1980년대 후반에는 일을 하면서도 빈곤한 근로빈곤층 가족이 증가하면서 오히려 국가의 가족에 대한 현금지원적 성격의 복지급여액 총량이 늘어나는 모순을 보였다(김수정,

2002 : 161-163). 또한 생산적 복지 혹은 근로를 통해 가족의 자립적 생활을 영위할 수 있도록 해야 한다고 강조하는 전반적 정책기조는 일하는 가족, 특히 저소득층 한부모 여성을 위한 아동보육의 문제가 주요한 이슈로 등장하게 하는 계기로 작동한다. 가족구성원에게 노동시장 내에서 일을 하고 이를 통해 자립적인 생활을 영위해나갈 수 있도록 사회적으로 권장하기 위해서는 이에 대한 정책적 대안으로서 보육서비스의 필요성이 재등장할 수밖에 없었다. 즉, 가족크레딧 제도가 바탕으로 하고 있는 생산적 복지의 강조는 주로 민간부문을 중심으로 확대된 보육시설의 서비스 비용과 서비스 질 문제로 인하여 유급노동시장의 진출에 제약을 받았던 가족들을 위한 보육정책의 해결을 영국정부의 과제로 대두되게 하였다.

2) 블레어 정부 이후 가족정책

(1) 가족정책으로서 보육정책에 대한 정책적 관심과 재정지원 확대

1996년 선거에서 승리한 노동당은 영국의 가족정책 방향에 획기적인 변화를 가져온다. 노동당은 기존의 국가의 사적 영역에 대한 최소한의 개입 혹은 무개입을 기본 원칙으로 하는 방식은 사회구조와 가족의 변화로 인하여 더 이상 적절하게 기능하지 못할 것으로 진단한다. 이들은 전 세계적으로 대량생산체계의 종식과 함께 지식기반 경제로의 이행은 노동시장 구조의 변화와 유연화를 수반하면서 실업이나 불안정고용이 일상화되는 현실로 귀결된다고 보고 있다. 이에 따라 사회안전망으로서 존재하는 사회보험제도는 대다수의 유연화된 노동자 계층이 경험하는 새로운 위기에 적절하게 대처하기 어렵기 때문에 새로운 방식의 대응시스템을 마련해야 한다는 것이다(Giddens, 1998). 또한 경제적 불안정구조나 이혼율 상승으로 증가하고 있는 맞벌이가족, 한부모가족 등 전통적으로 강하게 존재해 왔던 성별분업과 남성생계부양자 모델로는 아동을 양육할 수 없는 계층이 지속적으로 생성되고 있기 때문에 이들에 대한 새로운 차원의 정책적 개입이 필요해졌다는 것이다.

노동당은 가족정책에 주요하게 초점을 맞춘 것은 아니었으나 기존의 사회보험, 수당이나 소득공제와 같은 방식을 통하여 이루어져 왔던 소득재분배 방식을 벗어나 교육과 재훈련을 통해서 일자리를 갖게 함으로써 기회를 재분배하는 근로연계복지 방식을 사회정책의 전반적 기조로 강조한다. 즉, 노동당은 노동시장 유연화 및 고도화로 인하여 일상화되는 (청년)실업자층의 증가나 한부모가족의 빈곤은 복지수혜의 확대가 아니라 인적 자본과 사회자본에 대한 투자를 통해 더 나은 일자리를 가질 수 있도록 하는 데 있음을 천명하고 이를 위해 다양한 정책을 전개하기 시작한다.

이와 같은 사회 전반의 정책기조가 변화하면서 가족정책에 가장 커다란 변화는 여성의 자녀양육 역할이나 모성을 강조하면서 여성의 경제활동 참가에 대해서는 상당히 소극적이었던 전통에서 벗어나 여성들의 취업을 강조하고 일과 가족의 양립을 위한 다양한 제도적 조치들이 도입되기 시작하였다는 것이다. 특히 홀로 어린 자녀를 데리고 살고 있는 한부모가족 여성가구주의 증가와 함께 이들의 비취업은 가족의 빈곤문제와 아동의 불건강한 성장으로 이어지면서 사회적으로도 여성의 취업을 강조하는 경향이 두드러지기 시작하였다. 1995년 한부모가구 수는 1백 7십만이었는데, 이는 전체 아동의 약 1/4 정도가 한부모가족에 사는 것을 의미했다. 또한 1995~6년 아동빈곤의 34%가 일하지 않는 한부모가족의 아동으로 나타났다(Butt et al., 2007, 홍승아 외, 2008a : 78 재인용). 이러한 문제의식 속에서 블레어 정부는 '사회투자자'로서 국가의 역할을 강조하면서 모든 시민들이 취업을 통해 자신의 생활을 유지해나갈 수 있도록 하는 일과 가정의 양립을 국가의 주요한 과제로 부상시켰다.

1998년 발표된 국가보육전략(National Childcare Strategy)은 블레어 정부의 보육정책의 확대를 보여주는 전기를 마련하다. 블레어 정부 보육정책은 한축으로는 어린 자녀를 둔 여성의 고용 증대를 유도하고, 다른 한축은 이를 통해 아동빈곤문제를 해결해나가야 한다는 두 가지 목표를 가지고 있다. 국가보육전략은 국가의 재정지원 확대를 통하여 보육시설의 증대, 부모의 보육비 부담 감소, 보육서비스 질을 확보하고 이를 바탕으로 저소득층 및 여성의 취업을 증진시키는 데 초점을 두었다(Lewis, 2003). 실제 영국정부는 사상 유례도 없이 거대한 양의 재정을 보육정책에 쏟아 부었다. 그 결과, 영국의 보육서비스 지출은 1997년까지만 해도 0.03%로 극히 미미한 정도였으나, 1998년 0.39%로 무려 10배 이상 증가하는 변화를 보인다(OECD, 2007). 국가보육전략은 믿고 신뢰할 만한 보육시설의 확충을 통하여 '부모에게는 선택을, 아동에게는 최상의 시작을'(Choice for parents, the best for children)이라는 정책 슬로건에 맞게 부모들에게는 일과 가족의 양립을 가능케 하고, 아동들에게는 가족형태와 관계없이 건강한 시민으로 자랄 수 있게 환경을 조성해 준다는 목적으로 시행되었다.

국가보육전략으로 보육정책의 기틀을 잡은 블레어 정부는 2004년 '10년 보육전략(10-year Strategy for Childcare)'을 내놓았으며, 2006년 영국에서 처음으로 영유아들과 보육에 초점을 맞춘 '보육법(Childcare Act)' 제정, 2007년 아동 · 학교 · 가족부(Department for Children, Schools and Families) 신설 등 일련의 개혁적 조치를 취한다. 10년 보육전략은 영국사상 처음으로 전국적으로 만 3세 모든 아동에게 무상 유아교육을 시작하고, 4세부터 교육제도를 적용하는 것을 기본 골격으로 하고 있으며 이를 위해 국가가 재정적 지원을 늘릴 것을 규정하고 있다. 보육법은 여성의 고용유지와 아동의 빈곤퇴치를 위해 중앙정부와 지방정부 간 역할분담은 물론, 보육시설 공급이나 운영에 있어 지방정부의 의무를 강화하고, 무상유아교육을 연간 38주 12.5시간으로 확대하는 것을 골자로 하고 있다. 2007년도 교육기술부에서 주관하던 아동관련업무를 보다 효율적으로 수행하기 위하여 아동·학교·가족부를 신설한 것은 향후 아동의 교육에 대한 국가의 적극적 정책의지를 보여주고 있다. 블레어 정부 보육정책의 기본 골격과 재정지원 정도를 10년 보육전략의 주요 내용을 통해 살펴보면 아래와 같다(HMT, 2004, 홍승아 외, 2008a : 79-80 재인용).

① 만 14세 이하 아동이 있는 모든 가족에게 적당한 비용의 유연하고 질 높은 보육서비스를 확충한다.
- 2008년까지 지방정부에 가족의 욕구에 부응할 수 있도록 충분한 보육서비스 공급을 보장하는 새로운 의무를 부과한다.
- 2010년까지 모든 만 3~4세 아동에게 주당 15시간에서 20시간으로, 연간 33주에서 38주로 확대하여 질 높은 보육서비스를 무상으로 제공한다.
- 2010년까지 주 중 오전 8시에서 오후 6시까지 만 3~14세 아동에게 등교 전, 방과후 보육서비스를 제공한다.

② 보육서비스의 질적 수준을 개선한다.
- 보육종사자들에 관한 질적인 문제를 개선하기 위해 모든 보육시설을 전문가가 운영하도록 한다.
- 2006년 4월부터 매년 1억 2500만 파운드를 적정 비용의 질 높은 보육서비스 공급을 위해 투자한다.
- 보육 종사자들에 대해 새로운 자격증을 수여하고 부모들에게 보다 정확한 정보를 제공함으로써 보육의 질을 개선하고자 보육규제와 감사제도를 근본적으로 개혁한다.

블레어 정부의 보육정책은 위의 10년 보육전략에서도 언급되어진 바와 같이 기본적으로 보육시설의 양적 확충, 보육서비스 질적 확충, 국가재정 지원 증대로 보육비 부담 완화를 중심축으로 한다. 만 3~4세 아동을 위해 연 38주 주당 15시간 무상유아교육을 실시하는 정책은 종전의 아동보육에 있어서 제한된 국가역할을 지향했던 영국 보육정책 전통과는 차이가 난다. 이에 따라 만 3~4세 아동을 위한 유아교육시설은 수적으로 상당히 증가하는데, 주로 유아교육시설이 주로 보조금 신청방식을 중심으로 진행되면서 기존의 초등학교 유치반의 비율은 줄어드는 데 반해 민영, 비영리 조직의 유치원 시설이 급격히 늘어나는 추세로 이어지고 있다. 1998년 국가보육전략이 발표되고 실시되면서 1999년 이후 영국에는 비록 민간부문의 증가에 기인한 것이기는 하지만, 유치원/ 유아교육시설 숫자가 획기적으로 증가한다. 유아교육시설에 다니는 5세 미만의 아동은 1997년 56%에 불과하였으나 무상유아교육의 확대로 2005년에는 해당 연령 아동(만 3~4세)의 98%, 2006년에는 96%까지 시설을 이용하게 되었다(http://www.childcaretrustfund.go.uk).

반면 3세 미만의 어린 아동을 위한 보육시설은 시설확충을 하겠다는 정부의 계획하에 빠르게 증대하고 있으나, 보육시설 충족율이나 보육비 부모부담이라는 문제가 여전히 해결되고 있지 않다. 구체적으로 살펴보면 3세 미만의 아동 중 공공보육시설(공적으로 재정이 지원되는 시설)에 등록한 비율은 1980년대 후반 2%에서 1998년과 2000년 사이에 34%로 급속히 증가하였다(Neyer, 2003). 그러나 3세 미만 어린 아동을 위한 보육시설은 수적으로나 비율적으로 대폭 증가하였으나 무상교육을 기본으로 한 유아교육과 같은 획기적 변화는 보이지 않는다. 여전히 저소득층 지역에 보육시설을 확대하겠다는 정책의지가 있지만 3세 미만의 아동을 위한 공공보육서비스 제공은 상당히 제한되어 있다. 만 3세 미만 아동을 위한 보육시설이 늘고 이들 아동의 등록율이 높아졌음에도 불구하고, 종일보육 커버리지는 2005년 현재 21%로 제한적으로 이용되고 있다(Childcare Trust, 2006). 이로 인하여 국가보육전략 이후에도 공식 보육서비스보다는 비공식적 보육서비스를 이용하는 비율도 실질적으로 감소하지 않고 있다.

공식 보육서비스가 확충되고 있음에도 불구하고 여전히 비공식 보육서비스나 가족 내 대체인력에 의존하는 현상이 지속되는 원인은 높은 보육비용과 보육시설 이용시간이 일하는 부모들의 시간과 제대로 일치하지 않는 데서 비롯된다. 영국은 앞서 지적한 바와 같이 보육비의 과도한 부담은 보육시설 이용을 저해하는 요소로 작용한다. 국가보육전략 이후에 수적으로 확충된 보육시설은 시설에 대한 정부지원이 있다하더라도 기본적으로 민간부문을 중심으로 확대되었기 때문에 비용에 대한 일차적 규제가 가능하지 않고 연도별로 상향조정되어 보육비 부담은 고스란히 부모의 부담으로 전가되고 있는 실정이다. 최근 영국의 보육정책이 전반적으로 새로운 틀로 재편되었음에도 불구하고 부모의 보육비 부담은 30%가 넘어 세계적으로 가장 높은 수준이다(OECD, 2007; 김영순, 2006). 또한 보육시설이 양적으로 증가하였다하더라도 종일보육보다는 9시부터 3시 전후로 운영하는 보육시설이 대다수여서 일을 하는 많은 부모들의 스케줄과 맞지 않아 이용을 할 수 없는 경우도 많다. 이에 따라 국가보육전략 이후 보육정책이 확대되고 있음에도 불구하고 여전히 3세 미만이나 또는 취학 전 아동을 가진 부모들은, 특히 대다수 여성들은 일을 하지 않고 풀타임 양육자가 되거나 파트타임으로 일을 하면서 아동을 돌보는 선택을 하고 있다[4]. 보육시설을 이용하게 되는 경우에도 공식 보육서비스를 사용하기보다는 친인척이나 가족 내 대체인력, 혹은 가정보육모와 같은 방식을 통해 아동을 양육하는 선택을 하게 된다.

---

4) 영국은 부부 중 1명이 전일제 근로를 하고 다른 한 명이 파트타임 근로를 하는 1.5 생계부양자 가족(one-and-a half-earner families)이 가장 지배적인 형태이다(OECD, 2005). 2003년 기준 15세 이하의 자녀가 있는 가족(한부모 가족 제외)에서 부모 중 한 명만 일하는 비율은 27%, 두 명 모두 일하는 가족은 67%이다. 두 명이 모두 일하는 맞벌이 가구(67%)는 모두 풀타임으로 일하는 비율이 28%, 남성이 풀타임이고 여성이 파트타임인 비율은 36%, 두 명 모두 파트타임인 비율은 3%로 구성된다. 이처럼 영국은 남성이 주 부양자이고 여성이 일을 하지 않거나, 일을 하더라도 부가적으로 파트타임 근로를 하는 경우가 대다수인 것으로 보인다.

(2) 일과 가족의 양립을 위한 휴가제도 및 노동시간 조정

블레어 정부는 보육정책의 확대와 함께 동시에 근로자의 일과 가족의 양립을 효과적으로 양립할 수 있도록 2000년 '일가족양립 캠페인(Work-Life Balance Campaign)'을 전개하였으며 개별 기업의 일가족 양립에 대한 인식을 제고시키는 노력을 기울였다. 또한 국가적 차원에서 일과 가족의 조화로운 양립을 위해 2006년 6월 「일과 가족법」(Work and Families Act)을 제정하였다. 일과 가족법은 기존의 출산휴가나 육아휴직제도에 비하여 수급기간의 연장, 보상급여의 확대 등을 포함하고 있어서 상당히 진전된 측면이 있다(홍승아 · 장혜경, 2006).

블레어 정부는 일가족 양립지원을 위해 출산휴가를 26주에서 52주로 확대하고 1999년에는 영국에는 존재하지 않았던 육아휴직을 법정휴가로 도입하였다. 출산휴가 급여는 총 39주간 지급되는데 여성의 노동기간이나 자격기준에 따라 법정모성휴가급여(Statutory Maternity Pay)와 모성수당(Maternity Allowance) 두 가지로 나뉘어진다. 법정모성휴가급여는 출산 15주까지 26주 동안 근무하고 주당 평균임금이 최소 ￡90이면 자격이 부여된다. 유급출산휴가는 첫 6주간은 평균임금소득의 90%를 지급하고 이후 33주는 117.18파운드나 이보다 적으면 임금의 90%를 받을 수 있는 것으로 한다. 한편 법정모성휴가급여 자격조건에 미치지 않으면 모성수당을 받게 된다. 모성수당은 기업의 고용주가 지급하는 방식이 아니라 고용센터(Jobcentre Plus)에서 근로자에게 직접 지급된다. 모성수당을 받을 자격은 전체 근무기간이 출산 전까지 15개월(66주) 동안 최소 26주를 근무해야 하는 요건을 충족하면 된다. 이때 근무지는 반드시 동일 근무지일 필요는 없으며, 전체 일한 경력 중에서 13주 동안 주당 임금이 최소 ￡30 이상이면 모성수당을 받을 수 있도록 하고 있다. 모성수당은 정률로 전기간에 걸쳐 주당 ￡117.18를 받지만, 만약 평균임금이 이에 미치지 못하면 자신의 평균임금의 90%를 받게 된다(Working Families, 2008; 홍승아 외, 2008a : 87). 출산휴가에 대한 급여액이 높아지고 자격기준도 법정모성휴가급여와 모성수당으로 이원화하면서 포괄하는 범위가 넓어지면서 유급출산휴가를 수급하는 여성의 비율이 높아지고 있다(Smeaton and Marsh, 2006).

1999년 처음 도입된 육아휴직제도는 부모에게 각각 5세 이하의 자녀를 돌볼 경우 13주의 휴가를 사용할 수 있도록 하였으며, 만 18세 이하의 장애아를 가진 경우에는 18주까지 무급으로 휴가를 사용할 수 있도록 하였다(Finch, 2003). 하지만 무급휴가로 실시되고 있어 실질적인 휴가로서 정착되어 있지 않다. 육아휴직제도가 무급으로 시행되기 때문에 대부분 육아휴직제도는 남성배우자를 가진 여성근로자들만이 사용하는 제한성이 있으나 그럼에도 불구하고 여성들의 근로지속을 돕는 요인으로 작용하고 있다. 2005년 육아휴직제도를 이용한 여성은 11%에 불과하였으나, 휴직과 직장 복귀의 제도적 보장은 임신이나 출산과 함께 노동시장을 떠나는 것으로 전제되었던 여성근로자들이 근로를 지속하게 하는 요인이 되고 있다. 육아휴직제도의 시행으로 2005년 임신 중 근로하던 여성의 20%만이 이직하였으며, 그 나머지 여성은 출산 1년 후에도 고용상태를 유지하는 긍정적 결과를 가져왔다(Smeaton and Marsh, 2006).

또한 그동안 법적으로 보장되지 않았던 법정부성휴가(paternity leave)가 2003년부터 도입되기 시작하였으며 출산 15주 전까지 최소 26주를 근무한 근로자에게 2주 동안 유급휴가를 주는 것이다. 이것도 도입된 2003년에 비해 급여액이 늘어나서 2008년도에는 법정모성휴가급여와 동일하게 2주에 걸쳐 정률로 주당 117.18파운드를 받을 수 있게 하였으며 이보다 급여액수가 적을 경우에는 임금의 90%를 받을 수 있게 하였다. 오랫동안 성별분업과 남성생계부양자 이데올로기 전통이 강한 영국의 상황을 볼 때 부성휴가의 도입은 아동양육에 있어서 여성과 남성 모두가 함께 책임을 공유해야 한다는 것을 법적으로 규정한 것이어서 상당히 획기적인 변화임에 틀림없으나, 부성휴가 급여수준이 정액의 낮은 기준에 맞추어져 있어서 소득수준이 높은 남성일수록 사용하려는 의사가 없을 가능성이 높다는 문제점이 있다.

이외에도 영국은 프랑스나 독일 등 다른 서유럽 국가에 비하여 평균노동시간이 긴 것으로 나타났다(OECD, 2007). OECD 통계에 의하면 영국 남성 중 70.9% 이상이 40시간 일하는 것으로 나타나는데, 프랑스 남성의 44.4%에 비해서 현저히 높은 비율이 비교가 된다. 반면 영국 여성들은 남성에 비해 주로 파트타임을 하면서 자녀양육과 일을 병행하는 방식을 선택하는 경향이 있으나, 점차 풀타임으로 일하는 여성이 늘어나고 있다. 전반적으로 높은 영국의 평균노동시간은 남성과 여성 모두에게 일과 가족의 양립에 어려움을 주고 있으며 이를 탄력적 근무시간제도나 일하는 방식의 유연화를 이용하여 해결하려는 그룹들이 늘어나면서, 영국 정부는 일과 가족법(Work and Family Act)에 탄력적 근무제도를 도입하고 있다(Lewis and Campbell, 2007). 이 제도는 6세 이하의 자녀를 가진 부모근로자들이 고용주와의 협의하에 근로시간, 장소, 방식 등을 탄력적으로 조정할 수 있도록 하는 권리를 제공하는 것이다. 이것은 노동자에게 탄력적으로 유연하게 일을 할 수 있는 방식을 선택할 수 있는 권리를 주는 것과 동시에 고용주에게도 역시 거부할 수 있는 권리를 행사할 수 있는 여지를 허용하면서 유연성을 도모하였다. 6세 이하의 자녀가 있는 부모들 중 약 백만 명이 신청을 하고 이 중 90%가 승인되는 등 점차 탄력적 근무제도를 이용하는 근로자의 비율이 높아지고 증가하는 추세이다(OECD, 2005 : 194).

(3) 노동과 연동된 소득보충적 현금지급 강화

블레어 정부 이후 일과 노동에의 참여를 강조하는 정책기조 속에서 가족에 대한 경제적 지원은 가족수당이나 아동수당과 같은 직접적 현금급여를 최대한 억제하면서 자산조사에 기반한 보충적, 부조적, 사후지급 방식을 강화하였다. 1990년 후반 이후 영국의 아동을 키우는 가족에 대한 경제적 지원은 근로 여부와 관계없이 아동이 있는 가족에게 지급되는 아동세액공제(Child Tax Credit)나 일을 하지만 소득수준이 낮은 가족에게 세금을 돌려주는 근로자가족세액 공제(Working Families Tax Credit) 등의 형태를 중심으로 확대되고 있다(Dilnot and McCrae, 1999; Blundell et al., 2000). 아동세액공제제도와 근로자가족세액 공제제도는 둘 다 자산조사에 기초하여 지급된다. 근로가족세액공제제도는 주당 16시간 이상 근로하는 근로빈곤층 및 중간소득층의 보육비 지원을 세액공제를 통해서 하는 방식이며[5], 아동세액공제제도는 16세 미만의 아동이 있는 가족(고등교육 이외의 교육 혹은 구직훈련을 받고 있는 20세 미만의 자녀가 있는 경우 포함) 중 가구총소득이 ₤50,000 이하일 경우 전체 세금납부액에서 세액공제를 받을 수 있도록 하였다[6]. 영국 정부는 기존의 가족크레딧제도가 아동세액공제와 근로자(가족)세액공제로 새롭게 재편되고 환급지급액이 보다 실질화되면서 저소득층 가족, 특히 영국 내 주요 복지수요층이었던 저소득 (여성)한부모가족의 고용율이 1991년 29%에서 2005년 50%로 증가

5) 자녀 한 명일 경우 주당 ₤70, 두 명일 경우 ₤105이며 주당 임금수준이 ₤330(연간 ₤17,000) 이하인 가족에게는 보육료의 70%를 지원받을 수 있도록 하였다(Brundell et al., 2000).

6) 아동세액공제는 4가지 요소로 구성된다. 첫째, 가족요소(Family Element)는 모든 가족에 해당하는 것으로 연간 ₤545(주당 ₤10.50), 그리고 만일 만 1세 이하의 자녀가 있으면 두 배가 지급되어 연간 ₤1,090(주당 ₤21.00)를 환급 받을 수 있다. 둘째, 아동요소(Child Element)는 자녀수당을 받을 수 있는 것으로 다섯 명의 자녀가 있을 경우, 최고액인 연간 ₤2,085(약 주당 ₤39.98)까지 받을 수 있다. 셋째, 장애아동요소(Disabled Child Element)는 장애수당(Disability Living Allowance)을 받는 아동을 위한 것으로 연간 ₤2,540(주당 ₤48.71)까지 환급받을 수 있다. 넷째, 중증 장애아동을 위한 중증 장애아동 요소(Severely Disabled Child Element)는 연간 ₤1,020(주당 ₤19.56)로 아동요소나 장애아동 요소와 중복하여 환급 받을 수 있다(홍승아 외, 2008a : 97).

되었다고 보고하고 있다(Smeaton and Marsh, 2006).

또한 영국은 가족에 대한 보편적 수당 지급방식은 보다 제한을 두면서 주로 저소득층 가족아동의 빈곤문제에 초점을 맞추면서 이들에 대한 탈빈곤 방안으로서 아동신탁기금을 2005년에 도입한다. 아동신탁기금은 전체적으로 복지수급자의 공공부조에의 의존성을 줄이고 노동의욕을 고취시키는 목적과 함께 저소득층 가족아동의 빈곤재생산을 예방하기 위한 방안으로 도입되었다. 구체적으로 아동기금제도는 정부가 2002년 9월 이후로 태어난 아이들에게 아동기금 구좌를 개설하고 부모가 여기에 적립식으로 거취한 후 아동이 18세 이후 성인으로 자리잡는 데 도움을 제공할 수 있도록 한다는 데 목적이 있다. 아동 1인당 계좌는 초기 250파운드로 시작하며, 7세에 이르면 250파운드 추가적립(저소득층은 250파운드 부가급여)이 이루어지며, 여기에 부모나 가족들이 추가로 적립하는 방식이다. 연간 저축액은 1200파운드로 제한되며 아동이 18세가 될 때까지 인출할 수 없으며, 계좌 저축액은 모두 세금면제 혜택을 받도록 하였다. 아동신탁기금은 아동이 평등하게 성장하여 사회구성원으로 차별없이 통합되어갈 수 있도록 하는데 국가가 일정한 사회적 책임을 부담하고 사회투자자로서의 국가의 역할을 인식하였다는 데 의의가 있으나, 저소득층 가족과 아동이 가진 현실적 제약과 경제적 어려움은 구조적으로 바꾸지 못한 것으로 보인다. 이것은 보편적 가족정책의 틀이 아니라 저소득층 가족과 아동에 제한된 잔여주의적 복지정책의 틀로 가족문제를 접근하려는 영국 내 자유주의적 전통의 한계로 이해된다.

(4) 변화와 한계

영국은 전통적으로 자녀양육이나 여성의 취업 여부는 가족 내에서 알아서 해야 하거나 개인적인 책임으로 이해하였고 아동보육에 대한 국가의 책임을 제한적으로 시행하였다. 아동보육은 가족정책적 차원에서 국가의 개입이 공공적으로 이루어져야 한다는 사회적 합의를 이루지 못했기 때문에 보육서비스는 주로 시장을 중심으로 형성됨으로써 고비용, 고부담, 혹은 낮은 서비스 질의 문제를 노정해왔다. 이에 따라 6세 미만의 아동을 가진 여성의 경우 전업양육자로 있거나, 유급노동에 참여하더라도 파트타임을 통해 일과 가족돌봄의 문제를 부분적으로 해결할 수밖에 없어서 여성의 노동시장 내 지위는 무척 불안정했으며 이로 인한 여성과 아동의 빈곤문제가 노정되었다. 이와 같은 문제를 해결하기 위하여 블레어 정부 이후 영국은 대대적인 보육정책에 대한 투자로 저소득층, 특히 여성 한부모가족들의 노동시장 참여를 독려하고 빈곤문제를 해결하겠다는 의지로 다양한 정책을 시행해오고 있다. 또한 아동을 양육하는 문제로 이중고를 경험하는 가족들이 일과 가족을 균형있게 수행해나갈 수 있도록 법적, 제도적 장치를 활용하고 있다. 이러한 영국사회 전반의 가족정책의 변화는 아직도 해결해야 할 과제와 한계를 남기고 있다.

첫째, 영국은 블레어 정부 이후 보육정책의 강화를 중심적으로 전개해오고 있다. 그러나 앞서 언급되어진 바와 같이 3세 이상 아동에 대한 무상 유아교육정책으로 해당연령 아동에 대한 포괄성 문제는 해결이 되었으나, 연 38주 주당 15시간에 한정된 보육비 보상규정은 여전히 맞벌이 가족이나 한부모가족의 그 나머지 시간에 대한 추가적 보육서비스와 보육비 부담이라는 문제를 남겨놓고 있다. 한편 만 3세 미만 아동의 보육서비스 제공은 3세 이상 아동을 위한 무상보육정책과 달리 매우 제한적으로 진행됨으로써 부모들의 보육

욕구에 실질적으로 부응하지 못하고 있는 수준이다. 3세 미만 아동에 대한 보육시설의 제한은 여성들의 경제활동을 제약하는 주요한 요인으로, 국가보육전략 이후에도 영국 여성들의 노동시장참가율이 실질적으로 증가하지 않은 원인 중의 하나로 평가된다(Lewis, 2003). 영국여성들은 국가보육전략이 실행된 이후에도 경제활동참가율이 OECD 국가 가운데 낮은 편이며, 여성고용은 여전히 파트타임을 중심으로 이루어지는 양상이 지속되고 있다. 2006년 현재 노동시장에서 일하고 있는 여성근로자 중 풀타임 비율은 57%, 파트타임 비율은 43%(남성 풀타임 90%, 파트타임 10%)로, 여성의 근로형태가 파트타임 중심성에서 크게 벗어나지 못하고 있다(Daycare Trust, 2006). 이와 같이 아동연령, 보육시간, 보육비용 분담 등에 있어 부분적인 보육정책 개혁은 영국 내 지속적으로 증가하고 있는 한부모가족 및 저소득층 가족 빈곤문제의 구조적 한계로 작용되고 있다.

둘째, 보육시설이 대폭 확충되었지만, 영국이 전통적으로 걸어왔던 시장의 역할을 중심으로 사회구조를 운영해야 한다는 정책기조에서는 크게 벗어나지 못하였다. 영국의 보육시설의 확대와 재정적 지원 확대는 아동보육의 가족책임을 강조해 온 전통 속에서 국가의 책임을 강조하였다는 점에서는 분명히 차별적인 정책이지만, 민간보육시설 중심으로 확대함으로써 시장의 역할을 강조해 온 기존의 정책기조에서 크게 벗어나지 않고 있다. 이와 같은 민간보육시설을 중심으로 확대된 보육시설은 1980년대 이후 지속적으로 영국 보육문제의 주요한 핵심으로 지적되었던 보육비 문제와 부모의 높은 보육비 부담으로 인한 이용 제한이라는 문제가 여전히 재생산되는 현실로 나타나고 있다. 이처럼 높은 보육비 문제는 영국가족들의 보육시설 이용을 제한시키고 여성들이 가정에 남아 아동을 돌보는 양자택일적 선택을 할 수밖에 없게 함으로써 정책효과를 제한시키고 있다.

결국 영국정부는 보육이나 제반 정책을 통하여 여성의 노동시장 참여를 권장하면서도 내부적으로는 여전히 양육에 대한 책임과 노동시장 참여 간 충돌이 생길 경우에는 여성이 양육자로서의 역할을 수용하게 하는 전통적 남성생계부양자 모델의 변형인 1.5생계부양자모델에 머물러 있다.

셋째 일·가족법 일환으로 도입, 확대된 출산휴가, 육아휴직정책과 탄력적 근로시간제 등은 전통적으로 출산과 양육 이후 노동시장 탈락율이 높았던 영국여성의 노동시장 복귀를 보장해주는 제도적 장치를 보완, 강화했다는 측면에서 의의가 있으나, 출산과 양육의 시기에 생활을 유지해나갈 수 있을 만큼의 급여액이 실질화되지 않음으로써 정책효과가 제한되고 있다. 특히 배우자출산휴가의 도입을 통해 남성의 돌봄책임을 제도적으로 인정하고, 유급노동 참여와 마찬가지로 돌봄노동 역시 남성의 권리이자 의무임을 명시하였다. 이것은 공사분리에 기반하여 엄격한 성별분업을 강조해 온 영국의 남성생계부양자 규범을 약화시키고 남녀 모두의 부모로서 공동역할과 공통의무를 강조하는 규범을 정착시키려 하는 정책적 노력으로 평가할 수 있다. 또한 부모휴가 도입을 통해 노동의 권리뿐만 아니라 부모의 권리도 인정함으로써, 그동안 주목받지 못했던 돌봄노동의 가치를 사회적으로 인정하고 제도적으로 활용하였다는 데 의의가 있다. 그러나 낮은 수준의 부성휴가 급여액과 무급의 육아휴직은 남성의 이용을 제한시킴으로써 정책의 실효성을 떨어뜨리고 있다. 남성들은 육아휴직이 무급으로 시행되는 한 선택할 유인을 느끼지 않을 것이며 이에 따라 휴가, 휴직이 여성들을 위한 반쪽 정책으로 남게 될 수 있다. 출산휴가나 육아휴직이 여성을 중심으로 확대하게 된다면 일가족양립을 위한 휴가정책이 부모의 당연한 권리로서보다는 여성의 양육역할 보조장치로 인식되게 될 가능성이 높다. 여성이 주 양육자라는 사회적 인식이 확대되면 여성의 노동시장 내 지위-여성의 유급노동에의 참여, 출산 혹은 양육 후 노동시장 재진입, 고용내 승진-전반에 부정적으로 영향을 미칠 수 있다. 일・가족법의 본래 목적인 성별을 떠나 모든 부모 모두가 아동양육에 책임있는 주체로서 자리매김될 수 있도록 급여액 실질화 과정이 수반되어야 할 것이다.

넷째, 블레어 정부의 보육을 포함한 제반 가족정책은 여성의 노동시장 접근권은 물론 아동돌봄노동에 대한 국가책임을 명시하였다는 데 의의가 있으나, 양육자 역할에 수반된 권리는 현저히 줄어들고 오히려 노동참여의 의무나 생계에 있어 가족에 의한 책임을 우선시하는 영국의 가족정책 전통은 크게 달라지지 못하는 한계를 노정하고 있다. 특히 블레어 정부의 기본 정책기조인 근로연계복지(workfare)는 영국 내 증가하고 있는 한부모가족의 근로유인을 높여 이들 가족의 빈곤이나 복지의존성을 감소시키고, 세제지원을 통해 저소득층 가족에 대한 국가의 지원폭을 넓혀보겠다는 목표로 시행되었으나, 이로 인한 혜택에 있어 저소득층이 온전하게 포괄되지 못하는 문제가 있다.

블레어 정부의 전반적 정책기조인 근로연계복지는 보육시설의 확충 및 보육비에 대한 공공지출 확대라는 제도적 변화를 가져오게 한 중요한 요인이다. 그러나 '한부모를 위한 뉴딜(New Deal for Lone Parents)' 정책의 강조에서 나타나는 바와 같이 노동의 의무를 강조하는 근로연계복지(workfare) 정책의 확대는 저소득층 가족, 특히 빈곤한 한부모가족의 여성가구주의 노동의무를 강화시킨 반면, 이들의 양육자 역할에 대한 사회적 지원은 매우 급속히 줄어든 경향이 뚜렷하다. 유급노동에의 참여와 이들의 노동에 기반하여 세금을 통해 사후적으로 보육비를 공제해 주는 방식의 근로세액공제 방식은 저소득층 계층의 여성들이나 홀로 자녀양육과 생계를 해결해왔던 한부모여성들에게 더 많은 시간의 일을 하도록 변화시키고 있다. 블레어 정부의 보육개혁과 근로세액공제의 확대는 취학 전 아동이 있는 여성의 취업률을 전체적으로 증가시키지는 못했지만 한부모여성의 취업률을 증가시켰으며, 특히 한부모여성 중 일을 할 경우 근로시간이 늘어난 경향이 뚜렷하게 나타난다. 1999년과 2004년 사이에 자녀가 있는 여성의 고용율 변화표에서 나타나는 바와 같이, 전체 어린 자녀가 있는 여성의 취업률은 48%로 변동이 없는데 비해, 한부모여성은 1999년 45%에서 2004년 49%로 4%나 증가하였으며, 16시간 이하 고용율은 전체 3% 줄어든 반면, 16시간 이상 29시간 이하 고용율은 17%에서 24%로 7% 포인트 증가하였다(표 10-3 참조).

〈표 10-3〉 **유자녀 여성의 고용율 추이 변화, 1999~2004**

	고용율(%)		풀타임 고용율(%)		16시간 이하 고용율(%)		16~29시간 고용율(%)	
	1999	2004	1999	2004	1999	2004	1999	2004
취학 전 아동이 있는 여성	48	48	16	16	10	9	17	22
한부모여성	45	49	18	20	7	4	17	24
총 계	60	62	23	25	12	9	24	28

출처 : Butt et al.(2007). "Childcare nation? Progress on the childcare strategy and priorities for the future". Daycare Trust, p. 59; 홍승아 외(2008a), p. 101 재구성

이것은 '한부모를 위한 뉴딜(New Deal for Lone Parents)' 정책에서 강조했던 근로 강조와 취업률 제고 등 긍정적 결과로 보인다. 그러나 한편으로는 가족생계를 지원하기 위한 각종 수당이나 아동과 연관된 급여는 대부분 동결 혹은 감소시키고 있기 때문에 저소득층 가족이나 아동의 빈곤문제는 유럽의 다른 국가에 비교해 볼 때 매우

높은 수준이다[7]. 기본적으로 보육 및 근로연계복지 강화 등 영국의 사회투자정책이 근본적 변화를 불러오지 못한 이유는 적절한 수준의 기초 소득보장과 보편적 서비스를 기조로 하지 않는 잔여주의적 속성 때문이다. 부모가 적정한 소득수준의 일자리를 찾을 수 없고, 불안정한 저임금 구조 속에 놓인 상태에서 아동에게 주어지는 부분적인 급여나 혜택이 이들의 상황을 근본적으로 개선시킬 수는 없기 때문에 이들의 빈곤은 지속될 수밖에 없다.

또한 근로세액공제의 핵심이라 할 수 있는 근로 후 보육비 공제 방식은 부모의 소득에 따라 차등적으로 보육료 지출을 환급해 주는 방식인데, 일상적 생활수행에 있어 경제적 어려움을 겪고 있는 저소득층 가족에게 있어 1차적 아동보육의 대안이 되는 데 한계가 있다. 무엇보다도 저소득층의 보육비 선지급 능력의 부족문제로 경제적으로 취약한 가구가 보육료를 먼저 지급한 후 나중에 세금으로 환급받는 방식은 저소득층의 생활방식에 부합하지 못한다. 둘째, 조건과 절차가 까다로와 세금 환급의 혜택을 받지 못하는 가족들이 적지 않다. 우선 부부가족은 두 명 모두 일을 해야 하고, 16시간 이상을 일해야 하며, 가구 수 대비 일정 소득수준 이하여야 하며, 공식 보육서비스를 이용해 여러 가지 조건을 충족시켜야 하기 때문에 세액공제혜택의 대상에 부합하는 비율이 높지 않다. 실례로 영국에 자녀가 있는 가구 740만 가구 중 약 37만 4천 가구(이 중 2/3가 한부모가족), 즉 약 5%에 해당하는 가구만이 보육요소 근로세액공제를 통해 보육비용을 환급받은 것으로 나타났다. 주된 이유는 대부분 16시간 이상 일을 안 하거나, 공식적인 보육서비스를 이용하지 않거나 하

7) 블레어 정부 10년 동안 대대적인 개혁을 통해 빈곤율을 상당히 줄여왔다. 그러나 영국의 아동빈곤율은 16.2%로 빈곤율이 높은 남유럽국가군[스페인(15.6%), 포르투갈(15.67%), 이탈리아(15.7%)]과 유사한 수준에 머물러 있다(OECD, Family Datatbase, 2007).

는 등 보육요소 근로세액공제를 받을 기준에 부합하지 못하기 때문인 것으로 분석되었다(Daycare Trust, 2006; 홍승아 외, 2008a : 102). 이처럼 근로세액공제는 저소득층 가족에게 노동시간을 증가시키는 유인책으로 작용했으나 실제적으로 세액공제 적용 시 조건제한으로 배제되는 비율이 높아서 저소득층 보육비 부담문제가 이들 가족에 의해 자체적으로 해결되는 모순에 놓여 있다. 더 나아가서는 높은 보육비 부담 때문에 저소득층 가족이 보육정책의 전면적 확대 속에서도 노동유인과 보육제도를 적극적으로 활용하지 못하는 한계로 작동하고 있다.

2. 미국의 가족정책

미국은 가장 일관되게 자유주의적 신념과 정책으로 사회를 이끌어가는 나라로 평가된다. 즉, 미국은 공사영역의 분리와 사적 책임 원칙을 강하게 신봉하는 국가로, 국가의 가족에 대한 개입을 가장 잔여주의적으로 접근하고 있는 국가이다. 미국은 가족에 대한 현금급여, 보육서비스 수준, 휴가제도 등 가족정책적 차원에 있어서 유럽의 다른 국가들은 물론 자유주의 국가 내에서도 상당히 예외적인 형태의 국가로 분류된다(Kamerman, 2001; Gornick and Meyers, 2003a). 미국은 가족에 대한 지원이나 복지 제공에 있어 정부의 역할은 가장 최소화하려는 일관된 정책방향 속에서, 자녀양육 및 부양 등 가족문제에 대한 1차적 책임은 개인이나 가족에게 있으며 가족에 대한 지원도 국가보다는 시장과 고용주의 역할에 크게 의존한다. 또한 집권정당의 성격에 따라 가족에 대한 지원정책에 있어 차이를 보이는 영국과는 달리 미국은 공화당, 민주당에 관계없이 가족복지정책에 있어 잔여주의적이고 선별주의적 기조를 강화해오고 있다는 특징이 있다. 미국 내 가족지원은 지속적으로 저소득 빈곤층에 국한되어 있으며, 중산층이나 일반 가족을 위한 보편적 가족지원서비스나 수당지급은 국가의 제도적 틀 안에 존재해본 적이 없다. 이처럼 미국 가족정책의 특징은 첫째, 노동시장 참여를 통한 개인 및 가족 생계 유지 원칙 유지, 둘째, 남성생계부양자 모델에 대한 가족가치의 강조와 이를 통한 가족의 복지 실현, 셋째, 공사영역 분리와 개인 및 가족문제에 대한 국가의 재정적 지원 최소화, 넷째, 노동시장 내 능력에 따라 차등화되고 이원화된 보육서비스와 휴가정책 구조로 압축된다.

1) 가족의 아동부양 부담에 대한 국가 지원 최소화 및 노동강제적 요소 강화

가족에 대한 국가적 차원의 지원에 대한 개념이 발달하지 않았던 미국이 오랜 시기에 걸쳐 가족을 지원한 방편 중의 하나가 피부양아동가족소득보조(Aid to Families with Dependent Children, 이하 AFDC)이다. AFDC는 1920년대까지 미국의 대부분의 주에서 남성생계부양자가 없이 홀로 18세 미만의 미성년자녀를 키우는 여성가장가족에게 주어진 모성(과부)연금(Mother's Pension, Widow's Pension)과 모성부조(Mother's Aid)에서 파생되어 나왔다(Skocpol, 1992). 초기 모성연금과 모성부조 대상자는 전쟁군인의 부인들이었던 백인미망인들과 저소득층 독신모들이 주를 이루었으며, 이들이 일을 하지 않고 가정에서 아동을 키울 수 있는 기반을 제공해주는 성격이 강하였다. 모성연금과 모성부조는 단일 입법체계로 묶여 있다가 1935년 사회보장법이 도입되면서 각각 다른 길을 걷게 된다. 사회보장법에 의하여 모성연금은 연금 내 유족

연금 형태로 전환하였으며, 모성부조는 아동이 있는 빈곤층 가족을 위한 소득부조(Aid to Families with Dependent Children, 당시에는 ADC로 칭함)로 전환하였다. 이후 AFDC는 소득 및 자산평가와 같은 자격심사를 받아야 하는 과정을 거쳐나가게 된다. 특히 AFDC의 주요 대상이 흑인비혼모가 주를 이루는 70년대 이후에는 수급제공 자체가 아동을 키우는 (저소득층)가족에게 주어지는 권리로서보다는 잔여주의적 복지 프로그램으로 제한되는 특징을 지녔으며, 소득보조를 수급받는 가족(특히 여성)에 대한 각종 도덕적 낙인과 의존성 강화라는 비판이 항상 붙게 되었다(Fraser and Gordon, 1994).

AFDC가 대표적 복지 프로그램이면서 동시에 일을 하려는 생각없이 국가지원에 기대어 살아가려는 '복지의존(welfare dependency)'을 유발한다는 비판은 이후 지속적으로 AFDC를 노동으로 연계하려는 다양한 시도들로 이어졌다. 이에 따라 AFDC는 빈곤한 어머니들이 자녀가 미성년일 경우에는 가정에서 아동양육을 할 수 있는 최소한의 생활기반을 제공하는 프로그램으로서보다는 빈곤층 여성이 복지에서 벗어나 노동하게 하고 이를 통해 가족 스스로가 국가에 기대지 않고 살아갈 수 있게 한다는 데 정책의 우선순위가 주어지게 된다. 노동인센티브제도(Work Incentive Program, 이하 WIN), 부의 소득세 제도(Negative Income Tax)에 기반한 가족부조제도(Family Assistance Plan, 이하 FAP), 근로소득환급제도(Earned Incom Tax Credit, 이하 EITC) 등은 지속적으로 노동을 통한 보상을 증가함으로써 복지수급자들이 복지제도에서 벗어나게 하려는 유인을 강화하겠다는 취지하에서 만들어졌다. WIN(1967년), FAP(1969년), EITC(1975년) 등은 전통적으로 미국 내 정책기조로 자리잡았던 노동시장 참여를 통한 가족의 생계유지 원칙을 미성년 자녀를 홀로 키우는 빈곤층 가족에도 그대로 적용시키고 있다. 이들 제도는 기본적으로 빈곤층 혹은 저소득층 가족(어머니)의 양육자 역할에 대한 인정이나 보상은 관심 밖 논지였으며 오로지 시장에서의 일을 통해 복지의존에서 벗어나 자신들의 힘으로 자립생활을 유지할 수 있게 해야 한다는 노동과 고용의 강조로 일관된다.

1980년 집권한 레이건 정부는 재정건전성 회복을 위하여 복지감축과 대대적인 복지개혁을 시도하였다. 특히 레이건 정부는 AFDC에 있어 노동강조를 넘어서 노동을 강제하는 요소를 강화시켰다(Ellwood, 1988). 이들은 AFDC의 주책임을 연방정부에서 주정부로 이관시키는 구조적 개혁을 하면서, 급여수준 하향조정, 자격기준 강화, 노동의무 강화규정을 명시화하였다. 1981년 일괄예산타결법(Omnibus Budget Reconcilation Act)은 기존 WIN에서의 근로인센티브 조항을 제거하였으며 노동의무를 강화하였다. 보육서비스 확충을 수반하지 않은 노동의무 강화는 수많은 여성들이 일을 지속할 수 없게 하는 요건으로 작용하면서, 오히려 복지수급자들이 늘어나는 결과를 초래하였다. 이에 대하여 레이건 정부는 1988년 가족지원법(Family Support Act) 규정에 고용 및 직업훈련(Job Opportunities and Basic Skills, 이하 JOBS)을 도입하면서 3세 이상의 자녀를 가진 여성가구주는 복지수급을 받기 위해서는 노동을 필수적으로 해야 하는 강제규정을 집어넣었다. JOBS는 빈곤가족여성가구주의 노동의무를 강제하기 위하여 모든 수급자들의 취업, 직업훈련, 교육기관 등록을 의무화하였다. 연방정부는 노동의무규정을 실질화하기 위하여 등록율과 서비스 수준의 기준선을 지침화하였으며, 이러한 기준을 충족시키지 않으면 연방의 매칭펀드(matching fund)를 받을 수 없다는 제재조항을 포함하였다.

또한 가족지원법은 JOBS에서 포함하고 있는 노동강제규정을 가능케 하기 위한 방안으로 국가적 차원에서 보육서비스를 제공하는 장치를 보완하기에 이른다. 그러나 미국의 보육서비스는 이처럼 아동의 적절한 보호권리나 어머니의 노동권적 측면에서 발달되기보다는, 저소득층 모자가족 여성가구주의 노동을 강제하기 위한 방편으로 도입되었기 때문에(Garfinkel and McLanahan, 1994; Levy and Michel, 2002)[8], 가장 최소한의 지원과 최저의 보육서비스를 바탕으로 하였다. 오히려 가족지원법은 AFDC 수급자층이나 저소득층 가족의 빈곤문제를 해결할 수 있는 방안으로 '생물학적 아버지'에 대한 법적 강제를 강화시킨다(Lewis, 1997). 가족지원법은 부모의 자녀양육의무를 강조하여 이혼 시 양육비 부담은 일차적으로 부모의 책임임을 명시하였으며 양육비 산정기준을 법정화하였다. 여기에 양육비 지급의무자가 양육비를 지급하지 않을 경우 이를 위한 자동추적 및 모니터 시스템 구축을 법제화하였다[9]. 1993년에는 자녀부양강화(Child Support Enforcement)제도를 도입하면서 자녀출생 시에 아버지를 밝히도록 하는 규정을 만들었으며, 이후 AFDC 수급자들은 생물학적 부를 고지해야 할 의무를 부가하였으며 이를 거부할 경우 수급권을 제한하는 조치들이 이루어졌다.

이와 같은 법적 조치들은 가족지원법 제정과정에서 약하나마 형성되었던 공보육에 대한 정책적 의제화가 점차 개인과 가족의 책임을 강조하는 미국의 기본 정책논리를 그대로 보여주는 것이었다. 특히 생물학적 부모의 자녀양육에 대한 무조건적 책임 강조는 아버지의 경제적 부양과 어머니의 자녀양육 역할을 바탕으로 한 남성생계부양자 가족으로의 회귀를 전제하면서 국가역할을 부차적으로 만

8) 1988년 가족지원법에 의해 법률화된 보육 프로그램은 수급자보육보조금(AFDC-Child Care, AFDC-CC), 탈수급자 일시보육보조금(Transitional Child Care)이 있다. 전자는 13세 미만의 아동을 키우고 있는 복지수급자가 AFDC 제도 안에 있으면서 노동시장에서 일을 하는 경우에 보육보조금을 지원하는 방식이며, 후자는 13세 미만의 아동을 키우면서 복지수급에서 탈피한 어머니들에게 1년간 임시적으로 보육보조금을 지원함으로써 근로인센티브를 누릴 수 있게 하는 취지로 실행되었다.

9) 1992년 제정된 양육비징수법(The Child Support Recovery Act)은 가족지원법 규정을 강화하여 자녀와 다른 주에 거주하는 부모가 양육비를 1년 이상 연체하거나 연체금액이 5,000달러를 초과할 경우 제1회 기소 시 5,000달러 이하의 벌금 혹은 6개월 이하의 징역형에 처하고, 제2회 기소 시 25만 달러 이하의 벌금 혹은 2년 이하의 징역에 처하는 것으로 규정하였다. 이외 운전면허 정지, 월급사전공제 등 강제조항을 첨가하였다.

드는 미국 사회의 전통적 원칙을 재천명한 것이다. 결국 여성가구주에 집중되어 있는 저소득층 가족의 빈곤문제가 노동시장 내 저임금노동자군으로의 제한된 편입, 자녀양육 어려움에 의한 노동단절, 보육서비스 부족 등으로 인하여 빈곤의 덫에서 벗어나지 못하는 구조적 한계에서 비롯되어 있음에도 불구하고, 지속적으로 빈곤의 개인 책임과 노동강제를 결합시킨 미국의 정책기조는 가족빈곤의 계층성을 강화하고 세대적 빈곤재생산을 양산하는 주요 기제로 작용하고 있다(Fraser and Gordon, 1994). 실제 JOBS 이후 3세 미만 아동을 가진 빈곤층 가족 여성가구주에 대한 노동의 강제는 실제 이들 여성의 노동시장 취업률을 증가시켰으나, 이들의 빈곤은 감소하지 않고 있다.

개개인의 노동참여를 통해 가족의 기본적 생계를 유지해나가야 하고 국가는 노동 → 자립 경로에서 탈락한 극소수의 잔여주의 그룹에게만 최소한의 지원을 하는 자유주의적 원칙을 고수해온 미국은, 1996년 소득자산평가 기준에 충족되고 자녀 중 최소 한 명이 18세 미만일 경우에는 생계급여를 제공해야 하는 반영구적 특성이 있는 AFDC를 폐기하고 전체 수급기간을 제한하고 1회 수급기간도 2년을 넘지 못하게 하고 노동을 의무화하는 임시적 부조인 TANF 체계로 전환하였다. 1996년 개인책임 및 근로기회조정법(Personal Responsibility and Work Opportunity Reconciliation Act)은 법률명에 명시되어 있는 바와 같이 개인의 책임과 고용강조라는 미국의 자유주의 원칙을 명시하였으며, 일시적 빈곤가족부조(Temporary Assistance to Needy Families, 이하 TANF)를 통하여 빈곤층이든 자녀가 어린 자녀이든 상관없이 국가의 책임을 '일시적'으로 제한하겠다는 최소화 개입 원칙을 보다 명문규정화하였다. TANF는 전체 복지수급기간을 5년으로 제한하면서 어떤 조건하에서도 복지가 아닌 '노동을 통한 자립'을 강제하였다. 또 TANF는 JOBS 규정보다 더 나아가 자녀연령이 3개월 이상인 경우에는 모두 노동할 것을 강조함으로써, 아동을 키우는 가족의 부모로서 혹은 양육자로서의 권리는 전혀 인정하지 않은 가운데 노동자로서의 의무만을 강조하였다. 더욱이 TANF 내 가족인원제한장치 규정(Family Cap)은 복지수급을 받는 기간에 태어난 아동에게는 복지와 연관된 어떤 수급도 하지 않는다는 반인권적 요소도 포함하고 있다. 이것은 국가가 가족에 대한 최소한의 개입을 하겠다는 자유주의적 원칙에도 벗어나 있을 뿐만 아니라 저소득층 가족은 자녀출산도 자신의 의사대로 선택할 수 있는 권리를 가질 수 없게 하는 계층차별적 요소가 강하게 존재하고 있다.

한편 극빈층에 대한 지원이 AFDC에서 TANF로 전환되면서 노동을 강제하는 측면을 강화시켰다면, 일반 저소득층 가족에 대한 지원방식은 저임금이라할지라도 근로를 통한 자립생활을 강조하는 기조를 강화하였다. AFDC의 구조적 문제로 지적되어왔던 국가로부터의 지원에 대한 장기적 의존을 없애기 위한 방안으로 강구되었던 EITC는 수혜범위를 넓혀가고 있다. EITC는 노동강조와 개인책임을 강조한 미국사회 내에서 근로유인을 통해 더 많은 사람들이 복지에 의존하지 않고 살아가게 하는 효과적인 방식으로 받아들여졌으며, AFDC에 대한 복지의존증 비판이 거세어지는 1980년대 후반 이후 급격히 증가하면서 미국정부의 주요한 가족 현금지원정책이 되었다(Pierson, 2000). 미국 정부자료에 의하면, EITC는 수급자층이 꾸준히 늘다가 1990년대 중반 이후 급격히 수급자층이 증가하는 양상이 뚜렷하다. 지출액 규모에 있어서도 1990년대 중반부터 EITC가 AFDC를 훨씬 앞지르는 추세를 보였다(Green Book, 1998, 김수정, 2002 : 251 재인용). EITC는 반드시 일을 해서 임금을 받아야 수급권이 생기는 '임금연동적' 속성만 있기 때문에 개별 가족 내 아동양육을 담지한 양육부모로서의 권리는 전혀 보장하지 못하는 문제가 있다. 저렴하고 양질의 보육서비스가 기본적으로 담보되지 않은 미국사회에서 오로지 노동참여와 근로소득공제제도를 통한 부분적 현금지원을 받게 하는 방식은 미국 내 소득계층화를 더욱 공고하게 할 가능성이 높다. 가족 내 도와주는 사람없이 홀로 아동을 키워야 하는 모(부)자 가족에게나, 저임금을 견디면서 일을 하는 저소득층 가족에게 사회구성원으로서 최소한 보호받아야 할 권리에 대한 보장없이 오로지 생계벌이를 위해 노동시장 참여만을 강조하고 이를 통한 보상만을 강제하는 것은, 명목적으로는 노동시장 접근성이나 기회의 평등과 동등성을 강조하지만 실제로는 기회의 불평등성과 계층적 양극화를 심화시키고 있다.

2) 보육서비스 계층화와 이원화 구조

미국의 시장 우선, 개인책임 강조, 국가개입의 최소화 원칙은 공공보육서비스의 저발달과 시장화된 보육서비스의 이중구조(Kamerman, 2001) 형성에 영향을 미쳤다. 미국은 높은 여성취업율에도 불구하고 남성은 생계부양자로서, 여성은 집에서 아동을 양육하는 양육자로서의 역할을 수행하는 것을 기본적 가족가치로 가지고 있어서 유럽과 같이 공공보육서비스의 발달에 대한 요구가 집단적으로 이루어진 적이 없으며 공보육이 주변화, 방치되는 결과를 가져왔다. 이에 따라 공공보육은 주로 AFDC와 같이 사회적 빈곤층의 취업을 위한 강제적 유인책의 방편에 제한되거나 장애 등 위험에 처한 소수아동의 욕구를 충족시키기 위한 것으로만 받아들여졌다. 반면 일을 하는 어머니를 둔 중산층가정의 아동을 대상으로 보육은 친인척이나 형제, 자매 등에 의해서 해결되거나 3세 이상 아동의 경우에는 시장에서 제공되는 교육활동 위주의 보육구조를 중심으로 발달하면서,

개별가족이 지닌 경제적 수준이나 부모의 보육서비스 구매능력에 따라 서로 다른 질의 보육구조를 이용하는 계층화된 이원화 구조가 형성되었다(Kamerman, 2002; Levy and Michel, 2002).

공공보육은 앞서 살펴본 바와 같이 AFDC와 같은 복지수급을 받고 있는 빈곤층 가족이나 장애, 질병 등의 문제로 위기에 처한 아동을 양육하는 가족을 대상으로 한 서비스로 제한하였다. 대표적인 국가지원 보육 프로그램은 1988년 가족지원법(FSA)에 의한 수급자가족보육보조금(AFDC Child Care)이나 탈수급가족을 위한 보육보조금(Transitional Child Care)[10]과, 1990년 예산일괄타결법(Omnibus Budget Reconciliation Act)에 의한 위기아동보육(At-Risk Child Care, ARCC), 아동보육 및 개발일괄지원금(Child Care and Development Block Grant, CCDBG)[11] 등이 있다. 이외에도 3세 이상 취학 전 아동을 대상으로 하는 조기교육 프로그램으로서 헤드스타트 프로그램(Head Start Program, Early Head Start Program) 등도 포함된다[12](표 10-4 참조). 1996년 미국의 대대적 복지개혁이 진행되면서 전술된 세 가지의 보육보조금은 모두 아동보육 및 개발일괄지원금으로 통합되었다.

---

10) 수급가족보육보조금(AFDC Child Care)이나 탈수급가족을 위한 보육보조금(Transitional Child Care)에 대한 설명은 각주 5에 설명되어 있다.

11) 위기아동보육(At-Risk Child Care, ARCC)은 13세 미만의 아동을 키우는 가족 중 AFDC 수급자가 아니면서 저소득층일 경우에 제공되는 보육보조금 프로그램이며, 아동보육 및 개발통합지원금(Child Care and Development Block Grant, CCDBG)은 중위소득 75% 이하의 가족들에게 제공되는 고용연계 보육비용 보조금 프로그램이다

12) 저소득층 가족의 아동보육을 지원하는 데 초점을 맞춘 것으로서보다는 빈곤층 아동의 교육적 보완이나 특수교육을 위한 헤드스타트(Head Start Program)나 조기헤드스타트(Early Head Start Program)가 있다. 이들 프로그램은 3~5세의 저소득층 아동의 교육을 목적으로 하고 있어서 가구주, 특히 여성가구주의 취업활동과 가족생활을 지원하기 위한 가족정책적 차원보다는 교육 프로그램으로서 분류하기도 한다(Gornick and Meyers, 2003).

〈표 10-4〉 **미국 보육서비스 유형**

프로그램	명 칭	대 상	주관 부서
수급자가족을 위한 보육보조금 서비스	AFDC-CC	13세 미만의 아동을 데리고 살고 있는 AFDC 수급자 가족	주정부(보건 및 인적서비스부)
탈수급가족을 위한 일시적 보육보조금 서비스	TCC	고용으로 인해 AFDC를 벗어나는 가족	상동
위험아동을 위한 보육보조금 서비스	ARCC	AFDC 이외의 저소득층 가족	상동
아동보육 및 개발 일괄지원 서비스	CCDBG	주 중위소득 75% 이하의 가족 1)	연방정부
아동조기보충교육을 위한 헤드스타트	Head Start	3~5세 아동을 가진 저소득층 가족	연방정부

1) 이것은 1996년 복지개혁 후 보육서비스를 받을 수 있는 조건으로 주 중위소득의 85%를 넘지 않는다는 규정으로 바뀐다.

아동보육에 대한 국가의 지원이 거의 없었던 미국에서 공보육은 AFDC 수급자 및 저소득층에 한정적으로 제공되었다. 그러나 공보육서비스는 초기부터 아동을 키우는 가족들을 지원하기 위한 보편적 서비스로서의 성격보다는 빈곤층 여성가구주의 노동강제를 보조하기 위한 방안으로 도입되었기 때문에 공공보육서비스에서 가장 중요하게 여기는 보육서비스의 질 담보가 문제로 지적되었다 (Levy and Michel, 2002). JOBS 이후 강화된 노동강제와 이에 수반된 공공보육서비스 확대는 초기부터 보육서비스로 인한 복지지출의 증대에 대한 공화당의 거센 반대에 부딪혔으며 공보육서비스를 최저의 조건에 맞추었다. 이후 저소득층의 노동유인을 위해 도입된 공보육서비스나 정책의 방향은 공보육시설의 확충으로 이루어지기보다는 오히려 시장을 통한 보육문제 해결로 방향을 틀어간다. 즉, 미국정부는 국가주도로 공공보육시설을 확충하고 서비스를 확대하기보다는 보육보조금 지원이나 바우처(voucher)를 통하여 가족이 시장 내에서 보육서비스를 구입할 수 있도록 하는 방식으로 전환하였다. 이에 따라 저소득층 가족은 정부의 아동보육에 대한 정책적 지원이 진행된 이후에도 믿고 신뢰할 만한 수준의 공공보육서비스 보장없이 비용이 허락되는 한도 내 가능한 질낮은 보육서비스를 이용해야 하거나, 적정한 수준의 보육서비스를 찾지 못해 일을 그만두는 구조적 문제에서 벗어나지 못하였다. 아동보육에 대한 적절한 보호장치 없이 방치된 여성가구주의 노동강제는 결국 개인적으로 혹은 개별가족이 스스로 알아서 해결하는 것이 유일한 대안책이 되게 하였다(Gornick and Meyers, 2003; O'Connor et al., 1999).

반면 중산층 이상 일반가족 아동보육에 대한 미국정부의 지원은 공공보육의 제한과 보육서비스의 시장 내 해결을 두 축으로 하는 정책과 맞물려, 주로 근로자를 위한 비환금성 세금환급제도이나 직장보육시설의 강조를 통하여 이루어졌다(Levy and Michel, 2002). 미국은 시장화된 보육서비스를 사용하는 가족들의 비용부담을 보전해주기 위하여 아동 및 피부양가족보호 세액공제(Child and Dependent Care Tax Credit)와 아동보육세액공제(Child Care Tax Credits)를 제공하고 있다. 과세대상 소득 중 보육비용의 일부를 환급해 주는 방식인 세액공제는 13세 미만의 아동을 키우면서 취업을 하고 있는 가족들에게 아동보육서비스 이용이나 아동양육을 하면서 들어가는 비용에 대한 경제적 비용부담 보존의 특성이 있다. 그러나 세액공제는 경제적 비용부담에 대한 보상적 측면이 있음에도 불구하고, 앞서 영국 사례에서도 언급한 바와 같이 과세표준선 이하의 소득자는 혜택을 받을 수 없다는 소득재분배 역진의 문제가 있다. 미국에서도 저소득자가 배제되는 문제가 발생하고 있다(Kamerman, 2002; Gornick and Meyers, 2003).

미국은 노르딕국가를 제외하고는 3세 미만의 아동을 키우는 여성의 취업률이 세계적으로 매우 높은 국가 중의 하나이며 여성의 전일제 근로가 압도적으로 높아서 보육서비스의 필요성은 상당하다(OECD, 2007). 그러나 공보육의 부족과 상대적으로 민간보육시장이 발달되어 있는 현실에서 가족들의 선택은 그들의 경제적 지위에 따라 차별화된다. 즉, 고소득층 가족은 시장화된 보육서비스를 이용하면서 좀더 나은 질의 보육 및 교육 프로그램 구매를 추가로 선택하는데 비해, 저소득층은 높은 비용의 시장 내 보육서비스보다는 친척이나 제3자에 의한 대리양육을 우선적으로 이용하거나 여건이 허락지 않을 경우 낮은 비용의 시설서비스를 찾는 방식을 통해 보육문제를 해결하고 있다(Gornick and Meyers, 2003[13]). 물론 보육비 부담은 소득수준이 낮은 하위계층 가족의 보육서비스 접근성을 주요하게 제약하는 요인이 되고 있다. 전국 단위 보육서비스 비용에 관한 조사에 의하면 빈곤가족은 주당 $55를 보육구매에 사용하는데 이는 가족소득의 약 29%를 차지한 반면, 비빈곤가족의 경우 주당 보육비로 $70을 사용하는데 이는 가족소득의 7%를 차지하였다(Green Book, 2004, 홍승아, 2005 : 183 재인용). 이처럼 미국의 보육서비스는 시장을 중심으로 한 서비스 구입을 주요한 방편으로 삼음으로써 아동보육서비스의 질은 부모의 구매력, 즉 부모의 경제적 지위에 따라 차등화되면서도 동시에 저소득층일수록 보육의 가계부담은 더 심각한 모순적 상황에 놓여있다.

13) 5세 미만 아동의 보육형태를 살펴보면 빈곤 200% 이하 가족이 빈곤 200% 이상 가족보다 보육서비스 이용률이 낮으며(23% vs 30%), 이에 비하여 친척양육이나 부모양육은 더 높았다(빈곤가족 62% vs 비빈곤가족 50%). 저소득층 가족은 공보육 제공이 부족한 현실 속에서 직접양육이나 비공식적 보육을 선택할 수밖에 없음을 보여준다(Green Book, 2004, 홍승아, 2005 : 186 재인용).

3) 제한적 휴가제도와 무급 원칙

미국의 휴가제도는, 세계적으로 많은 국가들에서 유급, 고용보장의 규정 속에서 이루어지는데 반해, 국가적 지원이 거의 없으며 그나마 무급으로 하고 있어서 상당히 제한적인 특성을 지닌다. 미국에서는 각 주별로 기업에서 개별적으로 허용하는 모성휴가나 부모휴가적 성격의 휴가제도가 간헐적으로 존재하였으나 연방정부 차원의 보편적 제도는 없었다. 미국 내 연방정부 차원의 법정화된 휴가는 1993년 도입된 가족 및 의료휴가법(Family and Medical Leave Act, 이하 FMLA)이 유일하다. 가족 및 의료휴가법은 다른 나라의 모성휴가나 부모휴가에 해당되는 휴가제도이나, 무급으로 사용해야 한다는 점에서 이용제한성을 포함하고 있다. 이것은 미국의 전형적 특성으로 분류된 자유주의 국가적 속성을 보여주는 것이며 임신, 출산, 양육을 가족의 문제로 취급하고 국가개입은 최소화 혹은 배제한다는 원칙에 기반한다. 가족 및 의료휴가법이 연방정부법으로 제도화되기 이전에는 캘리포니아, 하와이, 뉴저지, 뉴욕, 로드아일랜드 등 5개 주에서 한정적으로 적용되었던 일시장애보험(Temporary Disability Insurance, TDI)이 있다. 일시장애보험은 임신, 출산 시 제공되는 유급모성휴가제도로서 의미가 있었으나, 5개 주를 제외한 나머지 모든 주에서는 실시되지 않았으며 실시한 주에서도 고용보장, 승진제한 등의 문제가 제기되었다.

미국의 일가족 양립을 지원하고 임신, 출산, 양육의 문제가 발생한 가족들에게 휴가를 사용함으로써 직장을 지속적으로 다닐 수 있도록 규정한 가족 및 의료휴가법은 첫째, 응급의료사건 발생 시, 둘째, 출산, 입양, 그 외 배우자나 부모가 심각한 건강상태에 있거나, 셋째, 근로자 자신이 심각한 건강상태에 있을 때, 휴가를 사용할 수 있도록 하는 것이다. 적용대상에서 나타나는 바와 같이 엄밀한 의미에서 어린 자녀양육을 위해 사용되는 부모휴가로 보기는 어려우나, 가족에 대한 보호와 양육을 포함하고 있어서 넓은 의미의 가족휴가제도로 볼 수 있다. 가족 및 의료휴가법은 미국의 유일한 법정제도로서 휴직 종료 후 고용복귀 보장, 배우자가 함께 휴가를 쓸 수 있도록 하는 등 보장적 측면을 가지고 있지만 내용적으로는 몇 가지 제약을 내포하고 있다. 우선 휴가가 무급으로 제공된다는 것이다. 무급휴가는 가족부양을 하며 살아가야 하는 근로자의 특성상 이용가능성을 실제적으로 제한시키는 결과를 가져오는바, 제도의 유용성은 미지수로 남는다. 둘째, 대상범위의 포괄성에 제한이 있다. 기업규모 면에서는 모든 공기업(주정부, 지방정부, 연방정부)과 50인 이상의 사기업을 대상으로 하고 있어서 포괄성에 있어 제한이 있다. 자격요건도 근무경력을 동일사업장에서 12개월 이상 근무한 자, 12개월 중 최소 1250시간 이상을 근무한 자, 반경 74마일 이내의 거주요건 등이 충족되어야 하기 때문에 사용자 범위에 제한을 받는다. 특히 이와 같은 기업규모, 경력관련 자격요건의 엄격한 제한은 여전히 수많은 저소득층 여성을 혜택에서 제외시키고 있다. 미국도 50인 이하 기업의 근로조건이 대기업보다 떨어지는데 소규모 기업근로자는 휴가제도 적용에 있어서도 배제되는 이중차별, 소득역진의 문제가 있다. 실제로 전체 여성근로자 중 가족 및 의료휴가법 자격요건이 되는 비율은 50%에 이르지 못한다(Gornick and Meyers, 2003). 셋째, 가족휴가를 사용할 경우에도 상병휴가나 연월차 휴가를 먼저 사용한 후에 가족 및 의료휴가법 휴가를 차선책으로 쓰도록 요구할 수 있도록 하는 규정을 두었다. 또한 휴가 사용이 기업에 심각한 피해를 초래할 가능성이 있는 경우에는 고용주가 거부할 수 있는 권한을 포함하여, 사용상 제한을 두었다. 이와 같은 제한규정으로 인하여 미국 내 남성들은 가족 및 의료휴가보다는 개인휴가나 상병휴가를 이용하는 경향이 높다(Henneck, 2003, 홍승아·장혜경, 2006 : 58 재인용). 물론 주별로는 가족 및 의료휴가 규정을 더 관대하게 적용하는 경우도 발견되지만[14], 무급, 자격요건 제한, 휴가 우선 배정 등에 의하여 실제 가족 및 의료휴가제도를 사용하는 사람들의 비율은 전체의 50%에 이르지 못한다(Gornick and Meyers, 2003). 성별로는 여성들이 임신, 출산, 출산 후 영아 임시양육을 위해 주로 휴가를 많이 사용(75.8%)하는 것으로 나타났다. 연령별로도 휴가사용자의 2/3 이상이 아주 젊거나(18~24세), 나머지 1/4 정도가 노령층이어서 모성휴가나 부모휴가로서 이용된다고 보기 어려운 측면도 있다(홍승아, 2005).

4) 변화와 한계

미국은 여성의 전반적 취업률은 물론 3세 미만의 아동을 데리고 살아가는 여성들의 취업률이 세계적으로 가장 높은 국가군에 속하고 있음에도 불구하고, 보육, 휴가, 현금급여에 있어서 모두 사회적 분담수준이 매우 낮다. 전체적으로 미국은 자유주의 국가의 전형적인 특징이라 볼 수 있는 개인과 가족의 과도한 책임, 시장을 통한 욕구의 해결이라는 기본 전제를 가지고 있다. 구체적으로 보면 아동양육에 대한 국가의 재정적 지원은 일관되게 18세 미만의 미성년 자녀를 가진 극빈층 가족에 한정함으로써 보편성을 담지하지 못한 잔여주의적 복지 프로그램으로 한정되었으며, 1980년대 이후에는 탈빈곤의 주요 기제로 실질지원액을 줄이고 노동강제적 요소를 강화시켰다. 저소득층 여성의 취업을 의무화하기 위하여 발달된 공보

14) 캘리포니아 주에서는 장애보험과 결합하여 사용할 수 있는 유연성을 허용하였으며 월급의 1/2에 해당되는 정도의 유급을 보장한다(단, 주당 $728 상한선 설정). 또 매사추세츠주 외 7개 주에서는 의료적 이유 이외에도 학교행사, 병원방문과 같은 자녀양육과 연관된 필요 시에도 사용할 수 있다(Gornick and Meyers, 2003).

육서비스는 극빈층에 한정되었으며, 나머지 가족은 주로 시장화된 보육서비스 구입과 이에 대한 세제혜택이라는 시장중심의 해결방안으로 일관하였다. 휴가도 유럽국가와 달리 무급으로 제한되어 있어 실질적 사용에 기본적 제약을 받고 있다. 이처럼 미국은 전체적으로 아동양육이나 가족의 일가족 양립을 위한 보편적 제도장치의 마련없이 주로 가족의 책임하에 노동시장을 통해 해결되는 자유주의적 정책 특성을 지님으로써 한계를 분명하게 노정하고 있다. 과도한 가족책임과 노동시장의존, 공공성 부족, 국가지원의 최소화 정책기조는 소득수준에 따라 질적으로 다른 차원의 서비스나 혜택을 받을 수밖에 없는 계층화와 이에 수반된 빈곤층 배제의 문제점은 미국사회가 해결해야 할 주요한 위협요인이 되고 있다(OECD, 2007)[15]. 노동할 자유만이 허락되는 자유주의 미국에 있어 공공성, 보편성에 기반한 가족정책의 기본적 틀을 조성해나가는 작업은 향후 지속가능한 미래사회를 준비하기 위한 첫 번째 도전과제이다.

3. 자유주의 국가군의 정책적 함의

영국, 미국 등 자유주의 국가군은 앞서 살펴본 바와 같이 가족에 대한 사회적 지원이나 공공재정적 지원에 대한 사회적 합의수준이 낮다. 영국은 1997년 신노동당의 집권 이후 전통적으로 존재해왔던 공사영역 분리에 기반한 성별분업과 가족 내 자녀양육 책임 기조에서 탈피하여 보육서비스 및 일가족 양립을 위한 휴가정책 등을 개혁하

15) OECD 보고서에 의하면 미국의 아동빈곤율은 21.6%로 세계에서 가장 높으며, 영국(16.2), 이탈리아(15.7)보다도 훨씬 높은 수준이다. 빈곤율은 사회계층화의 극단을 보여주는 실례로, 사민주의 국가군의 낮은 빈곤율(덴마크 2.4, 노르웨이 3.6, 스웨덴 3.6)과 대비된다(OECD, 2007).

고 있다. 이것은 영국사회에서 증가하고 있는 한부모나 맞벌이가족의 노동시장 참여를 정책적으로 지원하고 부분적으로나마 책임을 분담하려는 조처로 평가할 수 있다. 그러나 앞서 살펴본 바와 같이 지난 10년간 영국에서 이루어져왔던 정책변화가 자유주의 국가가 바탕으로 하고 있는 시장화, 개별화, 가족화 전략을 고수함으로써 기존 영국가족의 문제로 노정되었던 한부모가족 및 아동의 높은 빈곤율, 성별, 가족형태별 계층화는 크게 완화시키지 못하였다. 미국도 시장화, 개별화, 가족책임 강조라는 자유주의 국가의 기본 원칙을 고수한 국가로, 가족 및 아동의 빈곤문제나 계층화가 심화되는 양상이 뚜렷하다. 전 세계적으로 소득수준이 매우 높은 국가임에도 불구하고 아동양육이나 부양에 대한 가족의 책임을 강조하고 가장 최소한도의 국가개입을 지속적으로 유지해왔던 미국은 1996년 개인책임 및 근로기회조정법 이후 더욱 노동시장 참여를 통한 개별적 가족의 부양책임을 강조하고 있다. 보육서비스 확대도 주로 빈곤층 부모의 노동참여를 유도하기 위한 잔여주의적 방식으로 진행되고 있으며, 보육서비스 가격이나 질확보 문제는 시장 내에서 자유롭게 이루어지도록 하는 시장화 구조를 바탕으로 하기 때문에 수많은 저소득층 가족들은 보육에의 접근성에 제한을 받고 있다. 일가족양립을 위한 휴가도 국가가 아닌 노동시장이나 기업의 고용상황에 따라 달라지는 방식이어서 부모의 노동시장 내 지위가 아동양육의 질과 수준을 의미하는 계층화 문제가 해결되지 않고 있다.

이처럼 영국과 미국은 여성들의 취업을 지속적으로 강조하고 미래사회 아동양육의 중요성을 강조하면서도 여전히 공공보육시설 부족, 시장화된 서비스와 높은 보육비용, 일과 가족을 양립할 수 있게 하는 휴가제도 미흡, 소득공제를 중심으로 한 가족지원 편제방식 등으로 저소득층 가족이나 아동의 삶을 제약하고 있다. 또한 남성생계부양자 규범이 약화되었으나 여전히 1.5인 생계부양자 방식의 가족형태를 이상적인 가족형태로 받아들이고 이에 맞춘 가족정책을 유지함으로써 여성들의 사회적 지위나 가족형태별 빈곤문제가 개선되지 않고 있다. 보편적 생계부양자+양육자 모델을 목표로 하지 않는 가족정책 기조 속에서 수많은 여성들은 육아의 책임으로 인하여 어쩔 수 없이 시간제, 불안정 고용을 감수해야 하거나 여의치 않을 경우 취업을 일시적으로 중단하는 선택 아닌 선택을 할 수밖에 없다. 이것은 지속적으로 노동시장에 참여하여 일을 하도록 유도되면서 해결되지 않은 자녀양육 문제에 의하여 구속될 수밖에 없는 저소득층 가족, 특히 혼자서 자녀양육과 생계를 책임져야 하는 한부모가족의 빈곤화를 구조화시키고 있다.

우리나라는 2000년 이후 저출산 문제가 심각해지면서 가족정책에 대한 관심과 지원이 증대되고 있다. 1991년 영유아보육법 제정 이후 최저소득층에 한정된 잔여적 서비스로 제공되어 오던 보육서비스는 2002년 이후 양적으로 확대되고 있으며, 질적 확충 또한 모색되고 있다. 보육에 대한 사회적 지원 예산은 몇 배나 증가하였으며 보육시설 인증평가제, 보육서비스 개발 등을 위한 다양한 사회적 노력들이 전개되었다. 부모휴가기간 확대, 부성 출산휴가 도입 등 일가족양립지원을 위한 제도적 장치들도 도입되고 있다. 그러나 최근 아동에 대한 적정한 보호의 제공은 물론 일가족 양립을 위한 정책들이 보편성이나 공공성을 중심으로 방향을 잡기보다는 영국이나 미국 등 자유주의 국가군과 유사하게 시장화, 개별화, 재가족화 특성을 강화하는 쪽으로 움직여나가고 있다. 아동양육에 대한 재정적 지원이 점차 증가하고 있지만 여전히 공공보육서비스 제공비율은 낮고 민간보육서비스 시장부문이 지나치게 발달한 문제점이 해결되지 않은 가운데, 공보육시설이나 보육서비스 인프라 확충은 유보한 채 보육비 지원을 통한 가계부담 경감에만 초점을 맞추고, 더 나아가서는 보육바우처 도입을 통하여 시장의 경쟁원리를 보육부문에 연계시키려 하고 있다. 이것은 영국이나 미국에서 나타났던 바와 같이 아동양육이나 아동성장이 부모의 지불능력, 더 근본적으로는 경제적 지위에 따라 차등화되는 계층화의 심화를 초래할 수밖에 없기 때문에 이에 대한 좀더 신중한 정책적 접근이 요구된다.

PART 04

한국의 가족정책

CHAPTER 11

아동보육 관련 정책 : 탈가족화 정책[1)]

앞서 언급한 바대로, 현재 가족정책의 주된 목적은 일과 가족 간에 벌어지는 갈등과 긴장을 완화하는 "일-가족양립" 정책에 초점이 맞추어져 있다. "일-가족양립" 정책은 "이인소득자/ 이인양육자 사회"(Crompton, 1999)를 지향하면서 부모가 시장노동과 양육노동의 권리와 책임을 함께하는 것을 전제로 한다. Gornick and Meyers(2003)에 의하면, "일-가족양립"을 위해서는 전통적인 성별분업을 해체하여 남녀가 양육과 소득을 분담하고, 가족친화적인 노동시장을 조성하고, 보육과 휴가정책과 같은 정부정책을 적극적으로 확대하는 것이 중요하다(홍승아·장혜경, 2006 : 4 재인용).

따라서 여기서는 한국의 가족정책을 일과 가족을 양립시키는 데 가장 중요하게 언급되는 아동보육과 관련된 보육정책, 아동양육과 관련된 휴가정책을 중심으로 살펴보고자 한다. 특히 각 정책의 현황과 각 정책에서의 이슈를 중심으로 검토할 것이다. 아울러 한국 가족정책의 최초의 법적 기반이라 할 수 있는 건강가정기본법이 가족정책과 관련해 어떤 의미를 담고 있는지를 생각해 보기로 하겠다.

1) 이 부분은 윤홍식·김인숙·최은영(2007, 미간행). 일과 가족생활 양립을 넘어서. 진보정치연구소 간 중에서 필자가 쓴 내용을 일부 수정·보완한 것이다.

1. 보육서비스의 현황

일반적으로 보육정책은 여성의 노동권 확보를 위한 가장 강력한 수단으로 얘기된다. 또한 휴가정책과는 달리 남성과 여성 간 젠더 이데올로기 갈등이 발생할 여지가 없고, 조직문화의 관행 속에 배태되어 나타나는 가부장적 이데올로기와의 직접적인 갈등의 정도가 상대적으로 적다(원숙연, 2005). 그러나 보육서비스의 확보가 자동적으로 여성의 노동권 확보나 젠더평등을 가져오는 것은 아니다. 예를 들어, 이탈리아의 경우 3세 이상의 아동에 대한 보육 커버리지가 보편적으로 설계되었음에도 여성의 노동시장 참여율과 젠더평등은 OECD 국가 중 가장 낮다(유해미, 2005).

이는 결국 보육서비스의 제도 설계가 어떻게 구성되었느냐 하는 것이 부모가 일과 가족생활을 양립할 수 있느냐, 또는 여성의 노동시장 참여율을 높일 수 있느냐의 중요한 조건 중의 하나임을 말해준다. 여기서는 우리나라 아동보육정책의 제도설계를 커버리지의 범위, 전달체계, 재원(비용분담)이라는 세 가지 측면에서 기술한다. 혹자는 "보육정책"을 보육서비스와 휴가정책을 포함하는 넓은 의미로 사용하기도 하나, 여기서는 휴가정책을 별도로 언급하기 때문에 좁은 의미의 보육, 즉 보육서비스와 방과후 보육을 포함하는 것으로 한다.

1) 보육서비스의 커버리지 범위

우리나라 보육정책의 근간은 1991년 제정된 영유아보육법이다. 이 법은 당시 취업모의 미취학 자녀를 위한다는 선별주의적 입장이었으나 2004년 개정되면서 보편주의 서비스로 변모하였다. 개정된 영유아보육법에 의하면 영유아는 자신 또는 보호자의 성, 연령, 종교, 사회적 신분, 재산, 장애 및 출생지역에 따른 어떠한 종류의 차별도 받지 아니하고 보육되어야 한다. 이는 보육정책 대상인 커버리지의 범위가 취업모의 미취학 자녀라는 선별적 대상에서 보다 보편적 대상으로 확대된 것이다.

보육서비스의 보편성은 공공성과 함께 보육정책의 양대 목표 중의 하나이다. 여기서 보육의 보편성이란 한 사회 안의 모든 계층이나 지역, 가족형태와 상관없이 아동이 보육서비스에서 동등한 대우를 받을 수 있도록 보장하는 것을 의미한다. 원래 보편주의는 시민권에 입각해 하나의 권리로 복지서비스를 제공하고, 수혜의 자격과 기준을 균등화하여 복지서비스 수급자들이 낙인감, 열등감, 굴욕감을 갖지 않게 한다(Titmuss, 1976 : 129, 원석조, 2006 : 42 재인용). 따라서 보육서비스의 보편성 확보는 계층을 비롯한 부모의 차이로부터 발생하는 아동의 출발선을 동일하게 보장하여 균등한 성장의 기회를 제공함으로써 이후 빈곤화를 막을 수 있는 아동에 대한 확실한 사회적 투자이다. 그리고 이는 자연스럽게 보육의 공공성으로 이어진다.

그러나 우리나라 보육서비스는 명목상으로는 정책의 커버리지에 대해 보편주의를 지향하지만 실제에서는 이를 달성하지 못하고 있다. 즉, 수사상으로는 서비스 대상의 보편주의를 선언하고 있지만 이를 구체적으로 실현하는 정책 실제에서는 서비스 대상의 선별성을 드러내고 있다.

이러한 특징은 외형상으로 보육시설을 이용하는 아동 수가 전체 이용가능 아동에서 차지하는 비율을 보면 알 수 있는데, 2008년 6월 현재 전체 아동의 57.7% 아동만이 보육시설의 지원을 받고 있다(전체 아동 수[2] 대비 시설이용아동[3]). 또한 대상에 대한 보편성을 확보하기

2) 2008년 6월 현재 전체아동 수 총계 2,744,597명(출처 : 통계청 연령별 추계인구)

3) 2008년 6월 시설이용아동 1,583,198명(어린이집 1,052,650명<출처 : 보건복지가족부 보육통계>, 유치원 530,548명<출처 : 교육인적자원부 · 한국교육개발원, 2008 교육통계연감>)

위해서는 보육서비스가 하나의 권리로 국가로부터 주어져야 하는 것이기 때문에 공공적 지원에 의한 서비스 제공이 중요하다. 이 점에서 우리나라 보육서비스는 시설 수 대비 94.4%가 민간시설이어서 지나치게 민간에 의존하고 있고, 이들 민간시설에 대한 지원이 미미하다는 점에서 서비스 대상의 커버리지가 보편주의를 반영한다고 볼 수 없다.

그러나 민간기관에 대한 기본보조금 제도가 도입되면서 서비스의 보편성에 대한 기대가 높았었다. 그러나 이는 2009년 현재 명목상으로는 지원이 종료되었고, 내용 면에서는 보육 바우처 안에 포함되어 지원된다. 기본보조금 제도는 원래 민간보육시설을 이용하는 아동 모두에게 아동별 정액을 지원하는 것으로 3세 미만의 아동을 대상으로 시행되었고, 3세 이상의 아동에 대해서는 시범사업을 시행했으나 2009년 지원이 종료된 상태이다.

우리나라 보육서비스의 커버리지를 좀더 구체적으로 보면, 취학 전 아동과 취학아동 그리고 3세 미만 아동과 3세 이상 아동을 중심으로 살펴볼 수 있다. 우선, 취학 전 아동과 취학아동에 대해서는 이 양자 간에 정책적 경향의 차이가 있다. 취학 전 아동에 대한 보육서비스는 출산율 제고라는 사회적 관심하에 공공성이 의제화되어 논의의 진전이 이루어지고 있는 반면, 취학아동에 대한 지원은 여전히 시장중심적이며, 분절적이어서(김종해·문혜진, 2006) 보편성이나 공공성이 의제화되지 못하고 있는 것이 그것이다.

이러한 맥락을 배경으로 그동안 취학 전 아동의 보육은 양적인 팽창을 보였는데, 보육시설 이용 아동 수가 1991년 89,411명에서 2008년 12월 말 현재 1,135,502명으로 12.70배 증가하였다. 취학아동을 위한 방과후 보육 또한 전체적으로 보면 양적으로 증가하고 있는 것은 사실이나, "방과후 학교"(교육인적자원부), "방과후 보육"(여성부), "지역아동센터"(보건복지부)로 분리되어 있는 등 관할부처를 비롯하여 그 목적과 성격 면에서 분절성을 보이고 있다. 이러한 분절성으로 인해 취학아동을 위한 방과후 보육담론의 의제화가 한 곳으로 집중되지 못하고 있다. 이처럼 우리나라 보육서비스의 커버리지는 취학 전 아동과 취학아동의 이중구조로 구성되어 있고, 대상의 포괄범위가 확대되고는 있으나 보편성을 확보했다고는 말할 수 없다.

보육서비스의 커버리지 범위와 관련해 3세 미만(0~2세)과 3세 이상(3~6세)의 대상 구분이 중요한 것은 여성의 노동시장 참여와의 연관성 때문이다. 0~2세 보육은 노동시장 연관성이 매우 높은 프로그램이고, 3~6세 보육은 주로 반일제 프로그램으로 어머니가 노동시장에 진입해 활동할 수 있는 탁아목적이 약한 프로그램이다(Kammerman, 2001, 김수정, 2004 재인용). 우리나라의 경우 0~2세 영아의 보육시설 이용률이 10% 정도에 머무르고 있다(홍승아, 2005). 2007년 영유아보육법 개정에는 보육시설이나 유치원을 이용하지 않는 영유아에 대해 영유아의 연령과 보호자의 경제적 수준을 고려하여 양육에 필요한 비용을 지원할 수 있다는 양육수당을 도입하였다. 그러나 이러한 현재의 보육 커버리지 분포는 보편주의의 지향이라는 측면에서 거리가 멀고, 여성의 노동시장에서의 경력단절의 가능성을 높일 수 있다는 점에서 정책적 관심의 대상이 되어야 한다.

2) 전달체계

일반적으로 보육서비스의 전달체계는 보육의 공공성과 관련해 논의된다. 여기서 보육의 공공성은 보육의 책임과 부담을 개별 가족이 아니라 국가 및 사회가 맡는 것으로서 흔히 보육시설의 공공성과 보육비용의 사회적 분담과 관련된다. 전달체계로서의 보육시설이 공공성을 담보하기 위해서는 민간시설에의 의존도를 낮추는 것이 중요하다. 그런데 우리나라 보육시설의 특징은 민간시설 중심의 공급확대 위주의 정책이라고 말할 수 있을 정도로 민간시설에의 의존도가 높다. <표 11-1>에 의하면 2008년 12월 말 현재 전체 보육시설 수는 33,499개소이고, 이 중 국·공립시설의 비중은 5.5%(1,826개소)에 불과하다. 법인시설(4.4%)까지를 포함한다고 해도 9.9%에 지나지 않는다. 결국 전체 보육시설에서 공공보육의 비율은 10% 남짓이라는 얘기이다. 반면 민간보육의 대부분을 차지하는 민간보육시설(42.6%)과 가정보육시설(46.3%)을 합하면 88.9%에 이르고 있다. 이는 우리나라의 보육서비스 현실이 민간시설에 지나치게 의존되어 있음을 보여준다.

〈표 11-1〉 **보육시설 및 보육아동 현황(2008. 12. 31. 현재)** (단위 : 개소)

구 분	계	국·공립 보육 시설	법인 보육 시설	민간보육시설			부모협동 보육시설	가정 보육 시설	직장 보육 시설
				소 계	법인 외	민간 개인			
시설 수	33,499	1,826	1,458	14,275	969	13,306	65	15,525	350
(비율)	100.0%	5.5%	4.4%	42.6%	2.9%	39.7%	0.2%	46.3%	1.0%
아동 수	1,135,502	123,405	113,894	669,465	53,818	615,647	1,491	210,438	16,809
(비율)	100.0%	10.9%	10.0%	59.0%	4.7%	54.3%	0.1%	18.5%	1.5%

출처 : 보건복지가족부 보육정책과. 2008년 보육통계.

이러한 민간시설에의 지나친 의존현상은 그대로 보육아동 수에서도 드러난다. 2005년 현재 국·공립과 법인에 보육시설아동의 24%가, 민간시설과 가정보육에 74.6%의 아동이 보육되고 있다. 그런데 이러한 민간의존 경향은 일시적인 현상이 아니라 지속적으로 심화되어 왔다. 국·공립시설이 차지하는 비율은 계속 감소하고 민간시설이 차지하는 비율은 계속 증가하고 있다(김종해, 2006).

민간시설에의 지나친 의존이 갖는 문제는 국·공립시설과 민간시설 간의 형평성 문제로 이어질 수 있다. 그리고 이는 시설에서 보육서비스를 받는 아동에 대한 형평성 문제와 연관된다. 시설에 대한 재정지원방식은 국·공립시설에 대해서는 인건비 지원(혹은 시설별 지원) 방식을, 민간시설에 대해서는 아동별 지원방식을 택하고 있어 이원적 체계로 구성되어 있다. 즉, 우리나라 보육시설은 인건비를 지원받는 시설과 인건비를 지원받지 못하는 시설로 구분된다.

이렇게 이원화된 보육시설 지원방식은 시설 간에 보호자의 비용부담의 차이를 가져와 결국에는 아동 혹은 보호자 간 형평성의 문제를 발생시킬 수 있다. 실제로 2005년 여성부 내부자료에 의하면, 3세 미만 아동이 국·공립시설을 이용할 경우 부모부담 비율은 50%대(1세 미만은 39.5%), 3세 이상은 70%대인 반면, 민간보육시설을 이용할 경우 부모부담 비율은 3세 미만은 80%대(1세 미만은 70%), 3세 이상은 100%인 것으로 나타났다. 이를 금액으로 환산하면, 국·공립시설 이용 만 1세 미만 아동의 경우 정부지원은 43만 원, 부모부담 30만 원으로 총 73만 원의 비용으로 보육을 받는 반면에, 민간시설 이용 아동은 부모부담은 35만 원이지만 정부 지원금은 15만 원이므로 보육비용은 총 50만 원이다. 2006년에 영아의 기본보조금을 상향조정하였으나 아직도 국·공립시설 비용의 80% 수준에 그치고 있다(서문희·나정·최혜선, 2006).

취학아동을 대상으로 하는 방과후 보육시설도 취학 전 아동의 보육시설만큼 민간의존도가 높다. 우선, 학교를 이용한 방과후 보육은 정부 계획대로 2008년까지 2800개교로 보육 프로그램을 확대한다 하더라도 초등학교 저학년(1~3학년) 중 방과후 보육 우선적용 대상 80만 명(백선희, 2005) 중 6만 명을 커버하기 어렵다(김종해·문혜진, 2006). 이는 우선적용 대상의 7.5%에 불과한 수치이다. 그리고 보육시설을 이용한 방과후 보육은 전체 시설의 2.5% 정도에서 이루어지고 있고 보육아동 수는 12,000명에 불과하다(표 11-2 참조). 그리고 저소득층 아동의 방과후 보육을 담당하는 지역아동센터는 2008년 현재 87,291명이 이용한 것으로 드러났다[2007년 76,229명에서 2008년 87,291명으로 2007년에 비해 11,062명(14.5%) 증가함]. 이렇게 볼 때 취학아동의 보육을 위한 전달체계는 사설학원과 같은 민간시설에의 의존도를 줄이고 학교와 같은 공공시설을 좀더 획기적으로 활용하는 방향으로 전환되어야 한다.

〈표 11-2〉 **방과후 보육시설 현황(2008. 12. 31. 현재)** (단위 : 개소, 명)

구 분	설립주체별							
	총 계	국·공립 보육 시설	법인 보육 시설	민간보육시설		가정 보육 시설	부모협동 보육시설	직장 보육 시설
				법인 외	민간 개인			
시설 수	838	122	98	140	430	46	-	2
(전체시설 대비비율)	2.5%	6.7%	6.7%	14.4%	3.2%	0.3%	-	0.6%
아동정원	63,760	10,529	11,089	7,398	33,741	774	-	229
방과후 아동현원	12,642	2,449	1,306	3,125	5,524	218	-	20

출처 : 보건복지가족부 보육정책과. 2008년 보육통계.

이처럼 우리나라 아동보육의 전달체계의 가장 큰 특성은 민간시설에의 의존도가 지나치게 높다는 점에 있고, 이러한 민간의존도로 인해 아동들 간의 형평성을 확보 못해, 동일한 조건에서 인생을 출발할 수 있는 기회가 박탈되는 상황이라고 할 수 있다. 따라서 민간시설에의 의존도를 줄일 수 있도록 시설의 공공성을 확보하기 위한 노력이 이루어져야 한다.

3) 재 원

우리나라 아동보육 예산은 해마다 증가하고 있다. 2004년 8723억에서 2005년 1조 3229억, 2006년 1조 7236억 원, 2008년 1조 9000억 원으로 증가추세이다. 2003년부터 2008년까지 5년간 연평균 증가율은 0.84다. 이러한 보육예산이 GDP에서 차지하는 비율도 2002년 0.070에서 2003년 0.11, 2004년 0.14, 2005년 0.20, 2006년에는 0.240, 2007년 0.35, 2008년 0.48로 점차 증가하였다(보건복지가족부, 보건복지예산 현황과 전망 2008). 이는 GDP 대비 육아서비스에 대한 예산비율이 스웨덴 2.0, 핀란드 1.1에 비하면 아직도 낮은 수치이다(서문희·나정·최혜선, 2006 : 110).

보육예산의 구성은 2006년 현재 중앙이 38.4%, 시·도 및 시·군·구가 61.6%를 분담하고 있다(표 11-3 참조). 그리고 보육비용의 분담은 2005년 6월 현재 정부부담이 40.2%, 부모부담이 59.8%로 보육시설 이용에서 부모부담의 비율이 점차적으로 감소하는 추세이다(표 11-4 참조). 그러나 일부에서는 이들 보육예산 추계를 정확히 파악하기에는 한계가 있기 때문에(보육료가 시·도별로 별도로 고시되고 있고, 기타 보육료를 포함한 보육료 파악이 어렵기 때문) 총 보육비 중 국가가 분담하는 비율은 40.2%보다 낮은 30~40% 내외로 추산하고 있다(김종해, 2006).

〈표 11-3〉 **중앙과 지방의 보육예산** 단위 : 백만 원(%)

구 분	2002년	2003년	2004년	2005년	2006년
중 앙	209,024	297,911	402,114	591,061	781,784(38.4)
지 방	270,045	514,105	659.619	1,004,551	1,256,318(61.6)
계	479,069	812,016	1,061,733	1,595,612	2,038,102(100)

출처 : 여성가족부(2006). 예산현황 및 내부자료.

〈표 11-4〉 **보육비용의 국가와 보호자의 분담** 단위 : 백만 원(%)

구 분	2002.6.	2003.6.	2004.6.	2005.6.
	백분율	백분율	백분율	백분율
보육료				
부모부담	74.6	69.5	65.8	59.8(1,779,398)
정부지원*	12.3	12.2	14.6	19.3(573,932)
인건비 운영비 지원	13.1	18.3	19.6	20.9(622,368)
계(총비용 추정액)	100 (1,693,214)	100 (2,088,284)	100 (2,392,071)	100 (2,975,698)

출처 : 서문희 · 나정 · 최혜선(2006), p. 40.

이처럼 우리나라 보육예산은 외양으로는 규모 면에서 증가하고 있고, 정부가 부담하는 보육지원율도 점차적으로 증가하고 있어 양적 팽창의 면모를 보여준다. 그러나 보육시설에서와 마찬가지로 보육재정의 측면에서도 민간의존성이 매우 높음을 알 수 있다. 보육비용의 10~15% 정도만 부모가 부담하는 스웨덴과 비교하면 우리나라의 개별 가족의 보육비용 부담비율은 스웨덴의 4~5배에 이르고 있다. 이러한 개별 가족의 보육비용의 과부담은 보육비용에 대한 민간의존도를 단적으로 보여주는 지표이다. 문제는 부모의 이러한 과부담은 아동이 양질의 취학 전 보육서비스에 접근할 수 있는 기회를 차단함으로써 아동빈곤의 감소에 역효과를 가져올 것이라는 점이다. 그리고 이는 계층 간의 형평성에 문제를 가져온다는 점에서도 보육비용의 민간의존도는 대폭 낮추어져야 한다.

2. 보육정책의 이슈

보육서비스의 목표는 공공성과 보편성의 확보라는 양대 축으로 압축된다. 이러한 관점에서 현재 우리나라 보육서비스의 실태를 비추어 보면 몇 가지 핵심이슈가 제기된다. 현재 쟁점으로 떠오르고 있는 이슈는 보육의 잠재적 시장화(보육료 자율화 및 보육 바우처) 이슈와 보육시설의 공공성 확대(국·공립시설의 확충문제), 보육비용의 분담문제(정부부담의 강화), 그리고 여성의 노동참여 지원(3세 미만의 보육시설 확충) 4가지로 정리할 수 있다.

1) 보육서비스의 잠재적 시장화

2007년 6월 정부는 보육료 자율화 시설(보육료 상한 예외시설)을 일부 허용하는 것을 주요 내용으로 하는 "영유아보육법 개정안"을 마련해 발의를 추진한 바 있다. 다행히도 개정안 중 보육료 자율화시설에 대한 조항은 포함되지 않은 채 개정이 이루어졌다. 2007년 당시 정부의 자율화 논의는 기본보조금과 관련이 있다. 원래 기본보조금 논의과정에서는 예외시설의 문제가 동시에 논의되지 않았으나 예산부처가 재원확보의 이유로 보육료 자율화를 거론하면서 예외시설의 인정이 기본보조금의 전제조건처럼 논의되기 시작하였다(김종해, 2006). 이후 2008년 12월 영유아보육법에 보육서비스 이용권(바우처) 제도의 도입을 신설하였다.

보육료 자율화 시설에 대한 논의는 비록 일시 중단되기는 하였으나 언제고 다시 이슈로 제기될 수 있는 여지가 있다는 점에서 보육서비스의 시장화 이슈는 잠재적 상태에 있다고 볼 수 있다. 특히 2007년 논의에서 알 수 있듯이, 보육료 전체를 자율화하려는 것이 아니라는 반론이 있겠지만, 일단 일부 시설에게라도 상한선을 폐지하여 자율화의 물꼬를 트게 하면 "시장화"의 기류는 급격히 확대될 가능성이 높다. 그 이유는 우리나라의 보육서비스가 무려 95%에 육박할 정도로 민간시설에 의존되어 있고, 사교육과 자녀교육에 대한 욕구가 비정상적일 정도로 팽배해 있는 상황에서 다수의 민간보육시설이 보육료 상한 예외시설로 전환될 가능성이 매우 높기 때문이다.

이에 더하여 보육 바우처의 신설이 과연 어떤 결과를 가져올지에 대해서는 앞으로 주의깊게 지켜볼 필요가 있다. 바우처의 기본 논리는 소비자에게 서비스를 선택할 수 있는 권리를 보장해 줌으로써 공급기관 간의 경쟁을 유발하고 이를 통해 서비스의 질을 높이겠다는 것이다. 따라서 보육서비스에 바우처의 도입은 부모의 선택권 강화와 서비스의 다양화와 직접적으로 관련이 있고, 이는 보육서비스 제공에 시장적 기제를 도입하는 의미를 갖는다. 현재 우리나라의 보육 바우처는 시행된 지 얼마되지 않아 그 영향과 결과를 예측하기는 어렵다. 사회서비스와 같은 다른 영역에 비해 특별한 문제점이 아직은 드러나지 않는다고 보는 견해도 있지만 이는 시간을 두고 더 관찰해 보아야 할 사안이다.

우리나라의 보육시설정책은 보육시설의 양적 확충과 질적 개선이라는 방향을 가지고 저소득층 자녀에서 일반 취업모(부)의 양육을 포괄하는 등 정책의 범위를 확대해왔다. 이는 최근 서구 사회가 보육의 보편화를 통해 전체 사회가 이익을 얻게 될 것이라는 인식하에 보육서비스를 가치재, 즉 개별적이 아닌 집합적 대처가 필요한 필수재로 보는 인식의 확산과 맥을 같이하는 것이었다(최은영, 2005).

이런 점에서 우리나라의 보육정책은 보육의 공공성 확보라는 측면에서 과도기에 있다고 볼 수 있다. 보육의 공공성 확보를 위한 과도기적 상황에서 "선택"과 "다양화"라는 키워드로 특징지워지는 보육시설의 "자율화"는 현재의 보육정책의 방향을 바꾸어 놓을 수도 있는 지뢰점과도 같은 역할을 할 수 있다.

일예로 프랑스의 보육정책은 신자유주의적 경제질서로의 재편시기에 "부모의 선택권 강화"와 "보육서비스의 다양화"라는 수사를 내걸고 추진되었다. 신자유주의 시대에 흔히 채택되고 있는 "선택"을 극대화시키고 서비스를 "다양화"시키는 정책을 채택한 것이다. 그런데 이러한 보육정책의 결과는 기존의 보육정책의 기조를 변화시켜 여성을 양육자의 역할로 한정하게 하였고, 보육서비스에의 접근성을 떨어뜨림은 물론 소득재분배 효과도 감소시키는 결과를 가져온 것으로 평가되고 있다(홍승아, 2005).

물론 우리나라와 프랑스의 보육구조는 매우 다르다. 프랑스에서 보육서비스의 다양화는 보육시설만이 아니라 가정에서 자녀를 키우는 부모의 선택에도 국가가 육아지원을 한다는 취지였다. 즉, 모성권과 노동권 사이의 선택이었다. 이러한 기본구조의 차이에도 불구하고 "선택"과 "다양화"라는 정책기조의 채택은 아동의 빈곤과 여성의 노동시장 참여는 물론 사회 전체에 공공성의 약화를 가져왔다고 본다면, 공공성 확보의 과도기에 있는 우리 사회에 미칠 파장을 짐작할 수 있다.

이처럼 보육서비스의 잠재적 시장화는 자칫 보육의 공공성을 훼손하게 될 가능성이 매우 크다. 보육료 자율화는 보육료의 상승을 가져와 보육서비스를 양극화하고 그 결과 계층 간 형평성이 훼손됨으로써 아동이 인생의 출발을 평등하게 하지 못하게 할 것이기 때문이다. 아울러 보육료의 상승은 아동보육에 지출되는 비용을 높이게 되어 여성의 노동시장 참여를 억제하고, 일과 가족생활의 양립을 어렵게 할 수 있다는 점에서 문제가 된다. 국·공립 보육시설의 30% 확충, 보육아동 기준 50% 확보라는 사회협약이 실현될 수 있도록 보육의 공공성 확보를 위한 국가의 적극적인 역할이 필요하다.

2) 시설의 공공성 확보 : 국 · 공립시설의 확충

"시설의 공공성 확보" 이슈는 우리나라 보육정책의 방향을 국 · 공립시설의 확충에 둘 것이냐 아니면 보육료 지원에 둘 것이냐의 문제이다. 물론 이는 양자택일의 문제만은 아니다. 그럼에도 이 이슈에 대해서는 서로 다른 의견이 존재한다. 민간중심의 공급체계를 그대로 두고 보육료 지원 등을 통해 재정분담만을 시도하는 것은 보육의 공공성을 확보하는 데 부족하다(최은영, 2005; 장지연, 2005; 유해미, 2005)는 입장과 보육료 지원의 확대를 통해 민간보육시설의 공공성을 강화하자는 것이 그것이다. 전자의 입장은 시설확충이 우선이고 보육료 지원 강화는 차순위라는 것인데, 그 이유는 충분하고 형평적인 시설공급이 제공되지 못하면 질을 높이고 재정지원을 해도 특정 계층이나 특정 지역 또는 특정 욕구를 지닌 인구층의 접근성이 제약되어 의도하지 않은 선별성을 띠게 되기 때문이다(최은영, 2005).

이처럼 보육서비스의 공공성을 확보하는 방법은 국 · 공립시설을 늘리는 방법과 개별 아동에게 보육료를 지원해 주는 방식이 있다. 우리나라는 국 · 공립시설에는 인건비 지원을, 민간보육시설에는 기본보조금과 보육료를 지원하는 이원화된 구조를 가지고 있다. 2006년도 현재 보육예산 중 40.9%인 7052억 원이 인건비 등 운영비 지원이고, 54.9%인 9460억 원이 보육료 지원금이다(서문희 · 나정 · 최혜선, 2006). 이를 비용지원과 인프라 확충 및 개선으로 구분해 보면 2006년을 기준으로 인프라 확충 및 개선(보육시설 국 · 공립기관 설치 + 야간보육 확대)은 비용지원(기본보조금 + 차등보육료 + 만 5세아 무상보육 + 장애아 보육 등 무상지원 포함)의 4.5%에 불과하다(서문희 · 나정 · 최혜선, 2006의 <표 VI-3-1>을 근거로 계산함). 국 · 공립시설의 비중이 전체 보육시설의 5.2%에 불과한 현실을 감안하면 국 · 공립시설 확충을 통한 보육의 공공성 확보는 매우 미미한 수준이다.

물론 정부는 국·공립 보육시설의 확대·설치를 계획하고 있다. 새싹플랜에 의하면 2010년까지 현재의 약 2배 수준으로 확충할 방침이고, 저출산고령사회 기본계획에서는 달성연도는 정하지 않았지만 아동의 30%까지 확충할 계획을 발표하였다. 국·공립 보육시설의 확충은 다양한 방법으로 가능하다. 국·공립 기관을 신축하는 방법으로 정부는 국·공립 보육시설 수를 현재의 1,352개소에서 2010년에 2,700개로 확충하여 국·공립 보육시설의 보육비율을 11.3%에서 30% 수준까지 높인다는 계획이다. 국·공립시설 확충의 또 다른 방법은 민간보육시설의 법인화를 추진하는 방법과 민간보육시설을 국가가 매입하는 방법이 있는데, 이들은 법인화 가능 시설이 적고, 매입하는 데 막대한 비용이 들어가기 때문에 공보육시설의 확대방법으로는 한계가 있다(유희정·김은실·유은영, 2006).

시설의 공공성 확보를 위한 국·공립시설의 확충 이슈와 관련해 논란이 되는 것 중의 하나는 현재의 보육시설이 포화상태냐 그렇지 않느냐의 문제이다. 2006년 6월 말 현재 여성가족부의 보육통계에 의하면, 보육시설에서 보육되고 있는 아동 수는 보육시설 정원의 80%로서 정원을 충족시키지 못하고 있는 것으로 나타났다. 그런데 정원충족률이 가장 낮은 순으로 보면 가정보육시설이 69.5%, 민간보육시설이 82.0%, 국·공립시설이 90.8%로 낮은 충족률의 상당 부분이 가정보육시설에 의한 것이었다. 그러나 전체 아동 대비 보육시설 이용률이라는 보육수요율의 측면에서 보면 현재의 보육시설이 정원충족이 되지 않았다고 하여 더 이상의 시설이 필요 없다는 논리는 성립되지 않는다. 장래 인구추계에 따라 다르겠지만, 보육수요율을 추정해 보면, 2006년 31.8%, 2007년 35.3%, 2008년 38.4%, 2009년 40.6%, 2010년 42.1%이다(서문희·나정·최혜선, 2006 : 130).

이상과 같은 우리나라의 현실을 고려할 때, 그 한계에도 불구하고 보육시설의 과도한 민간의존율을 줄이고 보육의 공공성을 확보하기 위해서는 무엇보다 국·공립시설의 비중이 일정 부분을 차지할 때까지 민간공급의 우위를 점차적으로 줄여나가는 방향으로 변화시켜 나가야 한다. 이와 함께 영리추구의 민간시설이 아닌 비영리기관 중심의 민간보육시설을 확대하는 것도 함께 고려되어야 한다. 서구사회의 경험에 의하면, 보육료 지원과 같은 개별 아동별 재정지원만으로는 보육의 공공성을 확보하기 어렵다. 보육서비스의 접근성을 높여 형평성을 제고하기 위해서는 반드시 국·공립시설의 확충을 통한 공공성 확보라는 방향이 보육정책의 핵심방향이 되어야 한다.

3) 보육비용의 분담 : 정부분담 비율의 강화

보육비용의 분담은 두 가지 차원에서 이슈가 된다. 하나는 정부와 부모 간 보육비 부담비율의 문제이고, 다른 하나는 국가와 지방자치단체 간 보육비 부담의 문제이다. 보육비용 분담의 문제는 국·공립시설 확충문제와 함께 보육의 공공성의 정도를 보여주는 핵심지표이다. 이런 의미에서 2004년 영유아보육법 개정 시 정부분담 비율을 30%에서 60%로 올리기로 한 것은 보육의 공공성 확보라는 측면에서 진일보한 것이라 할 수 있다. 실제로 우리나라 보육비용의 부모부담은 2002년 74.6%에서 2005년 59.8%로 감소하였다. 그러나 이는 10% 정도만 부모가 부담하는 스웨덴이나 27%만을 부담하는 프랑스, 그리고 31%를 부담하는 호주(서문희·나정·최혜선, 2006)와 비교해 매우 높은 수치이다.

특히 아동의 연령이 높아질수록 부모부담비율은 증가하고, 이는 시설유형별로 격차가 있다. 2006년 현재 1세 미만아의 경우 국·공립과 법인시설에서의 부모부담율은 39.5%(민간은 58.4%), 만 2세아는 55.8%(민간은 78.6%), 그리고 만 3세아는 74.0%(민간은 100%)이다(여성가족부 내부자료, 2006).

이러한 보육비용의 높은 부모부담은 부모의 사회경제적 지위에 따라 영유아기의 보육서비스상 격차를 가져오게 함으로써 계층 간 보육서비스의 형평성을 저해한다. 계층 간 형평성의 문제란 계층에 따라 보육비용 부담비율에 역진적 현상이 나타나는 것인데, 2004년 보육실태 조사에 따르면 소득이 증가함에 따라 소득대비 총 보육비용의 비율은 증가하는 경향을 보였다. 예를 들어, 99만 원 이하의 소득집단의 소득대비 보육료 비율은 12.80%였던 반면 500만 원 이상 소득집단의 소득대비 보육료 비율은 5.66%였다(김종해, 2006). 이는 부모의 보육비용의 부담을 줄이는 것이 곧 보육의 공공성을 획득하는 것임은 물론 계층 간 형평성을 제고할 수 있는 한 방법임을 시사한다. 정부는 우리 사회에서 현재 가이드라인으로 제시되는 정부부담 70%, 부모부담 30%를 달성하기 위해 적극적으로 노력해야 한다.

보육비용의 분담문제에서 또 하나의 이슈로 제기되는 것이 중앙정부와 지방정부의 비용분담의 문제이다. 이 문제가 중요한 것은 보육이 보편성을 띠기 위해서는 지방정부보다는 중앙정부의 책임과 주도적 역할이 요구되기 때문이다. 우리나라의 경우 정부의 보육재정 중 중앙정부 예산은 지난 5년간 전년대비 30~50% 증가되었고, 지방정부의 보육예산은 전년대비 37~70% 수준으로 향상되었다(유희정·김은실·유은영, 2006). 2006년 현재 중앙정부가 보육예산의 38.4%를 분담하고, 시·도가 28.6%, 시·군·구가 33.0%를 분담하고 있다(서문희·나정·최혜선, 2006 : 47). 그러나 보육예산의 중앙 및 지방분담비율은 지역별로 차이를 두지 않거나 차이를 두어도 서울을 제외한 그 외 지역은 분담비율이 동일하여 지방정부의 재정상태를 충분히 반영하지 못하고 있다. 예를 들어, 2006년 서울의 경우 국비에서 12.8%를, 그리고 지방비에서 87.2%를 충당하고 있는 반면 서울을 제외한 모든 지방정부는 50% 수준에서 보육비 부담을 하고 있다(서문희 · 나정 · 최혜선, 2006 : 48).

이처럼 중앙정부가 보육비용에 부담하는 비율이 적고 지방자치단체의 부담이 큼으로써 지방자치단체는 보육재정이 부담이 되어 사업을 수행하기 어려운 상황이다. 또한 지역의 재정자립도를 고려하지 않은 일률적 비율(국고 대 지방비가 50 : 50) 또한 보육에서의 지역간 형평성의 문제를 야기할 수 있다. 즉, 지방정부 예산은 별도의 특수사업을 실시하는 경우가 많은데, 이 경우 지역의 형편에 따라 빈익빈 부익부 현상이 나타나고 있다(서문희 · 나정 · 최혜선, 2006 : 48). 따라서 보육의 보편성 확보를 위해 중앙정부의 보육비용 분담비율을 높이고, 지방정부에 대해서는 지방의 재정상태를 고려한 재정분담이 이루어져야 한다. 보육서비스의 제공을 중앙정부에서 지방정부로 분권화시키는 방향은 재고되어야 한다. 지방정부보다는 중앙정부의 책임이 강화되는 방향으로 보육비용의 분담이 이루어져야 한다.

4) 여성의 노동참여 지원 : 3세 미만아 보육의 확충

보육서비스는 일반적으로 일과 가족생활을 병행할 수 있도록 지원하는 정책으로서의 위상을 갖는다. 그러나 보육정책의 목표가 무엇인가라는 측면에서 보면 그것이 아동발달이냐, 출산장려냐 혹은 여성의 노동지원이냐에 따라 강조되는 보육의 측면이 달라진다. 젠더차원에서 보면 보육정책의 목표는 여성의 노동지원, 즉 여성들이 양육으로부터의 자유를 보장받아 노동시장 참여를 자유롭게 할 수 있게 하는 데 있다(유해미, 2005). 그리고 이는 여성의 노동시장으로부터의 경력단절을 최소화할 수 있는 유력한 정책적 수단 중의 하나이다. 실제로 보육서비스의 공급 증가, 보육비 지원 등이 취업모의 고용을 유지, 확대시킬 수 있는 강력한 정책도구임이 밝혀졌다(최은영, 2005).

이처럼 여성의 노동참여 지원이라는 관점에서 보았을 때 보육서비스에서 가장 중요한 것은 3세 미만(0~2세) 영아에 대한 보육이다. 일반적으로 0~2세 보육은 노동시장 연관성이 매우 높은 프로그램이고, 3~6세 보육은 여성이 노동시장에 진입해 활동할 수 있는 탁아목적이 약한 프로그램이다(Kammerman, 2001, 김수정, 2004 재인용). 보육정책의 수준이 높은 국가들은 3세 미만 영아의 보육율이 3세 이상에 비해 상대적으로 낮은 경향이기는 하지만 전반적으로 두 연령대 모두에서 보육이용률이 높다. 여기서 3세 미만의 보육율이 상대적으로 낮은 것은 부모휴가 등 보육시설을 대체할 정책들이 공존하고 있기 때문이다(유해미, 2005).

여성의 노동시장 참여율이 높은 노르딕 국가들 중 스웨덴의 경우 2005년 현재 전체 영아의 65%가 공보육시설을 이용하고 있었으며, 호주는 59.9%(0~4세 아동), 프랑스는 36%가 공보육시설을 이용하고 있었다(서문희 · 나정 · 최혜선, 2006). 이에 비해 여성의 경제활동 참여율이 낮은 독일과 이탈리아는 2%와 6%에 그치고 있었다(홍승아, 2005 : 11). 여성의 경제활동 참여율이 50%선에 머물고 있는 우리나라의 경우 3세 미만의 영아 중 보육시설을 이용하는 비율은 10% 정도에 머무르고 있다. 결국 3세 미만 아동에 대한 보육은 여성의 노동참여에 대한 지원의 의미를 갖는다는 점을 알 수 있다.

이와 관련하여 논란이 되는 이슈로 보육시설을 이용하지 않는 영유아에 대한 보육지원의 문제를 들 수 있다. 이에 대한 논의는 국가의 보육지원이 거의 전적으로 시설을 이용하는 아동에 대한 지원에 집중되어 있어 보육시설을 이용하지 않거나 할 수 없는 사각지대의 영유아를 고려해야 한다는 것이다. 이것이 문제가 되는 이유는 보육의 평형성과 선택권의 제한이라는 결과를 가져와 아동 간에 서비스 수급의 격차를 만들어낸다는 것(이재인, 2005), 그리고 보육시설 이외 아동을 배제함으로써 육아지원의 보편성을 상실하기 때문에 보육시설을 이용하지 못하고 친족이나 이웃에게 보육을 하는 경우에도 그 비용의 일부를 지원해야 한다고 주장한다(강남식, 2003). 그러나 이에 대해서 전혀 다른 견해도 있다. 보육시설을 이용하려는 아동에 대한 지원은 보육시설을 이용하도록 해야 한다는 것 그리고 이용하지 않는 아동에 대한 지원은 아동수당과 같은 보편적 제도로 커버해야 한다는 입장이 그것이다.

이것은 결국 "선택"의 자유를 어디까지로 정하느냐에 따라 달라진다. 일예로 부모의 선택권(노동과 모성 중에 선택)과 보육서비스의 다양화를 강조하면서 보육정책의 기조를 변화시켰던 프랑스의 경우를 들 수 있다. 프랑스의 보육정책은 보육서비스의 개별화라는 기조하에 부모 중 한 사람이 자녀의 양육기간 동안 노동을 중단하고 양육할 경우에 양육수당을 지급하거나, 혹은 보육사를 고용하여 자녀양육을 하는 경우에 보육수당을 지급해 주었다. 프랑스의 이러한 보육정책은 고용과 실업정책으로 전용되었다. 이 외에 다른 국가에서는 수당이 공보육서비스를 사용하지 않는다는 조건하에 제공되거나(덴마크, 핀란드), 3세 미만의 보육시설 제공이 낮은 현실에서 사용되곤 하였다(핀란드). 그러나 프랑스의 이러한 보육정책의 변화가 젠더관계에 미친 영향은 여성을 노동시장에서 퇴장하게 하고, 노동시장 내 여성의 지위를 악화시켰으며, 여성을 양육자로서의 역할로 회귀하게 하였고, 여성 간에 새로운 계층화와 반재분배적 결과를 가져왔다(홍승아, 2005).

따라서 여성의 노동시장 참여를 지원한다는 관점에서 보육서비스를 조망하는 경우 가정이나 기타 친척 및 이웃들에게서 양육되고 있는 아동에 대한 보육료 지원은 신중을 기할 필요가 있다. 그보다는 3세 미만 아동에 대한 보육서비스의 확충을 통해 여성의 노동시장에서의 경력단절을 최소화하는 것이 필요하다. 이는 특히, 우리나라의 산전후휴가나 육아휴직과 같은 휴가정책이 실효성을 거두고 있지 못한 상황에서 아동양육으로 인한 여성의 경력단절을 최소화할 수 있는 유력한 대안이다.

CHAPTER 12

아동돌봄과 관련된 휴가정책 : 가족화 정책[1)]

1. 아동양육 관련 휴가정책의 현황

1) 제도 설계

우리나라의 아동양육 관련 휴가정책에는 산전후휴가(모성휴가)와 육아휴직이 있다. 서구 복지국가는 이 두 가지 제도 외에도 부성휴가, 가족간호휴가 혹은 아동간병휴가 등을 두고 있다. 그리고 이들 제도는 보다 큰 범위에서 "부모휴가"로 불린다. 물론 "부모휴가"는 좁은 의미에서 모성휴가와 부성휴가와 구별되는 아동양육과 관련한 휴가(우리나라의 경우 육아휴직)를 지칭하기도 한다. 서구 복지국가는 여성의 육아역할에 초점을 두는 육아휴직이라는 용어 대신 부모의 양육에 대한 공동참여를 강조하는 "부모휴가"라는 용어를 사용한다.

1) 이 부분은 윤홍식 · 김인숙 · 최은영, 일과 가족생활 양립을 넘어서(미간행), 진보정치연구소 간 중에서 필자가 쓴 내용을 일부 수정 · 보완한 것이다.

이러한 휴가정책은 일과 가족생활의 양립을 지원함으로써 출산율을 제고하는 정책으로서의 성격 외에도 노동시장과 가족 내 젠더 균형을 증진하고, 실업 감소와 고용률 증가를 위한 노동시장정책 그리고 여성의 경제적 독립과 남성의 가족생활에의 참여를 증진시키는 목적을 가지고 있다(Council of Europe, 2005, 홍승아 · 장혜경, 2006 : 16 재인용). 여기서는 우리나라의 대표적 휴가정책인 산전후휴가 정책과 육아휴직정책에 대해 살펴보기로 한다.

(1) 산전후휴가

"산전후휴가" 제도는 여성근로자가 임신하였을 경우에 근로계약의 형태와 관계없이 산전후를 통하여 90일의 휴가를 부여하는 강제규정이다. 이 90일 중 60일분에 대하여는 사업주가 통상임금 전액을 지급해야 하고, 이후 30일분에 대하여는 고용보험에서 산전후휴가 급여로 지급하도록 되어 있다. 여기서 급여지급은 30일분의 통상임금이 135만 원을 초과하지 못하도록 하고 있고, 최저임금에 미달되는 경우에는 최저임금액을 지급받게 되어 있다. 반면 공무원은 90일 전액이 지급되며, 다만 시간외 수당은 제외된다. 그리고 우선지원 대상기업(광업, 제조업, 건설업, 창고통신업 등 300인 이하)은 90일 전액을 고용보험에서 부담한다.

이러한 "산전후휴가" 제도는 2006년 5월 발표된 <제1차 저출산고령사회기본계획시안>을 통해 한 단계 진전한다. 여기서는 산전후휴가와 관련해 3가지가 언급되었다. 하나는 유급의 유 · 사산휴가 제도의 도입이고 다른 하나는 배우자출산간호휴가제도의 도입 그리고 산전후휴가에 대한 사회보험의 확대 노력이다. 이들 제도 중 유급 유 · 사산휴가와 배우자출산간호휴가는 현재 남녀고용평등과 일 · 가족양립지원에 관한 법률에 포함되어 있다. 특히 2006년 7월부터는 산전후휴가 중이거나 임신 34주 이상인 여성근로자가 휴가기간 또는 임신기간 중에 근로계약기간 또는 파견계약기간이 종료되는 경우, 계약기간 종료 즉시 당해 근로자와 1년 이상 근로계약을 체결하는 사업주에게 "출산후계속고용지원금"을 지급하도록 하고 있다. 여기서 지원금액은 1년 이상 계속 고용계약을 체결한 경우 월 40만 원, 기간요건 없이 계속고용계약을 체결한 경우에는 월 60만 원을 지급하도록 하였다(노동부 자료).

이러한 우리나라의 산전후휴가제도를 일반적·국제적 기준과 비교해 보면 몇 가지 문제점을 가지고 있다.

첫째, 휴가기간에 관한 것인데, ILO가 권장하고 있는 휴가기간인 16주에 못 미치고 있는 점을 들 수 있다. 산전후휴가기간은 사실상 육아휴직기간과 함께 아동을 양육할 수 있는 기간에 통산될 수 있다는 점에서 아동양육을 위한 휴가기간에 관한 논란과 연동되어 있다. 실제로 스웨덴이나 노르웨이에서는 산전후휴가를 따로 두지 않고 "부모휴가"로 제공되고 있다.

둘째, 산전후휴가의 재원에 관한 사항이다. 우리나라의 산전후휴가는 그 재원을 사회보험이나 공적 자금으로 한다는 ILO 모성보호협약(제183호)의 기본규정에 미달하고 있다. 즉, 산전후휴가기간 중 30일만 고용보험에서 제공되고 나머지 60일은 기업의 부담에 맡겨져 있는 것이 그것이다. 거의 대부분의 OECD 국가는 산전후휴가 급여를 사회보험이나 공적 기금에서 충당하고 있는데, 이런 점에 비추어 볼 때 우리나라 산전후휴가 급여의 재원의 공공성을 강화할 필요가 있다.

셋째, 부성휴가의 부재이다. 부성휴가는 아동에 대한 양육이 여성만의 몫이 아니라 남녀가 공동으로 참여해야 하는 것으로 인식하는 것의 반영으로서, 일-가족 양립 지원과 관련하여 현재 세계적인 흐름 중의 하나이다. 남성을 자녀양육에 공동 참여시킴으로써 부모가 모두 일과 가족생활의 양립을 가능하게 하자는 취지이다. 일부 자유주의 국가를 제외한 대부분의 OECD 국가는 부성휴가제도를 제도화하고 있다. 우리나라의 부성휴가제도는 남녀고용평등과 일·가족 양립지원에 관한 법률에 출산 10일 이내에 3일을 사용하는 것으로 되어 있다.

(2) 육아휴직

아동양육과 관련된 또 다른 대표적 제도는 "부모휴가"로 불리는 "육아휴직"이다. 우리나라 육아휴직정책의 법적 근거는 남녀고용평등법과 공무원법이다. 우리나라 육아휴직제도는 생후 1년 미만의 자녀를 둔 근로자(남녀불문)가 자녀의 양육을 위해 최대한 12개월까지 사용할 수 있도록 설계되어 있었다. 그러나 2006년부터 자격요건이 완화되어 2008년 1월 1일 출생아부터 자녀출생 후 만 3세까지 적용할 수 있게 되었다.

우리나라 육아휴직의 급여수준은 2009년 현재 월 50만 원 정액지급으로 되어 있고, 이는 고용보험을 통해 제공된다. 2007년 12월에 개정된 남녀고용평등과 일·가족양립 지원에 관한 법률에 의하면, 육아휴직의 활용도를 높이기 위해 전일제 육아휴직과 함께 육아기 노동시간 단축형태로도 육아휴직이 가능하도록 하고 있다. 즉, 현행 전일제 육아휴직 대신 주 15시간에서 30시간 이내로 육아기 노동시간 단축을 1회에 한하여 분할·사용할 수 있도록 하고 있다. 그리고 육아휴직의 사용으로 인한 인사상의 불이익은 법적으로 금지되어 있다.

우리나라 육아휴직제도는 다음의 몇 가지 측면에서 문제가 있다.

첫째, 우리나라의 육아휴직제도는 형식적인 면에서 보완되어야 할 부분이 있다. 물론 혹자는 우리나라의 육아휴직제도가 형식 면에서 매우 진전되어 있다고 한다. 즉, 적어도 형식적 제도설계 면에서 다른 선진국에 비해 크게 뒤지지 않는다는 것이다(원숙연, 2005). 그러나 아직까지는 형식적인 면에서 보완되어야 할 필요가 있는, 우선 육아휴직의 기간과 관련해서이다. 휴가기간은 여성의 노동시장 참여에 영향을 미친다는 논의 때문에 논란이 되는 사안이다. 독일과 같이 휴가기간이 3년으로 긴 경우 여성을 양육활동에 묶어두는 효과를 가져 올 수 있어 휴가기간의 적절성에 신중을 기할 필요가 있다. OECD 국가들의 부모휴가기간을 기준으로 볼 때 우리나라의 육아휴직기간은 다소 짧은 편이다.

둘째, 육아휴직 급여의 재원이 고용보험이라는 사회보험을 통해 지급되는 것은 바람직하나, 그 수준은 매우 낮다. 서구 선진국들의 부모휴가 급여지급 방식은 평균임금 대비 비율로 하거나 정액급여로 하거나 혹은 이 양자의 결합의 방식을 취한다. 급여는 실제로 해당 근로자가 육아로 인해 중단되는 소득에 대한 대체율로 보아야 하는데, 이 경우 우리나라 육아휴직 급여의 소득대체율은 매우 낮다고 할 수 있다. 소득대체율은 사실상 육아휴직제도의 성패를 가르는 매우 중요한 요인 중의 하나라고 할 수 있는데, 이 점에서 우리나라 육아휴직의 소득대체율을 높일 필요가 있다.

셋째, 이 외에도 육아휴직의 자격요건, 즉 대상범위가 생후 3년 미만의 자녀를 가진 근로자로 확대되었기는 하지만 대상범위를 좀 더 확대하여 육아휴직제도의 활용도를 높일 필요가 있다. 서구 복지국가들의 경우 부모휴가제도의 대상범위가 1세에서부터 8세까지 분포되어 있다. 우리나라가 정하는 생후 1년은 가장 적은 대상범위에 속한다.

이외에도 우리나라의 육아휴직과 관련해서는 직접적인 휴가정책은 아니지만 간접적으로 기업이 휴가정책을 적극적으로 시행하고 휴가대상자의 고용유지를 지원한다는 차원에서 "육아휴직장려금"과

"여성재고용촉진장려금"을 제도화하고 있다. 육아휴직장려금은 근로자에게 육아휴직을 부여한 사업주에게 간접 노무비용을 지원함으로써 육아휴직을 실시하고자 하는 사업자의 근로자 고용유지를 돕기 위한 것이다. 2007년 현재 육아휴직장려금은 1인당 월 20만 원을 고용보험에서 지급하고 있다. 여성재고용촉진장려금은 임신, 출산, 육아를 이유로 퇴직한 여성을 재고용한 사업주에게 장려금을 지원하는 제도이다. 2007년 현재 전사업장에 적용되고 있으며 지급수준은 1인당 월 30만 원이다(노동부 자료).

2) 이용 현황

(1) 산전후휴가

우리나라 산전후휴가 제도에 대한 이용은 2002년 이후 지속적으로 증가하고 있다(표 12-1 참조). 2002년 22,711명이던 휴가자가 2008년에는 68,526명으로 302%(45,815명) 증가하였다.

〈표 12-1〉 **산전후휴가 및 육아휴직 지급 현황** (단위 : 명, 백만 원)

구 분	산전후휴가 급여		육아휴직 급여			
	지원액	인 원	지원액	인 원		
				계	여 자	남 자
2002년	22,602	22,711	3,087	3,763	3,685	78
2003년	33,522	32,133	10,576	6,816	6,712	104
2004년	41,610	38,541	20,803	9,303	9,122	181
2005년	46,041	41,104	28,242	10,700	10,492	208
2006년	64,463	36,751	24,811	10,006	9,776	230
2007년	132,412	58,368	60,989	21,185	20,875	310
2008년	166,631	68,526	98,431	29,145		

출처 : 2009년 노동부 보도자료.

산전후휴가의 이용과 관련하여 가장 큰 문제는 이러한 외형적 증가 현상에도 불구하고 상당수의 자격 있는 여성들이 산전후휴가를 사용하지 못하고 있다는 점이다. 예를 들어, 2004년도 출생자 수는 476,052명(조선일보, 2005.8.24)인데, 2004년과 2005년에 걸쳐 산전후휴가를 사용한 인원 수는 각각 38,541명과 41,104명으로 전업주부와 산전후휴가 이용자는 10% 미만으로 나온다. 여기서 전업주부와 미해당자를 전체의 60%정도로 추정해 보면 산전후휴가자는 출생자 수의 25%정도로 추측할 수 있다.

비록 통계적 수치로 표현되지는 않지만 해당 여성들을 심층인터뷰한 결과에 의하면 휴가기간과 휴가급여를 미지급하는 기업조직이 상당수에 이른다는 것이다. 기업조직의 현시적이고 암묵적인 강압과 요구로 인해 법정기간을 채우지 못하고 일찍 업무에 복귀해야 하는 경우, 휴가급여를 부분적으로 지급하거나 전혀 지급하지 않는 것이다. 산전후휴가를 사회적 권리로 인정하지 않는 기업조직의 분위기와 이 제도의 사용으로 인한 벌점이 엄존한다는 인식은 여성근로자의 승진과 경력관리에 치명적이고, 이는 다시 휴가제도의 사용을 억제하는 결과를 가져온다(원숙연, 2005).

(2) 육아휴직

육아휴직제는 제도설계 자체만으로는 큰 하자가 없다고 평가할 수 있다해도 실제에서 이용되는 제도 운영이라는 측면에서 보면 개선할 점이 많음을 알 수 있다. <표 12-2>에 의하면, 육아휴직 이용자는 남녀 모두 매년 꾸준히 증가하고 있다. 2002년 3,763명이던 육아휴직자가 2005년에는 10,700명으로 284%(6,937명) 증가하였다. 여성 이용자와 남성 이용자의 증가 추이도 유사하여 2002년에서 2005년 사이 여성 이용자는 272%, 남성 이용자는 263% 증가하였다. 그러나 전체 이용자 중에서 남성 이용자가 차지하는 비중은 매우 적어 전체 육아휴직자의 2%를 넘지 못하고 있다. 그리고 육아휴직 사용기간은 남녀를 불문하고 1년이 가장 많았다.

〈표 12-2〉 **육아휴직의 사용 현황** (단위 : 명)

연 도	총 계	여자계	남자계	육아휴직 사용기간							
				3개월 이하		6개월 이하		10개월 이하		1년 이내	
				여자	남자	여자	남자	여자	남자	여자	남자
'02	3,763	3,684	79	686	27	689	11	810	8	1,499	33
'03	6,816	6,712	104	1,166	33	1,090	26	1,716	10	2,740	35
'04	9,303	9,122	181	1,308	45	1,208	35	2,112	23	4,494	78
'05	10,700	10,492	208	1,520	49	1,142	30	2,158	28	5,672	101
'06.10.	11,158	10,965	193	1,569	40	1,129	40	2,333	23	5,934	90

출처 : 2006년 노동부 내부자료 참조.

육아휴직급여 수급자의 직종별 분포를 보면, 2005년 현재 여성육아휴직급여 전체 수급자의 20%가 금융과 보험업 취업자였고, 남성은 서비스업 종사자가 22%였다. 그리고 남녀 육아휴직급여 전체 수급자 가운데 사무직 종사자의 비율이 가장 높았다. 이는 남녀 모두에서 동일했는데, 여성은 전체의 59%, 남성은 42.6%였다. 농어업근로자는 0%였다. 남성 비중이 가장 높은 직업은 고위임원과 관리직이었다(8.7%)(전기택, 2006).

이러한 육아휴직의 이용률은 사실상 산업 전반을 고려할 때 매우 미미하다고 평가할 수 있다. 공공부문은 휴가대상자의 4.4%(행정자치부, 2004), 사기업 부문은 0.18%(엄규숙, 2000)에 지나지 않는다. 이렇게 적은 이용률 내에서 여성 이용률은 98%를 차지하고 있다.

우리나라 육아휴직제도가 실효성이 없는 데는 다양한 이유가 있다. 휴직기간이나 소득대체율, 제도의 유연성 확보와 같은 제도적 측면에서의 문제, 조직의 사회문화적 관습, 사회 전반의 성별분업에 대한 이데올로기적 성향 등이 그것이다. 그러나 육아휴직 이용률이 극히 저조한 가장 큰 이유는 복직보장과 인사상의 불이익에 대한 불안감이 가장 큰 이유였다. 이는 2005년 국무조정실이 실시한 육아휴직 활용에 관한 조사에서 나타났는데, 응답자의 44.7%가 육아휴직의 이용을 꺼리는 가장 큰 이유로 직장복귀에 대한 불이익을 들었다. 또한 성 간 이용률의 현격한 차이는 여성이 노동시장의 주변적 위치에 있고 남성은 고임금층에 있는 점 그리고 남성의 양육역할을 적극적으로 수용하지 못하는 사회문화적 배경, 즉 성별화된 가부장적 이데올로기의 작용에 기인한다(홍승아·장혜경, 2006; 원숙연, 2005).

그 결과 출산휴가와 육아휴직이 지극히 개인적인 선택의 문제로 규정되고 또한 여성을 고용함으로써 치러야 하는 불필요하고 부가적인 비용으로 인식되고 있으며, "일-가족양립"이 노동자를 위한 정책이 아닌 '여성만을 위한' 정책으로 규정되고 있는 현실이다. 그런데 문제는 이러한 가족정책에 대한 인식이 전통적인 성별분업을 오히려 강화시키는 동시에 노동시장에서의 여성의 지위를 악화시키는 기능을 할 수 있다는 데 있다(원숙연, 2005).

2. 휴가정책의 이슈

우리나라 아동양육 관련 휴가정책의 관건은 어떻게 하면 이용률을 높일 것인가, 즉 제도의 실효성을 높일 것인가의 문제로 귀결된다. 이를 위해서는 제도 자체의 설계를 실효성을 높이는 방향으로 바꾸는 방법과, 이들 제도가 작동되는 사회적, 이념적 맥락을 변화시키는 두 가지 차원에서 접근이 이루어져야 한다.

따라서 아동양육 관련 휴가정책은 그 사회가 가지고 있는 젠더관계, 부모역할 및 노동에 대한 태도, 아동양육에 대한 태도 등 다차원적 측면에서의 패러다임의 변화를 요구한다. 여기서는 제도의 실효성을 확보하기 위해 제도 자체를 어떻게 변화시켜야 하는지를 중심으로 논쟁이 되는 이슈를 검토하기로 한다. 논쟁적 이슈로는 자녀양육에의 남성의 참여문제, 아동양육관련 휴가제도의 유연성, 휴가제도 대상의 포괄성, 제도 이용 후 고용보장의 안정성, 급여수준의 현실성이라는 다섯 가지를 검토한다.

1) 자녀양육에의 남성(부)참여

자녀양육에 남녀가 동등하게 참여하는 것은 현실적으로 여성의 노동시장 참여가 증가했거나 혹은 앞으로 증가시킬 필요성이 있을 경우 부모가 일과 가족을 조화롭게 이끌어나가기 위해 반드시 필요한 것이다. 이러한 의미에서 "양성평등"은 일-가족양립을 위한 가족정책에서 핵심기조이다. 유럽연합이 여성의 취업률을 높이기 위해 양성평등을 강조한 것은 모성과 고용의 역할 조화를 통해 가족과 아동의 빈곤을 방지할 수 있는 강력한 수단이라는 점에 있다.

그런데 일-가족양립을 위한 가족정책에서 이러한 양성평등이 이루어질 수 있는 핵심적 방법 중의 하나는 자녀양육에 부를 참여시키는 것, 즉 남성의 삶을 여성화, 가족화시키는 데 있다. 이러한 맥락에서 최근 서구 복지국가들에서 나타나는 주요 흐름은 아동양육에 남성의 참여를 유도하기 위한 제도화라고 말할 수 있다. 가장 대표적으로는 모성휴가와는 별도로 부성휴가(paternity leaves)를 확대하거나, 부모휴가기간 중 일정 기간을 부에 할당하여(papa quota) 부로 하여금 이 기간을 적극적으로 사용하도록 제도화하는 것이 그것이다.

우리 사회는 특히 성별분업에 근거한 가부장적 이데올로기가 강하게 작동하는 사회라는 점, 그 결과 아동관련 휴가정책들이 제도상으로 어느 정도 형식적 완결성을 갖추었음에도 불구하고 그 이용률은 현저히 낮다는 점에 주목할 필요가 있다. 노동시장과 가족에서 지나치게 이분법화된 성역할 규정이 지배적이고, 이것은 휴가제도들의 사용을 억제하는 주요 요인으로 작용한다.

따라서 자녀양육이 남녀 모두의 책임이라는 인식의 확산이 필요한데, 이를 휴가제도 자체에 끌어들여 제도 확대를 시도하는 것이 부성휴가와 아버지할당제이다. 현재 우리나라는 남녀고용평등법과 일·가족양립지원에 관한 법률에서 3일의 부성휴가를 제공하는 것으로만 되어 있고, 아버지할당제의 도입은 보류되고 있다. 여기서 3일이라는 부성휴가기간은 유럽국가들의 부성휴가기간보다 매우 짧고, 유럽의 대부분의 국가가 유급의 부성휴가를 실시하고 있는 점과 비교된다.

그러므로 아동양육과 관련한 휴가정책이 여성만을 위한 제도가 아니라 일-가족양립을 위한 실제적 제도로서 본래의 취지에 맞게 현실에서 실효성을 거두기 위해서는 아버지를 자녀양육에 강제적으로 참여케 하는 제도적 장치를 강화할 필요가 있다. 즉, 부성휴가제도의 휴가기간을 늘리고 휴가기간에 대한 완전한 임금보존을 보장해야 한다. 아울러 유급의 아버지할당제를 도입하여 해당 기간 동안의 휴가를 사용하지 않으면 그 기간이 소멸되어버리도록 함으로써 일정 기간 동안 의무적으로 아버지들을 자녀양육에 참여시킬 수 있는 제도적 장치가 시급히 도입될 필요가 있다.

이를 통해 자녀양육이 남녀의 공통의 문제라는 인식의 확산을 촉진하고, 이 인식의 확산이 제도 활용의 실효성을 높이는 상호적이고 순환적인 관계를 강화해야 한다. 실제로 노르웨이는 부할당제를 도입하면서 남성의 아동양육 참여율이 1993년 4.1%에서 1994년 45%, 1998년 68%, 그리고 2001년에는 85%까지 증가했다. 그리고 부모휴가를 사용해 본 남성은 그렇지 않은 남성에 비해 자녀양육에 더 많이 참여하는 효과가 있었다(Hass, 1992; Hass and Hwang, 2005; European Commission, 2004, 홍승아·장혜경, 2006 재인용).

이러한 조사결과는 곧 일-가족양립을 위한 가족정책에서 부를 자녀양육에 참여케 하는 시도가 양성평등이라는 관점에서 일정의 효과를 가지고 있음을 시사한다. 부가적으로 양성평등적 효과를 더하기 위해 육아휴직이라는 용어 대신 "부모휴가"나 "부모시간"이라는 용어를 사용하는 것도 하나의 방법이다.

2) 아동양육 관련 휴가제도의 유연성

아동양육 관련 휴가제도의 실효성이 낮은 이유 중의 하나는 잠재적 이용자들이 가진 삶의 다양한 방식을 반영하지 못하고 획일적으로 시행되기 때문이다. 즉, 휴가제도들은 그것을 이용하는 이용자들의 삶의 상황을 유연성 있게 반영하여 운영할 때 실효성을 가지게 된다. 서구 복지국가에서는 아동양육 휴가제도의 실효성을 높이기 위해 제도의 "유연성"을 확대하였다. 서구에서 휴가제도의 유연성 확보는 실효성이라는 측면 이외에 육아로 인한 여성근로자의 노동시장 이탈을 막는다는 측면에서도 중요하게 고려되었다.

우선, 제도의 유연성은 휴가사용 시기라는 측면에서 접근할 수 있다. 우리나라의 경우 육아휴직의 사용시기는 자녀출생 후 1년 이내였으나 2005년 이후 생후 3년 이내로 확대되었다. 서구 복지국가는 휴가사용 시기를 다양하게 설정하고 있는데, 덴마크, 스웨덴, 네덜란드, 오스트리아는 8세까지, 영국, 벨기에, 룩셈부르크는 4~5세까지, 프랑스가 3세까지, 노르웨이와 캐나다가 1~2년으로 규정되어 있다. 우리나라의 육아휴직 사용시기는 이들 국가들과 비교해 볼 때 점차적으로 유연성이 확대되어가고 있다고 말할 수 있다. 부모들이 처할 수 있는 다양한 상황을 고려하면 사용시기의 유용성은 좀더 확대될 필요가 있다.

또한 남녀고용평등과 일·가족양립지원에 관한 법률에서 배우자 출산휴가가 출산 후 30일 이내로 한정되어 있는데, 이는 사용시기의 유연성이라는 측면에서 볼 때 사용시기를 좀더 확대할 필요가 있다. 예를 들어, 서구 복지국가들의 부성휴가 사용시기를 보면, 영국(출생이나 입양 이후 8주 이내에 사용해야 함)을 제외하고는 대부분의 국가가 사용시기의 제한을 두지 않고 있다. 정해진 산전후휴가 기간 내에서 사용할 수 있게 하면 휴가 사용의 실효성을 높일 수 있는 가능성이 있다는 점에서 보면 이러한 유연성의 확보는 휴가제도 사용의 실효성을 높일 수 있는 한 방법이다.

유연성을 확보할 수 있는 또 다른 측면은 휴가의 사용방법이다. 휴가제도를 유연하게 사용하는 것은 부모의 노동시장에서의 경력단절을 최소화하고 가족 내에서 아동양육을 효과적으로 수행할 수 있도록 지원하는 기제이다. OECD 21개국의 부모휴가의 유연성을 비교한 자료에 의하면 우리나라는 육아휴직의 시간제와 분할 사용 모두가 불가능해 육아휴직의 유연성이 매우 낮은 국가로 분류되고 있다(윤홍식, 2006b).

이러한 낮은 유연성 제고를 위해 현재 남녀고용평등과 일·가족양립지원에 관한 법률에는 전일제 육아휴직과 함께 육아기 노동시간 단축형태(주 15시간에서 30시간 이내로)로도 육아휴직이 가능하도록 하고, 육아휴직 및 육아기 노동시간 단축제도를 분할하여 사용할 수 있게 하여 활용도를 높이고자 하고 있다.

3) 아동양육 관련 휴가제도 대상의 포괄성

아동양육 관련 휴가제도의 실효성 확보를 위해 우선적으로 고려해야 할 것은 잠재적 이용자들의 제도 이용에의 접근성을 높이는 것이다. 제도 이용의 접근성을 높이기 위해서는 우선 대상의 포괄성이라는 측면에서 제도 이용 가능범위를 확대해야 한다. 현재 산전후휴가와 육아휴직은 고용보험을 통해 급여가 제공되고 있기 때문에 사실상 이들 제도를 이용할 수 있는 사람은 고용보험에 가입되어 있어야 한다.

그러나 현실적으로 고용보험의 사각지대가 상당 비율 존재하고, 실제 수급대상인 여성들의 70%가 노동시장에서 비정규직 위치에 있고, 또한 10인 이하의 사업장이 전체 사업장에서 차지하는 비율이 60%에 달하는 상황에서, 사회문화적 요인을 제외하더라도, 제도 운영 자체만으로 보아도 아동양육 관련 휴가제도를 이용할 수 있는 대상층은 매우 제한됨을 알 수 있다. 실제로 노동부 자료(2005)에 의하면, 취업여성의 26.4%만이 고용보험의 피보험자이다. 그리고 윤홍식(2006)의 추정에 의하면 출산여성의 18.4%만이 산전후휴가를 이용하였고, 고용보험 피보험자인 출산여성 중 15.2% 내외가 육아휴직을 이용했다(2004년 기준).

이렇게 볼 때 고용보험 가입자 중에서도 극히 일부의 여성만이 아동양육 관련 휴가제도의 급여를 받는다는 사실을 알 수 있다. 고용보험에 가입되지 않은 아이를 출산하여 양육하는 더 많은 여성근로자들과 자영업이나 농어업과 같은 대상층을 전혀 포괄하지 못하고 있다고 볼 수 있다.

아울러 앞서 살펴본 바와 같이 육아휴직의 이용자층이 주로 사무직과 같은 계층의 상위그룹에 속한 여성들의 이용률이 높다는 점을 고려하면, 육아휴직제도가 갖는 계층적 편향성을 짐작할 수 있다. 따라서 고용보험에 가입되지 않은 다수의 여성근로자들과 농어업을 포함한 자영업 및 하위계층 종사 여성들을 포괄해야 하는 문제가 중요한 문제로 남아있다.

일부 유럽국가에서는 자영업자와 학생, 실업자 등에게도 육아휴직을 이용할 권리를 부여함으로써 육아휴직의 대상을 보편적으로 확대하고 있다. 예를 들어, 스웨덴에서는 학생과 주부에게도 정률이지만 육아휴직 수당을 제공하고 있으며, 2001년부터는 실업자도 정책대상에 포괄하고 있다. 물론 우리나라도 2006년 "저출산, 고령화 문제 해결을 위한 사회협약"에서 육아휴직을 비정규직에게까지 실질적으로 확대할 수 있는 방안을 마련한다고 협의하였다(윤홍식, 2006b). 이러한 합의가 실효성을 가질 수 있도록 중소기업과 영세사업장의 여건을 고려하여 국가차원에서 특별기금을 조성하는 등의 구체적이고 실제적인 조치가 뒤따라야 할 것이다. 제도 운영의 기저에서 작동되는 사회문화적 요인의 영향을 고려하지 않더라도, 일단 제도설계의 변화를 통해 모든 시민들에게 제도에의 접근성을 높일 수 있도록 대상의 포괄범위를 확대해야 한다.

4) 제도 이용 후 고용보장의 안정성

상식적으로 보았을 때, 아동양육 관련 휴가제도를 이용한 이후에도 이전의 지위에서 계속적으로 일할 수 있고 승진과 같은 인사상의 불이익이 없다면 휴가제도를 이용하는 부모들은 훨씬 늘어날 것이다. 즉, 제도 이용 후의 고용보장에 대한 안정성이 높다면 제도의 실효성은 높아질 것이다. 앞에서도 언급했듯이, 국무 조정실(2005) 등의 조사 결과에서도 이러한 점이 사실로 드러났다.

우리나라의 양육 관련 휴가제도의 고용보장에 대한 안정성은 매우 낮다고 할 수 있다. 일단 기업의 조직문화가 가부장적이고, 장시간 근로문화(Sundstrom and Duvander, 2000, 김태홍 외, 2000 : 90 재인용)가 지배적이기 때문이다. 가부장적, 장시간 근로라는 조직문화는 양육과 육아 때문에 일시적으로 노동현장을 떠나 있는 것을 절대적인 손실로 간주하게 된다. 그리고 이러한 "손실"이라는 강박은 잠재적 이용자들로 하여금 자신들에게 손실의 여파가 미칠 것을 두려워하게 만들어 제도 이용을 억제하게 만든다.

정부는 육아휴직장려금, 대체인력채용장려금, 여성재고용촉진장려금, 출산후계속고용지원금제도 등의 인센티브 제공을 통해 기업을 지원함으로써 여성근로자들의 고용 안정성을 확보하려고 하나, 이들 제도의 역할은 매우 제한적이다. 따라서 기업을 여성친화적 혹은 가족친화적으로 만들기 위한 정부의 보다 적극적이고 강력한 노력이 요구된다. 예를 들어, 휴가제도 이용에 따른 인사상의 불이익을 제공하고 지속고용을 이행하지 않는 기업들에 대한 적극적 법적 제재를 강화할 필요가 있다. 이는 경제적인 고려를 최우선으로 하는 기업은 법적인 제재가 있을 경우에만 적극적으로 움직인다는 주장(Bowen, 2000; Bjornberg, 2002)을 고려할 때 법적 제도의 실효성을 담보하기 위해 필요하다고 여겨진다.

이러한 기업조직의 관행과 문화 외에도 고용보장의 안정성을 저해하는 가장 현실적인 문제는 기업이 대체인력을 찾기가 어렵다는 점과 대체인력을 찾더라도 그에 대한 인건비 부담이 크다는 데 있다. 이는 특히 중소기업의 경우 더하다. 실제로 기업들은 내부인력으로 휴가자들의 노동공백을 메꾸는 경우는 절반에 못 미치고 있고 (46.8%), 인건비 부담을 느끼는 기업도 절반에 가까웠다(45.3%)(이규용 외, 2004).

이러한 현실을 고려할 때 기업들이 대체인력을 확보할 수 있는 방안을 제도적으로 마련할 필요가 있다. 정부가 주는 대체인력채용 장려금으로는 이러한 문제를 해결하기에는 한계가 크다. 따라서 대체인력으로 활용할 수 있는 인력뱅크를 만들고(최숙희 · 김정우, 2006), 이들을 훈련할 수 있는 체계를 구축할 필요가 있다. 이러한 제도적 장치들은 기업의 어려움을 감소시킴으로써 휴가 이용자들의 고용 보장에 대한 안정성을 증가시킬 것이고, 결과적으로 휴가제도의 이용률을 높이는 실효성을 가져오게 될 것이다.

제도 이용 이후의 고용보장에 대한 안정성은 고용의 주체인 기업 조직의 관행과 문화를 바꾸기 위한 노력, 현실적인 대체인력 문제를 해소하는 것 외에도 노동시장에 복귀할 수 있는 여건 조성, 즉 아동양육 인프라를 구축하는 것이 필요하다. 실제로 자녀양육 때문에 노동시장에서 나온 여성들은 자녀를 양육해 줄 수 있는 대체수단이 없어서 노동시장에 복귀하기 어렵다. 그들은 노동시장에의 복귀를 강력히 원하지만 자녀양육의 수단을 찾기 어렵고, 사적 시장에서의 자녀양육 비용이 매우 비싸기 때문에 노동시장에 복귀하지 못하고 있는 것으로 드러났다(김인숙 · 정재훈 · 윤홍식, 2004).

이처럼 보육서비스는 아동양육 관련 휴가제도의 실효성을 높이고, 또 고용보장에 대한 안정성을 간접적으로 확보할 수 있는 방법이다. 공보육의 확대와 휴가제도의 실효성은 서로 상호적으로 깊은 연관성을 가지고 있다. 따라서 현재의 5%선에 머무르는 공보육의 비율을 현재 수준보다 높일 수 있도록 해야 한다.

5) 급여수준의 현실성

현재 아동양육 관련 휴가제도의 국제적 추세 중의 하나는 급여수준, 즉 급여의 임금대체율을 증액하는 방향으로 나아가고 있는 것이다. 급여의 임금대체 수준이야말로 아동양육 휴가제도의 실효성을 높일 수 있는 핵심사안이다. 아동을 양육하는 동안 급여의 임금대체율이 높으면 그만큼 아동양육 휴가를 사용할 수 있는 확률이 높아지기 때문이다. 임금대체 수준은 또한 남성의 육아휴직 이용을 결정하는 중요한 요인이기도 하다.

유럽의 15개국 2900명에 대한 조사에서 남성들이 왜 부모휴가를 사용하지 않는지에 대한 조사결과 응답자 중 가장 많은 42%가 경제적인 문제를 지목하였다(홍승아 · 장혜경, 2006). 그리고 서구 복지국가의 사례를 보면 일반적으로 육아휴직기간 중 임금대체 수준이 높을수록 남성의 육아휴직 이용률이 높은 것으로 조사되었다(Smith, 2001, 윤홍식, 2006b : 18 재인용).

우리나라 아동양육 휴가제도 중 산전후휴가의 소득보전율은 명시적으로는 통상임금의 100%를 보존해 주는 것으로 되어 있으나 이는 실제 월 급여총액과는 차이가 있다. 즉, 산전후휴가 급여는 실제 월 급여총액보다 낮은 수준에 있다. 그 이유는 상한액이 물가나 소득수준 상승에 연동하여 산정되지 않기 때문이다. 윤홍식(2006b)의 추산에 의하면, 2006년 이후에는 평균 월 급여총액보다 낮은 수준으로 떨어진다고 한다. 그 결과 여성 노동자가 산전후휴가를 이용하는 것을 어렵게 하거나, 이용기간을 최소화시킴으로써 모성권이라는 본래의 취지에 반하는 결과를 초래할 가능성이 있다(윤홍식, 2006b).

육아휴직의 임금대체율은 산전후휴가보다 훨씬 더 낮다. 2006년까지 40만 원이던 정액급여가 2008년 8월부터 50만 원으로 상향 조정되었다. 2006년을 기준으로 육아휴직 급여는 남녀노동자의 월 급여총액(1,887,507원-출처 : 노동부 노동통계팀)의 21.2%에 불과하다. 이를 남녀별로 구분해 보면 남성노동자는 월 급여총액(2,108,732원)의 19.0%, 여성노동자는 월 급여총액(1,395,970원)의 28.7%의 임금대체율을 보였다. 이러한 낮은 임금대체율은 결정적으로 잠재적 휴가대상자들이 휴가 이용을 억제하는 요인으로 작용한다. 이는 60~80%의 임금보존율을 보이는 북유럽국가와 대조를 이룬다.

육아휴직 급여와 관련해 또 하나의 논점이 되는 것은 육아휴직 급여를 지급하는 방식이다. 즉, 소득비례로 할 것인가 아니면 정액으로 지원할 것인가, 혹은 이 양자의 결합으로 할 것인가에 따라 그 것이 내포하는 사회적·정치적 함의가 달라질 수 있기 때문이다. 소득비례 방식만으로 할 경우에는 노동시장의 차이를 아동양육 기간에도 지속시킨다는 점에서 복지의 보편주의 원칙에 부정적 영향을 미칠 수 있다(Hiilamo, 2004, 윤홍식, 2006b : 18 재인용). 따라서 육아휴직 급여수준은 "모든 육아휴직자가 아동과 함께 독립적으로 적절한 생활을 유지할 수 있는 급여의 기본선(기본 정액급여)이 보장되어야 하는 동시에 기본선 이상의 수준에서는 소득에 비례하는 급여가 제공되어야 한다"(윤홍식, 2006b).

CHAPTER 13

가족정책과 기본법 : 건강가정기본법

2003년 12월에 제정된 건강가정기본법은 국가가 가족에 대한 개입의사를 가족정책의 이름으로 표명한 우리나라 최초의 법적 장치이다. 제정과정상의 논란여하를 떠나 이 법의 제정으로 우리 사회는 가족을 단순한 “사적 영역”이 아닌 공적 개입이 필요한 영역으로 선언하게 되었다. 이런 점에서 건강가정기본법은 우리나라 가족정책의 기본 방향과 틀에 대한 토대를 논할 때 반드시 논의되어야 할 부분이다. 여기서는 건강가정기본법이 제정되게 된 배경과 과정, 법의 주요 내용, 그리고 건강가정기본법을 현실에서 실행하기 위해 수립된 제1차 건강가정기본계획의 내용을 고찰하면서, 가족정책의 관점에서 이들을 어떻게 바라볼 수 있는지에 대해 생각해 보기로 한다.

1. 건강가정기본법의 제정 배경 및 과정

1) 건강가정기본법의 제정 배경

건강가정기본법의 배경은 가족의 문제가 사회적 아젠다로 제기되었던 2000년 초로 거슬러 올라간다. 2002년 당시 출산율 세계 최하(여성 1명이 평생 동안 낳은 평균 출생아 수인 합계출산률이 2002년 기준 1.17명 : 통계청, 2002), 이혼율 세계 2위(2002년 기준 결혼대비 이혼율 47.4%, 인구 천 명당 이혼건수인 조이혼률은 3.0 : 통계청, 2002)라는 국제 간 지표가 발표되면서 한국사회는 충격에 휩싸인다. 여기에 더하여 신문지상에서 연일 보도되는 생계를 비관한 가족동반자살(한겨레신문, 2003년 7월 17일, 7월 30일)과 가족 간의 갈등에 대한 보도는 한국 사회의 가족이 마치 새롭고 총체적인 위기에 직면하고 있다는 점을 기정사실화하였다.

특히 저출산 문제는 미래에 노동인력의 부족을 가져오고 사회보장제도의 유지를 위협하는 핵심요인으로 간주되면서 문제의 심각성이 지속적으로 언론을 통해 강조되었다. 자녀를 낳고 싶어도 자녀를 기를 수 있는 사회적 지원이 없기 때문에 자연히 출산을 기피하게 되고, 한 명의 자녀라도 낳게 되면 그 자녀를 양육하는 몫과 부담 때문에 부부갈등이 심화되고, 노후를 의지하기 힘들 정도의 소자녀는 다시 노부모의 부양과 돌봄이라는 사회문제를 제기하고, 이러한 복잡한 가족생활의 궁지들은 다시 결혼에 대한 매력상실을 가져오면서 악순환의 고리가 계속되는 것으로 이해되었다(김인숙, 2003b).

이와 함께 이혼율의 급격한 증가는 가족해체의 심각성을 알리는 핵심사안으로 대두되면서 우리 사회의 가족이 얼마나 불안정한 상태에 있는가를 알리는 역할을 하였다. 이혼의 증가원인도 전체 이혼사유 중 경제적 문제가 차지하는 비중이 외환위기 이전인 1996년에 불과 2.8%이던 것이 외환위기 다음 해인 1998년 7.7%, 2001년 15.6%로 무려 5.5배 이상 증가하였다(통계청, 2002). 이처럼 이혼으로 대표되는 가족해체의 문제도 단순히 개인적 차원의 문제보다는 사회구조적인 차원에서 발생하는 문제로 여겨지고 있었다.

즉, 2000년 초 한국가족은 노동력을 재생산하는 기능에서부터, 피부양자를 보호하고 가족원 간에 정서적 유대감을 유지하는 기능에 이르기까지 가족이 그동안 수행해왔던 주요 기능상의 급격한 변화와 균열에 직면해 있는 것으로 인식되었다. 그리고 이 변화와 균열의 핵심에 "출산", "양육", "부양", "돌봄", "해체"가 자리하고 있었다. 이들은 마치 매트릭스처럼 누가 선후라고 할 것도 없이 망처럼 연결되어 있었다. 건강가정기본법은 당시의 이러한 가족에 대한 사회적 위기감에 대한 국가의 대처방식이었다.

Harding(1996)은 이러한 변화와 균열의 실체는 사회·정치·경제적인 구조 변화에 따른 "생활양식"의 변화를 의미한다고 주장하였다. 즉, 노동시장과 가족생활에서의 성역할 변화, 아이를 낳아 키우는 재생산 방식의 변화, 그리고 연령과 세대의 차이에 의한 관계방식과 보호방식의 변화라는 의미를 내포하고 있다고 보았다. 그리고 이러한 가족의 혁명적 변화를 거대한 변화, 즉 패러다임의 변화로 받아들일 수 있다고 하였다. 한국사회의 문제는 당시의 이러한 가족변화를 반영한 사회적 안정망과 인프라가 구축되어 있지 못하였고, 그 결과 가족변화에 따른 가족문제의 심각성이 극도로 심화되어 표출되었다는 점이다. 그리고 이 과정에서 한국사회도 드디어 "가족"이 정치적 아젠다로 떠오르는 경험을 하고 있었다.

예를 들어, 우리와 같은 가족의 변화를 먼저 경험한 서구 선진 복지국가들은 이미 1960년대에 "가족정책"의 형태로 이들 가족변화와 가족문제를 정치적으로 이슈화하였다. 이들 국가의 반응은 곧 개별 가족에게 더 이상의 부담을 지울 수 없다는 선언의 의미를 가진다. 특히 유럽에서의 가족변화는 국가지원체계에 도전을 가져옴으로써 정치적 아젠다가 되었다. 선진 복지국가에서 가족이 정치적 아젠다가 된 영역은 일하는 부모, 저소득가족, 한부모가족, 아동의 권리 등이었다(Gauthier, 1996).

건강가정기본법은 당시 가족에 대한 사회적 위기감에 대해 가족문제가 사회적 아젠다로 형상화되면서 가족이 가진 부담을 개별 가족이 아닌 국가와 사회가 부담해야 한다는 문제의식에서 출발하였다. 이 출발점은 적어도 서구의 복지국가들이 가진 문제의식과 큰 차이는 없었다. 그러나 사회적 이슈로 부각되는 가족문제를 어떤 방식으로 풀어가느냐라는 측면에서 보면 한국의 대응과 서구 선진국의 대응에는 많은 차이가 있다.

서구 복지국가가 돌봄의 사회화와 일·가족 양립이라는 큰 틀에서 가족문제의 해결을 도모했다면, 우리나라는 "건강한" 가족을 유지하기 위한 서비스 제공의 법적 기반을 만드는 데 주력했다고 볼 수 있다. 그것은 복지국가를 구성하는 주요 축으로서의 가족 돌봄에 대한 지원이나, 시장과 가족 사이에서 갈등하는 가족구성원들에 대한 국가적 지원을 핵심으로 했다기보다 개별 가족에 대한 서비스와 상담, 교육 등을 제공하는 시스템의 도입을 주된 목적으로 설정하였다.

건강가정기본법이 원래 발의된 형태는 "건강가정육성기본법"(가정학계의 주도로 당시 국회 보건복지위원장이었던 한나라당 박종웅 의원 발의)이었는데, 이 법에 대한 한나라당 공청회에서 언급한 법 제정의 필요성에서 이를 확인할 수 있다: "가정(가족)을 건강하게 유지하고 지켜나간다는 것은 개인과 가족의 노력이 기본적이어야 하지만 이제는 개인과 가족이 혼자 하기엔 너무 역부족인 상황에 이르렀기 때문에 국가와 지방자치단체, 교육기관, 기업, 시민단체들도 함께 고민하고 함께 책무를 가지고 풀어나가야 할 사안이다. 그런 의미에서 국가와 민족을 유지하는 인구정책으로만은 불가능하며, 사회복지의 지원대상으로 가족을 보는 것도 부족하다. 여기서 가정의 역량을 강화하는 부분과 다양한 형태의 가족의 욕구를 건강한 수준으로 다양한 방법을 통해 끌어 올려주는 상호협력적인 통합시스템의 가동을 위한 법의 제정이 요구된다. 특히 참여정부는 "가정해체방지를 위한 상담사업 활성화"를 아젠다로 하여 가정해체를 방지하는 전문시스템의 도입이 절실히 요청되어 건강가정육성기본법의 제정을 더욱 추진하게 되었다"(정민자, 2003b).

건강가정기본법의 방향과 주된 초점이 어떠하건간에 이 법은 제정을 전후해 한국사회에서 제기되던 가족적 이슈에 대한 반응으로 탄생한 것임은 틀림없다. 당시 제기되던 가족이슈가 일으켰던 파장의 범위와 강도를 고려하면, 건강가정기본법의 제안은 사회에 충분히 먹혀들었다고 볼 수 있다. 가족이 해체되고 붕괴되며 심지어 국가 노동인력의 급격한 감소현상으로 이어질 수 있다는 가족에 대한 사회적 위기감은 건강가정기본법이 제정되는 주요 사회적 배경으로 작용하였다.

2) 건강가정기본법의 제정과정

건강가정기본법의 제정과정은 2003년 3월 27일 보건사회연구원에서 있은 "건강가정육성기본법 제정을 위한 공청회"를 시작으로 2003년 12월 21일 국회 법제사법위원회 통과로 마무리되면서 전개되었다. 이 법의 제정과정에 참여한 정부, 사회복지학계, 가정학계,

범여성계를 비롯한 시민사회계는 한국사회가 처한 가족문제의 해결에 대한 상이한 견해를 피력하였는데, 이들은 서로 충돌하거나 경합하는 현상을 보였다. 비록 길지 않은 기간이었지만 가족에 관한 담론공방은 접점을 찾기 어려울 정도로 치열했다. 가족담론의 공방으로 형성된 담론의 지형 뒤에는 각 담론을 대표하는 현실세력이 존재하였고, 이들은 복잡한 정치적 지형을 형성하고 있었다. 결국 건강가정기본법의 제정과정은 한국사회에 가족을 정치적 아젠다로 등장시키고, 가족에 관한 이념투쟁의 본격적 출발을 알리는 신호탄이었다(김인숙, 2007).

건강가정기본법은 입안과정에서부터 사회적 비판에 직면하는 등 제정과정을 둘러싸고 격렬한 찬반논란에 휩싸였다(김인숙, 2003a; 윤홍식, 2003). 입안의 출발과 그 절차, 법이 담고 있는 가족과 가족정책의 틀, 법이 표방하는 이념적 지향, 그리고 서비스 전달체계의 합리성에 이르기까지 논란이 되는 수위는 다양하고 다각적이었다(김인숙, 2003a, 2003c; 윤홍식, 2003).

그러나 이렇게 접점을 찾기 힘든 찬반의 논란에도 불구하고 이 법이 한국 가족정책의 역사에서 갖는 의의는 부인하기 어렵다. 그것은 국가가 가족에 대한 개입의사를 가족정책의 이름으로 적극적으로 표명한 최초의 법적 장치라는 점에 있다. 이 법의 제정으로 한국사회는 가족을 단순한 "사적 영역"이 아닌 공적 개입이 필요한 영역으로 선언하게 되었다. 아울러 한국사회에 공적 개입의 대상으로서의 가족을 어떻게 보아야 하는지, 가족에 대한 정책의 틀과 방향, 내용을 어떻게 구성해야 할 것인지, 복지국가 형성에서 이 법의 위상을 어떻게 자리매김 해야 할지에 대한 고민을 시작하는 계기를 제공하였다(김인숙, 2007). 건강가정기본법의 제정과정을 간략히 정리하면 아래와 같다.

2003년 보건복지부는 가정복지의 제도화를 위한 연구를 한국보건사회연구원에서 의뢰했고 보건사회연구원은 가정학계의 안을 기본으로 하여 구성된 건강가정육성기본법(안)을 내놓고 공청회(2003. 3. 27)를 가졌다. 이 법안에는 "가정복지사"라는 전담인력이 명시되어 있었고 이는 사회복지계의 반발을 불러일으켰다. "건강가정" 담론이 사회복지계를 비롯한 여성 및 시민사회계의 관심사로 떠오르게 된 것은 바로 이때부터이다.

보건복지부는 2003년 4월에 법안의 일부 조항을 수정해 "건강가정육성기본법(안)"으로 발표한다. 2003년 5월 사회복지계는 건강가정육성기본법(안)에 대응하는 "가족지원기본법(안)"의 작성에 들어갔다. 6월 초 가족지원기본법(안)이 완성되면서 보건복지부의 중재로 두 법안의 조정에 들어갔지만 조정은 난항이었다. 조정의 여지를 남겨두고 있는 상황에서 가정학계는 2003년 7월 21일 한나라당 박종웅 의원의 발의로 "건강가정육성기본법(안)"을 발의하였다. 이에 따라 사회복지계도 8월 22일 김홍신 의원의 발의로 가족지원기본법(안)을 발의하였다. 이러한 상황에서 정부는 8월 27일 가정학계의 법안과 거의 동일한 "건강가정육성기본법(안)"을 입법예고하였다. 2003년 12월에 제정된 '건강가정기본법'은 원래 '건강가정육성기본법(안)'으로 출발하였지만, 최종 제정시점에서 '건강가정기본법'으로 법명이 바뀌게 된 것이다.

이처럼 법 제정과정에서 "건강가정육성기본법(안)"의 이름을 가진 법안들은 일부 조항에서 조금씩 차이가 있었다. 건강가정기본법은 보건사회연구원의 육성법(2003. 3. 27), 보건복지부가 발표한 육성법(2003. 4), 가정학계가 발의한 육성법(2003. 7. 21), 보건복지부가 입법예고한 육성법(2003. 8. 27) 등 다양한 형태로 존재했고, 이들 법안의 주체는 가정학계와 정부였다. 따라서 건강가정기본법 제정과정에는 가족지원기본법(안)을 포함한 5개의 법안이 있었던 셈이다[이외에 여성부가 평등가족기본법(안)을 발표한 바 있으나 발의하지 않았다].

이 중 두 개의 건강가정육성기본법, 한 개의 가족지원기본법이 발의된 상태였으나, 국회는 두 법이 유사하다는 이유를 들어 육성법보다 늦게 발의된 가족지원기본법은 아예 공청회 자체를 하지 않았다. 2003년 11월 11일에 있은 국회 공청회는 "건강가정육성기본법 제정에 관한 공청회"였다. 건강가정육성기본법은 12월 9일 보건복지소위원회에서 건강가정기본법(안)으로 통과되었고, 이어 12월 21일 국회 법제사법위원회에서 통과되었다(이영분, 2004).

건강가정기본법은 제정 이후 사회복지계와 여성계, 시민사회계의 공동작업을 통해 전면개정이 시도되었다. 그러나 전면개정 시도는 좌초되었다. 2007년 5월 건강가정기본법은 '가족정책기본법(안)'으로 전면개정되어 국회 여성위원회를 통과하여 법제사법위원회로 넘어갔으나 한나라당 안상수 법사위원장이 전면 개정법안을 문제삼음으로써 유보되었다.

이 과정에서 '사실혼 가족'을 가족서비스의 범위에 포함할 것이냐의 문제가 논쟁의 핵심으로 등장하였다. 서비스를 받는 가족의 범위에 '사실혼 가족'을 포함해야 한다는 여성단체연합 및 여성학계를 포함한 진보적 여성계와 사회복지학계, 반대로 "사실혼 가족"을 법에 포함시켜서는 안 되며 가족정책기본법(안)이 심각한 문제를 가지고 있다는 여성단체협의회를 위시한 보수적 여성계와 가정학계 및 노인계가 논쟁의 주체로 대두되었다. 그러나 이러한 "사실혼 가족" 공방은 그 진위가 다소 오해된 측면이 있는데, 가족을 지원하는 법에서의 가족의 정의와 민법에서의 가족의 정의는 다르다는 점에서 그렇다. 가족을 지원하는 법에서 가족을 정의하는 것은 한국사회에서 보편적인 가족에 대한 정의를 내리는 민법과는 달리 법에

정한 가족서비스를 받을 수 있는 수급자격의 범위를 설정하는 것이다. 이 과정을 통해 건강가정기본법의 개정을 둘러싼 '사실혼 가족' 공방은 가족에 대한 이념적 지향을 보여주는 '리트머스 시험지'와 같은 역할을 하였다(김인숙, 2007).

2. 건강가정기본법의 주요 내용

1) 건강가정기본법의 목적과 기본 이념

건강가정기본법이 의도하는 목적은 동법 제1조에 명시되어 있다. "이 법은 건강한 가정생활의 영위와 가족의 유지 및 발전을 위한 국민의 권리·의무와 국가 및 지방자치단체 등의 책임을 명백히 하고, 가정문제의 적절한 해결방안을 강구하며 가족구성원의 복지증진에 이바지할 수 있는 지원정책을 강화함으로써 건강가정 구현에 기여하는 것을 목적으로 한다"(제1조). 그리고 이러한 목적달성을 위해 이 법이 지향하는 기본 이념(제2조)은 "가정은 개인의 기본적인 욕구를 충족시키고 사회통합을 위하여 기능할 수 있도록 유지·발전되어야 한다"이다.

건강가정기본법의 이러한 조항들은 좀더 구체적으로 몇 가지 측면에서 살펴볼 수 있다. 첫째, 국가와 지방자치단체의 책임을 명백히 함으로써 가족이 경험하는 어려움에 대해 국가가 개입해야 함을 법적으로 규정하였다는 점이다. 이를 위해 동법에서는 가족에 필요한 제도와 여건을 조성하고, 민주적인 가정을 형성하고, 가정친화적 환경을 조성하고, 양성평등한 가족가치를 실현하며, 가사노동의 정당한 가치를 평가하도록 노력해야 함을 규정하고 있다(제5조). 이러한 규정들을 고려할 때 이 법이 가지는 의의는 가족에 대한 국가의 개입을 명시화하고, 그 개입의 방향을 설정하였다는 점을 들 수 있다. 그러나 국가개입에 필요한 재원조달에 관해서는 아무런 언급을 하지 않음으로써 법의 실효성을 담보하지 못하고 있다.

둘째, 국가의 개입과 함께 국민의 권리와 의무를 규정하였다는 점이다. 동법 제4조에 의하면, "모든 국민은 가정의 구성원으로서 안정되고 인간다운 삶을 유지할 수 있는 가정생활을 영위할 권리를 가진다"는 국민의 권리와 함께 "모든 국민은 가정의 중요성을 인식하고 그 복지의 향상을 위하여 노력하여야 한다"고 적시하고 있다. 이들 조항은 가족구성원이 안정되고 인간다운 가정생활을 유지할 권리를 가지기 위해서는 국가의 가족에 대한 지원과 개입이 필요함을 전제하고 있다는 점에서 의의를 가진다. 그러나 국민의 의무를 지나치게 강제화하고 있다는 비판을 불러올 수 있다. 국민이 가정의 중요성을 인식해야 하고 가족의 복지향상을 위해 노력해야 함을 법으로 강제함으로써 앞서 언급한 권리와 충돌될 수 있는 것이다.

가족에 대한 국민의 의무는 건강가정기본법의 다른 조항에서도 나타난다. 예를 들어, 가족가치에 관한 조항에서 "가족원은 부양, 자녀양육, 가사노동 등 가정생활에 함께 참여해야 하고 서로 존중하며 신뢰하여야 한다"(제7조)라든가, 혼인과 출산에 대해서도 "모든 국민은 혼인과 출산의 사회적 중요성을 인식하여야 한다"(제8조 제1항)는 점을 법적으로 강제화하고 있는 점 그리고 가족해체 예방에 관한 조항에서 "가족구성원 모두는 가족해체를 예방하기 위해 노력해야 한다"(제9조 제1항) 등이 그 예들이다. 이들 법적 조항들 때문에 건강가정기본법이 지나치게 가족구성원의 역할을 법적으로 강제화하고 있고, 이로 인해 건강가정기본법의 중요취지인 국가의 가족에 대한 지원이 희석되고 국가가 가족을 하나의 수단으로 여기는 입장을 취한다는 비판이 제기된다.

셋째, 건강가정기본법에서 정하는 제반 조치들이 "건강한 가정생활의 영위와 가족의 유지 및 발전"을 통해 궁극적으로 "건강가정"을 구현하는 것에 목적을 두고 있다는 점이다. 여기서 "건강한 가정생활"이나 "가족의 유지", "건강가정"이라는 용어가 논란의 대상이 될 수 있고, 실제로 건강가정기본법 제정과정에서 핵심적 논란거리 중의 하나였다. 즉, "건강한" 가족이라는 것이 어떤 가족이냐 하는 것이다. 가족을 지원하는 법상에 이러한 모호하고 추상적인 목적지향적 가족형태를 명시함으로써 국가가 가족에 대해 논란이 되는 특정의 가치지향을 분명히 한다는 것 자체가 논란을 불러일으킬 수 있다. 그것은 자칫 가족에 대한 국가지원이 국가주의나 국가의 이해관계 더 나아가서는 특정 형태의 가족의 이해관계를 반영할 수 있다는 점에서 우려를 낳을 수 있다. 또한 가족의 "유지"를 통해 건강가정 구현을 이루고자 하는 것은 한편에서 가족의 재구조화를 부정적 시각으로 바라보게 한다는 오해를 불러일으킬 수 있다.

넷째, 건강가정기본법은 동법이 지향하는 기본 이념으로 가족의 "사회통합"적 측면("가정은 사회통합을 위하여 기능할 수 있도록 유지·발전되어야 한다")을 부각시킴으로써 가족의 다양성이나 가족 공동체의 형성보다는 가족이 국가발전을 위한 하나의 수단으로 여겨지고 있는 인상을 준다. 21세기는 가족에 대한 국가주의적 관점보다는 개별 가족공동체의 다양성에 대한 존중, 가족관계의 평등과 민주성이 중요한 가족적 이슈로 제기되는 점을 감안하면, 사회통합의 수단으로서의 가족의 위상은 자칫 가족을 국가주의의 수단으로 전락시킬 가능성이 있다.

2) 가족서비스의 수급대상

건강가정기본법은 동법상에 서비스를 받을 수 있는 수급대상을 구체적으로 적시하고 있지는 않다. 그러나 동법에서 사용하는 가족과 가정에 대한 정의를 규정함으로써 사실상 건강가정기본법상의 가족서비스 수급대상의 범위를 규정짓고 있다. 건강가정기본법에 의하면 가족은 "혼인·혈연·입양으로 이루어진 사회의 기본 단위"(제3조 제1항)로, 가정은 "가족구성원이 생계 또는 주거를 함께하는 생활공동체로서 구성원의 일상적인 부양·양육·보호·교육 등이 이루어지는 생활단위"(제3조 제2항)로 정의하고 있다.

건강가정기본법에 규정된 가족과 가정에 대한 정의를 동시에 고려해 보면 동법의 서비스 대상은 혼인·혈연·입양의 형태를 가지면서 이 형태 내부에서 생계를 함께하는 생활공동체로 말할 수 있다. 생계를 함께하는 생활공동체의 범위가 혼인·혈연·입양이라는 형태의 가족으로 제한되는 것이다. 이는 건강가정기본법의 정책대상이 전형적 가족에 국한되고 있다는 비판을 받는 근거로 작용한다.

일반적으로 가족에 대한 정의를 전형적 가족으로 제한할 경우 전형적 가족 이외의 다수의 비전형적 가족이 정책의 대상에서 배제되는 결과를 가져온다. 이러한 이유에서 미국의 전국사회복지사협회는 복지서비스를 받는 가족에 대한 정의를 "가족과 유사한 기능을 수행하는 다양한 생활공동체"로 정의하고 있는데, 이는 가족의 정의가 전형적 가족으로 국한될 경우 야기되는 "배제"의 문제를 최소화하기 위한 것이었다(윤홍식, 2004 재인용).

이처럼 건강가정기본법상의 가족과 가정에 대한 정의를 결합시켰을 때 동법상의 서비스를 받을 수 있는 가족의 범위에서 사실혼 가족이나 위탁가족 혹은 후견인이 있는 가족과 같은 비전형적 가족은 제외된다. 물론 동법상의 전달체계인 건강가정지원센터에서 이들 가족에 대한 서비스가 제공된다하더라도 법의 형식논리상 혼인·혈연·입양가족을 제외한 다른 비전형가족은 제외되고 있다고 볼 수 있다.

이러한 논란의 핵심에는 동법이 목적으로 하는 "건강가정"이라는 개념이 있다. 무엇이 건강가정인가? 어떠한 가정이 건강가정인가? 라는 질문에 대한 답은 다양할 수밖에 없는데, 그 이유는 건강가정이라는 개념이 모호하기 때문이다. 동법 제3조 제2항에는 건강가정을 "가족 모두의 욕구가 충족되고 인간다운 삶이 보장되는 가정"으로 매우 모호하게 정의하고 있다. 건강가정의 정의에 대한 이러한 모호성으로 인해 과연 건강가정이 특정 형태의 가족을 지칭하는지, 혹은 특정의 기능을 수행하는 개념인지에 대한 수많은 논란을 야기하고 있고, 이로 인해 건강가정기본법 자체에 대한 논란이 발생하는 것이다.

3) 가족에 대한 국가지원의 방향과 내용

건강가정기본법에서 정하는 가족지원의 내용은 동법 제3장 "건강가정사업"에 나타나 있다. 여기서 정하고 있는 가족지원의 내용은 크게 네 가지로 구분할 수 있다. 돌봄부담에 대한 지원, 요보호가족에 대한 복지지원, 가족관계 및 문화증진, 가족교육의 실시 등이 그것이다.

첫째, 돌봄부담에 대한 지원은 일과 가정의 양립을 위한 모성과 부성에 대한 보호(제21조 제2항과 제3항), 자녀양육지원 강화(제22조), 노인 및 장애로 인한 가족 내 수발지원으로 구분된다. 저출산과 고령화라는 거스를 수 없는 우리 사회의 변화를 고려하면 가족들이 겪고 있는 돌봄에 대한 부담을 국가가 지원하는 것은 매우 필요한 일이다. 그런 면에서 건강가정기본법에서 가족의 돌봄부담에 대한 제반 정책을 모호하나마 규정하고 있는 것은 의미 있다.

그러나 문제는 이러한 제반 가족정책들에 관한 국가와 지방자치단체의 지원에 관한 규정이 건강가정기본법의 독자적 법률내용으로 이루어지고 있지 않고 관계법률이 정하는 바에 의하여 이루어질 수 있게 규정되어 있다는 점이다(제21조 제5항). 자녀양육에 관한 지원이나 노인 및 장애로 인한 가족 내 수발지원 또한 모호하게 규정되어 있기도 하고, 영유아보육법이나 남녀평등고용 및 일·가정양립에 관한 법률, 노인장기요양법, 장애인복지법 등에서 규정하고 있기 때문에 건강가정기본법의 독자적 법률규정으로서의 효력을 갖기 어렵다. 따라서 사실상 건강가정기본법에 규정된 가족의 돌봄 부담 지원에 관한 내용은 동법상의 실질적 실효성을 기대하기 어렵고, 법률상의 "수사(rethoric)"로 작용하고 있다고 볼 수 있다.

그렇다고 법률적 실행의 가능성이 전혀 배제된다는 것은 아니다. 건강가정기본법은 5년마다 한 번씩 건강가정기본계획을 세우기로 되어 있는데, 제1차 건강가정기본계획(2006~2010)에는 동법에서 규정하고 있는 돌봄지원에 대한 모호성이 다소 구체화되고 확대되었다. 예를 들어, 남성의 가족생활 참여지원이나 일·가정 양립에 대한 계획들이 좀더 중요한 부분으로 배치된 것을 들 수 있다.

둘째, 건강가정기본법에서 정하고 있는 주요 가족정책 중의 하나는 요보호가족에 대한 복지지원이다. 이는 "국가와 지방자치단체는 모·부자가정, 노인단독 가정, 장애인 가정, 미혼모 가정, 그룹홈, 자활 공동체 등 사회적 보호를 필요로 하는 가정에 대하여 적극적으로 지원하여야 한다"(제21조 제4항)거나 "가정폭력으로부터의 보호"(제21조 제1항)를 법으로 정하고 있는 것에서 볼 수 있다. 그러나 이들 요보호가족에 대한 지원도 관계법률이 존재하고 있어 해당 관련법에 의거해 이루어질 가능성이 높다. 왜냐하면 건강가정기본법에는 이들 요보호가족에 대한 구체적인 정책적 언급이 없기 때문이다. 물론 건강가정기본계획과 같은 보다 구체적인 정책실행 형태를 통해 법률상의 모호성이 구체화될 수 있는 여지가 남겨져 있기는 하다.

셋째, 가족관계 및 가족문화의 증진이다. 이에 관한 정책은 건강가정기본법의 가장 두드러진 특징이라고 할 수 있다. 민주적이고 양성평등한 가족관계를 증진하고(제26조), 양성평등한 가족문화와 건강한 의식주 생활문화, 가족여가 문화, 합리적인 소비문화, 지역사회공동체 문화, 가족단위 자원봉사활동, 가정의례 등 가족문화를 증진(제28조)하는 것이 가족정책의 주요 부분으로 규정되어 있다. 가족관계를 양성평등하고 민주적인 관계로 전환하고, 가족문화의 다양한 차원을 개선하는 것은 그 자체로 문제가 될 리 없다. 그것은 국가의 지원으로 할 수만 있다면 바람직한 것이다. 문제가 되는 것은 이러한 정책이 전체 가족정책 안에서 차지하는 비중이다. 가족문화의 변화를 통해 저출산과 고령화, 이혼률 증가와 같은 가족변화의 문제를 얼마나 해소할 수 있느냐에 질문을 던질 수 있다. 이 법이 제정된 배경이 저출산과 고령화라는 한국사회의 거대변화와 이로 인한 가족문제에 대처하기 위한 것이었다면, 그에 부합하는 좀더 많은 구체적인 정책들이 법안에 포함될 필요가 있다.

넷째, 건강가정기본법상의 가족정책 중 또 하나의 주요 내용은 가족교육(건강가정기본법상에는 "건강가정교육"임)이다. 가족교육에는 결혼준비교육, 부모교육, 가족윤리교육, 가족가치 실현 및 가정생활 관련 교육(제32조)을 규정하고 있다. 이들은 가족에 대한 교육적 접근방식을 통해 우리 사회가 직면하고 있는 가족문제에 대한 해법을 찾을 수 있음을 제시하는 것으로 볼 수 있다. 지금까지 가족에 대한 교육이 그 중요성에도 불구하고 법적 근거를 갖지 못했다는 점에서 본다면, 앞으로 가족교육에 대한 활성화 그 자체는 바람직하다고 볼 수 있다. 그러나 이 역시 건강가정기본법이 제정된 배경을 고려할 때 전체 가족정책에서 가족교육적 접근이 차지하는 비중이라는 차원에서 질문을 던져 볼 수 있다. 과연 저출산과 고령화 그리고 이혼률의 증가와 같은 가족변화에 가족교육적 접근이 이들 문제의 해소를 위해 어떤 역할을 할 수 있을지에 대해서는 논란이 있다.

3. 가족정책 관점에서 본 건강가정기본법

건강가정기본법은 우리 사회가 가족에 대한 국가의 지원을 법률로 보장한 최초의 법률이라는 위상을 갖는다. 이 위상은 건강가정기본법이 변화하는 한국사회에서 가족을 정책의 대상으로 아젠다화하고 국가개입의 필요성과 특정 방향에서의 대안을 보여준 최초의 법적 체계인 점에서 확인할 수 있다. 건강가정기본법이 갖는 이러한 위상에도 불구하고, 이 법에 대한 평가는 동일하지 않고 서로 상반된다. 여기서는 1990년대 이후 전세계적으로 가족정책의 초점이 일과 가족의 양립에 맞추어져 있고, 우리 사회도 급격한 저출산과 고령화 그리고 가족생활의 변화에 직면해 있는 점을 고려해 이 부분을 중심으로 건강가정기본법을 조망해 보기로 한다.

건강가정기본법의 관심사는 동법의 목적에 나타나 있듯이 가족건강성의 회복이었다. 여기서 '회복'이란 이전의 좋은 상태로 '되돌린다'는 의미로서 '되돌아갈' 원형이 존재함을 의미한다. 이 원형이 법안에 구체적으로 나타나 있지는 않지만 국회 공청회에서 건강가정기본법을 발의한 측의 얘기를 들어보면 그것은 "비계산성과 이타성, 희생과 헌신, 봉사정신"으로 집약된다(정민자, 2003b; 조희금, 2003b).

그리고 회복의 방법은 건강가정기본법에 제시되어 있으며, 그것은 동법에 명시된 이혼 및 상담기간의 설정, 가정의례, 가정윤리교육, 가족가치의 실현, 가정생활교육이 가족정책에 꼭 필요한 사항이며 활용가치도 매우 높고, 이들을 통해 상당 부분 가족해체나 가족의 고통이 해결된다고 보았다(조희금, 2003c). 이러한 점을 고려하면 건강가정기본법에서 가족정책의 전략적 위치는 "가족가치와 문화"의 "회복"이었다고 할 수 있으며, 이 패러다임은 건강가정기본법 제정과정 내내 강하고 선명하게 그리고 지속적으로 제기되었고, 그렇게 반복적인 목소리는 "위기"로 진단되는 당시의 가족적 현실 속에 깊이 파고들었다(김인숙, 2007).

이에 대해 건강가정기본법 제정에 반대의견을 표명했던 여성계와 사회복지계는 다른 관점을 제시하였다. 우선 여성계는 "가족정책의 패러다임을 기존의 가족복지가 아닌 '탈가족화, 즉 가족부양부담의 사회화'에 두어야 한다"(2003. 11. 27. 여성단체연합의 건강가정기본법 제정에 대한 의견서)고 주장하였다. 이는 가족정책이 지향해야 하는 궁극적 관심사가 현재 여성이 전담하는 부양부담을 경감하는 것이어야 함을 의미한다. 여성계는 건강가정기본법 제정과정에서 가족정책의 핵심인 여성의 모성권과 노동권에 대한 논의가 거의 이루어지지 않았다고 주장하였다(한겨레, 2003. 12. 12). 이처럼 여성계는 가족정책을 "양성평등 실현을 위한 도구"로서 위치시켰다(김인숙, 2007).

한편 사회복지계는 "복지국가"라는 지평 위에서 가족정책을 위치시켰다. 사회복지계는 선진 복지국가들이 가족변화와 가족문제를 '가족정책'의 형태로 이슈화하였고, 이는 기존의 복지 시스템을 '가족'이라는 프리즘으로 다시 들여다보면서 가족적 변화를 각 나라의 여건에 맞게 어떻게 재구조화 할 것인가를 고민한 점에 주목하였다"(김인숙, 2003b : 2-3). 즉, 가족정책은 현재의 "복지국가" 시스템을 한 단계 업그레이드할 수 있는 전략적 지뢰점이라는 입장이었다. 가족정책에 대한 사회복지계의 이러한 입장은 여성계의 관점을 배제한 것은 아니었다. 사회복지계는 "가족지원의 제도적 틀과 실천적 틀을 구성하는데 있어 젠더적 관점을 반영하는 것이 우리 사회의 민주적 발전과 사회조직 형성에 매우 필요한 기본 토대"(김인숙, 2003b)임을 분명히 하였다(김인숙, 2007).

이 외에도 건강가정기본법 제정과정에서 가족정책의 대상과 관련한 "개인 대 가족"이라는 오래된 논쟁에 대해서는 어떤 반론이나 논의도 이루어지지 않았다. 가족정책의 대상을 무엇으로 설정할 것이냐는 "단위로서의 가족"(가족)과 "가족구성원으로서의 개인"(개인)이라는 두 입장으로 구분된다. "단위로서의 가족"은 가족원 간의 이해관계가 동일하고 일치한다는 것을 전제로 하는 반면, "가족구성원으로서의 개인"은 가족 내 개인의 이해관계가 다를 수 있음을 인정한다.

유럽의 가족정책을 비교한 Hantrais(2004)에 의하면, 모든 국가의 가족정책이 가족단위를 표적으로 하지 않았다. 노르딕 국가는 단위로서의 가족보다는 개인의 이해를 보호하고 증진하는 것을 목표로 가족정책을 추진하였다. 이들 국가의 가족정책의 초점은 시간이 지나면서 "가족단위"에서 "개인주의적 가치"로 움직여갔고, 다른 나라들도 이를 쫓았다. 특히 스웨덴에서는 경제적 행위자와 엔지오단체들이 정부와 긴밀한 관계를 가지고 가족정책을 조정하지만 그들의 관심은 가족단위(family unit)는 아니었다(김인숙, 2007).

건강가정기본법은 우리 사회의 지배적 가족담론이 일련의 절차와 과정을 거쳐 제도화된 것으로 보아야 한다. 특정 담론이 특정 상황에서 "먹혀드는"데는 그에 합당한 정세와 사회적 조건을 필요로 한다. 예를 들어, 건강가정기본법의 전신이라 할 수 있는, 가정학계가 2000년에 발의했던 "가정복지기본법(안)"은 당시 정세로서 "먹히지" 않았다. 그러나 몇 년 후 저출산과 이혼율이 세계 최고를 기록한다는 보도는 건강가정기본법이 "먹혀드는" 정세의 핵심 조건이었다. 저출산이 국가의 존망을 좌우한다는 담론의 확산, 그리고 이혼율이 OECD 국가 중 최고라는 위협적인 그러나 화려한 수사는 국가주의와의 결합을 자연스러운 것으로 만들었고, "신자유주의" 시대 속에 존재하는 가족은 그 영향권에서 벗어나기 힘들었다.

이렇게 "먹혀드는" 정세는 우리 사회가 직면하는 문제가 변화하고 있다는 것으로서, 소위 임신, 출산, 양육으로 대표되는 신사회위험(new social risk)에 직면하는 시대로 변화하고 있음을 의미한다. 서구에서 이러한 가족의 변화는 가족을 정치적 이슈로 만들었고, 가족에 대한 지원은 정치적 승자로까지 부각되었다(Gauthier, 1996). 건강가정기본법을 실체로 한 "건강가정" 담론은 확실히 우리 사회에서 "가족"을 정치적 아젠다로 끌어내면서 가족에 대한 뜨거운 공방을 촉발시켰다.

건강가정기본법 제정과정에서 가장 큰 문제는 우리 사회가 지향해야 할 가족정책의 위치, 틀, 방향 등에 대한 논의가 전혀 없었다는 점이다. "건강가정"이라는 담론은 그 "어휘"가 주는 강력한 대중적 설득력 때문에 그에 필적할 대안담론의 형성을 방해하였다. 특히 사회복지학과 가정학의 이해관계가 가족서비스 전달체계와 전담인력을 놓고 첨예하게 충돌하고 있었기 때문에 담론공방의 상당부분이 이에 집중되었다. 그 결과 건강가정기본법 제정과정에서 가족정책에 관한 이슈는 주로 가족가치와 가족범위에 치중됨으로써 정작 가족정책의 구체적 내용과 틀에 대한 논쟁은 거의 없었다해도 과언이 아니었다. 우리 사회가 어떤 가족정책의 모델을 가지고 가야 할 것인지에 대한 구체적 논쟁은 거의 이루어지지 못한 것이다. 가족정책은 앞으로 복지국가의 유형을 결정하는 중요한 지표가 될 것이다. 이때의 가족정책은 전달체계로서의 가족서비스 인프라만을 말하는 것도 아니고, "가정의 가치"를 바로 세우기 위해 시도되는 계도적이고 교육적 방식의 실천적 접근만을 얘기하지도 않는다. 가족정책은 현재 가족 내 "돌봄"의 공백을 메꾸고, 일과 가족을 양립할 수 있도록 탈가족화, 탈상품화를 위한 제반정책에 대한 고민을 핵심으로 한다. 그래야만 가족정책이 사람들의 삶의 방식을 지원하는 복지국가라는 체제 내에서 의미 있는 위치로 자리매김 할 수 있다(김인숙, 2007). 이런 의미에서 현행 건강가정기본법은 가족의 돌봄 및 복지지원에 대한 내실화와 실효성이 담보될 수 있도록 보완될 필요가 있다.

CHAPTER 14

한국가족정책의 지위와 전망

1. 한국에서 가족정책의 지위

한국복지국가를 위한 비전과 전략에서 왜 가족정책이 핵심적 지위를 점해야 하는 것일까? 사회정책에서 성 주류화가 세계적 대세이고 복지국가 재편의 과제에서 여성과 가족이 핵심적 지위를 점하고 있으니 사회정책을 성 주류화의 관점에서 배치해야 한다는 당위적 주장으로는 왜 가족정책이 한국복지국가의 발전과 확대의 중심에 서야 하는지에 대한 사회적 동의를 얻기 힘들다. 각종 고시에서 여성이 차지하는 비율이 급격히 증가하고 있고, 초등학교 교원 임용에서 남성교원을 할당해야 한다는 주장이 나오고 있는 시점에서 당위적 성 주류화에 대한 요구는 사회적 공감대를 얻기 어려울 수도 있다. 특히 한국사회에서 가족정책에 관한 증대된 관심이 저출산과 고령화라는 사회현상에 기인했다는 점을 고려한다면 가족정책은 출산장려담론으로 대표되는 인구정책 또는 경제정책의 수단으로 배치될 우려가 있다. 실제로 프랑스에서 출산장려담론과 고용정책담론의 결합을 통해 여성(어머니)은 아동양육으로부터 자유로울

때만이 노동시장에 참여할 수 있다는 사회적 이미지를 재생산해내고 있다(Ullman, 1998, Jenson and Sineau, 2003a 재인용). 프랑스에서는 출산장려와 고용정책이 젠더평등모델의 약화를 정당화하는 전략으로 배치됨으로써 저출산 대응정책이 여성·가족정책에게는 독배(毒杯)가 되고 있기 때문이다.

한국 복지국가의 지속가능한 발전을 위한 가족정책의 중요성은 세 가지 측면에서 논의될 수 있다.[1] 무엇보다도 먼저 '일'은 한국복지국가의 확대·발전에 근본적 토대가 될 것이라는 점에는 이론의 여지가 없을 것이다. 가족형태, 연령, 성별 등 인구학적 특성에 관계없이 모든 시민의 노동시장 참여가 선진복지국가를 위한 기반이 된다는 것이다. 실제로 사회결속과 경쟁력 강화를 통한 복지국가의 유지·발전은 해당 사회의 '고용능력'과 밀접히 연관되어 있다(Perkins, Nelms and Smyth, 2004). 그러나 전후 복지국가의 발전과정에서 남성고용율은 이미 정점을 지나갔다는 점을 고려한다면 소위 '일을 통해 성취하는 사회'의 주요 대상은 여성(특히 유자녀 여성)에게 집중될 수밖에 없다. 1970년대 서구 복지국가에서 성인남성 고용율은 점차 낮아지고 있기는 하지만 여전히 높은 수준으로 유지되고 있다. 반면 여성의 고용율은 절반을 조금 넘는 수준에 그치고 있다. 한국도 2004년 현재 남성의 고용율은 75.2%로 유럽 15개국 평균을 상회하지만 여성의 고용율은 52.4%에 불과하다. 이처럼 대부분의 산업화된 복지국가와 한국에서 여성 고용율이 낮다는 사실은 '일을 통해 성취하는 사회'에서 왜 성별분업에 근거해 가족 내 돌봄의 주체로 간주되었던 여성들의 주 활동영역이었던 가족영역이 핵심적 정책대상이 되어야 하는지를 실증하고 있는 것이다.

1) 세 가지 논의는 윤홍식(2009 : 190~198)을 바탕으로 정리했다.

둘째는 사회서비스 부문의 확대를 통한 일자리 확대와 고용의 유연안전성은 가족의 기본적인 생활보장을 전제하고 있다는 점이다(Giddens, 1998[2000], 2000[2002]; Esping-Andersen, 2002a, 2005; Taylor-Gooby, 2006; Jenson, 2006; Perkins et al., 2004; Palier, 2006). 소득, 주거, 의료보장 등 가족들이 일상생활을 영위하기 위해 필요한 전제들이 충족될 때 비로소 사회서비스 확대의 정책적 목적을 달성할 수 있기 때문이다. 특히 복지국가 재편을 성공적으로 수행하기 위해 기본적인 소득보장이 중요한 정책목표로 제시되는데 이는 가족에 대한 보편적 급여와 여성의 노동시장 참여와 밀접한 연관성을 가지고 있다. 테일러구비(Taylor-Gooby, 2006)의 주장과 같이 스웨덴이 가장 성공적인 사회투자국가로 평가 받는 이유는 스웨덴의 보편적 복지급여와 밀접히 연관되어 있다. OECD의 사회지출자료(Social Expenditure Database : SOCX)에 따르면 스웨덴은 GDP 대비(보건서비스를 포함한) 사회서비스 지출비율에서 다른 국가를 압도할 뿐만 아니라 현금지원에서도 다른 산업화된 복지국가보다 높다[2](정경희 · 박세경 · 김영순 · 최은영 · 이윤경 · 최현수 · 방효정, 2006 : 49).

마지막으로(역설적이게도) 가족은 시민의 사회경제적 지위를 결정하는 핵심적 상수로 위치지워지고 있다는 사실로 인해 가족정책은 복지국가의 발전과 재편과제에서 중요한 지위를 점하고 있다. 교육, 돌봄 등과 관련된 가족의 전통적 재생산 기능들이 산업화를 거치면서 다른 사회기관들로 이전되어 가족의 기능이 약화되었다는 것이 일반적 통념이지만(Elliot, 1986[1992]), 현실세계에서 가족의 역할은 더욱더 강화되는 양상을 보이고 있다. 에스핑-앤더슨(Esping-Andersen, 2005)

2) 예를 들어, 스웨덴의 2001년도 GDP 대비 공적 사회서비스의 GDP 대비 지출비율은 21.2%로 영국의 13.5%, 미국의 12.9%를 압도하고 있다. 또한 현금지원, 특히 미성년 아동과 함께 생활할 가능성이 높은 근로계층에 대한 소득지원에서도 GDP 대비 지출비율이 7.2%로 영국 5.9%, 미국 1.8%보다 높은 수준이다.

의 지적과 같이 지식기반경제에서 가장 중요한 인적 자원이라고 할 수 있는 인지능력은 가족의 사회경제적 지위(부모의 학력, 소득수준 등)와 밀접히 연관되어 있기 때문이다. 특히 보편적 사회서비스와 소득보장제도의 발달이 미흡한 복지국가들(실제로 북유럽 복지국가를 제외한 모든 서구 복지국가들)에서 가족의 사회경제적 지위가 시민의 인적 자본수준에 미치는 영향은 시간이 지남에 따라 오히려 증가하고 있는 양상을 보이고 있다(Esping-Andersen, 2005). 즉, 인지능력으로 대표되는 인적 자본이 가족의 경제사회적 배경과 강한 연관성을 가짐으로써 일반적 기대와 달리 가족은 시민의 사회경제적 지위를 결정하는 결정적 상수가 되어가고 있다(윤홍식, 2007). 물론 가족이 중요하다는 주장이 전통적 가족의 가치를 강조한다는 오해를 불식시킬 필요가 있다. 전후 복지국가의 사회경제적 조건의 기본 토대의 변화가 새로운 복지국가의 역할을 요구하는 현실에서 전통적 가족으로의 회귀는 Giddens(1998[2000])의 주장과 같이 일고(一考)의 가치도 없는 것이다. 대신 새로운 복지국가의 역할은 다양한 가족형태와 경제사회적 지위의 차이가 시민들의 인적 자본 형성에 미치는 부정적 영향을 최소화함으로써 모든 시민(특히 아동)들에게 동등한 기회를 부여할 수 있는 제도적 여건을 마련해야 한다. 정리하면 복지국가 재편과제에서 국가의 역할은 가족에 대한 보편적 급여보장을 통해 소득, 주거, 의료 보장을 지원함으로써 가족구성원에게 시장에서의 사회경제적 지위와 관계없이 '기회'에 대한 동등한 접근권을 보장해야 한다. 더불어 공적 사회서비스의 확대는 인적 자본의 확대와 일자리 창출을 통해 여성에게 고용기회를 보장해야 한다[3].

---

3) 일반적으로 OECD 가족정책의 핵심적 영역으로 일과 가족생활의 양립정책이 제기되는데, 일과 가족생활 양립정책의 핵심은 아동보육정책과 양육과 관련된 휴가정책으로 집중된다(윤홍식, 2006a). 더욱이 최근 OECD 자료에 따르면 아동보육과 양육과 관련된 휴가급여는 아동이 있는 가구의 경제적 지위와 밀접한 연관성을 가지고 있는 것으로 보고되고 있다(OECD, 2005).

2. 한국가족정책의 과제와 쟁점

1) 탈가족화와 가족화[4)]

한국의 가족정책은 어디로 향하고 있는 것일까? 그리고 어디로 향해야 하는 것일까? ▮그림 14-1▮에서와 같이 한국사회 앞에는 다양한 선택들이 놓여 있다. 다만, 한국가족정책의 긍정적 방향성을 가늠해 본다면 그간 김대중 정부와 노무현 정부에서 추진했던 보육예산의 확대와 여전히 소수에 불과하지만 육아휴직 이용자와 급여의 확대가 이루어지고 있다는 점이다. 물론 이러한 정책 확대가 계속될지는 현재로서는 알 수 없다. 이러한 방향이 지속된다면 영국과 미국을 넘어 가족화우선형 또는 탈가족화·가족화병행형으로 나아갈 수 있을 것이다. 특히 한국의 경우 여성의 전통적 성역할에 대한 동의가 강하게 남아있음에도 불구하고 경제실리라는 현실적 필요에 의해 여성의 노동시장 참여를 반대하지 않는다. 국가경쟁력이 우선되는 한국사회에서 네덜란드와 같이 여성 노동력의 사장은 국가경쟁력의 위해로 이해될 수 있기 때문이다. 그렇기 때문에 가족화우선형은 한국의 실정에 맞지 않는다. 또한 한국사회에서 성별에 따른 역할은 여전히 강한 사회적 가치로 남아 있다. 여전히 강고하게 남아있는 성별분업과 가족의 경제적 필요에 따른 여성의 노동시장 참여하는 모순적 요구는 한국가족정책 방향이 프랑스와 벨기에와 같이 가족화·탈가족화병행형으로 나아갈 가능성도 배제할 수 없다.

---

4) 본 절은 보건사회연구원의 유근춘 박사(2008)의 연구과제 중 OECD 국가의 가족투자와 관련해 윤홍식이 작성한 내용을 정리한 것이다.

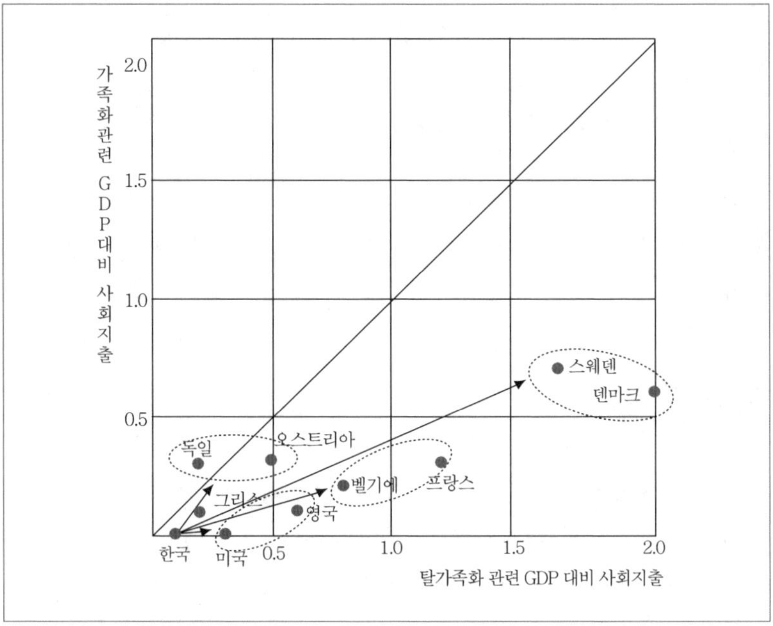

▌그림 14-1▐ OECD 10개국의 탈가족화와 가족화 지원수준

출처 : 보건사회연구원(미간행). OECD 국가의 가족투자.

그러나 가족화와 탈가족화를 병행하는 과제는 생각처럼 간단한 과제가 아니다. 예를 들어, 이명박 정부에서 2009년 7월부터 보육시설을 이용하지 않는 저소득 가구에 대해 월 10만 원을 지급하는 아동양육수당을 제도화했다. 보육시설을 이용하는 가구에 대해 지원이 이루어지고 있는데 반해 비이용가구에 대해서는 아무런 지원이 없다는 것은 일견 형평성에 문제가 있는 것으로 보인다. 그러나 아동양육수당의 도입은 계층적으로 저소득층에게, 젠더 측면에서는 여성에게 전통적 성역할을 강화하는 결과를 초래할 것이다. 굳이 프랑스의 사례를 언급하지 않는다고 하더라도 예측가능한 부분이다. 중장기적으로 이러한 제도의 도입은 저소득층 여성의 일할 권리를 약화시킴으로써 노동시장에서의 배제라는 더 큰 형평성의 문제를 야기할 수 있다.

가족화와 탈가족화의 병행은 단순히 두 가지 정책을 동시에 제도화하거나 확대하는 것이 아니다. 부・모 노동력의 가족화는 자녀가 영아기일 때 필요한 제도적 지원임에 반해 탈가족화는 아동이 성장할 때까지 필요한 상대적으로 장기적 과제이다. 또한 돌봄의 가족화는 보편적・사회적 필요에 부응하는 것이지 특정 계층에 제한된, 자산조사를 통해 이루어지는 잔여적 제도가 되어서는 안 된다. 이미 여러 문헌에서 지적하듯이 벨기에와 프랑스에서 확대된 가족화 지원정책은 아동양육형태의 계층적 차이와 불평등을 확대했다. 특히 모든 시민이 노동시장에 참여하는 것이 해당 사회의 지속가능한 경쟁력 확보를 위해 필수적인 전제로 이해되고 있는 시점에서 여성에게 가족화 동기를 부여하는 것은 적절하지 않다. 보육시설을 이용하는 대신 가정에서 아동양육을 수행하는 부・모(주로 모)에 대해 정책적 지원으로 일관하던 독일이 왜 정책방향을 전환했는지를 곰곰이 천착할 필요가 있다. 한국가족정책의 과제는 제도의 형식적 도입을 넘어 대상의 보편적 확대가 필요한 시점이다.

또 다른 문제로 가족정책의 방향을 저출산 문제와 연관지어 고민해 볼 필요가 있다. 2005년 현재 OECD 국가의 평균 출산율이 1.63이고, 노르웨이, 덴마크, 아이슬란드는 1.90에 이르고 있다. 미국과 호주 또한 각각 2.05, 1.81이다(OECD, 2007). 반면 한국은 2008년 현재 1.18, 그리스는 1.28, 가족화우선형인 독일과 오스트리아는 각각 1.34, 1.41에 불과하다. 저출산 대응과 관련해서 보면 한국이 선택할 수 있는 방향은 두 가지 정도라고 판단된다. 하나는 북유럽 사민주의 복지국가들과 같이 돌봄의 가족화와 탈가족화 영역 모두에서 국가의 책임을 확대해나가는 보편주의적 길이고, 다른 하나는 미국과 같이 시장을 통해 탈가족화와 가족화의 과제를 풀어가는 방식이다. 다만, 여기서 주의해야 할 점은 미국은 이민국가라는 점이다. 즉, 이민의 적극적 확대를 고려하지 않는다면 미국과 같이 돌봄과 관련된 사회적 과제를 시장과 민간의 자율적 선택에 일임한다는 것이 타당한지는 별도의 검토가 필요할 것이라고 판단된다. 더욱이 출산율은 단순히 출산으로 끝나는 것이 아니라 이후 양육의 과정이 수반되는데 미국의 경우를 보면 양육의 과정이 소득계층에 따라 상이하게 나타나고 있다. 지식기반 사회에서 노동력의 부족은 단순히 노동력의 규모를 늘리는 문제가 아닌 질의 담보를 필수적 전제로 요구하고 있다는 점을 상기할 필요가 있다. 즉, 단순히 돌봄의 탈가족화와 가족화 여부의 문제가 아닌 돌봄의 탈가족화와 가족화의 질을 어떻게 담보할 것인가가 핵심적 과제가 되는 것이다.

그렇다면 답은 자명하다. 높은 질의 노동력을 담보하기 위해서는 보편적이고 질 높은 돌봄의 탈가족화와 가족화가 수반되어야 한다. 그리고 이러한 보편적인 질 높은 탈가족화와 가족화는 시장에 의해서가 아닌 국가의 공적 개입을 통해 이루어지고 있다는 것은 공지의 사실이다(Esping-Andersen, 2005). 한국 가족정책 방향은 어쩌면 진부하게 들릴지 모르지만 돌봄의 탈가족화와 가족화 두 영역 모두에서 국가의 책임을 강화하는 방안을 강구해야 한다. 최근 아동양육에 대한 가족의 1차적 책임을 강조하던 독일과 오스트리아조차 3세 이상 아동에 대해 보편적 돌봄 권리(사회화 권리)를 선언하고, 독일에서 대표적인 돌봄의 가족화 정책인 육아휴직제도를 북유럽 방식으로 전환하는 모습이 한국사회에 주는 함의는 분명한 것이다. 이제 가야할 길은 분명하다. 우리 사회의 정치적 결단과 사회적 합의가 남아 있을 뿐이다.

2) 지방정부의 역할을 어떻게 규정할 것인가?

최근 산업화된 서구국가들을 보면 강화된 분권화로 인해 가족정책에서 지방정부의 역할이 점점 강화되고 있는 것이 현실이다. 한국 가족정책의 과제를 논하는데 있어서도 지방정부의 역할은 주요한 논의의 대상이 되어야 할 것이다. 가족정책에 있어서 지방정부의 역할과 관계된 논의를 살펴보면 다음과 같다.

지방정부의 역할은 재원분담 주체에 따라 몇 가지 유형으로 구분해 볼 수 있는데 첫째는 중앙정부와 지방정부가 역할을 분담하는 경우이다. 덴마크, 핀란드, 노르웨이, 프랑스 등이 여기에 속한다. 두 번째는 중앙정부는 아동양육서비스 제공과 관련해 재정적 분담을 하지 않고 지방정부가 주요한 역할을 담당하는 국가들로 스웨덴, 독일, 네덜란드 등이 여기에 속한다. 마지막으로 캐나다, 영국, 미국 등 자유주의 국가로 분류되는 국가들의 경우 중앙정부와 지방정부 모두 아동양육서비스 재원과 관련해 직접적 비용을 분담하지 않는 경우다. 이들 국가들의 경우 대부분의 아동양육관련서비스를 시장에서 구입함으로써 비용의 대부분을 부모가 분담하는 경우이다. 다만, 일부서비스에 대해 지방정부가 분담하는 경우가 있는데 캐나다의 경우 지역정부마다 차이가 있지만 자산조사를 통한 지원이 가능하고, 영국의 경우 4개월부터 3세까지 아동을 위한 유아학교의 비용은 지방정부가 부담하고 있다. 미국은 저소득층을 위한 공적 아동양육서비스의 경우 자산조사를 통해 연방정부, 주정부, 부모가 함께 부담하고 있다.

지방정부가 아동양육서비스에 적극적인 역할을 하는 국가 중 지방정부의 역할이 가장 큰 국가는 스웨덴으로 아동양육서비스 관련 재원의 82%를 부담하고 있는 것으로 나타났다. 다음으로 덴마크는 6

개월부터 3세까지 아동에 대해 지방정부가 부모가 지불하는 공식적 비용의 70%까지 지원할 수 있도록 하고 있다. 핀란드의 경우 자치단체가 아동양육서비스 비용의 54%를 분담하고 있는 것으로 조사되었다. 프랑스는 46%(지역정부 12%, 자치단체 34%), 노르웨이는 자치단체가 28%를 분담하는 것으로 나타났다. 벨기에, 독일, 네덜란드는 아동양육서비스에 대한 재원 분담비율이 적시되지는 않았지만 지방정부, 부모, 중앙정부 등이 각각의 역할을 담당하고 있는 것으로 보인다. 특히 네덜란드의 경우 지방정부, 고용주, 부모가 균등하게 재원을 분담하는 재원분담의 목표로 설정하고 있다. 이상의 논의를 종합하면 상대적으로 부모의 노동권과 부모권을 적극적으로 지원하는 국가들인 스웨덴, 덴마크, 노르웨이, 핀란드 등에서 지방정부의 역할이 큰 것으로 추정된다.

그러나 지방정부의 역할분담이 자발적 의지에 근거했다고 보기는 어렵다. 예를 들어, 덴마크에서 지방정부가 현재와 같이 아동양육관련 서비스 제공에 적극적 역할을 할 수 있었던 계기는 1951년 국회에서 자치단체가 아동양육을 지원하고 운영하는 책임을 제도화시킨 이후이다(Borchorst, 2002). 스웨덴의 경우도 자치단체가 공적 보육시설 확대에 소극적인 정책을 일관함으로써 국가적 목표달성(1991년 전까지 모든 일하는 부모, 학교에 다니는 부모, 특별한 도움이 필요한 자녀를 둔 부모에게 공적 보육시설 이용자격을 부여하려는 목표)에 실패하자 1995년 법률을 통해 지방정부의 의무와 책임을 제도화했다(Nyberg, 2004).

이렇듯 탈가족화와 가족화 정책에 대한 지방정부의 역할은 지방정부의 자발적 의지에서라기보다는 국가정책의 일환으로 제도화되었다는 사실로 인해 재원분담을 둘러싼 지방정부와 중앙정부 간의 갈등이 표출되는 경우도 있다. 일반적으로 지방정부의 경우 아동양육시설 이용에 대한 부・모의 부담을 증대시키려는 데 반해 중앙정부는 이에 반대하고 있기 때문이다. 덴마크의 예를 보면, 1993년 사민당 집권 이후 부모의 부담비율에 대한 국가의 지방정부의 대립이 6년간 지속되다가 1999년 부모부담을 3% 포인트 늘리는 수준에서 양측이 합의에 도달하였다(Borchorst, 2002). 스웨덴에서도 1990년대 많은 자치단체들이 보육비용을 부모에게 전가하려고 하자 중앙정부에서 부모가 부담하는 비율의 상한선(a maximum parental fee)을 마련해 지방정부가 아동양육시설 운영비용을 부모에게 전가하는 것에 관한 중앙정부의 통제장치를 마련했다(Bergqvist and Nyberg, 2002; Hoorens, et al., 2005). 실제로 아동양육비용이 부·모의 소득에서 차지하는 비중은 1990년 10%에서 2000년 19%로 두 배 가까이 증가했다(Nyberg, 2004).

정리하면, 가족정책에 있어 지방정부의 역할이 중요함에도 지방정부는 가족정책의 확대와 강화에 소극적으로 대응하는 것이 일반적이다. 그러므로 한국사회에서 지방정부가 보다 적극적인 역할을 수행할 수 있도록 그 책임을 제도적으로 강제하는 것이 필요하다. 분권화의 취지는 동의하지만 분권화가 복지확대에 부정적 영향을 미치는 것은 적극적으로 차단할 필요가 있다. 왜냐하면 북유럽의 예에서 보듯 부모의 노동권과 부모권 보장은 중앙정부와 함께 지방정부의 적극적 결합이 필수적이라는 것을 보여주고 있기 때문이다. 그러나 분명히 짚고 넘어가야 할 점은 지방정부의 역할을 확대하기 위한 중요한 전제는 중앙정부의 적극적 지원이 결합될 때 가능하다는 점을 기억할 필요가 있다.

3) 남성의 참여를 제도화

성 간 불평등이 노동의 성별분업에 근거하고 있다는 점을 고려한다면 아버지의 양육참여는 성 간 불평등을 완화시키는 주요한 정책

대안이 될 수 있다. 남성과 여성 노동자 모두가 돌봄의 책임이 있다고 간주되는 사회에서 여성에 대한 불합리한 차별이 설 자리는 없다. 다만, 중요한 전제는 남성의 가족화는 여성의 (재)가족화에 비해 탈상품화 수준에 민감하게 영향을 받는다는 점을 고려해야 한다. 그래서 남성의 돌봄참여를 제도화하기 위한 노력은 남성에 대한 탈상품화 수준을 충분히 높일 필요가 있다. 배우자출산휴가와 같이 재원확보가 어렵다는 이유로 무급휴가로 제도화한 것은 한국사회가 직면한 현실을 고려할 때 적절한 대응방식이 아니다. 그러므로 단순히 제도의 형식적 대상 확대와 도입에 집중하기보다는 실질적으로 대상을 보편적으로 확대하고, 충분한 소득을 보장하고(탈상품화 수준이 높고), 적절한 기간을 보장하며, 부・모의 노동시장과 사회조건에 따른 유연성이 보장될 수 있는 방안(높은 가족화 수준)을 모색해야 한다. 결론적으로 남성의 돌봄노동참여는 단순히 남성의 부성휴가와 육아휴직을 이용하는 문제가 아니라 한국사회의 패러다임을 전환하는 본질적인 문제와 관련되어 있다. 정책적으로는 사회보장체계를 재생산 영역에서 발생하는 위험으로 확대하는 것을 요구하는 것이다.

4) 여성 노동력에 대한 한국노동시장의 요구

스웨덴에서 여성만이 이용하던 모성휴가가 여성과 남성이 함께 사용할 수 있는 부모휴가로 발전될 수 있었던 감추어진 힘은 여성의 유급노동력의 필요성이 증대했기 때문이라는 주장(Lewis and Åström, 1991, Duvander, Ferrarini, and Thalberg, 2005 재인용)에 주목할 필요가 있다. 실제로 노르딕 국가들의 예를 보면, 여성유급노동에 대한 노동시장의 요구가 개별 국가의 가족정책의 지형을 어떻게 변화시켰는가를 분명하게 보여주고 있다. 가족정책이 본격적으로 발전하기 시작한 1960년대 스웨덴과 덴마크에서는 노동력 부족이 사회발전에 심각한 장애요인으로 등장한 반면(Emerek, 1998; Hiilamo and Kangas, 2003) 핀란드에서는 과도한 노동공급으로 인한 실업문제가 사회발전의 장애요인으로 지적되었다(Hiilamo and Kangas, 2003). 이로 인해 스웨덴과 덴마크에서는 여성의 노동시장 참여가 중요한 국가적 과제가 되었다. 이러한 객관적 조건으로 인해 여성의 노동시장 참여는 스웨덴과 덴마크 사회발전에서 핵심적 지위를 점하게 되었으며, 가족정책은 여성의 노동시장 참여를 효과적으로 촉진하기 위해 공적 아동양육시설의 확대를 적극적으로 추진하게 된 것이다. 반면 핀란드에서는 노동력 부족현상이 나타나지 않았다. 스웨덴과 덴마크와는 달리 실업이 주요한 사회적 문제로 등장했으며, 핀란드 사회는 여성노동력의 공급조절을 통해 노동력의 초과공급을 줄임으로써 실업률을 낮추려고 했다. 결과적으로 핀란드의 이러한 조건은 가족정책에 있어서 부·모가 노동시장에 참여하지 않고 가족 내에서 자녀를 양육하는 정책이 발전하게 된 것이다. 실제로 핀란드의 0~2세, 3~5세 아동의 공적 아동보육비율은 노르딕 4개국 중 가장 낮은 수준이다. 즉, 보편적 돌봄과 생계부양의 정당성에 대한 당위적 주장이 아니라 한국사회의 중요한 기반의 하나로써 노동시장의 요구에 대한 깊이 있는 천착이 필요하다. 왜냐하면 한국가족정책의 변화와 발전의 현실적인 힘은 한국사회가 여성유급노동을 필요로 하는가와 얼마나 효과적으로 여성유급노동의 필요를 창출할 수 있는가와 밀접한 관련성을 갖고 있기 때문이다. 이에 대한 객관적 검증은 이후 한국가족정책의 확대·발전의 정도를 가늠할 수 있는 중요한 준거가 될 수 있다. 즉, 모든 시민이 일하는 사회를 통해 복지를 제도화하고 이를 위해 공·사적 부문에서의 적극적 노동수요창출은 시민의 노동권과 부모권 보장의 핵심적 과제가 될 것이다. 더 나아가 가족정책의 확대는 해당 사회의 경제적 조건과 밀접하게 관련되어 있는 것으로 보인다. 예를 들어, 1990년대 스웨덴과 핀란드[5)]가 경기침체로 인해 가족정책과 관련된 중요한 사회보장 프로그램들의 급여수준을 삭감한 데 반해 노르웨이는 북해로부터 생산되는 석유로 인해 오히려 국가재정을 통한 급여의 대상과 수준을 대폭적으로 확대해 나갔다[6)](Ellingsœter, 2000). 정리하면, 가족정책의 확대는 노동시장의 변화와 같은 거시경제의 과제와 함께 고민되어야 한다.

5) 저출산 대응정책과 가족정책

가족정책이 한국사회에서 중요한 사회정책의 구성원으로 등장할 수 있었던 실제적 배경에는 한국사회가 직면한 저출산 현상이 자리잡고 있다는 것을 부정하기는 어렵다. 이것은 두 가지 의미를 동시에 내포하고 있는데 한국가족정책이 저출산 문제를 계기로 확대, 발전할 수 있는 우호적인 조건에 위치해 있을 수 있다는 점이고, 다른 하나는 한국가족정책의 확대와 발전이 저출산과 관련된 문제로 제한될 수도 있다는 것을 의미한다. 아무것도 없는 상황에서 예산의 투입과 제도의 도입은 어쩌면 가뭄에 단비와 같은 존재가 될 수 있을 것이다. 그러나 예산확대와 제도도입이 양질전화를 이루어내지 못한다면 상징적 의미 이상의 가치를 가지기 힘들다. 또한 가족

5) 스웨덴에서는 1990년부터 95년까지만 공적 부문에서 30만 개가 넘는 일자리가 감소되었고(Ellingsœter, 2000), 부모휴가의 임금대체수준은 1980년 90%에서, 1995년 80%, 1996년 75%로 감소했다(Rostgaard, Christoffersen, and Weise, 1999; Nyberg, 2004). 핀란드의 경우 부모휴가의 소득대체율은 1982년 이후부터 91년까지 80%였으나 1992년부터 단계적으로 감소되었다. 1992년 75%, 1993년 66%로 감소한다(Røsen and Sundström, 2002).

6) 핀란드 부모휴가의 소득대체율은 1982년 이후부터 91년까지 80%였으나 1992년 75%, 1993년 66%로 단계적으로 감소되었다(Røsen and Sundström, 2002). 스웨덴에서 소득대체수준은 1980년 90%에서, 1995년 80%, 1996년 75%로 축소되었다(Rostgaard et al., 1999; Nyberg, 2004).

정책의 목적이 한국사회의 불평등 완화를 통한 모두가 일하고 돌보는 평등한 사회의 실현이 아니라 저출산과 같은 현상적 목적에 맞추어진다면 가족정책을 통한 보편적 돌봄과 생계부양은 어쩌면 요원한 과제일 수 있다. 일본의 경우처럼 지난 20년 동안 예산확대, 제도 도입과 개선을 통해 저출산 대응정책을 지속적으로 시행했지만 정책의 직접적 목적인 저출산 현상을 완화시키지도 못했으며, 보편적 돌봄과 생계부양이 보장되는 사회로 진입하지도 못했다. 오히려 일본에서 가부장적 남성생계부양자 모형은 아직도 강건하게 존치되고 있다. 즉, 가족정책의 핵심적 지향점 중에 하나로 보편적 돌봄과 생계부양의 실현을 받아들인다면 현재와 같이 저출산 문제를 계기로 가족정책을 확대하는 것은 '독배'를 마시는 것과 같을 수 있기 때문이다.

산업화된 서구의 경험을 돌이켜 살펴보았을 때 출산력은 결국은 세 가지 정책방향과 밀접한 연관성을 가지고 있는 것으로 나타나고 있다. 첫째는 돌봄노동의 사회화를 통해 여성의 역할을 가족 내로 국한시키지 않고 시장과 가정에서 남성과 동등한 지위와 역할을 부여하려 했다는 점이다. 여성에게 재생산 노동의 사회화는 여성이 출산과 양육으로 대표되는 재생산 노동의 부담을 경감함으로써 직장과 가족생활이 상호배제적인 선택의 문제가 아니라 양립가능한 대안으로 자리매김 하게 된 것이다. 두 번째는 첫 번째 요인의 동전의 다른 면과 같은 것으로 재생산 노동의 사회화를 가능하게 했던 적극적 노동시장정책이라고 할 수 있을 것이다. 재생산 노동의 사회화는 기존에 가족에서 사적으로 이루어졌던 재생산 노동을 대체할 사회적 일자리의 창출을 요구했고, 공급 측면의 적극적 노동시장정책(완전고용정책)은 바로 재생산 노동을 사회화시킨 공적 서비스 부분의 고용 확대로 이어졌다(Esping-Andersen, 2002; 미야모토, 2003[1999]).

앞서 노동시장의 요구에서 언급했듯이 단순히 노동시장의 요구를 수동적으로 기다리기보다 적극적으로 그 요구를 만들어나갔다는 점이다.

마지막으로 보편주의 문제로 정리될 수 있을 것이다. 노르딕 국가들이 1990년 초·중반의 경제적 위기에도 불구하고 부모권과 노동권 지원의 적정 수준을 유지하고, 2000년대 들어서 가족정책을 더욱 확대할 수 있는 주요한 근거는 노르딕 국가들의 가족정책이 보편주의에 근거했기 때문이다. 특정 정당이 다수당이 되었던 경험이 거의 없는 노르딕 국가들의 상황에서 제도의 보편주의적 확대는 사회적 합의를 이끌 수 있는 유력한 대안이 될 수 있었을 것이다. 특히 매 시기마다 노르딕 국가들이 새로운 사회적 위험에 대응하기 위해 다양한 사회적 연대를 모색하고 계급과 계층을 초월해 부·모가 유력한 압력집단을 형성한 것은 가족정책의 보편적 성격을 강화하는 중요한 동인이었다는 점을 주목할 필요가 있다. 특히 한국과 같이 진보와 보수의 대립과 정책을 둘러싼 이해집단의 대립이 첨예한 사회에서 정책의 보편성 확대는 역설적이게도 정책의 유지와 성패를 좌우하는 중요한 토대가 될 것이다. 결국 한국가족정책이 저출산 현상의 '독배'를 마시지 않기 위해서는 가족정책이 지향하는 목적을 분명하게 제시할 필요가 있으며, 가족정책의 보편성을 확대, 강화할 필요가 있는 것이다.

6) 가족정책 전담부처의 위상과 역할

2008년 이명박 정부의 출범과 함께 여성가족부가 주관하던 가족정책이 보건복지가족부로 이관되었다(2010년 1월에 정부조직법 개편으로 다시 여성가족부로 재구성되었다). 그러나 가족정책 전담부서가 가족정책의 어떠한 내용을 담보할 것인가에 대해서는 충분한 고민이 이루어지지 않았다. 현재 가족정책 전담부서의 가족정책업무를 보면 건강가정기본법에 적시된 프로그램 수준의 정책들, 모부자복지법에서 적시한 정책들, 다문화가족과 관련된 정책들로 구성되어 있다. 하지만 앞서 가족정책에 대한 논의를 통해서 알 수 있듯이 현재 가족정책전담부서가 담당하고 있는 정책의 내용들은 가족정책의 본래의 지위와 역할과는 상당한 거리가 있는 것이다. 또한 여러 논의에서 지적하듯이 가족정책은 다른 정책들과 상호조정과 통합이 매우 중요한 정책분야인 관계로 배타적이고 독립적인 정책영역을 갖기보다는 상호관계 속에 조정, 통합되는 것이 중요함에도 불구하고 현재의 가족정책전담부처가 가족정책에 관한 조정과 통합을 수행할 수 있는 제도적 조건과 실천적 권한을 부여 받았다고 보기 힘들다. 이를 조금 구체적으로 언급하면 다음과 같다.

가족정책의 전담부처는 3가지 차원에서 가족정책 조정과 통합을 이루어야 한다. 첫째는 중앙부처 간의 조정과 통합의 역할이다. 예를 들어, 육아휴직은 부·모의 부모권 보장을 위한 가족정책의 중요한 영역임에도 불구하고 육아휴직의 직접적 집행부서는 고용노동부다. 즉, 가족정책이 다른 사회정책들과 유기적 연관성을 가져야 한다는 점이 인정되고, 관련정책들이 가족정책이 지향하는 보편적 돌봄과 생계부양의 실현의 관점에서 접근되어야 한다는 것에 동의한다면 가족정책전담부처가 다른 부처들에 산재해 있는 가족정책을 조정하고 통합할 수 있는 제도적 근거가 마련되어야 할 필요성이 있다. 둘째는 전달체계의 문제이다. 가족정책이 시민들의 일상생활과 마주치는 현장은 보건복지가족부가 아니라 각각의 지역사회일 것이다. 그러므로 중앙과 지방정부 간의 유기적인 연관관계를 어떻게 설정할 것인가에 대한 고민이 필요하다. 다만, 가족정책의 다수의 업무가 시민의 복지와 밀접히 관련되어 있는 정책들이므로 전달체계에 대한 문제는 한국복지의 전반적인 전달체계 내에서 가족정책과 관련되는 정책과 프로그램의 지위와 역할에 대한 조망이 필요하다.

7) 일과 가족생활의 양립을 넘어서

앞서 4장의 논의에서 진정한 탈가족화의 목적은 노동시장에서 임금노동, 여가생활을 즐기는 것, 재교육과 훈련을 받는 것 등으로 제시되고 있다. 그러나 지금까지의 논의를 보면 우리는 가족정책을 주로 일과 가족생활의 양립(조화)에 맞추어 제한적으로 고민하고 있다. 가족정책의 중요한 정책방향인 탈가족화는 단지 일과 가족생활의 양립을 의미하지 않는다. 교육/ 훈련과 가족생활의 양립, 여가생활과 가족생활의 양립 또한 (비록 우리가 현재는 소홀히 하고 있지만) 중장기적으로 가족정책의 주요한 영역이 될 수 있다. 물론 가족정책의 역할을, 돌봄노동을 탈가족화하는 것까지로 제한할 것인지 아니면 탈가족화를 통해 무엇을 할 것인가를 포괄해야 하는 것인지는 매우 논쟁적일 수 있다. 다른 방향에서 예를 들어보면, 육아휴직의 아버지할당제는 부의 노동력을 탈상품화시켜 가족 내에서 자녀를 양육할 수 있도록 하는 정책이다. 그러나 제도를 천착하면 정책은 탈상품화 이후에 정작 부가 아동을 돌보는 과제에 대해서는 아무런 제도적 점검장치가 없다. 그러므로 현상적으로 아버지할당제의 관심은 아버지의 노동력을 탈상품화시키는 것에만 집중되지 아버지할당제의 본래의 목적인 부의 노동력의 가족화에 대해서는 관심이 없는 것이다. 이러한 문제는 가족정책이 탈상품화를 통해 무엇을 할 것인가에 대해 그 무엇이 양육과 가족책임을 다하는 것이라면 가족정책은 '무엇을 할 것인가'의 문제에도 정책적, 제도적 관심을 가져야 한다는 것을 의미한다. 다시 탈가족화의 문제로 가면 가족정책은 단지 부·모의 노동력을 탈가족화시키는 것뿐만 아니라 탈가족화를 통해 무엇을 하는가, 할 수 있는가에 대해서까지 정책영역을 확대해야 한다는 것을 의미하는 것이다. 결국 탈가족화는 적극적인 노동시장정책을 통한 좋은 일자리 창출, 적합한 교육과 훈련기회의 제공, 인간다운 문화·여가생활의 정책들과 긴밀한 결합이 요구되는 것이다. 이러한 의미에서 가족정책은 일과 가족생활의 양립을 넘어, 교육·훈련과 가족생활의 양립, 여가생활과 가족생활의 양립 등으로 확대되어야 할 것이다.

참고문헌

강희경(2007). 탈상품화 개념에 대한 비판적 검토. 가족과 문화, 19(1), 1-27.

고용노동부(2010). 2010 고용노동백서. 고용노동부.

김성천(2000). "한국 가족복지정책의 재조명 : 문제점과 개혁방향의 모색". 한국가족복지학, 제5호.

김수정(2002). 복지국가 가족지원체계의 구조변화에 관한 일 연구. 서울대학교 대학원 박사학위논문.

______(2004). "복지국가 가족지원정책의 젠더적 차원과 유형". 한국사회학, 38(5).

김수행 · 안삼환 · 정병기 · 홍태영(2006). 제3의 길과 신자유주의. 서울대학교출판부.

김영순(2006). "블레어 정부 이후 영국 여성 사회권의 권리자격 변화 : 보육지원제도를 통해 본 노동자로서의 사회권을 중심으로". 한국정치학회보, 40(2), 171-191.

김영화 · 이진숙 · 이옥희(2006). 성인지적 가족복지론. 양서원.

김유선(2010). 비정규직 규모와 실태. 노동사회연구소.

김인숙(2003a). "건강가정육성법(안) 법제화의 철회를 요구하며"(토론문). 가족해체 방지 및 건강가정 육성지원을 위한 공청회 자료집, 85-91.

______(2003b). "가족지원기본법(안) 제정의 배경과 내용". 무너지는 한국사회와 가족, 복지 인프라의 구축이 시급하다(한국사회복지학회 정책토론회), 1-29.

______(2003). "가족지원기본법(안) 제정의 배경과 내용". 무너지는 한국사회와 가족, 복지 인프라 구축이 시급하다(한국사회복지학회 토론회, 2003.10.7), 1-20.

______(2003c). "건강가정육성기본법(안) 및 가족지원기본법(안)에 대한 의견서". 건강가정육성기본법 제정에 관한 공청회 자료집. 국회보건복지위원회, 35-42.

______(2007). "건강가정기본법 제정과정에 나타난 가족 및 가족정책 담론". 한국사회복지학, 59(3), 253-289.

______(2007). 가족정책의 개념과 범주. 가족복지의 정책과 실천, 30-42. 공동체.

김인숙 · 정재훈 · 윤홍식(2004). 가족정책의 성인지적 관점 강화방안 연구. 보건복지부.

김재인 · 이향란(2004). 외국의 방과후 보육제도 연구. 한국여성개발원.
김주숙(2000). 스웨덴의 부모보험제도와 여성의 경제활동. 한국사회복지학, 40, 68-96.
김종해 · 문혜진(2006). "아동돌봄의 사회적 지원방안 : 취학 전 아동 및 취학 아동의 보호를 중심으로". 더 나은 미래를 위한 사회적 투자, 사회적 돌봄을 위한 정책 토론회 자료집. 참여연대 사회복지위원회.
김종해(2006). "보육서비스의 공공성 평가와 전망". 사회과학연구, 22집. 가톨릭 대학교 사회과학연구소.
김태홍(2000). 여성고용구조의 변화와 향후 정책방향. 한국여성개발원.
김혜경(2004). 보살핌 노동의 정책화를 둘러싼 여성주의적 쟁점 : 경제적 보상을 중심으로. 한국여성학, 20(2), 75-104.
落合惠美子(1997). *The Japanese Family System in Transition*. 이동원 감역. 고바야시 카즈미 · 김향남 역. 21세기 가족에게. 양서원.
남윤인순(2003). 가족해체 방지 및 건강가정 육성 지원을 위한 공청회 토론문, 93-97.
노동부(2006). "산전후휴가 및 육아휴직 지급현황". 노동부 내부자료.
______(2006). "육아휴직의 사용현황". 노동부 내부자료.
류연규(2005). 복지국가의 탈가족화와 출산율의 관계에 대한 비교 연구. 서울 대학교 사회복지학과 박사학위논문(미간행).
류임량(2003). "모성보호정책의 변화에 관한 연구". 숙명여자대학교 대학원 석사학위논문.
______(2005). 고용보험통계연보(1998-2005).
______(2008). 노동백서.
미야모토 타로 저, 임성근 역(2003). 복지국가 전략 : 스웨덴 모델의 정치경제학. 논형.
백선희(2005). "취학아동의 사회적 보호 : 방과후 보육의 현실과 과제". 참여자치지역운동연대 토론회(2005. 5. 20) 자료집.
______(2008). "이명박 정부의 보육정책에 대한 비판적 고찰". 이명박 정부의 보육정책, 과연 수요자 중심인가 토론회. KYC/ 공동육아와 공동체교육/ 참여연대 사회복지위원회/ 한국여성단체연합, 5-30.
백선희 · 송다영 · 이성희(2008). 가정내 보육지원 제도화 방안 연구. 보건복지부.
백승욱(2006). 자본주의 역사 강의 : 세계체제 분석으로 본 자본주의의 기원과 미래. 그린비.

변화순 · 송다영 · 김영란(2002). “가족유형에 따른 생활실태와 복지욕구”. 여성연구, 62, 105-130.
보건복지가족부(2008). 일자리, 기회, 배려를 위한 능동적 복지 2008년 실천계획. http://www.mohw.go.kr.
_____________(2008). 보육관련 통계지표.
_____________(2008). 보건복지예산 현황과 전망.
보건복지부(2009). 2009년 보건복지부 사업계획 안내서.
서문희(2004). “한국 보육정책의 공공성 평가”. 보건복지포럼, 통권 97호.
서문희 외(2005). 2004년 전국 보육 · 교육 이용 및 욕구 실태조사 보고. 여성가족부.
________(2007). “가족내 아동돌봄지원 방안”. 육아정책개발센터(미간행).
________(2007). 한국 베이비시터 실태파악 및 관리방안 연구. 여성가족부.
서문희 · 나정 · 최혜선(2006). 사회적 격차 해소를 위한 육아비용 적정 분담방안 연구. 육아정책개발센터.
서문희 · 백선희(2004). 보육제도 개선을 위한 정책과제 대안 연구. 여성부 정책연구보고서(2004-11).
성정현 외(2004). 가족복지론. 양서원.
송다영(2005). “가족가치 논쟁을 통해 본 여성의 사회권”. 사회복지정책, 25, 117-142.
_____(2008). 일과 가족양립을 위한 가족지원서비스 발전방안에 관한 연구. 사회복지정책, 34, 7-33.
_____(2009a). “가족정책에서의 자유선택 쟁점에 관한 고찰”. 페미니즘 연구, 9(2).
_____(2009b). “영국 가족정책의 변화와 한계”. 상황과 복지, 28, 51-94.
송다영 · 장수정 · 김은지(2008). 일가족양립지수 개발과 적용방안 연구. 한국여성정책연구원.
엄규숙(2000). 모성보호비용의 사회분담화 방안. 한국노총 중앙연구원.
여성가족부(2005). 전국가족실태조사. 여성가족부.
_________(2006). 예산현황 및 내부자료.
여성부(2003). 보육사업의 공공화 및 다양화 실행방안 연구.
_____(2004). 여성가족부 신설에 따른 가족정책추진방향.
원석조(2006). 사회복지정책론. 학지사.

원숙연(2005). “일-가정양립지원정책을 둘러싼 수사와 현실-출산휴가 및 육아휴직을 중심으로 한 탐색적 사례연구-”. 한국정책학회보, 14(2), 157-188.

유보경(2004). “취업여성을 위한 보육정책의 특성과 과제”. 한국인구학, 27(2).

유해미(2004). 젠더차원에서 본 복지국가 재편시기의 양육정책 변화에 관한 비교연구. 고려대학교 사회학과 박사학위논문.

______(2005). “보육정책의 패러독스 : 이탈리아의 사례를 중심으로”. 한국여성학, 21(1) : 233-264.

유희정 · 서문희 · 김종해 · 최혜선(2006). 보육정책의 전망과 과제에 관한 연구. 육아정책개발센터.

유희정 · 김은실 · 유은영(2006). 육아지원기관의 공공성 제고방안 연구. 육아정책개발센터.

윤성호(2009). 아동돌봄의 사회적 분담 : 여성의 노동시장 지위와 계층 간 차이를 중심으로. 전북대학교 사회복지학과 박사학위논문(미간행).

윤홍식(2000). 가족정책의 성통합적 재구조화 : 노동주체의 관점에 근거한 일과 직장의 양립을 중심으로. 한국사회복지학, 57(4), 291-319.

______(2003). “건강가정육성기본법(안)의 법제화를 반대하며”. 가족해체 방지 및 건강가정 육성의 지원을 위한 공청회 자료집, 99-103.

______(2004). “가족의 변화와 건강가정기본법의 대응 : 한국가족정책의 원칙과 방향 정립을 위한 고찰”. 한국가족사회복지학, 14, 263-293.

______(2004a). “결혼해체를 경험한 여성의 소득수준 및 빈곤실태와 공 · 사적 소득이전의 역할”. 한국사회복지학, 56(2), 5-28.

______(2004b). “가족의 변화를 둘러싼 최근의 담론과 한국 가족(복지)정책의 방향 : 건강가정기본법을 넘어서”. 한국가족사회복지학회 춘계학술대회 발표자료.

______(2005). 가족정책의 성 통합적 재구조화 : 노동주체의 관점에 근거한 일과 가족의 양립을 중심으로. 한국사회복지학, 57(4), 291-319.

______(2006a). “더 나은 미래를 위한 사회적 투자 : 아동양육 관련 휴가 및 휴직제도의 정책제언”. 더 나은 미래를 위한 사회적 투자, 사회적 돌봄을 위한 정책 토론회 자료집. 참여연대 사회복지위원회.

______(2006). “일-가족양립정책을 통해 본 OECD 21개국의 가족정책 : 부모휴가와 아동보육을 중심으로”. 한국사회복지학, 58(3), 341-370.

______(2006b). OECD 21개국의 부모권과 노동권 보장수준을 통해 본 가족정책의 비교연구. 한국사회복지학, 58(3), 341-370.

______(2006c). 부모부성휴가를 통해 본 남성 돌봄노동참여 지원정책 비교. 한국사회복지학, 58(2), 223-249.

______(2007a). 노르딕 4개국 가족정책의 보편성과 상이성. 한국사회복지학, 59(2), 327-354.

______(2007b). "사회투자국가와 한국 여성가족정책의 과제 :「사회비전 2030」을 중심으로". 2007년 비판과 대안을 위한 사회복지학회 춘계학술대회 자료집.

______(2007c). 남성의 양육참여 제도화를 위한 아버지할당제 제도화 검토. 젠더리뷰에 실린 글 참고.

______(2007d). 아버지할당제 도입을 위한 정책제언. 여성개발원 미간행 정책보고서.

______(2007e). 아동양육 관련휴가 및 휴직제도의 쟁점 : 산전후 휴가육아휴직과 남성의 양육참여. 참여연대 사회복지위원회 편. 한국 사회복지의 현실과 선택, 241-274. 나눔의 집.

______(2008). 류근춘 프로젝트.

______(2009). 가족 · 여성정책의 사회투자와 한국의 복지국가. 김연명 편. 사회투자와 한국 사회정책의 미래, 179-228. 나눔의 집.

윤홍식 · 조막래(2007). "남성일인생계부양자가구와 이인생계부양자가구의 소득 특성과 빈곤실태". 가족과 문화, 19(4), 131-162.

이규용 외(2004). 육아휴직 활용실태와 정책과제. 한국노동연구원.

이동원 외(2001). 변화하는 사회, 다양한 가족. 양서원.

이선애 · 김현주(2006). "보육시설과 지역아동센터의 방과후 보육정책 비교연구". 한국보육학회지, 6(2).

이영분(2004). "건강가정기본법 제정 경과보고". 2004년 한국사회복지학회 추계학술대회.

이 옥(2003). 초등학생 방과후 보육 활성화 방안 연구. 사회과학연구, 9. 덕성여대 사회과학연구소.

이재경(2004). "가족은 위기인가". 한국여성학, 20(1), 229-244.

이재경 · 이은아(2003). "기혼 취업여성의 일-가족생활에 대한 주관적 인식 : 세대별 차이를 중심으로". 여성학논집, 20.

이재인(2006). "노동권과 부모권의 관점에서 본 한국의 보육정책". 가족과 문화, 18(2).

이재인·김선미·김은정(2005). 소외계층 가족의 자녀양육지원 정책연구. 국회 여성가족위원회 정책연구보고서(2005-2).
이정우(2005). "여성 취업인센티브의 국가사례 : 독일의 사례를 중심으로". 장지연·이정우·최은영·김지경. 일·가족 양립체계의 선진국 동향과 정책과제. 한국노동연구원 노동보험연구센터.
이진숙(2003). "가족복지정책의 패러다임 검토". 가족복지 패러다임 : 반성과 모색. 한국가족복지학회 추계학술대회 자료집.
이효재(2003). 조선조 사회와 가족 : 신분상승과 가부장제 문화. 한울아카데미.
임인숙(1999). "미국 학계의 가족변화 논쟁". 가족과 문화, 11(1), 23-46.
장지연(2007). 한국의 젠더레짐과 일-가족 선택의 현실. 한국노동연구원.
장지연·이정우·최은영·김지영(2005). 일-가족 양립체계의 선진국 동향과 정책과제. 한국노동연구원.
전기택(2006). "2005년 남녀근로자의 육아휴직 현황". 젠더리뷰, 3권.
전석담·허종호·홍회유(1989). 조선에서 자본주의적 관계의 발생. 이성과 실천.
정경희·박세경·김영순·최은영·이윤경·최현수·방효정(2006). 한국의 사회서비스 쟁점 및 발전전략. 한국보건사회연구원.
정민자(2003). "건강가정육성기본법(안)의 입법방향과 내용". 가족해체 방지 및 건강가정 육성지원을 위한 공청회 자료집. 대한가정학회.
______(2003a). "건강가정육성기본법(안)의 입법방향과 내용". 가족해체 방지 및 건강가정 육성지원을 위한 공청회 자료집, 15-36.
______(2003b). "건강가정육성기본법 제정에 관한 공청회 진술자료". 건강가정육성 기본법 제정에 관한 공청회 자료집, 7-18. 국회보건복지위원회.
조선일보(2005.8.24).
조흥식 외(2006). 가족복지론. 학지사.
_________(2002). 가족복지학(2판). 학지사.
조희금(2003a). "국가는 왜 건강한 가정의 육성을 지원해야 하는가". 가족해체 방지 및 건강가정 육성의 지원을 위한 공청회 자료집, 105-107.
______(2003b). "건강가정육성기본법 제정에 관한 공청회 진술서". 건강가정육성기본법 제정에 관한 공청회 자료집, 21-31. 국회보건복지위원회.
______(2003c). "건강가정육성기본법 제정에 관한 공청회". 국회 녹취록.
최성재(1992). "사회정책과 가족". 가족학논집, 제4집. 한국가족학회.
최은영(2005). "OECD 주요국의 보육정책 동향과 함의". 장지연·이정우·최은영·김지경. 일·가족 양립체계의 선진국 동향과 정책과제. 한국노동연구원 노동보험연구센터.
통계청(2002). 인구동태통계연보.
______(2002). 홈페이지 자료(www.nso.go.kr) 참조.
______. 각 년도. 경제활동인구연보. (on line)
______. 각 년도. 인구동태통계연보. (on line)
한겨레신문(2003.7.17, 7.30, 11.27, 12.12).
함인희(2002). "한국가족의 위기 : 해체인가, 재구조화인가". 가족과 문화, 14(3), 163-184.
행정자치부(2004). 행정자치부 내부자료.
홍승아(2005). "복지국가 재편과 젠더 : 프랑스 보육정책을 중심으로". 여성연구, 69호.
홍승아(2011). 저출산 대응체계와 일·가정 양립 역할. 인구구조의 변화에 따른 미래대응전략세미나 자료집. 주최 경제인문사회연구회. 2011년 3월 30일 대한상공회의소 의원회의실.
______(2005). "복지국가 모성정책의 유형과 결정요인에 관한 연구 - OECD 18개국을 중심으로". 연세대학교 사회복지대학원 박사학위논문.
______(2008). 젠더관점에서 본 아동양육지원정책. 선진화 시대를 여는 여성가족정책의 전망과 과제 자료집. 한국여성정책연구원.
홍승아·류연규·김수정·정희정·이진숙·Leprince·Jenson·Dulk·Soma (2008a). 일가족양립정책의 국가별 심층사례연구. 한국여성정책연구원.
홍승아·류연규·김영미·최숙희·김현숙·송다영(2008b). 일가족양립정책의 국제비교연구 및 한국의 정책과제. 한국여성정책연구원.
홍승아·장혜경(2006). 한국의 부모휴가 정착방안 연구. 한국여성개발원.
황숙연(1987). 한국의 가족정책이 가족에 미치는 영향에 관한 연구. 서울대학교 대학원 석사학위논문.

Amato, P.(2000). "The consequences of divorce for adults and children". *Journal of Marriage and the Family*, *62*(Nov.), 1269-1987.
Anttonen, A.(2006). "Toward a European childcare regime?" Paper prepared for the 4th Annual ESPAnet Conference, Transformation of the welfare state : Political regulation and social inequality, 21-23, September, 2006.

Attonen, A., and J. Sipila(1996). "European social care services : Is it possible to identify models?". *Journal of European Social Policy*, 6(2), 87-100.

Aust, A., and Bönker, F.(2004). "New social risks in a Conservative welfare state : the Case of Germany," pp. 29-53. in *New Risks, New Welfare*, edited by Taylor-Gooby, P. New York : Oxford University Press.

Bambra, C.(2004). The world of welfare : illusory and gender blind?. *Social Policy and Society*, *3*(3), 201-211.

__________(2007). Defamilisation and welfare state regimes : a cluster analysis. *International Journal of Social Welfare*, *16*, 326-338.

Barret, M.(1988). *Women's Oppression Today : The Marxist/ Feminist Encounter* (Revised ed.). Verso.

Beck, U., and E. Beck-Gemsheim(1999). 사랑은 지독한, 그러나 너무나 정상적인 혼란. 강수영 · 권기돈 · 배은경 역. 새물결.

Becker, G.(1991). *A treaties on the family*. Cambridge, MA : Harvard University Press.

Benokraitis, N.(2002). *Marriages and Families : Changes, Choices, and Constraints*. Upper Rider, NJ : Prentice Hall.

Bergman, H., and B. Hobson(2002). "Compulsory fatherhood : the coding of fatherhood in the Swedish welfare state," pp. 92-124. in *Making men into fathers : Men, masculinities and the social politics of fatherhood*, edited by B. Hobson. the U.K. : Cambridge University Press.

Bergqvist, C., and Nyberg, A.(2002) "Welfare state restructuring and child care in Sweden". in Michel S. and Mahon, R. *Child Care at the Crossroads*. New York : Routledge.

Bergqvist, C., and A. Jungar(2000). "Adaptation or diffusion of Swedish gender model?", pp. 160-179. in *Gendered policies in Europe : Reconciling employment and family life*, edited by L. Hantrais. New York, NY : St. Martin's Press, Inc.

Blome, A., and Müller, K.(2007). *Attitudes towards mothers' employment and family policies in 11 European welfare states*. Paper presented at the 5th Annual ESPAnet Conference. Retrieved from http://www.espanet2007.at/

Bogenschneider, K.(2000). "Has family policy come of age?". *Journal of Marriage and the Family*, *62*(Nov.), 1136-1159.

Borchorst, A.(2002). "Danish child care policy : Continuity rather than radical change," pp. 267-286. in *Child care policy at the crossroads : Gender and welfare state restructuring*, edited by S. Michel and R. Mahon. New York : Routledge.

Bradshaw, J., and Finch, N.(2002). *A Comparison of Child Benefit Package in 22 Countries*. Department for Work and Pensions.

______________________(2002). "A comparison of child benefit packages in 22 Countries - A summary of the child benefit package for each country". *Appendix to Department for Work and Pensions Research Report No. 174*. Social Research Division, Department for Work and Pensions : London.

Bruning, G., and J. Plantenga(1999). "Parental leave and equal opportunities : Experiences in eight European countries." *Journal of European Social Policy*, 9(3), 195-209.

Brush, L.(2002). "Changing the subject : Gender and welfare regime studies." *Social Politics*, 9(2), 161-185.

Bussemaker, J., and Kersbergen, K.(1994). Gender and Welfare States : Some Theoretical Reflections. In D. Sainsbury(Ed.), *Gendering Welfare States*(pp. 8-25). Thousand Oaks, CA : Sage Publications

Casper. L., S. MacLanahan, and I. Garfinkel(1994). "The gender gap : What can we learn from other countries". *American Sociological Review*, 59(4), 594-605.

Cogner, R.(1990). "Linking economic hardship to marital quality and stability". *Journal of Marriage and the Family, 52*(Aug), 643-656.

Counsel of Europe(2005). *Parental Leave in Counsil of Europe Member States*.

Daly, M.(2000a)(1994). "복지국가 비교 : 젠더친화적 접근을 향하여". 테레사 쿨라빅 외. 한국여성정책연구회 역. 복지국가와 여성정책, 115-138. 새물결.

________(2000b). "A fine balance : Women's labor market participation in international comparison. in *Welfare and Work in the Open Economy*, edited by F. Scharpf and V. Schmidt. New York : Oxford University ress, 467-510.

________(2001). Globalization and the Bismarckian Welfare States. In R. Sykes, B. Palier, and P. Prior(Eds.), *Globalization and European welfare states*(pp. 79-102). New York : Palgrave.

Daly, M., and J. Lewis(1998). "Introduction : Conceptualizing social care". in the context of welfare state restructuring. in J. Lewis(ed). *Gender, Social Care and Welfare State Restructuring in Europe*, 1-24. Aldershot : Ashagate.

Daly, M., and K. Rake(2003). *Gender and the welfare state*. MA : Polity.

Davaki, Konstantina(2003). Women-friendliness of labour market and family policies in Germany and Greece. *ESPAnet Conference Changing European Societies-The role for social policy*, 13-15, November 2003.

Daycare Trust(2006). *Childcare Today : A Progress report on the Government's Ten-year Childcare Strategy*. Daycare Trust Annual Conference 2006.

Devisscher, S.(2004). The Career Break (Time Credit) Scheme in Belgium and the Incentive Premiums by the Flemish Government. *Discussion Paper, Peer Review Program of the European Employment Strategy*. Retrieved from http://www2.vlaanderen.be/werk/documenten/ euro_Discussionpaper.pdf

Duvander, A. T. Ferrarini, and S. Thalberg(2005). "Swedish Parental Leave and Gender Equality : Achievements and Reform Challenges in a European Perspective." *Institute for Futures Studies*.

Ellingsœter. A.(2000). "Welfare states, labour markets and gender relations in transition", pp. 89-110. in *Gender, welfare state and the market : Towards a new division of labour*, edited by Boje, T. and A. Leria. London : Routledge.

____________(2007). "Old and new politics of time to care : three Norwegian reforms." *Journal of European Social Policy*, *17*(1), 49-60.

Elliot, F.(1986). *The family : Change or continuity*. 안병철 · 서동인 역. 을유문화사.

Emerek, R.(1998). "Atypical working time : Examples from Denmark," pp. 131-139. In *Women, work and the family in Europe*, edited by Drew, E., R. Emerek, and E. Mahon. New York : Routledge.

Eriksson, R.(2005). "Parental leave in Sweden : the Effects of the Second Daddy month." SOFI Working Paper 9/2005 Swedish Institute for Social Research, Stockholm University.

Esping-Andersen, G.(1990). *The Three Worlds of Welfare Capitalism*. Princeton, NJ : Princeton University Press.

________________(1990). *The Three Worlds of Welfare Capitalism*. London : Polity Press.

________________(1996). "Welfare states without work : the Impasses of labour shedding and familialism in Continental European social policy," pp. 66-87. in *Welfare states in transition : National adaptations in global economies*, edited by Esping-Andersen, G. London : Sage Publications.

________________(1999). *Social Foundations of Postindustrial Economics*. New York, NY : Oxford University Press.

________________(2001). "A welfare state for the 21st century" in *The global third way debate*, edited by Giddens, A. Cambridge : Polity Press.

________________(2002a). "Towards the good society, once again." in *Why We Need a New Welfare State*, edited by Esping-Andersen, G., D. Gallie, A. Hemerijck, and J. Myles. New York : Oxford University Press.

________________(2002b). "A child-centered social investment strategy." *Why We Need a New Welfare State*, edited by Esping-Andersen, G., D. Gallie, A. Hemerijck, and J. Myles. New York : Oxford University Press.

________________(2002c). "A new gender contract". *Why We Need a New Welfare State*, edited by Esping-Andersen, G., D. Gallie, A. Hemerijck, and J. Myles. New York : Oxford University Press.

________________(2005). "Education and equal life-chances : Investing in children," pp. 147-163. in *Social policy and economic development in the Nordic countries*, edited by Kangas, O. and J. Palme. England : Palgrave Macmillan.

European Commission(2005). *Equality Between Women and Men in the European Union*.

Fagnani, J.(1998). "Recent changes in family policy in France : Political trade-offs and economic constraints", pp. 58-65. in *Women, work and the family in Europe*, edited by Drew, E, R. Emerek, and E. Mahon. New York : Routledge.

Fagnani, J., and M. Letablier(2004). "Work and family life balance : the impact of the 35-hour laws in France". *Work, Employment and Society*, *18*(3), 551-572.

Fagnani(1999). "Parental Leave in France," pp. 69-83. in *Parental Leave : Progress or Pitfall? Research and Policy Issues in Europe volume 35*, edited by Moss, P. and F. Deven. The Hague, Brussels : CBGS Publications.

Ferrarini, Tommy(2006). "Families, States and Labour Markets : Institutions, causes and consequences of family policy in post-war welfare states". Cheltenham, UK : Edward Elgar.

Fipila, J., and A. Anttonen(1994). Payment for care : The case of Finland. in Evers, A., M. Piji, C. Ungerson(eds). *Payment For Care*. Avebury : Aldershot.

Fraser, N.(2000). "After the family wage : A postinsdustrial thought experience". B. Hobson(ed). *Gender and Citizenship in Transition*. New York : Routledge.

Furstenberg, F., and A. Cherlin(1991). *Divided Families*. Cambridge, MA : Harvard University Press.

Gauthier, A.(1996). *The State and the Family*. New York : Oxford University Press.

Giddens, A.(1996). 현대사회의 성, 사랑, 에로티시즘. 배은경·황정미 역. 새물결.

__________(1998). *The Third Way : The Renewal of Social Democracy*. 한상진·박찬욱 역(2000). 제3의 길. 생각의 나무.

__________(1998). *The Third Way : The Renewal of Social Democracy*. Cambridge : Polity Press.

Giele, J.(1996). "Decline of the family : conservative, liberal, and feminist". in D. Popenoe, J. Elshtain, and D. Blankehorn(eds.). *Promise to Keep : Decline and Renewal of Marriage in America's View*. Lanham, MD : Rowman and Littlefield, 89-115.

Gittins, D.(1997). 가족은 없다 : 가족이데올로기의 해부. 안호용·김홍주·배선희 역. 일신사.

Gornick, J., M. Meyers, and K. Ross(1997). "Supporting the employment of others : Policy variation across 14 welfare states". *Journal of European Social Policy*, 7(1), 45-70.

Gornick, J., and M. Meyers(2003a). *Families that Work : Policies for Reconciling Parenthood and Employment*. New York : Russel Sage Foundation.

Gough, I.(1990). "국가와 '복지'활동". 복지국가의 정치경제학. 김연명·이승욱 역. 한울아카데미.

Haas, L.(1992). *Equal parenthood and social policy : A study of parental leave in Sweden*. Albany : State University of New York Press.

_______(2003). "Parental leave and gender equality : Lessons from the European Union." *Review of Policy Research, 20*(1), 89-114.

Haas, L., and P. Hwang(1999). "Parental leave in Sweden," pp. 45-68. in *Parental Leave : Progress or Pitfall? : Research and Policy Issues in Europe*, edited by P. Moss and F. Deven. Brussels : NIDI/CBGS Publications.

Hantrais, L.(2004). *Family Policy Matters : Responding to Family Change in Europe*. Longman : New York.

Harding, L. F.(1996). *Family, State and Social Policy*. MacMillan.

Häusermann, S.(2006). "Different paths of modernization in contemporary family policy". Paper prepared for the 4th Annual ESPAnet Conference, Transformation of the welfare state : Political regulation and social inequality, 21-23, September, 2006 Bremen.

Henriken, H., and H. Holter(1978). "Norway", pp. 49-67. in *Family policy : Government and families in fourteen countries*, edited by Kamerman, S. B., and A. J. Kahn. New York : Columbia University Press.

Hiilamo, H.(2004). "Changing family policy in Sweden and Finland during the 1990s". *Social Policy Administration*, *38*(1), 21-40.

Hiilamo, H., and Kangas, O.(2003). "Trap for women or freedom to choose? : Child home care allowance in Finnish and Swedish political rhetoric." Paper for the inaugural ESPAnet conference "Changing European Societies-The role for social policy" *Organized by the Danish National Institute of Social Research Copenhagen*, 13-15, November, 2003.

Hirdman, Y.(1998). "State policy and gender contracts : the Swedish experience," pp. 36-46. in *Women, work and the family in Europe*, edited by E. Drew, R. Emerek and E. Mahon. New York, NY : Routledge.

Hobson, B., J. Lewis and B. Siim(2002). "Introduction : contested concepts in gender and social politics", pp. 1-22. in *Contested concepts in gender and social politics*, edited by Hobson, B., J. Lewis and B. Siim. MA : Edward Elgar.

Hofäcker, D.(2003). Towards a dual earner model? European Family Policies in Comparison. *Globalife Working Paper*, No. 49.

Hoorens, S., A. Parkinson, and J. Grant(2005). "Sweden's varying success in offsetting low fertility", pp. 207-256. I*nternational Conference on low fertility and effectiveness of policy measures in OECD*. Korea Institute for Health and Social Affairs.

Houseknecht, S., and J. Sastry(1996). "Family 'decline' and child well-being : A comparative assessment". *Journal of Marriage and the Family*, *58*, 726-739.

Jaumotte, F.(2005). *Female Labor Force Participation : Past Trends and Main Determinants in OECD Countries*. Labour Force Participation and Economic Growth Workship.

Jenson, J.(1997). "Who cares? gender and welfare regimes". *Social Politics*, *4*(2), 182-187.

________(2005). "Seeking a Roadmap for Gender and Generational Equality." *Progressive Politics*, *4*(3).

________(2006). "Social investment for new social risks : Consequences of the LEGO paradigm for children." Paper prepared for Jane Lewis(ed.) *Children in context : Changing families and welfare states*. The United Kingdom : Edward Elgar Publishing.

Jenson, J., and M. Sineau(2003a). "France : Reconciling republican equality with freedom of choice", pp. 88-117. in *Who cares? Women's Work, Childcare, and Welfare State Redesign*, edited by Jenson, J. and M. Sineau. Toronto : University of Toronto.

Jenson, P., and N. Smith(1990). "Unemployment and marital dissolution". *Journal of Population Economics*, *3*, 215-229.

Kamerman, S.(2002). *Social Policies, Family Types, and Child Outcomes in Selected OECD Countries*. Paper prepared for OECD. www.childpolicy.org.

Kamerman, S., and A. Khan(1978). "Families and the idea of family policy," pp. 1-16. in *Family policy : Government and families in fourteen countries*, edited by S. Kamerman and A. Khan. New York : Columbia University Press.

Kangas, O., and J. Palme(2005). "Does the most brilliant future of the Nordic model : Have to be in the past?," pp. 281-298. in *Social policy and economic development in the Nordic countries*, edited by Kangas, O., & J. Palme. England : Palgrave Macmillan.

Kiander, J.(2005). "Growth and employment in the 'Nordic Welfare States' in the 1990s : a Tale of crisis and revival," pp. 210-240. in *Social policy and economic development in the Nordic countries*, edited by Kangas, O., & J. Palme. England : Palgrave Macmillan.

Kilkey, M.(2000). *Lone Mothers Between Paid Work and Care*. Aldershot : Ashgate.

Knijn, T., and I. Ostner(2002). "Commodification and de-commodification", pp. 141-169. in *Contested concepts in gender and social politics*, edited by Hobson, B., J. Lewis and B. Siim. MA : Edward Elgar.

Knudsen, L.(1997). "Denmark : the Land of the Vanishing Housewife.", pp. 12-48. In *Family life and family policies in Europe Volume 1 : Structures and trends in the 1980s*, edited by Kaufmann, F-X., A. Kuijsten, H-J. Schulze, and K. Strohmeier. New York : Oxford University Press.

Korpi, Walter(2003). "Welfare State Expension and Distributive Conflict : Partisan Politics and Institutions in the Golden Age." Paper prepared for presentation at the annual conference of RC 19 in Toronto, Canada, August, 21-21, 2003.

Kremer, M.(2002). The illusion of free choice : Ideals of care and child care policy in the Flemish and Dutch welfare states. In Michel, S. and Mahon, R., *Child care policy at the crossroads : Gender and welfare state restructuring*, pp. 113-142. New York : Routledge.

__________(2004). "Austria : Parental Insurance and Childcare, Statements and Comments." *Review Program of the European Employment Strategy*. April, 19-20, 2004. Stockholm, Sweden.

__________(2005). *The Cultural Dimension of Welfare States : Ideals of Care and Women's Work*. Paper presented at the 3rd Annual ESPAnet Conference. Retrieved from http:// www.unifr.ch/travsoc/espanet05/index.htm\

Kruscal, J., and Wish, M.(1978). *Multidimensional Scaling*. CA : Sage Publication.

Kvist, J.(1999). "Welfare reform in the Nordic countries in the 1990s : Using fuzzy-set theory to assess conformity to ideal types." *Journal of European Social Policy, 9*(3), 231-252.

Kröger, T.(1997). "Parental leave and gender equality : Lessons from the European Union." *Review of Policy Research*, *20*(1), 89-114.

Lanquentin, M., Laufer, J., and Letablier, M.(2000). "From equality to reconciliation in France?", pp. 68-88. in *Gendered Ppolicies in Europe : Reconciling Employment and Family Life*, edited by L. Hantrais. London : MaCmillan Pres LTD.

Larsen, T.(2002). Work and care strategies of European families : Similarities or national differences?. *Social Policy and Administration*, *38*(6), 654-677.

Lasswell, H.(1968). "The Policy Orientation". In D. Lerner & H. Lasswell(Eds.), *Policy Sciences*. Standford, CA : Standford University Press.

Leitner, S.(2006). "Conservative Answers to demography : Care policies in Austria, Belgium, France and Germany" Paper prepared for the 4th Annual ESPAnet Conference, Transformation of the welfare state : Political regulation and social inequality, 21-23 September, 2006, Bremen.

__________(2003). "The Caring Function of the Family : Belgium in Comparative

Perspective." Paper prepared for the 1st Annual ESPAnet Conference, Changing European Societies : the Role of Social Policy, 13-15, November, 2003, Copenhagen.

Leria, A.(1993). "The 'women-friendly' welfare state? : The case of Norway and Sweden", pp. 49-71. in *Women and social policies in Europe*, edited by Lewis, J. Vermont : Edward Elgar.

________(2002). *Working parents and the welfare state : Family change and policy reform in Scandinavia*. NY : Cambridge University Press.

________(2000). "Combining work and family : Nordic policy reforms in the 1990s", pp. 157-174. in *Gender, welfare state and the market : Towards a new division of labour*, edited by Boje, T. and A. Leria. London : Routledge.

Levine, P., Mitchell, O., and Phillips, J.(2000). "A benefit of one's own : older women's entitlement to social security retirement." *Social Security Bulletin*, *63*(3), 47-53.

Lewis, J.(1992). "Gender and the development of welfare regimes". *Journal of European Social Policy*, *2*(3), 159-173.

________(1993). "Introduction : Women, work, family and social policies in Europe." in *Women and social policies in Europe : Work, familyand the state*. edited by Lewis, J. VM : Edward Elgar.

________(1997). "Gender and welfare regimes : further thoughts". *Social Politics*, *4*(2), 160-177.

________(2001). "The declining of the male breadwinner model : The implications for work and care". *Social Politics*, *8*(2), 152-170.

________(ed.)(1998). *Gender, Social Care and Welfare State Restructuring in Europe*. Ashgate : Aldershot.

________(2003). "Developing early years childcare in England, 1997-2002 : The choices for (working) mothers". *Social Policy and Administration*, *37*(3), 219-238.

Lewis, J., and M. Campbell(2007). "Work/family balance policies in the UK since 1997 : A new departure?". *Journal of Social Policy*, *36*(3), 365-381.

Liljestrom, R.(1978). "Sweden." in *Family policy : Government and families in fourteen countries*. edited by Kamerman, S., and A. Khan. New York : Columbia University Press.

Lindgren, J.(1978). "Finland", pp. 267-294. *in Family policy : Government and families in fourteen countries*, edited by Kamerman, S. B., and A. J. Kahn. New York : Columbia University Press.

Lister, R.(2000). "Dilemmas in Engendering citizenship," pp. 33-83. in *Gender and Citizenship in Transition*, edited by B. Hobson. Great Britain : MaCmillan Press.

_______(2002). "Toward a new welfare settlement?." in C. Hay(ed.). *British Politics Today*. Cambridge : Polity Press.

_______(1997). *Citizenship : Feminist Perspectives*. N.Y. : Palgrave.

Luxemburg Income Study(2003). "Family Policy Database, Version 2 : Family Leave Policies." http://www.lisproject.org

Mahon, R.(2002). "Three shapes of care work". *Child and Youth Care Forum, 29*(3), 207-210.

Marchall, T. H.(2006[1950]). Citizenship and Social Class. Christopher Pierson and Francis G. Castles eds. *The Welfare State Reader*(2nd ed.). UK : Polity.

Marques-Pereira, B., and Paye, O.(2003). Belgium : The vices and virtues of pragmatism. In J. Jenson and M. Sineau(Eds.). *Who cares? Women's work, childcare, and welfare state redesign*(pp. 56-87). Toronto : University of Toronto.

Meyers, M., J. Gornick and K. Ross(1999). "Public childcare, parental leave, and employment". in Sainsbury(ed). *Gender and Welfare State Regimes*. Oxford : Oxford University Press, 117-146.

_______________________________(2005). *Babies and Bosses-Reconciling Work and Family Life*. Volume 4 : Canada, Finland, Sweden and the United Kingdom.

_______________________________(2006). *Starting Strong Ⅱ : Early Childhood Education and Care*.

___________________________(2007). *Babies and Bosses-Reconciling work and family life : A Synthesis of Findings for OECD countries*.

____________________________(2007). *Benefits and Wages*. Paris.

____________________________(2007). *Family Database*. Paris.

Meyers, M., and Gornick, J.(2003). "Public or private responsibility? : Early childhood education and care, inequality, and the welfare states". *Journal of Comparative Family Studies, 23*, 379-411.

Minchoń, P.(2006). "Familisation and defamilisation policy in 22 European countries". Paper prepared for the 4th Annual ESPAnet Conference, Transformation of the welfare state : Political regulation and social inequality, 21-23, September, 2006, Bremen.

Minguez, Almudena(2003). "The persistence of male breadwinner model in southern European countries in a compared perspective : Familism, employment and family policies."

Morel, M.(2007). "From subsidiarity to 'free choice' : Child-and elder-care policy reforms in France, Belgium, Germany and the Netherlands". *Social Policy and Administration*, *41*(6), 618- 637.

Moreno, L.(1998). "Safety net in Southern Europe." Paper prepared for the 2nd International Research Conference on Social Security. Jerusalem, 25-28, January, 1998.

Morgan, K.(2002). "Dose anyone have a 'Libre Choix'? Subversive liberalism and the politics of French child care policy," pp. 143-167. in *Child care policy at the crossroads : Gender and welfare state restructuring*. edited by Miche, S., and R. Mahon. New York : Routledge.

Morgan, L.(2002). "Does anyone have a libre choix? Subversive liberalism and the politics of French child care policy". in S. Michel and R. Mahon(eds). *Child Care Policy at the Crossroads*, London : Routledge, 143-167.

Morgan, K., and K. Zippel(2003). "Paid to care : the Origins and effects of care leave policies in Western Europe." *Social Politics*, *10*, 49-85.

Moss, P., and Sharpe, D.(1979). "Family Policy in Britain". in M. Brown and S. Baldwin(eds.). *The Yearbook of Social Policy in Britain*. London : Routledge and Kegan Paul.

Moss, P., and F. Deven(1999). "Parental Leave in Context," pp. 1-24. in *Parental Leave : Progress or Pitfall? : Research and Policy Issues in Europe*. edited by P. Moss and F. Deven. Brussels : NIDI/CBGS Publications.

Murray, C.(1984). *Losing Ground : American Social Policy, 1950-1980.* New Yor k : Russell Sage Foundation.

Myrdal, A.(1968). *Nation and Family*. Cambridge : MIT Press.

Naumann, I.(2006). "Childcare politics in West Germany and Sweden since World War II : Historical cleavages, social compromises, and policy outcomes"

Paper prepared for the 4th Annual ESPAnet Conference, Transformation of the welfare state : Political regulation and social inequality, 21-23, September, 2006, Bremen.

Nyberg, A.(2004). "Parental leave, public childcare and the dual earner/dual carer-model in Sweden." *Discussion Paper, Peer Review Program of the European Employment Strategy*.

O'Connor, J., Orloff, A., and Shaver, S.(1999). *States, markets, families : Gender, liberalism and social policy in Australia, Canada, Great Britain and the United States*. the United Kingdom : Cambridge University Press.

OECD(2002). *Babies and Bosses : Reconciling work and family life. Volume 1 : Australia, Denmark and the Netherlands*. Paris, France : OECD.

______(2004). *Babies and Bosses : Reconciling work and family life. Volume 3 : New Zealand, Portugal and Switzerland*. Paris, France : OECD.

______(2005). *Babies and Bosses : Reconciling Work and Family Life, Volume 4 : Canada, Finland, Sweden and the United Kingdom*. OECD.

______(2006). *Starting Strong II : Early Childhood Education and Care*. OECD.

______(2006). "Why countries invest in early childhood education and care". *Starting Strong II. : Early Childhood Education and Care*.

______(2007a). Babies and Bosses : Reconciling Work and Family Life. *A Synthesis of Findings for OECD Countries*. OECD.

______(2007b). *Social Expenditure Database*. Directorate for Employment, Labour and Social Affairs.

Orloff, A.(1993). "Gender and the social rights of citizenship : The comparative analysis of gender relations and welfare states." *American Sociological Review*, *53*, 303-328.

________(1996). "Gender in the welfare state". *Annual Review Sociaology*, *22*(1), 51-78.

Palier, B., and Mandin, C.(2004). "France : A New world of welfare for new social risks?," pp. 111-131. in *New Risks, New Welfare*. edited by Taylor-Gooby, P. New York : Oxford University Press.

Palier, B.(2006). "The re-orientation of European social policies toward social investment." *International Politics and Society*, Jan. 2006, pp. 105-116.

Parsons, T., and R. Bales(1955). *Family, Socialization and Interaction Process*. New York : The Free Press.

Pateman, C.(1987). "The patriarchal welfare state," pp. 231-260. in *Democracy and welfare state*. edited by A. Gutman. NJ : Princeton University Press.

Perkins, D., L. Nelms, and P. Smyth(2004). "Beyond neo-liberalism : the social investment state?". *Social Policy Working Paper, 3*. The Centre for Public Policy.

Pettinger, R.(1999). "Parental Leave in Germany," pp. 123-140. in *Parental Leave : Progress or Pitfall? Research and Policy Issues in Europe volume 35*. edited by Moss, P. and F. Deven. The Hague, Brussels : CBGS Publications.

Pfau-Effinger, B.(2006). "How is it possible to analyse path-departure in family policies in a comparative perspective?", Paper prepared for the 4th Annual ESPAnet Conference, Transformation of the welfare state : Political regulation and social inequality, 21-23, September, 2006, Bremen.

Popenoe, D.(1988). *Disturbing the Nest*. New York : Aldine De Gruyter.

__________(1993). "American family decline, 1960-1990 : A review and appraisal". *Journal of Marriage and the Family, 55*, 527-555.

Pylkkänen, E., and A. Smith(2004). "The impact of family-friendly policies in Denmark and Sweden on mothers' career interruptions due to childbirth." IZA Discussion Paper No. 1050. Institute for the Study of Labor.

Quha, S.(1994). "Social Policy in Family Life : the Case of Child Care in Singapore". *International Journal of Sociology and Social Policy, 14*.

Randall, V.(2002). "Child Care in Britain, or how do you restructure nothing?". Michel. S., and Mahon, R(eds). *Childcare Policy at the Crossroads*. London : Routledge.

Richter, R., and Eriksen, J.(2003). "Care through cash and public service". *European Societies*, 5(4), 349-351.

Rissane, T., and Knudsen, C.(2001). *The Child Home Care Allowance and Women's Labour Force Participation in Finland, 1985-1998 : A Comparison With Norway*. Oslo : Norweign Social Research.

Ronsen, M.(1999). *Impact of fertility and female employment of parental leave programs : Evidence from three Nordic countries*. presented at European Population Conference.

__________(2004). Fertility and Public Policies-Evidence from Norway and Finland.

Max-Planck-Gesellschaft. www.demographic-research.org

Rønsen, M., and M. Sundström(2002). "Family policy and after-birth employment among new mothers-A comparison of Finland, Norway and Sweden." *European Journal of Population*, *18*, 121-152.

Rostgaard, T., M. Christoffersen, and H. Weise(1999). "Parental Leave in Denmark," pp. 25-44. in *Parental Leave : Progress or Pitfall? Research and Policy Issues in Europe volume 35*. edited by Moss, P., and F. Deven. The Hague, Brussels : CBGS Publications.

Sabatinelli, Stefania(2006). "Developments in childcare between public and private investment : A comparison between Italy and France". Paper prepared for the 4st Annual ESPAnet Conference, Transformation of the Welfare State : Political Regulation and Social Inequality, 21-23, September, 2006, Bremen.

Sainsbury, D.(1996). *Gender, equality, and Welfare States*. Great Britain : Cambridge University Press.

___________(1999). "Gender, policy regimes, and politics". in D. Sainsbury(ed.). *Gender and Welfare State Regimes*. Oxford : Oxford University Press, 245-276.

___________(1999). "Gender, policy regimes, and politics". in D. Sainsbury(ed). *Gender and Welfare State Regimes*. Oxford : Oxford University Press, 36-53.

Salmi, M., and J. Lammi-Taskula.(1999). "Parental Leave in Finland," pp. 85-121. in *Parental Leave : Progress or Pitfall? Research and Policy Issues in Europe volume 35*. edited by Moss, P., and F. Deven. The Hague, Brussels : CBGS Publications.

Scanzoni, J.(2001). "From the normal family to alternate families to the quest for diversity with interdependence." *Journal of Family Issues*, *22*(6).

Scheiwe, K.(2000). "Equal opportunities policies and the management of care in Germany", pp. 89-107. in *Gendered policies in Europe : Reconciling employment and family life*. edited by Hantrais, L. New York : St. Martin's Press, INC.

Schiffman, S. Reynolds, M., and Young, F.(1981). *Introduction to Multidimensional Scaling : Theory, methods, and applications*. New Youk : Academic Press.

Scruggs, L., and Allan, J.(2006). Welfare-state decommodification in 18 OECD countries : a replication and revision. *Journal of European Social Policy, 16*(1), 55-72.

Sipila, J., and J. Korpinen(1998). Cash versus child care services in Finland. *Social Policy and Administration*, *32*(3), 263-277.

Skolnick, A.(1991). *Embattled Paradise*. New York : Basic Books.

Smeaton, D., and A. Marsh.(2006). *Maternity and Paternity Rights and Benefits : Survey of Parents 2005*. Employment Relations Research Series No. 50. London. Department for Work and Pensions.

Strell, M., and S. Duncan(2001). "Lone motherhood, ideal type care regimes and the case of Austria." *Journal of European Social Policy, 11(2)*, 149-164.

Surender, R.(2004). "Modern challenges to the welfare state and the antecedents of the third way," pp. 3-24. in *Welfare state change : Towards a third way?*. edited by Lewis, J. and R. Surender. New York : Oxford University Press.

Sutela, H.(2004). "Finland". *Peer Review : Parental Insurance and Childcare : Statements and Comments*.

Swedin, G.(1996). "Morden Swedish Fatherhood : the Challenges and the Opportunities". *Reproductive Health Matters*, 7, 25-33.

Taylor-Gooby, P.(2004). "New risks and social change". in *New Risks, New Welfare*. edited by P. Taylor-Gooby. New York : Oxford University Press.

______________(2006). "European Welfare Reforms : the Social Investment Welfare State." *2006 EWC/KDI Conference, social policy at a crossroad : Trends in Advanced Countries and Implications for Korea*. Honolulu on July, 20-21, 2006.

Taylor-Gooby, P., and Larsen, T.(2004). "The UK-A Test Case for the Liberal Welfare State?", pp. 55-82. in *New Risks, New Welfare*. edited by Taylor-Gooby, P. New York : Oxford University Press.

Timonen, V.(2004). "New risks-Are they still new for the Nordic Welfare States?", pp. 83-110. in *New Risks, New Welfare*. edited by P. Taylor-Gooby. New York : Oxford University Press.

Ungerson, C.(1997). "Social policies and the commodification of care". *Social Politics*, *4*(3), 362-382.

Vedel-Petersen, J.(1978). "Denmark", pp. 295-327. in *Family policy : Government and families in fourteen countries*. edited by Kamerman, S. B., and A. J. Kahn. New York : Columbia University Press.

Vikat, Andres(2004). *Women's Labor Force Attachment and Childbearing in Finland.* Max-Planck-Gesellschaft. www.demographic-research.org

Voydanoff, P.(1990). "Economic distress and families : A review of the eighties". *Journal of Marriage and the Family*, *52*(Nov), 1099-1115.

Waldfogel, Jane(1998). Understanding the "family gap" in pay for women with children. *Journal of Economic Perspectives*, *12*(1), 137-156.

Wallerstein, J., and J. Blakeslee(1989). *Second Chances : Men, Women and Children a Decade After Divorce*. New York : Ticknor and Fields.

Weitzman, L.(1985). *The Divorce Revolution : The Unexpected Social and Economic Consequences for Women and Children in America*. New York : The Fee Press.

Wilson, W.(1987). *The Truly Disadvantaged : The Inner City, the Underclass, and Public Policy*. Chicago : The University of Chicago Press.

Woods, D.(2006). "The logic of defamilialization : Problems of analysis for care work and the transformation of welfare state". Paper prepared for the 4th Annual ESPAnet Conference, Transformation of the welfare state : Political regulation and social inequality, 21-23 September, 2006, Bremen.

Wüst, M.(2006). "Microsimulation in macro-comparison? The impact of reform on the German parental leave scheme". Paper prepared for the 4th Annual ESPAnet Conference, Transformation of the welfare state : Political regulation and social inequality, 21-23, September, 2006, Bremen.

Yoon, H. S., and Chung, S.(2009). A comparison between conservative welfare states and Korean childcare policy, 1993-2003 : A discussion of defamilization and familization. *Asian Women*.

Young, I.(1995). "Mothers, citizenship and independence : A critique of pure family values". *Ethics*, *105*(3).

Zimmerman, S. L.(1992). *Family Policies and Family Well-Being : the Role of Political Culture*. Thousand Oaks, CA : Sage.

_______________(1995). *Understanding Family Policy : Theory and Applications*. Thousand Oaks, CA : Sage.

_______________(2001). *Family Policy : Constructed Solutions to Family Problems*. Thousand Oaks, CA : Sage.

찾아보기

인 명

내 용

저/자/약/력

■ 윤홍식
Washington University in St.Louis에서 사회사업 박사학위를 취득했고 현재 인하대학교 사회과학부 부교수로 재직 중이다. 주요 관심분야는 가족정책영역과 관련된 복지국가 이슈에 관심을 가지고 있으며 최근에는 한국사회의 새로운 연대상에 대해 고민하고 있다.

■ 송다영
송다영은 University of Pennsylvania에서 사회복지학 박사학위를 취득했고, 현재 인천대학교 사회복지학과 부교수로 재직 중이다. 주요 관심분야는 여성복지정책, 가족정책, 여성의 사회적 권리 향상 등이다. 최근에는 여성복지의 정책과 실천 패러다임에 대한 고민을 하고 있다.

■ 김인숙
서울대학교에서 사회복지학으로 박사학위를 취득했고, 현재 가톨릭대학교 사회과학부 교수로 재직 중이다.
주요 관심분야는 여성복지와 가족복지 분야이다.

가족정책 : 복지국가의 새로운 전망

|공저자| 윤홍식·송다영·김인숙

|1판 1쇄| 발행 2010년 3월 5일
|2판 1쇄| 발행 2011년 6월 30일
|2판 2쇄| 발행 2012년 8월 30일
|2판 3쇄| 발행 2015년 1월 30일
|2판 4쇄| 발행 2018년 1월 30일
|2판 5쇄| 발행 2020년 4월 10일

|발행인| 김동훈
|발행처| 공동체

|주소| 경기도 고양시 일산동구 호수로 358-39, 동문타워Ⅰ 905호(백석동)
|전화| 031) 920-8305(대표)
|팩스| 031) 920-8308
|e-mail| compub@naver.com
|출판등록| 2005년 10월 6일
|등록번호| 제396-2005-36호

|ISBN| 978-89-6352-227-2
정가 18,000원